# 粮食安全保障法专题研究

A Monographic Study of
the Law on Safeguarding Food Security

穆中杰　著

法律出版社
LAW PRESS · CHINA
北京

**图书在版编目（CIP）数据**

粮食安全保障法专题研究 / 穆中杰著. -- 北京 ：
法律出版社, 2024. -- ISBN 978 - 7 - 5197 - 9552 - 8

Ⅰ. D922.44

中国国家版本馆 CIP 数据核字第 2024X1M125 号

**粮食安全保障法专题研究**
**LIANGSHI ANQUAN BAOZHANGFA ZHUANTI YANJIU**

穆中杰 著

策划编辑 朱 峰
责任编辑 苗 婕
装帧设计 李 瞻

**出版发行** 法律出版社
**编辑统筹** 辞书·融出版编辑部
**责任校对** 王晓萍
**责任印制** 吕亚莉
**经　　销** 新华书店

**开本** 710 毫米×1000 毫米 1/16
**印张** 23.5 **字数** 337 千
**版本** 2024 年 11 月第 1 版
**印次** 2024 年 11 月第 1 次印刷
**印刷** 北京建宏印刷有限公司

地址:北京市丰台区莲花池西里 7 号(100073)
网址:www.lawpress.com.cn
投稿邮箱:info@lawpress.com.cn
举报盗版邮箱:jbwq@lawpress.com.cn

销售电话:010 - 83938349
客服电话:010 - 83938350
咨询电话:010 - 63939796



**书号**:ISBN 978 - 7 - 5197 - 9552 - 8
**定价**:79.00 元

# 自序

PREFACE

离开上海师友、告别华大故旧、加盟河南工业大学，蓦然之间，已是十六年前的陈年旧事。这十六年，是聚焦法学教育与法学研究规律探寻的十六年，是恪守法学教育与法学研究初心不改的十六年，是遵从独善其身与兼济天下交织相伴的十六年。

我的法学研究起步于法学教育。法学教育“黄牌”局面如何破局？理工科高校法学教育的出路究竟在哪里？加盟河南工业大学之初，带着这些问题，我申报的课题“法学专业人才培养模式创新研究”即获得河南工业大学“校教〔2009〕29 号”文件立项支持。2010 年 9 月，《河南工业大学学报》第 3 期刊发的《科学发展观视阈下的共和国法学教育》一文，提出了“依托粮食学科，找出粮食学科与法学学科的最佳结合点，发展粮食法学”的主张。当年次月，《中国法学会》第 5 期即以“中国法学教育存在的问题与完善对策”为题予以大篇幅摘录转载，向全国法学界推广，为全国法学院校突出特色办学提供启示。2011 年 10 月，带有宣言性质的文章《依托行业特色　发展法学教育》在《中国高等教育》第 20 期上发表。自此，“法律 + 行业特色”发展法学教育的思路完全形成。该思路被时任河南工业大学法学院院长杨六栓教授及其历届继任者演绎凝练为“法学 + 粮食 + 知识产权”发展模式。其他兄弟院校提出的“法学 + 水利”“法律 + 经济 + 数字”“法学 + 农业”等诸如此类的法学教育发展思路，固然没有公开的直接书面证据证明受到本人研究影响，但他们与河南工业大学的法学教育实践一起，无疑有力支撑了中办、国办 2023 年印发的《关于加强新时代法学教育和法学理论研究的意见》有关“推进法学和经济学……网络工程以及自然科学等学科交叉融合发展，培养高质量复合型法治人才”主张的可行性。十六年的法学教育探寻成果在两度获校教育教学成果特等奖之后，于 2024 年

8月被学校推荐参评河南省高等教育教学成果奖。在此期间,本人在全国率先开设的《粮食法学》,逐步由选修课变为必修课,不仅被认定为河南省一流课程,还于2024年获推荐为国家一流课程;继2011年获河南全省教育系统教学技能竞赛一等奖之后,又于2020年获第二届河南省本科高校教师课堂教学创新大赛(教授组)一等奖。

与法学教育相比,法学研究领域面临的挑战更为严峻。离开了已经习惯了的"海派"学术生态环境,在以理工科高校为主的高校如何生存和发展成为当时个人法学研究面临的重大问题。受益于法学院负责人靳义亭教授、李铁成教授的推荐,我在校科技处工作期间,钱向明、霍清廉两位先生引导我走上了"粮食政策与法律"探寻之路,并启示我可以尝试探寻"粮食法学"。为此,河南工业大学允诺支持我成立的科研机构最终定名为"河南工业大学粮食政策与法律研究所",并于2009年12月被学校发文批准。此后,我的法学研究之路走得较为顺畅。2012年,我成功申请到了教育部、国家粮食局、中国法学会、河南省哲社规划办、河南省招标课题等五个省部级课题,刷新了河南工业大学省部级课题个人年度立项纪录;2014年,我又成功申请到了国家社科基金、国家软科学重大课题两个国家级项目。2013年至2015年,在学报吴成福、牛彦绍、赵枫岳等先生的鼎力支持下,我在《河南工业大学学报》开设了"粮食政策与法律"专栏,面向全国汇聚粮食安全法治研究人才,努力打造粮食安全法治研究高水平智库。作为法律人,我的法学研究并未局限于"象牙塔",幸运之神把我两度送到国家粮食和物资储备局法规司挂职,由此让我获得法学研究者孜孜以求之的至上荣誉:有幸参加了粮食法、粮食安全保障法起草的有关工作,并留下了中央国家机关第二届公文写作技能大赛"百篇好公文"的美好记录;应邀参加全国人大法工委委托中国法学会召开的《粮食安全保障法(草案)》立法专家咨询会;2024年1月以来应多家单位邀请宣讲《粮食安全保障法》,听课对象涉及北京、山东、河北、内蒙古、黑龙江、吉林、辽宁、福建、四川、云南、宁夏、河南等多个省份相关工作人员,足迹遍及祖国的东西南北,在新中国法治史上刷新和扩大了河南工业大学法律人的印痕;撰写的多篇研究报告获中央领导或者省部级领导批示。受益于粮食政策与法律的研究,不仅法学界还有经济学界也逐渐关注到我的研究,我还幸运地被全国哲学社会科学规划办评为"认真负责的鉴定专家”,同时担任多位粮食经济博士学位论文和法学博士学位论文的盲评、开题等工作。

粮食安全教育与研究是河南工业大学的特色。近七十年的专注粮食安全特色办学史,河南工业大学注定要在国家粮食安全保障法治建设中发挥作用,而我只是这个平台上的幸运“偶然者”。随着《粮食安全保障法》的起草、颁布与实施,有关粮食安全法学研究和开展粮食法学教育的热情开始高涨起来。按照历史演进一般规律,粮食安全领域会出现琳琅满目的释义、教程等诸如此类的成果。我无意于释义或者教程的编写,不仅因为深怕个人见解之“陋”而成误人误世之“源”,还怕陷入“自产自销”的尴尬境地。更为重要的是,在我看来还有许多迫切的现实研究亟待去做,比如如何以乡村振兴为导向优化法律体系、如何以农业强国为目标推进中国式农业现代化等。而中学时代有关中国粮食文化、传统中医兴趣的再次萌发,则进一步坚定了必须“留余”的决心。但是,粮食安全保障立法史上里程碑事件与我个人人生重大事件在时间节点上的多次偶然完美契合,同时基于回应不少朋友的关切需要,作为《粮食安全保障法》的积极推动者,我选择将多年研究抽样结集出版,以固化方式作为这十六年的小结,避嫌“鲜克有终”。在河南工业大学职业生涯第三个“八年”起步之际,我把追求的目标概括为“101 讲坛”,努力以青梅“煮酒”的豪迈在文化传承发展中参与谱写新时代更加绚丽的华章!

是为序!

穆中杰

2024 年 8 月 29 日于粮食政策与法律研究所 3115 室

CONTENTS

# 目录

## 第一编　粮食法之本土资源研究

## 第五编　粮食法之体系完善研究

# 第一编

# 粮食法之本土资源研究

# 第一章　中国历史上粮食法律若干问题研究*

粮食安全、能源安全、金融安全、信息安全是世界各国高度关注的四大经济问题,粮食安全是治国安邦的头等大事。中国数千年文明有许多关于粮食的法令,本研究选取有代表性的先秦、汉、唐等时期进行梳理和评价,供粮食安全保障立法参考。

## 一、先秦时期的粮食法令

中国古代粮食法律可以溯源至先秦时期。比如仓储制度,后世的常平仓制度可溯源至先秦,秦国当时制定了专门的《仓律》。① 再比如,《战国策》中记载了夏禹曾下令禁酒。囿于资料所限,本部分仅对重农足食之制、粮政管理分工以及粮食缴纳标准等内容作简要梳理。

### (一)违反重农足食之制罪至亡国

执政者若以民为重,而民以食为天,则执政者必须以足食②作为最基本民生。而足食的前提在于农业生产,故而执政者施政的重要之制即重农足食。早在舜执政时期,人们就把粮食作为“六府三事”之一。所谓六府,即是水、火、

---

* 本文原载《中国粮食经济》2021 年第 10 期、第 11 期。

① 除常平仓外,我国历史上重要的仓储制度还有如下几种:义仓、社仓、惠民仓、广惠仓、丰储仓、平籴仓。除此之外,各地还因地制宜设立地方特色仓廒,军队也曾建立仓廒。秦国已有专门的《仓律》,一般认为《仓律》是关于仓库管理、谷物播种、官吏的俸禄等方面的规定。后世法典有专门的厩库律或者仓令。如《大明律》卷第七“仓库”律、《大清律》卷十一和十二“仓库”律等。

② 本研究“足食”语出《汉书·食货志》“斫木为耜,煣木为耒,耒耨之利以教天下”,而食足;“日中为市,致天下之民,聚天下之货,交易而退,各得其所”,而货通。食足货通,然后国实民富,而教化成。(汉)班固:《汉书·食货志》,中华书局 2000 年版,第 943 页。

金、木、土、谷。古人认为，水、火、金、木、土、谷六项事务事关人们生存之根本，故而将其与正德、利用、后生等三事合称为九功。[①] 后人把“六府”中的“谷”去掉，成为我们现在所熟知的水、火、金、木、土构成的“五行”。但这并非降低粮食在治国理政中的地位，相反又衍生出“洪范八政，食为政首”之说。西周建立以后，周武王曾就“不知其常伦所序”的问题向箕子请教。箕子首先回答了“常伦所序”的由来，并提出执政者要重视八项政务的“常伦所序”，其中将“食”置于八政之首。[②] 该主张为历代执政者所接受并延续至今，形成了重农足食的施政传统。不仅如此，执政者还把治国理政类比为种田，认为治国理政如果没有法律，“犹无耜而耕也”。[③]

先秦时期，人们对违反重农足食之制的处罚极为严厉。根据《礼记·月令》记载，仲春之月，不允许大兴土木而妨碍农业生产，“毋作大事以妨农之事”；[④]孟夏之月，命有司劝民耕作、勿违农时；[⑤]仲秋之月，“乃劝种麦，毋或失时”，如果错过时间，则“行罪无疑”；[⑥]仲冬之月，如果有尚未收割的庄稼，其他人可以收割，官府不予追究，如果有人侵夺他人劳动成果，则“罪之不赦”。[⑦] 让土地荒芜不耕种者，要根据所荒废的田地亩数进行处罚。“凡田不耕者，出屋粟。”[⑧]这是对普通百姓违反重农足食之制的处罚。如果国君有违反重农足食之制，则可以成为被讨伐甚至灭国的罪证。比如，商汤伐桀时，曾“作汤誓”，讨伐的理由之一就是夏桀夺民农功，而行割剥之政，“我君不恤我众，舍我啬事而

① 禹曰：“於！帝念哉！德惟善政，政在养民。水、火、金、木、土、谷，惟修；正德、利用、厚生、惟和；九功，惟叙；九叙，惟歌。戒之用休，董之用威，劝之以九歌，俾勿坏。”帝曰：“俞！地平天成，六府三事允治，万世永赖。”《尚书·大禹谟》，载《四书五经》，中国友谊出版公司1993年版，第115页。

② 武王曰：“於乎！维天阴定下民，相和其居，我不知其常伦所序。”箕子对曰：“在昔鲧堙鸿水，汩陈其五行，帝乃震怒，不从鸿范九等，常伦所斁。鲧则殛死，禹乃嗣兴。天乃锡禹鸿范九等，常伦所序。”“八政：一曰食，二曰货，三曰祀，四曰司空，五曰司徒，六曰司寇，七曰宾，八曰师。”（西汉）司马迁：《史记·宋微子世家》，中华书局2000年版，第1335－1337页。

③ 《礼记·礼运》，载《四书五经》，中国友谊出版公司1993年版，第258页。

④ 《礼记·月令》，载《四书五经》，中国友谊出版公司1993年版，第242页。

⑤ “命野虞出行田原，为天子劳农劝民，毋或失时。命司徒巡行县鄙，命农勉作，毋休于都。”《礼记·月令》，载《四书五经》，中国友谊出版公司1993年版，第243页。

⑥ 《礼记·月令》，载《四书五经》，中国友谊出版公司1993年版，第245页。

⑦ 《礼记·月令》，载《四书五经》，中国友谊出版公司1993年版，第247页。

⑧ 《周礼》（上册），徐正英、常佩雨译注，中华书局2014年版，第282页。

割政”。[1] 商汤后来把伐桀比喻为庄稼生病，谷子有糠，“肇我邦于有夏，若苗之有莠，若粟之有秕”。[2]

(二)西周粮食管理部门的分工

周王朝的先祖后稷是尧舜时期的农官。受家传之影响，周王朝非常重视农业，形成了较为完善的粮政体制。按照西周关于“五家为邻，五邻为里，四里为酂，五酂为鄙，五鄙为县，五县为遂”的组织管理体制，职官遂人在粮政领域负有“以土宜教氓稼穑，以兴锄利氓，以时器劝氓”[3]的职责。至于检查和修理农具、教导农民采取备耕措施的事务则由职官遂大夫负责，[4]庄稼的耕作情况以及农忙时节劳动力的调配问题则由职官遂师负责。[5] 此外，西周还设有专门管理水田的职官稻人，负责种植水稻，“掌稼下地。以潴畜水，以防止水，以沟荡水，以遂均水，以列舍水，以浍写水，以涉扬其芟”。[6]

在产后环节，粮食调配与计划由职官廪人负责管理。廪人“掌九谷之数”，以备国家发放俸禄、救济以及赏赐等；“以岁之上下数邦用，以知足否，以诏谷用”，据此制定适合于丰年或者荒年的不同用粮计划；如果遇到荒年，廪人可以“令邦移民就谷”，并报告君主减省国家的支出费用；“凡邦有会同、师役之事，则治其粮与其食。大祭祀，则共其接盛”。[7] 为应对多种粮食需求，西周时期建立了由职官遗人负责的多种储备：“遗人掌邦之委积，以待施惠。乡里之委积，以恤民之阨；门关之委积，以养老孤；郊里之委积，以待宾客；野鄙之委积，以待羁旅；县都之委积，以待凶荒。”[8]与职官遗人职责相关，职官仓人“掌粟入之

① (西汉)司马迁：《史记·夏本纪》，中华书局2000年版，第70页。

② 《尚书·仲虺之诰》，载《四书五经》，中国友谊出版公司1993年版，第120页。

③ 《周礼》(上册)，徐正英、常佩雨译注，中华书局2014年版，第329页。

④ 遂大夫“正岁，简稼器，修稼政”。《周礼》(上册)，徐正英、常佩雨译注，中华书局2014年版，第337页。

⑤ 遂师“巡其稼穑，而移用其民，以救其时事”。《周礼》(上册)，徐正英、常佩雨译注，中华书局2014年版，第334页。

⑥ 《周礼》(上册)，徐正英、常佩雨译注，中华书局2014年版，第351页。

⑦ 《周礼》(上册)，徐正英、常佩雨译注，中华书局2014年版，第366－367页。

⑧ 《周礼》(上册)，徐正英、常佩雨译注，中华书局2014年版，第286－287页。

藏……若谷不足,则止余法用,有余,则藏之,以待凶而颁之”。① 王宫中粮食政务由职官舍人负责。“舍人掌平宫中之政,分其财守,以法掌其出入。凡祭祀,共簠簋,实之,陈之。宾客,亦如之,共其礼车米、筥米、刍米。丧纪,共饭米、熬谷。以岁时县穜稑之种,以共王后之春献种。掌米粟之出入,辨其物。岁终,则会计其政。”②

粮食消费环节的管理分工更为精细。职官舂人负责有关舂米、舀米以及供给舂好的各种米等事务,“祭祀共其粢盛之米。宾客共其牢礼之米。凡飨食共其食米”。③ 职官饎人“掌凡祭祀共盛。共王及后之六食。凡宾客共其簠簋之实。飨、食亦如之。”④职官槁人负责当值官员的伙食,“掌共外、内朝冗食者之食。若飨耆老、孤子、士、庶子,共其食”。为了给官员发放粮食俸禄,西周还设有司禄一职。由于粮食安全状况变化需要制定不同的政策和法令,这方面的职责则由职官司稼负责。⑤

(三)粮食缴纳质与量标准的确定

粮食流通是粮食安全的重要环节之一。为方便运输,夏朝就制定了按照距离京都远近缴纳粮食的精细标准:在距离京都五百里范围内,“百里赋纳总,二百里纳铚,三百里纳秸服,四百里粟,五百里米”,⑥要求距离京都越远,缴纳的粮食越精细。

关于粮食缴纳数量,先秦时期已经开始使用斗作为计量单位。据《史记·田敬仲完世家》记载,齐国大夫田釐子“收赋税於民以小斗受之,其禀予民以大斗,行阴德於民”。⑦ 但是,在这一时期,各地的斗并未统一,斗的大小容积因区

① 《周礼》(上册),徐正英、常佩雨译注,中华书局 2014 年版,第 370 页。

② 《周礼》(上册),徐正英、常佩雨译注,中华书局 2014 年版,第 368 – 369 页。

③ 《周礼》(上册),徐正英、常佩雨译注,中华书局 2014 年版,第 372 – 373 页。

④ 《周礼》(上册),徐正英、常佩雨译注,中华书局 2014 年版,第 372 – 373 页。

⑤ 司稼“掌巡邦野之稼,而辨穜稑之种,周知其名,与其所宜地以为法,而县于邑闾”;“巡野观稼,以年之上下出敛法”;“掌均万民之食,而赒其急,而平其兴”。《周礼》(上册),徐正英、常佩雨译注,中华书局 2014 年版,第 371 – 372 页。

⑥ 《尚书·禹贡》,载《四书五经》,中国友谊出版公司 1993 年版,第 119 页。(西汉)司马迁:《史记·夏本纪》,中华书局 2000 年版,第 56 页。

⑦ (西汉)司马迁:《史记·田敬仲完世家》,中华书局 2000 年版,第 1520 页。

域不同而有差异。直到秦朝统一度量衡之后,经过汉代改革和发展,斗的标准才固定下来。据《汉书·律历志上》记载,用来衡量容积大小的器具有龠、合、升、斗、斛五种。龠的标准为"以子谷秬黍中者千有二百实其龠,以井水准其概","十龠为合,十合为升,十升为斗,十斗为斛"。当然,这些容器的制作国家也规定了严格的标准。①

## 二、始于强汉的常平仓制度

粮食安全是国家安全的重要基础。粮价是以农为本的中国传统社会的"晴雨表"。充足的粮食储备不仅是平抑粮价的重要条件,还是备荒维稳的物质基础。创立于西汉而贯穿整个封建社会的常平仓制度,与其他仓储制度相互补充,为当代中国实现粮食安全提供了历史经验。

### (一)常平仓制度的历史基础

西汉创设常平仓制度并非历史的偶然,而是对先秦粮食仓储管理经验的总结。虽然"常平仓者,乃三代圣王之遗法"②之说有些夸张,但中国仓储制度历史悠久则有充分史实支撑。据《周礼·地官》记载:"遗人掌邦之委积,以待施惠。乡里之委积,以恤民之阸;门关之委积,以养老孤;郊里之委积,以待宾客;野鄙之委积,以待羁旅;县都之委积,以待凶荒。"孙诒让解释说:"凡储聚禾米薪刍之属,通谓之委积。"③可以说,委积就是仓储制度的雏形。《礼记·月令》中也有关于仓库放粮救济穷人的记载:"天子布德行惠,命有司发仓廪,赐贫穷。"④秦朝时期,陈留"多积粟",荥阳建有敖仓,"藏粟甚多"。⑤ 秦政权还设有管仓官员,"宣曲任氏之先,为督道仓吏"。⑥ 由此我们不难看出,先秦时期我国

① (汉)班固:《汉书·律历志上》,中华书局2000年版,第839页。
② 此语系宋代司马光之语。参见(宋)马端临:《文献通考》(第1册),中华书局2011年版,第623页。
③ 《周礼》(上册),徐正英、常佩雨译注,中华书局2014年版,第286－287页。
④ 《礼记·月令》,载《四书五经》,中国友谊出版公司1993年版,第242页。
⑤ (西汉)司马迁:《史记·郦生传》,中华书局2000年版,第2080－2081页。
⑥ (西汉)司马迁:《史记·货值列传》,中华书局2000年版,第2479页。该记载之后有"秦之败也,豪杰皆争取金玉,而任氏独窖仓粟"可以印证任氏祖先为管仓官员。

已经建立了仓储制度。

历史上将仓储制度与治国理政、国计民生紧密联系在一起的“粜籴敛散”之法始于管仲和李悝。[①] 管仲和李悝的“粜籴敛散”之法并没有根本不同，仅是二者出发点不同而已。“管仲之意兼主于富国，李悝之意专主于济民。”[②]此外，李悝还为之出台相关法规。李悝首先分析了粮价的不利影响，“籴甚贵伤民，甚贱伤农；民伤则离散，农伤则国贫”，提出良好的法令要既不“伤民”又不“伤农”。李悝据此出台了平籴法令。李悝把丰年粮食产量分为上熟、中熟和下熟三等，把饥年粮食产量分为大饥、中饥和小饥三等。他以“一夫挟五口，治田百亩，岁收亩一石半”为标准，提出实行平籴法令必须考察收成的好坏：“上孰其收自四，余四百石；中孰自三，余三百石；下孰自倍，余百石。小饥则收百石，中饥七十石，大饥三十石。故大孰则上籴三而舍一，中孰则籴二，下孰则籴一，使民适足，贾平则止。小饥则发小孰之所敛、中饥则发中孰之所敛、大饥则发大孰之所敛而粜之。故虽遇饥馑水旱，籴不贵而民不散，取有余以补不足也。”[③]不难看出，李悝有关丰年、饥年的划分标准，深受《周礼》的影响。[④] 平籴法令实施的本质在于使执政者实现了社会利益的最大化：无论是市场粮价较低时，政府高价收购粮食，还是当市场粮价较高时，政府低价出售粮食，从表面来看政府是在浪费和损失之间游走，但实际上政府的社会利益远大于此，它使执政者赢得了民众的拥护和支持。管仲依靠此种方法实现了齐国称霸诸侯的目标，李悝变法后则使魏国迅速强大起来。

### （二）耿寿昌奏设常平仓

汉承秦制。西汉武帝时期，桑弘羊继承并发展管仲、李悝的“粜籴敛散”之

---

① 据《周礼·地官》的记载，职官司稼负有如下职责：通过巡行田野，视察庄稼，以一年收成的丰歉来定粜价的多少，收成少就减价粜，收成多就增价粜，从而保证灾荒之年粮食供给需要。“巡野观稼，以年之上下出敛法”；“掌均万民之食，而赒其急，而平其兴”。此可以看作管仲、李悝之思想源泉。《周礼·地官》，徐正英、常佩雨译注，中华书局 2014 年版，第 371－372 页。

② （宋）马端临：《文献通考》（第 1 册），中华书局 2011 年版，第 603 页。

③ （汉）班固：《汉书·食货志》，中华书局 2000 年版，第 949 页。

④ “凡万民之食食者，人四鬴，上也；人三鬴，中也；人二鬴，下也。”《周礼》（上册），徐正英、常佩雨译注，中华书局 2014 年版，第 3667 页。

法，创设平准法，对于平抑物价、稳定市场起到了良好效果。汉宣帝执政时期，全国粮食连年丰收，出现“谷至石五钱，农人少利”①的现象。在此背景下，时任大司农中丞耿寿昌提出设置“常平仓”的建议。

关于如何设置和运行常平仓以及汉宣帝的下诏情况，司马光在《资治通鉴》中进行了如下概括：“大司农中丞耿寿昌奏言：‘岁数丰穰，谷贱，农人少利。故事：岁漕关东谷四百万斛以给京师，用卒六万人。宜籴三辅、弘农、河东、上党、太原郡谷，足供京师，可以省关东漕卒过半。’上从其计。寿昌又白：‘令边郡皆筑仓，以谷贱增其贾而籴，以利农，谷贵时减贾而粜，名曰常平仓。’”②耿寿昌还因此获封关内侯。

### （三）汉代以后常平仓的相关法令

西汉创设的常平仓制度为后世多数政权所继承。“后汉明帝置常满仓。晋又曰常平仓，自后无闻。梁亦曰常平仓，而不籴粜。陈因之。后魏太和中，虽不名曰常平，亦各令官司籴贮，俭则出粜。隋曰常平仓。大唐武德中，置常平监官，以均天下之货……后省监，置常平署令一人，掌仓粮管钥，出纳粜籴。”③其中，西晋政权在泰始二年以诏令形式强推常平法④的做法多为后世效仿。宋真宗时期，宋政权在京东、京西、河北、河东、陕西、淮南、江南、两浙等地开始设置常平仓。具体管理办法是：“以逐州户口多少，量留上供钱一二万贯，小州或二三千贯，付司农司系帐，三司不问出入，委转运使并本州委幕职一员专掌其事。每岁秋夏加钱收籴，遇贵减价出粜，凡收籴比市价量增二五文，出粜减价亦如

---

① （汉）班固：《汉书·食货志》，中华书局2000年版，第959页。

② （宋）司马光编纂：《资治通鉴》（一），岳麓书社1990年版，第301页。

③ （唐）杜佑：《通典·常平署》（二），中华书局2016年版，第726页。

④ 泰始二年，帝乃下诏曰：“夫百姓年丰则用奢，凶荒则穷匮，是相报之理也。故古人权量国用，取赢散滞，有轻重平籴之法。理财钧施，惠而不费，政之善者也。然此事废久，天下希习其宜。加以官蓄未广，言者异同，财货未能达通其制。更令国宝散于穰岁而上不收，贫弱困于荒年而国无备。豪人富商，挟轻资，蕴重积，以管其利。故农夫苦其业，而末作不可禁也。今者省徭务本，并力垦殖，欲令农功益登，耕者益劝，而犹或腾踊，至于农人并伤。今宜通籴，以充俭乏。主者平议，具为条制。”然事竟未行。是时江南未平，朝廷厉精于稼穑。四年正月丁亥，帝亲耕藉田。庚寅，诏曰：“使四海之内，弃末反本，竞农务功，能奉宣朕志，令百姓劝事乐业者，其唯郡县长吏乎！先之劳之，在于不倦。每念其经营职事，亦为勤矣。其以中左典牧种草马，赐县令长相及郡国丞各一匹。”是岁，乃立常平仓，丰则籴，俭则粜，以利百姓。（唐）房玄龄等：《晋书·食货志》，中华书局2000年版，第509－510页。

之,所减不得过本钱。大率万户岁籴万石,止於五万石,或三年以上不经粜,即回充粮廪,别以新粟充数。”[①]

北宋之后,常平仓制度开始完备。比如,规定了籴粜价格的比例:“大定(笔者注:金世宗年号)旧制,丰年则增市价十之二以籴,俭岁则减市价十之一以出,平岁则已。”[②]明昌三年八月,金政权对常平仓的区域布局进行了规定,“遂定制,县距州六十里内就州仓,六十里外则特置”,“州县有仓仍旧,否则创置”,并调整了粮食储备数额:“旧拟备户口三月之粮,恐数多致损,改令户二万以上备三万石,一万以上备二万石,一万以下、五千以上备万五千石,五千户以下备五千石”。如果违反常平仓管理规定,要受到严厉处罚甚至刑事处罚。[③]到了清代,常平仓实行属地管理,州、县具体负责售卖存粮、平抑粮价、粮谷粮种借贷和慈善赈济。

## 三、兴于盛唐的漕运法律制度

“漕”字最早见于《诗经·邶风·击鼓》“土国成漕,我独南行”。[④]《说文解字》解释说:漕即“水转谷”,意思就是利用水路转运粮食。何为“漕运”?根据《辞海》的释义,[⑤]漕运本意指水路运输,后指历代将所征粮食解往京师或其他指定地点的运输。

### (一)唐朝建立以前的漕运法令

漕运制度具有利用水流运输物资的生产技术和国家征税组织方式的双重属性。隋朝建立以前,囿于自然地理和社会条件限制,漕运法令主要涉及两个领域:适用于赋税领域。秦二世继位以后,“关东群盗并起”,大臣们总结“盗多”的原因是“皆以戍漕转作事苦,赋税大也”。该史实表明,漕运在秦帝国时期就已经是一种赋税法制了。适用于军事领域。比如,张良力主大汉帝国定都

---

① (宋)马端临:《文献通考》(第1册),中华书局2011年版,第614页。

② 《金史·食货志》(五),中华书局2011年版,第743页。

③ 《金史·食货志》(五),中华书局2011年版,第744页。

④ 《诗经·邶风·击鼓》,载《四书五经》,中国友谊出版公司1993年版,第151页。

⑤ 《辞海》,上海辞书出版社2020年版,第324页。

关中的重要理由就是漕运便利："诸侯安定，河渭漕挽天下，西给京师；诸侯有变，顺流而下，足以委输。"[①]在论及对大汉帝国的贡献，议定"萧何第一，曹参次之"的重要理由是"军无见粮，萧何转漕关中，给食不乏"[②]。在卫青北击匈奴期间，"汉军士马死者十余万，兵甲转漕之费不与焉"[③]。若负有漕运职责的官员有失职行为，则应受军事处罚。

隋朝建立以后，漕运法令的适用范围发生了重大变化，漕运成为隋政权治国理政的重要方式。开皇三年，隋政权在中央设置募运米丁职位，主要职责是"漕关东及汾、晋之粟，以给京师"，防止京师水旱灾害。与此同时，隋政权还在"卫州置黎阳仓，洛州置河阳仓，陕州置常平仓，华州置广通仓，转相灌注"，[④]由此增强了中央财政收支的调节功能。

### （二）定型于盛唐的漕运制度

唐政权建立初期，由于"漕事简"[⑤]，故延续了之前为军事服务的功能。唐高宗以后，随着漕运逐渐发达，制定专门的漕运法令越来越迫切。唐玄宗后期至唐代宗时期，有关漕运专门法令开始出现并定型。"凡所制置，皆自晏始。"[⑥]此后，唐代的漕运法令再无重大革新。综合来看，唐代漕运法令主要内容可以归纳为如下几个方面：

1. 负责漕运的职官成为常设职务。由于京师是"万国朝宗，百代不易之所。但为秦中地狭，收粟不多，倘遇水旱，便即匮乏"，故而需要从盛产粮食的江淮区域调粮，唐政权"仍以耀卿为转运都使"[⑦]。此时，转运都使虽然是临时职务，但随着官员激增，漕运事务日益迫切，设立负责漕运事务的常设职官就显得尤为重要。据《唐会要·转运使》记载，转运使后来成为唐政权常设职务，尽

① （西汉）司马迁：《史记·留侯世家》，中华书局2000年版，第1632页。
② （西汉）司马迁：《史记·萧相国世家》，中华书局2000年版，第1613页。
③ （汉）班固：《汉书·食货志》，中华书局2000年版，第972页。
④ （唐）魏徵等：《隋书·食货志》，中华书局2000年版，第463页。
⑤ （宋）欧阳修、宋祁：《新唐书·食货志》，中华书局2000年版，第897页。
⑥ （后晋）刘昫等：《旧唐书·食货志》，中华书局2000年版，第1427页。
⑦ （唐）杜佑：《通典·漕运》（一），中华书局2016年版，第226－227页。

管名称有所变化甚至有时被取消，但一直到唐政权灭亡仍为必设职官。[①] 此后，刘晏长期担任转运使并对漕运进行重大改革。

2. 建立了相对固定的时限准则。关于供给时限，据《通典·食货六》记载，“诸租，准州土收获早晚，斟量路程崄易远近，次第分配。本州收获讫发遣，十一月起输，正月三十日内纳毕。（若江南诸州从水路运送，冬月水浅，上埭艰难者，四月以后运送，五月三十日内纳了。）其输本州者，十二月三十日内纳毕。若无粟之乡，输稻麦，随熟即输，不拘此限”。至于军粮，则“便充随近”。关于在途时限，唐律根据船只轻重以及运输方向进行了不同规范。如果是重船，“舟之重者，泝（笔者注：同‘溯’）河日三十里，江四十里，余水四十五里”；如果是空船，“空舟泝河四十里，江五十里，余水六十里”。对于顺流运输者，“沿流之舟则轻重同制，河日一百五十里，江一百里，余水七十里”。此外，还对漕运遇到大风、水浅等特殊情况，明确要求做好登记工作。“若遇风、水浅不得行者，即于随近官司申牒验记，听折半功。”[②]

3. 规定了相对固定的漕运额度。唐代以前，漕运额度以满足军事需要为限。唐代以后，漕运额度有了明确标准，并且该标准是一个动态标准。比如，唐玄宗时期，“东都含嘉仓积江淮之米，载以大舆而西，至于陕三百里，率两斛计佣钱千”。[③] 再比如，唐代宗时期，“每岁运江淮米五十万斛，至河阴留十万，四十万送渭仓”。[④] 据此，可以推断出唐代从江淮至渭仓的漕运额度为岁运四十万斛。为保证漕运额度的准确执行，唐律还以“输课税物违期”名义对未能完成输纳任务的官吏和户主进行处罚。[⑤] 如果不按期运输，则按照违反“应输课税”[⑥]进行刑事处罚。

4. 建立了相对成熟的运输规范。一是建立了官船经营漕运制度。针对各

① 参见（宋）王溥：《唐会要》（下），中华书局1960年版，第1599－1602页。

② 《唐六典·尚书户部》，中华书局2014年版，第80页。

③ （后晋）刘昫等：《旧唐书·食货志》，中华书局2000年版，第1427页。

④ （后晋）刘昫等：《旧唐书·食货志》，中华书局2000年版，第1429页。

⑤ “诸部内输课税之物违期不充者，以十分论，一分笞四十，一分加一等。州县皆以长官为首，佐职以下，节级连坐。”“户主不充者，笞四十。”《唐律疏议·户婚》第174条，岳纯之点校，上海古籍出版社2013年版，第212页。

⑥ “诸应输课税及入官之物，而回避、诈匿不输，或巧伪湿恶者，计所阙，准盗论。主司知情，与同罪；不知情，减四等。”《唐律疏议·户婚》第217条，岳纯之点校，上海古籍出版社2013年版，第247页。

地征召富人承包漕运事务的弊端，刘晏进行改革，实行“以官船漕”。① 如果私自雇下属运输，则按照违反“监邻官僦运租税”条进行刑事处罚。② 二是规定了漕运船只的标准。“每船受千斛，十船为纲，每纲三百人，篙工五十。”③随船人员不得携带过多私人物品，否则按照违反唐律“乘官船衣粮”条处罚。④ 三是建立了漕运衔接制度。据记载，经过刘晏改革，“江船不入汴，汴船不入河，河船不入渭；江南之运积扬州，汴河之运积河阴，河船之运积渭口，渭船之运入太仓”，实现了“岁转粟百一十万石，无升斗溺者”目标。⑤ 如果“茹船不如法”，则要处以笞刑或者杖刑。⑥

5. 建立了严格的仓储管理规范。唐律建立了较为完整的仓储管理规范，并对违反者实行严厉处罚。比如，对损败仓库积聚物者按贪污处理，“诸仓库及积聚财物、安置不如法，若暴不以时，致有损败者，计所损败坐赃论”。⑦ 违反“库藏仓不得燃火”规定者，“诸库藏及仓内，皆不得燃火。违者徒一年”。⑧ 如果官府仓库失火，则“诸于官府廨院及仓库内失火者，徒二年；在宫内，加二等（庙、社内亦同）；损害赃重者，坐赃论；杀伤人者，减斗杀伤一等。延烧庙及宫阙者，绞；社，减一等”。⑨

6. 建立了严格的河道管理规范。为防止因水少影响漕运，唐政权设专职禁止在漕运河段引溉，以加强监管。比如，“分官吏主丹杨湖，禁引溉”；⑩“是时，

---

① （宋）欧阳修、宋祁：《新唐书·刘晏传》，中华书局2000年版，第3754页。

② “诸监临、主守之官皆不得于所部僦运租税、课物，违者，计所利坐赃论。其在官非监临，减一等。主司知情，各减一等。”《唐律疏议·户婚》第218条，岳纯之点校，上海古籍出版社2013年版，第247页。

③ （宋）欧阳修、宋祁：《新唐书·食货志》，中华书局2000年版，第899页。

④ “诸应乘官船者，听载衣粮二百斤。违限私载，若受寄及寄之者，五十斤及一人，各笞五十；一百斤及二人，各杖一百（但载即坐。若家人随从者，勿论）。每一百斤及二人，各加一等，罪止徒二年。”《唐律疏议·杂律》第426条，岳纯之点校，上海古籍出版社2013年版，第431页。

⑤ （宋）欧阳修、宋祁：《新唐书·食货志》，中华书局2000年版，第899页。

⑥ “诸船人行船，茹船、写漏、安标、宿止不如法，若船伐应回避而不回避者，笞五十；以故损失官私财物者，坐赃论减五等；杀伤人者，减斗杀伤三等。”“其于湍碛尤难之处致有损害者，又减二等。监当主司，各减一等。卒遇风浪者，勿论。”《唐律疏议·杂律》第427条，岳纯之点校，上海古籍出版社2013年版，第432－433页。

⑦ 《唐律疏议·厩库》第214条，岳纯之点校，上海古籍出版社2013年版，第246页。

⑧ 《唐律疏议·厩库》第429条，岳纯之点校，上海古籍出版社2013年版，第434页。

⑨ 《唐律疏议·厩库》第431条，岳纯之点校，上海古籍出版社2013年版，第435页。

⑩ （宋）欧阳修、宋祁：《新唐书·食货志》，中华书局2000年版，第899页。

汴宋节度使春夏遣官监汴水,察盗灌溉者"。① 与此同时,唐政权还加强对漕运沿线堤坝的维护,失职或者渎职者将受到刑事处罚,私自破坏堤防者也要受到刑事处罚。②

(三)唐代漕运制度的历史影响

唐代漕运法令对唐代社会的影响。通观唐代漕运法令的历史脉络,不难发现其在初期和鼎盛时期对于推动唐代经济社会发展起到了调节食货、强国利民的积极作用。这种作用正如刘晏在推行漕运改革前的上书所说:"京师三辅,苦税入之重,淮、湖粟至,可减徭赋半,为一利;东都凋破,百户无一存,若漕路流通,则聚落邑廛渐可还定,为二利;诸将有不廷,戎虏有侵盗,闻我贡输错入,军食丰衍,可以震耀夷夏,为三利;若舟车既通,百货杂集,航海梯峤,可追贞观、永徽之盛,为四利。"③概括起来,这种作用就是可以使关中赋税减少一半;可以带动漕运沿线的经济发展;可以强化军事补给;可以通过优化资源实现国家强盛。唐朝后期,伴随着国力逐渐衰退,依靠国家强制力推行的漕运法令逐渐凸显了攫取资源、上下争利的负面作用,成为统治者巩固统治地位的物资保障工具,构成唐末社会矛盾激化的重要因素。

唐代漕运法令对宋代漕运制度内容产生的重要影响。宋代承袭了唐代漕运法令的体系与内容,在把令作为漕运制度主要运行依据外,还丰富了漕运法令的制度内容。主要体现在:(1)关于漕运人员的法令。一是禁止利用漕运事务扰民以利农业生产。比如乾德六年,宋太祖曾经下诏"王者之道,使人以时,非惟不夺于农功,亦冀无烦于民力。自今应诸道、州、府、军、县上供钱帛,并官

---

① (宋)欧阳修、宋祁:《新唐书·食货志》,中华书局2000年版,第900页。

② "诸不修隄防及修而失时者,主司杖七十;毁害人家、漂失财物者,坐赃论减五等;以故杀伤人者,减斗杀伤罪三等。谓水流漂害于人。即人自涉而死者,非。即水雨过常,非人力所防者,勿论。""其津济之处,应造桥、航及应置船、筏而不造、置,及擅移桥济者,杖七十;停废行人者,杖一百。"《唐律疏议·户婚》第424条,岳纯之点校,上海古籍出版社2013年版,第429-430页。"诸盗决隄防者,杖一百;谓盗水以供私用。若为官检校,虽供官用,亦是。若毁害人家及漂失财物,赃重者,坐赃论;以故杀伤人者,减斗杀伤罪一等。若通水入人家致毁害者,亦如之。""其故决隄防者,徒三年;漂失赃重者,准盗论;以故杀伤人者,以故杀伤论。"《唐律疏议·户婚》第424条,岳纯之点校,上海古籍出版社2013年版,第430-431页。

③ (宋)欧阳修、宋祁:《新唐书·刘晏传》,中华书局2000年版,第3752页。

备车乘辇送。其西川诸州合般钱物,即于水路官自漕运,不得差扰所在民人”,并“于逐处粉壁揭示诏书”。[①] 二是禁止转运使私自任用官员。雍熙四年,针对有关涉及漕运官员的推荐多为“亲党”,宋太宗下诏:“自今诸路转运使及州郡长吏,并不得擅举人充部内官,其有阙员,即时具奏。”[②]此外,宋真宗还颁布禁令:“禁诸路转运使副、诸州官吏与管内官属结亲,违者重置其罪。”[③](2)关于漕运载物的法令。北宋初期实行严格的禁载令,后来逐渐放宽,允许漕船装运私物,但不能超过限度。《宋刑统》继受了《唐律疏议》有关“乘官船衣粮”的规定。[④] 到宋仁宗时期,“自今应请般小河运粮盐人员坐船,许令只装一半官物,余一半即令乘载家计物色,所贵人员易为部辖,免致兵梢论诉”。[⑤] 允许利用漕运装载私货的法令对宋代商业发达起到了极其重要的作用。(3)关于漕运奖惩的法令。这方面主要是对漕运官员的奖惩:一是严惩利用漕运牟取私利行为。比如,当发现汴河挽舟卒“蓝缕枯瘠”的原因是“主粮吏率取其口食”时,宋太宗“捕鞫得实,断腕徇河上三日而后斩之,押运者杖配商州”。雍熙四年,“主纲吏卒盗用官物,及用水土杂糅官米,故毁败舟船致沉溺者,弃市,募告者厚赏之”。[⑥] 二是漕运效果直接与官员升迁挂钩。如果漕运粮食出现损失,则有可能被降官。“其专置提辖官在路抛失,自今计本路年额,以十分为率责罚,令发运司具奏。三厘展磨勘三年,五厘降一官,一分取旨。”[⑦]如果漕粮受潮没有及时晾干,则押纲人员便是失职,要受笞杖处罚。而对漕运没有损失或者损失少者,则给予相遇奖励。比如宋真宗曾下诏:“自今后一年般运无疏失者,其部辖殿侍、三司军大将、纲官、纲副每月增给缗钱。”[⑧]而针对举报非法买卖漕粮的行

---

① 《宋会要辑稿》(第12卷),食货四二,漕运一,上海古籍出版社2014年版,第6937页。

② (宋)马端临:《文献通考》(第2册),中华书局2011年版,第1103页。

③ 《宋会要辑稿》(第14卷),刑法二,上海古籍出版社2014年版,第8285页。

④ 《唐律疏议》第426条关于“乘官船衣粮”规定:“诸应乘官船者,听载衣粮二百斤。违限私载,若受寄及寄之者,五十斤及一人,各笞五十;一百斤及二人,各杖一百(但载即坐。若家人随从者,勿论。)每一百斤及二人,各加一等,罪止徒二年。”《宋刑统》的规定与之完全相同。参见《宋刑统》,薛梅卿点校,法律出版社1999年版,第491页。

⑤ 《宋会要辑稿》(第12卷),食货四六,水运一,上海古籍出版社2014年版,第7037页。

⑥ 《宋史·食货志》,中华书局2000年版,第2848页。

⑦ 《宋会要辑稿》(第12卷),食货四三,漕运二,上海古籍出版社2014年版,第6971页。

⑧ 《宋会要辑稿》(第12卷),食货四六,漕运一,上海古籍出版社2014年版,第7031页。

为,则给予奖励:“欲今后委逐路官司觉察,沿流人户买官物一升,赏钱十贯;一斗,赏钱五十贯;至三百贯止。买卖人决配千里外,邻人知情与同罪,不知情减一等。许诸人告捕,犯人自首与免罪。”①此外,针对漕运过程中可能发生盗窃、失火等情况,宋代还颁布了许多管理诏令。可以说,在唐代兴起的漕运法令,在宋代得到了巩固和发展,为元明清三代漕运法令的发展奠定了坚实基础。

## 四、古代粮政的节约赈灾法令

人类社会并非一直在风调雨顺的年景中发展,灾荒饥饿的岁月才是历史的常态。我国古代粮政史上出现了许多厉行节约、施粥养恤、赈灾救济等方面的法令。

### (一)减少粮食消费

每当遇到粮荒,我国封建君主们的应对措施之一就是下诏“减膳”。从历史上来看,“减膳”的目的有两种:第一种是通过公开宣布减少粮食消费展现德政,表达与臣民共渡难关的决心,以巩固统治基础;第二种则是运用权力“减膳”继续满足其奢侈需要。现将部分史实列举如下以作印证。

“减膳”以展现德政的史实:本始四年春正月,汉宣帝下诏“减膳”:“盖闻农者兴德之本也,今岁不登……其令太官损膳省宰,乐府减乐人,使归就农业。”②汉元帝初元元年,“六月,以民疾疫,令大官损膳,减乐府员,省苑马,以振困乏”。③ 晋武帝咸宁五年三月,“以百姓饥馑,减御膳之半”。④ 咸和九年,东晋大汉,成帝“诏太官彻膳……贬费节用”。⑤ 唐朝时期,多位皇帝在位期间下诏

① 《宋会要辑稿》(第12卷),食货四七,水运二,上海古籍出版社2014年版,第7054页。

② (汉)班固:《汉书·宣帝纪》,中华书局2000年版,第172页。

③ (汉)班固:《汉书·元帝纪》,中华书局2000年版,第197页。

④ (唐)房玄龄等:《晋书·武帝纪》,中华书局2000年版,第46页。

⑤ (唐)房玄龄等:《晋书·成帝纪》,中华书局2000年版,第115页。笔者认为此处“彻”应为“撤”,可能是该简体版本改版时有误。

"减膳"：唐太宗先后四次下诏"减膳"，[①]唐高宗先后八次下诏"减膳"。[②] 在此之后的唐中宗、唐睿宗、唐玄宗、唐文宗、唐僖宗、唐昭宗、宋英宗、宋高宗、宋孝宗、金世宗、金章宗、明太祖、明宪宗等帝王也都曾下诏"减膳"。北齐天统帝时期也曾"减膳"，但是其目的是满足其奢侈需要。"财用不给，乃减朝士之禄，断诸曹粮膳、及九州军人常赐以供之。"[③]当然，这样做的帝王属于极少数。

帝王们"减膳"也有一定标准，如唐德宗贞元二年下诏"减膳"的标准为"减御膳之半"[④]；宋仁宗遇天灾多次下诏"减常膳"[⑤]，规定"减常膳"开始时间，如嘉祐三年闰月庚辰下诏："明年正旦日食，其自丁亥避正殿，减常膳。"[⑥]

### （二）禁止酿酒

禁止酿酒有利于减少粮食消耗。根据汉律规定，"律，稻米一斗得酒一斗为上尊，稷米一斗得酒一斗为中尊，粟米一斗得酒一斗为下尊"。[⑦] 每当遇到灾荒，下令禁酒就成为历代政权的通常做法。当然，禁酒令还有其他目的，比如防止酒后聚众闹事、防止百官酒后妄议朝政。[⑧] 因此，与禁酒令相配套，历代政权还规定了罚款、没收酿酒器具、没收酿酒收入等处罚措施，有的甚至对严重违反者还处以死刑。现列举部分禁酒法令具体如下。

《尚书·酒诰》规定，只有祭祀时才可以饮酒，同时要减少酿酒，爱惜粮

---

① 时间分别为贞观元年十月丁酉、十三年五月甲寅、十五年六月丙辰、十七年六月甲午。参见（宋）欧阳修、宋祁：《新唐书·太宗本纪》，中华书局2000年版，第18、24、26、27页。

② 时间分别为永徽三年正月甲子、永徽四年四月甲辰、乾封二年七月己卯、乾封二年正月丁丑、总章元年四月丙辰、咸亨元年八月丙寅、上元二年四月丙戌、仪凤元年八月庚子。参见（宋）欧阳修、宋祁：《新唐书·高宗本纪》，中华书局2000年版，第35、42、43、44、46页。

③ （唐）魏徵等：《隋书·食货志》，中华书局2000年版，第460页。

④ （宋）欧阳修、宋祁：《新唐书·德宗本纪》，中华书局2000年版，第123页。

⑤ 《宋史·仁宗纪》，中华书局2000年版，第121、133、149、157页。

⑥ 《宋史·仁宗纪》，中华书局2000年版，第162页。

⑦ （汉）班固：《汉书·平当传》，中华书局2000年版，第2288页。

⑧ 北魏"太安四年，始设酒禁"。原因是当时连年丰收，"士民多因酒致酗讼，或议主政"，北魏高宗皇帝故而下诏禁酒，"酿、沽饮皆斩之"，只有在"吉凶宾亲"才可开禁。（北齐）魏收：《魏书·刑罚志》，中华书局2000年版，第1922页。

食,[①]如果聚众饮酒就要处以死刑。"'群饮。'汝勿佚。尽执拘以归于周,予其杀。"[②]西汉时期,"汉律三人已上无故群饮,罚金四两"。[③] 此后,汉景帝、汉武帝、汉宣帝、汉和帝、汉桓帝等帝王都曾下令禁酒。三国时期,刘备的禁酒令更为严厉:"天旱禁酒,酿者有刑",甚至有酿酒工具也要处罚。[④] 曹魏政权则设有禁酒令。[⑤] 元嘉年间,"三吴水淹",大臣田亮建议禁酒,"酒有喉唇之利,而非餐饵所资,尤宜禁断,以息游费"。南朝宋文帝同意"即并施行"。[⑥] 北齐天统帝五年"冬十月壬戌,诏禁造酒"。[⑦] 唐高祖武德年间,"以谷贵,禁关内屠酤"。[⑧] 宋朝时期禁酒虽有牟利目的,但依旧规定用来备荒的仓粮是不能拿来酿酒的,"诸州官酿所费谷麦,准常籴以给,不得用仓储"。辽兴宗时期,"禁诸职官不得擅造酒糜谷"。[⑨] 与历代政权禁酒令相比,明朝洪武年间的禁酒令不仅严厉,还从酿酒原料开始禁止,"其令农民今岁无得种糯,以塞造酒之源"。[⑩] 据《明史·胡大海传》记载,明太祖朱元璋在处决因违反禁酒令的胡大海独子时说:"宁可使大海叛我,不可使我法不行。"[⑪]

### (三)施粥养恤

当灾荒来临时,古代政权把施粥作为最直接惠及天下的救灾办法。据《礼记·檀弓下》记载,公叔文子过世后,其子向国君请求赐予谥号时,卫国国君以

---

① "文王诰教:小子有正有事,无彝酒……惟曰我民迪小子,惟土物爱,厥心臧。"《尚书·酒诰》,载《四书五经》,中国友谊出版公司1993年版,第133页。

② 《尚书·酒诰》,载《四书五经》,中国友谊出版公司1993年版,第134页。

③ (西汉)司马迁:《史记·文帝本纪》,中华书局2000年版,第294页。

④ "吏于人家索得酿具,论者欲令与作酒者同罚。"(晋)陈寿:《三国志·简雍传》,中华书局2000年版,第720页。

⑤ "其余未宜除者,若军事、田农、酤酒,未得皆从人心,权设其法,太平当除,故不入律,悉以为令。"(唐)房玄龄等:《晋书·刑法志》,中华书局2000年版,第603页。

⑥ (梁)沈约:《宋书·自序·田子子亮传》,中华书局2000年版,第1633页。

⑦ (唐)李百药:《北齐书·后主幼主纪》,中华书局2000年版,第68页。

⑧ (宋)欧阳修、宋祁:《新唐书·高祖本纪》,中华书局2000年版,第6页。

⑨ 《辽史·食货志》,中华书局2000年版,第566页。

⑩ (明)余纪登:《典故纪闻》卷一,中华书局1981年版,第9页。

⑪ (清)张廷玉等:《明史·胡大海传》,中华书局2000年版,第2575页。

其在荒年曾经有过为国施粥之德行而认为"惠"。[①] 除此之外,执政者还多次就施粥颁布诏令。

东汉末年,旱灾异常严重,"谷一斛五十万,豆麦一斛二十万,人相食啖,白骨委积",汉献帝下令"使侍御史侯汶出太仓米豆,为饥人做糜粥,经日而死者无降"。汉献帝感觉有问题,"乃亲于御座前量试做糜,乃知非实",于是让有关部门对其进行批评,而对直接主管侯汶则下诏"未忍致汶于理,可杖五十"。太和七年,北魏孝文帝"以冀、定二州饥,诏郡县为粥于路以食之,又弛关津之禁"。[②] 建隆元年四月,宋太祖"遣使分诣京城门,赐饥民粥"。[③] 景祐元年正月,宋仁宗"诏开封府界诸县作糜粥以济饥民,诸灾伤州军亦如之"。[④]

古代政权不仅重视施粥,而且还对施粥的时间和地点作出规定。比如,承安二年十月,天降大雪,金章宗"以米千石赐普济院,令为粥以食贫民"。[⑤] 承安四年,"十一月乙未,敕京、府、州、县设普济院,每岁十月至明年四月设粥,以食贫民"。[⑥] 泰和五年三月,金章宗"命给米诸寺,自十月十五日至次年正月十五日作糜以食贫民"。[⑦] 明代则形成了较为完备的粥厂制度。

除上述措施之外,古代还出台了具体的赈米法令。比如,《左传》襄公二十九年,郑国出现饥荒,"子皮以子展之命,饩国人粟,户一钟"。[⑧] 明朝初年,振米之法更为具体:"大口六斗,小口三斗,五岁以下不与。永乐以后,减其数。"明朝还允许纳米振济赎罪:"纳米振济赎罪者,景帝时,杂犯死罪六十石,流徒减三之一,馀递减有差。"[⑨]

---

① 公叔文子卒,其子戍请谥于君曰:"日月有时,将葬矣。请所以易其名者。"君曰:"昔者卫国凶饥,夫子为粥与国之饿者,是不亦惠乎?昔者卫国有难,夫子以其死卫寡人,不亦贞乎?夫子听卫国之政,修其班制,以与四邻交,卫国之社稷不辱,不亦文乎?故谓夫子'贞惠文子'。"《礼记·檀弓下》,载《四书五经》,中国友谊出版公司1993年版,第231页。

② "六月,定州上言,为粥所活九十四万七千余口。""九月壬寅……冀州上言,为粥所活七十五万一千七百余口。"(唐)李延寿:《北史·魏本纪》,中华书局2000年版,第64-65页。

③ 《宋史·太祖本纪》,中华书局2000年版,第4页。

④ 《宋史·仁宗本纪》,中华书局2000年版,第132页。

⑤ 《金史·章宗本纪》,中华书局2000年版,第160页。

⑥ 《金史·章宗本纪》,中华书局2000年版,第166页。

⑦ 《金史·章宗本纪》,中华书局2000年版,第179页。

⑧ 《左传》,载《四书五经》,中国友谊出版公司1993年版,第529页。

⑨ (清)张廷玉等:《明史·食货志》,中华书局2000年版,第1273-1274页。

## 五、传统中国的其他粮食法令

当然,本研究只是对中国传统社会重要的粮食法令作一简要而粗陋的梳理,以期窥一斑而知中国粮食本土法治资源之丰富。如果再把粮食与其他法令结合起来,则有新的认识。基于此考虑,下文以"'粮价是百价之基'的制度溯源"为题进行商榷。这里面临的首要问题就是何谓"粮价是百价之基"?一般认为,"粮价是百价之基"是指粮食供给和粮价对食品价格乃至城乡居民消费价格存在较大影响。其实,"粮价是百价之基"之说远远不能够体现出粮食的重要价值。从历史上来看,"粮价是百价之基"的说法乃是出现在统购统销政策实行之后,在新中国成立之前,粮价何止是百价之基,乃是"万价之基"。例如,据有关文献,人们对粮食的定位是"王者以民人为天,而民人以食为天"①、"五谷者,万物之主也。谷贵则万物必贱,谷贱则万物必贵"②、"五谷者万民之命,国之重宝"③等,并且这种认识和定位体现在国家相关制度设计中。

### (一)粮食实物长期是赋税制度主要缴纳对象

粮食作为税种可以溯源至夏代。《尚书·禹贡》记载:"禹别九州,随山浚川,任土作贡。"据有关研究,这就是我国最早的赋税制度,其基本内容是各州缴纳赋税"以农产谷物为标准,因地制宜,定其贡赋的差等为三等九级"。④另据《史记·殷本纪》关于"厚赋税以实鹿台之钱,而盈巨桥之粟"⑤之记载,更进一步印证了当时殷商政权征收为粮食实物税。进入封建社会以后,缴纳粮食实物税成为历代政权的主要税种,这就是历史上延续至21世纪初期的"皇粮国税"(当然,其间也有以银两、劳役等其他缴纳方式)。即使农民租种地主土地,地主一般也是以粮食实物作为收纳对象。为保障缴纳工作顺利进行,历代政权都对收粮时限等方面作出了较为详细的规定。如《大明律》"收粮违限"条即是

① (西汉)司马迁:《史记·郦生陆贾列传》,中华书局2000年版,第2081页。

② (春秋)管仲:《管子·国蓄》,北方文艺出版社2016年版,第395页。

③ 《范子计然》,载《太平御览》卷837,中华书局1960年版,第3740页。

④ 徐世钜:《夏、商、周赋税制度综述》,载《税务研究》1985年第4期。

⑤ (西汉)司马迁:《史记·殷本纪》,中华书局2000年版,第76页。

例证，明政权还出台了《收粮违限条例》。①

与中国古代社会不同的是，新中国成立以后，人们继承了根据地时期传统，一般把以粮食实物缴纳的农业税称为“公粮”。据《农业税条例》第 24 条规定，粮食是农业税缴纳首选，其次才是其他农产品或者货币：“农业税以征收粮食为主。对于交纳粮食有困难的纳税人，可以改征其他农产品或者现款。”无论是生产队时期还是实行土地家庭承包经营初期，农村社队和农民排队缴纳公粮成为特定时期的历史写照。2005 年 12 月，全国人大常委会通过废止《农业税条例》的决定，自 2006 年 1 月 1 日起在全国范围内取消农业税（粮食实物税），彻底废除延续数千年之久的“皇粮国税”，终结了粮食实物作为赋税缴纳对象。

### （二）粮食实物长期作为薪俸制度主要载体

与赋税制度相并行的是，粮食实物也体现在公职人员的薪俸制度中。《汉书·食货志》记载：“于是文帝从错之言，令民入粟边，六百石爵上造，稍增至四千石为五大夫，万二千石为大庶长，各以多少级数为差。”②魏孝文帝执政时期，曾经“户增调三匹、谷二斛九斗，以为官司之禄”。③ 五柳先生陶渊明曾经慨叹“我不能为五斗米折腰向乡里小人”，“即日解印绶去职”，④从一个侧面也证明了当时公职人员的薪俸是粮食实物。唐朝建立以后，“武德元年，文武官给禄，颇减隋制，一品七百石，从一品六百石，二品五百石，从二品四百六十石，三品四百石，从三品三百六十石，四品三百石，从四品二百六十石，五品二百石，从五品

① 《大明律》“收粮违限”条：“凡收夏税，于五月二十五日开仓，七月终齐足。秋粮，十月初一日开仓，十二月终齐足。如早收去处，预先收受者，不拘此律。若夏税违限，至八月终，秋粮违限，至次年正月终，不足者，其提调部粮官吏典，分催里长、欠粮人户，各以十分为率，一分不足者，杖六十，每一分，加一等，罪止杖一百。受财者，计赃以枉法从重论。若违限，一年之上不足者，人户、里长，杖一百，迁徙。提调部粮官、吏典，处绞。”《大明律》，怀效锋点校，法律出版社 1999 年版，第 68 页。“收粮违限条例”：“各处势豪大户，无故恃顽不纳本户秋粮五十石以上，问罪，监追完日，发附近，二百石以上，发边卫，俱充军。如三月之内能完纳者，照常发落。”“各处势豪大户，敢有不行运赴官仓，逼军私兑者，比照不纳秋粮事例，问拟充军。如掌印、管粮官不即申达区处，纵容迟误，一百石以上者，提问，住俸一年；二百石以上者，提问，降二级；三百石以上者，比照罢软事例罢黜。”《大明律》，怀效锋点校，法律出版社 1999 年版，第 374 页。

② （汉）班固：《汉书·食货志》，中华书局 2000 年版，第 955 页。

③ （北齐）魏收：《魏书·高祖纪第七上》，中华书局 2000 年版，第 103 页。

④ （梁）沈约：《宋书·陶潜传》，中华书局 2000 年版，第 1523 页。

百六十石，六品百石，从六品九十石，七品八十石，从七品七十石，八品六十石，从八品五十石，九品四十石，从九品三十石，皆以岁给之”。① 从该史料不仅看出唐代官吏按照官阶领取不同的俸禄，还可以看出他们领取的俸禄是粮食实物。宋代则“禄粟，自宰相至入内高品十八等”。② 明清时期，国家在京城还设立专门为朝廷官员和皇族发放俸禄的“禄米仓”。粮食实物作为俸禄制度的载体，还体现在民俗民谚中，比如称呼在官府当差的人为“吃皇粮”，称呼外出谋生为“找碗饭吃”。应该说，我国古代长期以粮食实物作为公职人员的薪俸，较好地解决了因通货膨胀而致使公职人员生活水准降低的问题。民国时期，粮食实物依旧是公职人员领取薪俸的重要方式。如 1944 年民国政府颁布的《各省省政府处理县市公粮办法》规定：文职人员、教职员及警察局所队官佐食米 5 市斗，公费学生食米 2 市斗 3 升，公役食米 2 市斗 5 升。

新中国成立以后，根据政务院 1950 年颁布的《关于中央直属机关新参加工作人员工资标准的试行规定》，国家机关工作人员的生活费连同津贴，一律折成小米数，实行以供给制为基础的“包干制”。当时其他职工也是以粮食实物作为津贴。据 1949 年 7 月在郑州铁路医院参加工作的退休工人王先生介绍：参加工作以后，“当时享受每月 3 斤米、1 袋面、200 公斤煤和 8 元钱的津贴”。③ 统购统销政策实行以后，城镇居民供应按照劳动强度和年龄分为 9 个等级，每人每月可以分配数额不等的粮票。更为重要的是，当时公职人员的工资、各类消费品等，制定价格时都以粮价为标准确定其比价关系。“粮食定、天下定”政策成功实施，加上国家低物价保持数十年长期史实，“粮价为百价之基”正式形成并逐渐成为社会广泛共识。

### （三）粮食实物长期作为一般等价物客观存在

“粮价是百价之基”共识的形成还与粮食实物长期作为一般等价物密切相关。随着人类交换活动的发展和早期商品市场的出现，粮食实物就发挥了货币

① （宋）欧阳修、宋祁：《新唐书·食货志》，中华书局 2000 年版，第 915 页。

② 《宋史·职官志》，中华书局 2000 年版，第 2759 页。

③ 《享受薪粮制的干部不能办离休》，载《中国社会保障》2002 年第 8 期。

支付和储藏手段等功能。比如,《诗经·小雅·小宛》有关"握粟出卜,自何能谷"[①]的记载,就反映了当时人们以"粟"作为占卜支付手段。据费孝通先生有关"货币在农村中"的研究,货币在自给经济占主导的农村流通是受限的,人们可以货物、服役等其他方式来实现支付。费孝通先生列举了几个例子,如所调查的云南农村田租全是以谷子计算,借债的利息也多以谷子计算;在贸易机构"街子","在这地方米和盛米的竹篓是直接交换的,不需要货币作媒介的,一个竹篓值多少米大家承认的"。[②] 近代以来,由于战乱频繁、自然灾害时有发生,粮食作为一般等价物的功能被发挥到极致(甚至成为男女结婚的聘礼[③]),特别是在"法币""金圆券"贬值以后,各地都把囤积粮食等实物作为应对粮荒、通货膨胀的不二选择。实行统购统销政策以后,我国农村存在的少量交易也多以粮食实物作为一般等价物。在逢年过节串门走亲戚时,人们也多以粮食实物作为礼品。粮食作为一般等价物,甚至有的演绎到对人的称呼上,比如有的农村称呼女儿为"麻烫篮",意思就是女儿出嫁以后回娘家省亲一般携带粮食实物"麻烫"作为礼品,人们就用"麻烫蓝"来指代女儿。

综合来看,"粮价是百价之基"是由于农耕社会的生产力所限所形成的社会共识。它不仅与人们的财产收入途径单一密切相关,与人们消费以粮食为主密切相关,还与国家抗风险能力较弱密切相关。新中国成立以后一段时期,我国温饱问题没有得到妥善解决、粮食是人们的主要消费品、农业收入长期为国民经济主要来源,更是让"粮价是百价之基"不仅影响了国家有关粮食安全政策决策,也让这种观念在社会大众中间根深蒂固。

## 六、对当代粮食安全保障立法的启示与借鉴

纵观数千年中国古代粮食立法史,不仅形成了丰富的中国本土法治资源宝库,还为当代粮食安全保障立法提供了重要启示和借鉴。

---

① 《诗经·小雅·小宛》,载《四书五经》,中国友谊出版公司1993年版,第182页。

② 费孝通:《乡土中国》,上海人民出版社2008年版,第193－196页。

③ 电视剧《闯关东》开头"朱传文娶亲"就是以小米作为聘礼的。

### (一)建议将多途径筹措粮源纳入粮食安全保障立法

粮食安全保障立法要破解的首要问题是何为粮食安全。笔者曾经从“食为政首”角度给粮食安全下过如下定义:粮食安全,是指各级人民政府通过制定政策,采取经济、法律、行政等多种手段保障本辖区内居民生活和社会生产对粮食基本需求持续得到满足的过程,从而使国家利益处于没有危险和不受内外威胁的状态。[①] 从本原意义上来讲,我认为粮食安全是指有数量充足、质量健康的粮食,而这些粮食又能够顺畅、及时、合法到达需要者手里。至于粮源是生产而来,还是贸易所得,抑或节约所剩,只是人们获得粮源的具体方式不同,拥有粮食才是问题的本质所在。从中国古代粮食立法史不难看出,在先秦时期中国就设置了主管粮食生产的遂人、遂师、遂大夫、稻人、司稼等农官,此后政权以激励粮食生产为中心实行多种变法,实行重农抑商政策,为通过粮食生产获得粮源提供了法治保障。每逢遇到大灾或者其他特殊情况,统治者通过“减膳”“禁止酿酒”等方式获得粮源成为历代定制。有鉴于此,笔者建议粮食安全保障立法在进行相关制度设计时,应“开源”与“节流”并重设计粮源制度,实现粮食生产、进出口、节约以及限制深加工等粮源渠道的法治化。

### (二)建议将多方式激励流通纳入粮食安全保障立法

如果仅有充足的粮源还不能说实现了粮食安全,还需要把粮源能够到达需要者手里,以及时满足其消费需要。这样,流通就极为必要了。当然,粮食能够顺畅、及时地到达需要者手里的方式也有多种选择,至于是购买、赈济或者其他方式也不是问题的本质,只要是合法地满足了消费者的粮食需要就可以说实现粮食安全了。中国古代的漕运、陆运、海运等方面法令,按距离设置粮仓、按人口确定区域储备量成为定制,甚至在“论功行赏”(比如萧何功绩的确定)都是激励粮食流通有益的法治资源。笔者建议粮食安全保障立法要重视流通环节的设计,不仅要有保障高效的现代化流通设施制度设计,还要兼顾在特殊状态下“施粥”等制度设计,同时粮仓布局、加工能力分布等也要有相应的制度保

---

① 穆中杰:《新时代粮食安全保障法体系构建研究》,郑州大学出版社 2020 年版,第 9 页。

障，并对激励和惩戒机制进行统筹设计。

### （三）建议将多类型丰富储备纳入粮食安全保障立法

粮食既是国家安全的重要基础，又是最基本的民生需求。囿于粮食生产的季节规律、商人囤积居奇带来的秩序扰乱以及小农经济的不稳定等多种因素，古代中国不仅出台禁止粮食出口、禁止囤积粮食等法令，还创制了常平仓、义仓、社仓、惠民仓、广惠仓、丰储仓等多种制度，以满足“稳市、备荒、恤农”多重需求，形成了鼓励储备的优良传统。结合粮食供给受自然资源数量和禀赋制约、粮食产能触及“天花板”、人为矛盾多重叠加、进口粮源风险骤增、粮食持续增产动力濒竭等多重不利因素叠加影响之背景，笔者建议把多元化储备纳入粮食安全保障立法，使政府储备、企业储备、社会储备、居民储备等多种储备发挥其作用实现有法可依。

# 第二章　中国历史上社仓制度若干问题研究*

在传统中国救灾话语体系中，社仓、义仓与常平仓一起构成中国古代粮食仓储体系。按照通常认识，社仓、义仓与常平仓三者之间应该有明确的区分，但长期以来的事实是，“社仓”和“义仓”两个概念经常引人混淆、难分彼此，学界存在两仓相同说、两仓相异说、两仓既相似又有区别等方面的争论。① 即使我国权威工具书《辞源》的解释也模棱两可：社仓即“积谷备荒的义仓。始于隋代，因为乡社所设，并自行经营管理，故名社仓。后也有设于州县而由官府直接主持的，其制代有不同”。② 笔者认为，本研究的切入点必须从厘清社仓和义仓两个概念入手，然后才可以对其相关问题开展研究，为此溯源社仓的发展历史就成为必然。③

## 一、社仓制度的源流考辨

社仓究竟始于何时？作为一种制度存在，社仓制度与社仓之名的出现是否同步？社仓制度定型以后，又是如何演进发展的？它与义仓、常平仓之间又有何关系？如果把这些问题搞清楚，那么，我们就能够较为清晰地将社仓和义仓区分开来。

---

* 本文原载《中国粮食经济学会简讯》2024 年第 2 期。

① 吴四伍：《义仓、社仓概念之辨析》，载《清史论丛》2018 年第 2 期。

② 参见何九盈等主编：《辞源》（第三版合订本），商务印书馆 2019 年版，第 1647 页。

③ 本研究有关《汪道亨修举社仓事宜》《劝输文》《沈鲤社仓条议》《翼富仓条例》《蔡懋德修复社仓》《沈兰先社仓议》等资料，均来源李文海、夏明方主编：《中国荒政全书》（第 2 辑），北京古籍出版社 2003 年版。

### (一)社仓之名首现隋代文帝时期

从现有史料看,社仓之名最早出现在隋文帝时期,它几乎在其出现伊始就与义仓之名有着天然的纠葛,与常平仓功能之局限有着密切的关系。这是因为,常平仓一般建在京师、郡城附近,城镇居民获得救济较为容易,距离较远的乡村居民获得救济则较为困难。如何增强乡村居民防灾能力,就成为治国理政者考虑的重要问题。

开皇初年,工部尚书长孙平见“天下州县多罹水旱,百姓不给”,便上奏隋文帝设立“义仓”。[①] 该事件在《文献通考》中的记载是,长孙平奏请“令诸州百姓及军人劝课当社,共立义仓”,具体方式是“收获之日,随其所得,劝课出粟及麦,于当社造仓窖贮之”。[②] 此时尚未出现“社仓”之名。《隋书》接下来的记载是,由于“义仓贮在人间,多有费捐”,开皇十六年,“诏秦银、扶等州社仓,并于当县安置”。这里的问题是,“社仓”之名为何突然出现?如果是史料笔误的话,该史料接下来有关谷本上交的规则记载也有“社仓”之名:“社仓准上中下三等税,上户不过一石,中户不过七斗,下户不过四斗。”[③]从该仓设立“以备凶年”之目的来看,社仓与义仓又兼而有之,由是推之,社仓之名可能是该类储备谷本来源方式与久已有之的义仓有所不同,且其仓窑系由“当社”建造而得名,它在出现之初就与义仓有着天然的密切联系。这可能是后人将二者混用的根源所在。

“社仓”之名出现在隋文帝时期并非史料笔误,在唐代有关文献以及相关文献中也有“社仓”之名的由来记载。比如,唐朝建立以后,唐高祖李渊于“武德元年九月四日,置社仓”。贞观二年,尚书左丞戴胄在给唐太宗的奏折中提到“隋开皇立制,天下之人,节级输粟,多为社仓,终于文皇,得无饥馑。及大业中年,国用不足,并贷社仓之物,以充官费,故至末涂,无以支给”。[④] 此记载从一个侧面表明,隋朝曾出现过“社仓”。值得注意的是,唐太宗时期即有了优先

① (唐)魏徵等:《隋书 · 长孙平传》,中华书局2000年版,第838页。

② (宋)马端临:《文献通考》(第1册),中华书局2011年版,第605-606页。

③ (唐)魏徵等:《隋书 · 食货志》,中华书局2000年版,第464页。

④ (后晋)刘昫等:《旧唐书 · 食货志(下)》,中华书局2000年版,第1431页。

动用“社仓”粮食的规定：“其凶荒则有社仓赈给，不足则徙民就食诸州。”[①]另据《致知篇·唐仓法何以数变》记载：“唐自武德置社仓，本因隋制，社仓正为凶荒赈给设。”该资料接下来的记载可能更说明了社仓与义仓有着天然联系：“于是有义仓之请，然则自隋以来，社仓兼充官设，不专为赈荒用，社仓之不足为备宜矣。”[②]这些史料表明，“社仓”不仅在隋唐时期已经出现，而且社仓制度已经成为当时治国理政制度体系的重要组成部分。

### （二）社仓之制定于南宋孝宗时期

南宋进士魏掞之曾在总结“回源洞”起义的原因时认为是“盖缘艰食”，因此“乃请常平仓米一千六百石以贷乡民，至冬而取，遂置仓于邑之长滩铺，自后每岁散敛如常”。[③]《宋史》有关这段历史的记述是，公元1150年，南宋魏掞之“依古社仓法，请官米以贷民，至冬取之以纳于仓”。其善举在当地得到较为普遍支持，“部使者素敬掞之，捐米千余斛假之，岁岁敛散如常，民赖以济”。魏掞之的这一做法后来被评价为“诸乡社仓自掞之始”。[④] 可惜的是，魏掞之推行的社仓并未得到国家认可，我们可以理解为这是南宋初年由官员主导的一种民间自助行为。因为作为一种制度，必须以国家名义颁行方为有效。

乾道四年，朱熹所在的建宁府发生灾荒。面对“民艰食”的社会惨象，朱熹向建宁府申请，“得常平米六百石赈贷”。朱熹并没有将该批粮食无偿发放给灾民，而是以此为谷本，实行有偿救灾，“夏受粟于仓，冬则加息以偿；歉，蠲其息之半，大饥尽蠲之”。经过14年的实践，朱熹不仅将六百石米还给建宁府，还有“储米三千一百石”。朱熹的“社仓”实践取得了良好的社会效果，“虽遇歉，民不缺食”。[⑤] 公元1181年，朱熹向淳熙皇帝宋孝宗奏请推广实行社仓制度，同时将其总结的《社仓事目》一并报呈。“孝宗从其言，遍下诸路仿行其法，任从其便。其敛散之事，与本乡耆老公共措置，州县并不得干预抑勒。”[⑥]自此，社

---

① （宋）欧阳修、宋祁：《新唐书·食货志一》，中华书局2000年版，第883页。

② 《致知篇·唐仓法何以数变》，载《永乐大典》，线装书局2021年版，第2472－2473页。

③ 李文海、夏明方主编：《中国荒政全书》（第2辑），北京古籍出版社2003年版，第89页。

④ 《宋史·魏掞之传》，中华书局2000年版，第10445页。

⑤ （明）冯梦龙：《智囊全集》，北方文艺出版社2016年版，第283页。

⑥ 李文海、夏明方主编：《中国荒政全书》（第2辑），北京古籍出版社2003年版，第92－93页。

仓之法开始在全国推行。

这里需要说明的是,朱熹本人在相关文献中多处提到在其之前的“社仓”以及实践。比如,他在《建宁府崇安县五夫社仓记》中“以待凶荒”措施时说:“隋唐所谓社仓者,亦近古之良法也”,大臣刘如愚主张“粟分贮民家,于守视出纳不便,请放古法,为社仓以储之”。① 他在淳熙八年上书皇帝的奏折中提到该法系“因窃惟念里社有仓,实隋、唐遗法”②。他在《建宁府建阳县长滩社仓记》评价他的社仓之法“其规模大略仿元履,独岁贷收息为小异”③。针对“州县之间,每遇水旱合行赈济、赈粜去处,往往施惠止及城郭,不及乡村”的顽疾,赵汝愚也在奏疏中曾建议宋孝宗“远采隋唐社仓之制”。④ 那么,既然史实如此清晰,为何后人还将“社仓”之法始于朱熹作为通说呢?笔者推断,隋唐时期兴起的社仓制度,由于后来多种主客观原因致使“社仓”背离了设立初衷,虽然北宋时期有左司谏贾黯、殿中侍御史里行钱觊、知齐州王广渊等大臣上书请立社仓,但并未广泛实践,故而才因“社仓久敝”⑤而致有的研究者未将隋唐时期作为社仓制度的起点。而之所以将朱熹之法作为社仓制度的起点,不仅因该制度持续为其后历代政权所继受,并且与朱熹在历史上的崇高“圣人”地位密切相关。而这恰恰是符合人们有关承继关系的认知规律的。

### (三)元明清时期社仓制度的发展

南宋时期的社仓制度为元明清政权所继受和发展。元代“始置仓廪”⑥始于元太宗初年,但效果并不理想。根据《程雪楼集·跋鱼山李氏社仓事后》记,元代程雪楼曾慨叹,虽然“官有常平,私有社仓,皆所以利民”,然而“常平废不复举,社仓之存者亦无几”,但在“识鱼山翁之子仁寿”之后,“独能嗣其翁所里

① 《朱子全书》(25)“建宁府崇安县五夫社仓记”,曾抗美、徐德明点校,上海古籍出版社 2022 年版,第 3722 页。

② 《朱子全书》(26)“跋语”,曾抗美、徐德明点校,上海古籍出版社 2022 年版,第 4603 页。

③ 《朱子全书》(25)“建宁府建阳县长滩社仓记”,曾抗美、徐德明点校,上海古籍出版社 2022 年版,第 3779 页。

④ 李文海、夏明方主编:《中国荒政全书》(第 2 辑),北京古籍出版社 2003 年版,第 89 页。

⑤ 《宋史·赵汝愚传》,中华书局 2000 年版,第 9446 页。

⑥ (明)宋濂等:《元史·太宗本纪》,中华书局 2000 年版,第 19 页。

社仓规制,至于今不废。吁可谓难矣”!元世祖忽必烈即位以后,深刻认识到“国以民为本,民以衣食为本,衣食以农桑为本”①乃为首要政务,将国家经济政策重新调整为以农业为主,国家粮仓制度由此发生相应变化,“立义仓于乡社,又置常平仓于路府”②。据《元史·李德辉传》记载,至元元年,大臣李德辉赴太原任职即把“立社仓”作为施政之初的重要措施之一。③元代每社设一仓,由社长主持,名曰“义仓”,从其运行本质来看就是社仓。有关资料显示,按照传统说法,义仓和社仓都属于“民间积贮”,功能都是“储以待凶荒者”,二者区别的标准是“义仓立于州县,社仓立于乡都”。但元代统治者改变了这种方式,“国朝酌古准今,立义仓于乡都”,把“社仓之设”一举兼尽。④这个史实可能也是后人将义仓和社仓混淆的重要原因。

明英宗正统元年,为“备荒赈恤”,顺天府推官徐郁上奏建议增设“社仓”,具体管理方法仍然效仿宋代朱熹之法。明英宗认为该办法“甚善”,“敕命有司行之”。明孝宗弘治年间,江西巡抚林俊曾向皇帝奏请建设社仓。直到公元1529年,嘉靖帝下令“各抚、按设社仓”。按照规定,“一社”由二三十户人家组成,管理人员共有3人,其中“社首”由家境殷实而且“有行义者”担任,“社正”由处事公平者担任,“社副”由能写会算者担任。⑤比较遗憾的是,“其法颇善,然其后无力行者”⑥,这些措施并没有得到很好的实行。比如,嘉靖二十年,御史沈越上书“请申饬社仓法,令有司亟行整理,抚按以此为考成,吏部据此行黜陟,以备荒政。从之”⑦。

清兵入关后,清政府即开始整顿包括社仓在内的仓政,主要措施就是通过颁布上谕,鼓励各地建设包括社仓在内的各类仓储设施。例如,顺治十一年,清政权就把包括社仓在内的各类仓存粮多少作为官员政绩的评价标准。康熙四十二年,不仅下令直隶各地建立社仓,还出台了具体的管理制度。康熙五十四

---

① (明)宋濂等:《元史·食货志》,中华书局2000年版,第1563页。
② (明)宋濂等:《元史·食货志》,中华书局2000年版,第1635页。
③ (明)宋濂等:《元史·李德辉传》,中华书局2000年版,第2548页。
④ 李文海、夏明方主编:《中国荒政全书》(第2辑),北京古籍出版社2003年版,第105页。
⑤ (清)张廷玉等:《明史·食货三》,中华书局2000年版,第1284页。
⑥ (清)张廷玉等:《明史·食货三》,中华书局2000年版,第1284页。
⑦ (清)龙文彬:《明会要·社仓》,中华书局1956年版,第1077-1078页。

年，清廷出台了直隶省社仓劝谕条例。可以说，与顺治帝时期相比，社仓建设在康熙年间的特定区域范围内有了一定的发展，但就全国范围而言进展并不太理想。雍正帝即位之初，就制定了社仓的具体管理办法。雍正三年，还颁发针对云南、江苏社仓的上谕。此后，雍正朝又多次颁发类似谕旨，大大促进了陕西、云南等地社仓的建立。乾隆三年，政府要求四川建立社仓，并出台了社仓息谷的处理办法。乾隆十年，还就社长任期及社长人选等问题作了明确规定。经过雍正、乾隆两朝出台的这一系列措施，全国各省州县都建立了社仓。此后，清政府又着手完善社仓制度，不断采取措施克服社仓实行过程中出现的种种弊端。嘉庆、道光以后，随着常平仓逐渐走向衰落，尤其是进入晚清时期以后，清政府在仓政方面主要致力于鼓励建立社仓，并使社仓的仓谷来源出现了赋税化倾向，但社仓制度的衰败趋势已不可避免。以江西为例，民国初年，全省社仓、义仓合在一起才有库存粮食 30 万石。经过整顿仓储，甚至实行按县摊派，到 1938 年，江西全省库存粮食达到 420 万石的最高纪录。但后来中国进入长达 12 年之久的战乱时期，许多谷仓已然是颗粒无存。“1949 年 2 月，省内 54 县统计，仅存稻谷 33 万石。”①以“社仓”为名的制度已经名存实亡，民间储粮防饥荒传统亟须在新政权时代迎来新的传承。

### （四）社仓的主要特征是民办民营

《义仓、社仓概念之辨析》②认为，作为民间仓储最基本的两种类型，社仓强调的是以春借秋还为特征的民仓；义仓强调民间举办，服务社区的民仓。综合两者来看，社仓与义仓总的区别即差异为主、认同为辅。该成果随后又提出，如果把义仓和社仓流变之争放到具体历史境域中来考察，救灾实践与后人的救灾阐释又存在着极大的差距，因而适用单一的或者静态的标准又显得过于简单。该观点虽然对于区分社仓与义仓具有重要参考价值，但就本研究而言，笔者认为还应有一个明确定义，不仅能够将历代社仓与义仓区别开来，而且有益于探寻社仓的历史演进规律，实现社仓制度的有效传承，以兹鉴于粮食安全保障

① 苏远新：《民间储粮防饥荒》，载《粮油市场报》2021 年 3 月 18 日，第 004 版。

② 吴四伍：《义仓、社仓概念之辨析》，载《清史论丛》2018 年第 2 期。

工作。

从南宋到清代，社仓都有官府提供社本介入或者其他监督的色彩，但从总体来说，其主要是由民间举办、民间经营，官府的功能只是具有劝导支持和监管功能。明代关于社仓的界定系从粮源角度来确定："社仓，收民谷以充也。"清代有关社仓的界定更为明确。根据乾隆朝编纂的《大清会典》记录，所谓社仓，"凡民间收获时，随其所赢，听出粟麦，建仓贮之，以备乡里借贷，曰社仓"；所谓义仓，"凡绅士捐谷，以待赈贷，曰义仓"。该定义较为清晰地厘清了义仓和社仓的关键区别在于捐谷的主体不同：义仓的捐谷主体为乡绅阶层，社仓的捐谷主体为辖区内居民。社仓和义仓的共同目的都是用于救灾，都既有"贷"而取息的功能，又有无偿赈济部分灾民的实践。它们既可以建仓于市镇，又可以建仓于乡村。然而义仓的"春颁秋敛，取赢散滞，奖善酬劳"等日常运作依据都是参考社仓相关规定，"悉依社仓规条"。① 由此规定看来，这大约也是后世有关社仓与义仓的有关争议的历史原因之一。因此，本研究有关"社仓"的口径不仅以是否按照社仓之名来进行区分，而且溯源于该仓设置之最初目的，如具有"群策群力"之群体特征者，即谷本主体源于辖区内居民为社仓，而将具有"行善积福"之个体特征者，即谷本源于乡绅的界定为义仓。另有清代雍正元年《闽浙总督满保等为报闽省官员捐输社仓事奏折》，针对满保等官员"通共捐谷二万石，分别州、县大小，交与地方、社长公同收贮，以备不时"，雍正帝否定了他们捐谷社仓的行为，明确指出社仓"非官举之事"，官员在社仓中的作用是"密密缓缓相机劝导百姓自为"；否则，结果就是"又添出一常平仓来了"，②这样就失去了社仓设立的初衷。另有奏折更直接点明了社仓的主要特征"总期收掌在民，官无加派"。③

## 二、社仓的粮库选址原则

社仓制度设立的主要目的是通过"民捐"进行"民贷"，有助于增强乡村集

① 《大清会典(乾隆朝)》，凤凰出版社 2018 年版，第 76 页。

② 《闽浙总督满保等为报闽省官员捐输社仓事奏折》，载《历史档案》2004 年第 2 期。

③ 《河东河道总督王士俊为报雍正十二年各属社仓积贮数目事奏折》，载《历史档案》2004 年第 4 期。

体抵御灾荒救济能力，带有强烈的互助性。因此，这就决定了社仓粮库的选址有着自己的独特原则。下面，以朱子社仓为例，兼顾元明清时期的社仓予以介绍。

（一）选址于社

朱熹主张社仓粮库的选址距离乡民居住地尽量要近。在《建宁府建阳县大阐社仓记》开篇中，朱熹就招贤里大阐罗汉院之社仓的地址提出了不同意见。他认为该社选址“非择其地而处之”，因为“仓之所在，极里之东北，而距西南之境远或若干里”。朱熹认为该仓距离乡民太远，致使“贷者多不便之”，并且乡民需要经常往来，“则犹未甚以为苦也”。社仓举办人周居晦也认识到这一点。朱熹接着记述仓址的变更情况：“更为此仓，以适远近之中。”朱熹称赞说，“民既岁得饱食，而又无独远甚劳之患，于是咸德周君”，他很乐意接受邀请撰文而记述此事。[①] 至于当社建仓的好处，朱熹在《建宁府崇安县五夫社仓记》曾明确说：“既以纾民之急，又得易新以藏。”[②]

选址于“社”在后世的社仓实际建址也有实证。元代跋鱼山李氏社仓“散在武陵县诸乡僧舍”，瑞阳社仓“散在十七乡”，吉水义惠社仓“在州南二里计”，南安社仓“在郡治之西，与药局对峙”，新昌社仓“散在各乡团”。[③] 明代嘉靖八年，令“各抚、按设社仓。令民二三十家为一社”。[④] 雍正帝则提出“备荒之仓莫便于近民，而近民莫善于社仓”。[⑤] 雍正五年二月，山东巡抚塞楞额在《为在衙署内择地建立社仓事奏折》中提出在“济南城内盖造社仓，以备积贮”。雍正七年，岳钟琪在其所拟社仓收放稽查条约中明确提出“按粮分仓，按村分社”，建议“齐集本社适中最大之村堡内公同相度建仓地面，令本社各村堡老民就于建

---

① 《朱子全书》(25)，曾抗美、徐德明点校，上海古籍出版社2022年版，第3779－3780页。

② 《朱子全书》(25)，曾抗美、徐德明点校，上海古籍出版社2022年版，第3721页。

③ 分别参见元《程雪楼集·跋鱼山李氏社仓事后》《瑞阳志·社仓》《吉水志·义惠社仓》《南安郡志·社仓》《新昌县志·社仓》。载《永乐大典》(6)，线装书局2021年版，第2498－2499页。

④ (清)张廷玉等：《明史·食货三》，中华书局2000年版，第1284页。

⑤ 《清朝文献通考》卷35《市籴四》。转引自王卫平、黄鸿山：《清代江南地区的乡村社会救济——以市镇为中心的考察》，载《中国农史》2003年第4期。

仓堡内”。[①]“建立社仓,每县不过数处,或建于市集村镇之区,或建于居民稠密之地,其远乡僻壤村舍寥落者不能遍设。”[②]其实,社仓选址于“社”除便民外,还有防盗之考虑。

### (二)节省费用

社仓制度的设置目的是赈济救荒,因此节省费用成为建仓选址的重要原则,以减少百姓集资、官府出钱建仓的负担,其主要途径一般是充分利用祠堂、寺庵、书院、旧仓等闲散房舍。汪道亨《修举社仓事宜》多处提及充分利用闲散公房,诸如“须查各处旧有仓者,其址或嫌狭隘,相应设法量增,房屋或系假借,相应措处”;“其平素无仓地方,若新敛有谷,或于各乡约宽余处所寄囤,或各乡约所有空居,即度其值易买”;“或借废寺庙庵观暂停”。

蔡懋德《修复社仓议》将“因仓基”作为社仓规则的重要一环。蔡懋德指出,社仓设立之初,“建仓工费,此时必难即办”,那么可以“于寺观内择坚固空房一间或三间,量里蓄寡以为增减”,也可以“其他预备常平之剩、空闲公署之余屋,亦可随宜酌用”。总之,他认为“因仓基”要“总求因便,以省营造之费”。沈兰先《社仓议》也提出社仓粮库要“取私创寺院改造”。在清代,有些大臣向皇帝提出的建仓建议或者报告的粮食存储地点的有关情况也体现了节省费用的原则。如浙江巡抚杨廷璋建议,“如无捐费之人,即择各村庄寺院余房,或殷户宽闲房屋,暂赁二三间”;[③]署理福建布政使乔学尹在奏折中建议,“从前社谷或交社长、副收贮,或令本家自存,又或寄顿寺院,并无专仓”;[④]河南巡抚硕色在奏折中也提到,“查通省社粮,各属内有扣留息谷变价建造社仓,报明完竣者止有七州县,其余各州县社粮或收存公所,或暂贮寺院”。[⑤]“山东省社粮向因

① 《宁远大将军岳钟琪所拟社仓收放稽查条约》,载《历史档案》2004年第3期。

② 《江南总督赵弘恩等为遵谕酌议社仓出借仓谷核对保甲底册事奏折》,载《历史档案》2004年第3期。

③ 《浙江巡抚杨廷璋为陈酌筹修举社仓管见事奏折》,载《历史档案》2015年第1期。

④ 《浙江巡抚杨廷璋为陈酌筹修举社仓管见事奏折》,载《历史档案》2014年第3期。

⑤ 《河南巡抚硕色为请酌定社仓正副社长所用杂费事奏折》,载《历史档案》2014年第4期。

捐输无多,现在借贮庙宇民房,未经建仓。”①另外,将常平仓多余空仓作为社仓储粮场所也得到官府的大力支持。革职留任陕西巡抚陈弘谋曾上书建议“将陕省各属常平空闲仓厫”拨充社仓储粮的奏折得到雍正帝的肯定和支持。②

清代社仓实践中还充分利用了宗族祠堂、大户人家的空房等闲散房屋。据《泰和县志》记载,全县共有17所社仓,其中仙槎乡社仓的社本由朱光辉、朱梦龙、朱宏、朱衍、朱光廷、朱嗣魁等人捐输,粮库地址设在朱姓等祠堂内。③ 当然,当社仓达到较大规模时,就需要建设新的仓廒以存放社谷,所需支出由息谷部分承担,“建仓之费,即请于各该处从前报部息谷内扣出”。④

（三）防火防水

社仓虽然要求方便实用,但并非不重视储粮安全;相反,防火、防水是有明确要求的。汪道亨《修举社仓事宜》记载,“凡建仓屋,四围空旷,不近民居烟火”。《翼富仓条例》记载,“仓以防盗备火为要”。

粮仓选址要注意地势“高燥”,要防水防潮。据浙江巡抚杨廷璋奏折,新建储粮场所要“高燥通气”。⑤ 雍正五年三月,上文提到的山东巡抚塞楞额在《为遵旨择地建造社仓等事奏折》中,针对皇帝“极好之事,但逼近抚署恐不便”等意见,向皇帝报告“济南城内裁缺都司衙门旁有空地一块,基址高燥,可建仓廒十二座,每座十间,共计一百二十间”。⑥ 这里提到的社仓建址选择的也是“高燥”之地。社仓粮库当“社”而建,除了便民考虑,其他考虑就是储粮安全,一旦发生水火灾害时,便于救护。“社仓须建于本社人户适中人家稍多之处。如有风雨水火,便于救护,仍当于仓侧捐盖小房二间,着社长分定合社之人轮流看

---

① 《山东巡抚硕色为遵旨详议社仓事目及动支余平银两买补社粮并建仓事奏折》,载《历史档案》2014年第3期。

② 《革职留任陕西巡抚陈弘谋为请将常平无用仓厫拨充社仓事奏折》,载《历史档案》2014年第4期。

③ 同治《泰和县志》卷6《政典·储备》。转引自白丽萍:《清代长江中游地区的宗族、乡绅与社仓》,载《求索》2011年第2期。

④ 《护理河南巡抚赵城为酌动社息营建社仓事奏折》,载《历史档案》2014年第4期。

⑤ 《浙江巡抚杨廷璋为陈酌筹修举社仓管见事奏折》,载《历史档案》2015年第1期。

⑥ 《署理山东巡抚塞楞额为遵旨择地建造社仓等事奏折)》,载《历史档案》2004年第3期。

守，无致疏虞。"[1]盛京将军达尔当阿等人的奏折中曾表达了"奉天各属皆近海滨，地多潮湿，存贮仓廪尚恐霉烂，藏于土内者岂能久远无虞"的担忧，也说明社仓粮库选址不仅要防水还要防潮湿。[2] 有关社仓条约中也规定了社仓粮库要防水防潮的内容："仓底之板须衬垫离地二三尺，使其透风。仓顶每间开一气帽，另加椽瓦，如帽覆之。"[3]

此外，有利于防盗也是粮库选址重要原则。比如，在社仓大门上写"某字号社仓"，就是一旦发生盗窃事件，有利于进行追查被盗粮食。

### （四）禁占耕地

在朱熹看来，"所谓社仓者，聚可食之物于乡井荒闲之处"。[4] 他反对将社仓粮库建在耕地上，主张充分利用"废地"。比如，他在《建宁府崇安县五夫社仓记》记载的社仓即"是得籍坂黄氏废地，而鸠工度材焉"。[5] 从后世社仓建址来看，基本上都遵循了尽量不占用耕地的选址原则。

## 三、社仓的社本来源制度

作为民间的一种互助制度，居民自愿参加是社仓制度的内在要求。如果不是出于自愿而是被迫或者勉强，即使能够实行一时，但终归还是要归于失败。因此，社仓之法虽有全国规定，但同时"更许随宜立约"，以便实现其有较为充裕的社本。综合来看，各代社仓的社本来源大致有如下几种方式。

### （一）本谷

在社仓制度发展史上，本谷既可以是粮食，又可以在特定条件下以田产、金钱等其他形式出现，从而使其与其他制度紧密地结合在一起，成为中国古代乡

---

① 《奉天府府丞陈治滋为敬陈奉天筹划备荒置设社仓管见事奏折》，载《历史档案》2014 年第 4 期。

② 《盛京将军达尔当阿等为议复奉天社仓效法旧例积贮谷石等事奏折》，载《历史档案》2014 年第 4 期。

③ 《宁远大将军岳钟琪所拟社仓收放稽查条约》，载《历史档案》2004 年第 3 期。

④ 《朱子全书》(25)，曾抗美、徐德明点校，上海古籍出版社 2022 年版，第 3809 页。

⑤ 《朱子全书》(25)，曾抗美、徐德明点校，上海古籍出版社 2022 年版，第 3722 页。

村社会治理的重要制度。本处阐释的是以粮食为本谷的形式。社仓本谷的来源共有三种途径：

一是向官府借贷。这种方式主要存在于南宋时期。朱熹在创建社仓之初，其本谷来源即“常平米六百石”。[①] 魏掞之在建阳县所进行的长滩社仓实践，其谷本来源也是官方资助，“为言于常平使者袁侯复一，得米若干斛以贷”。[②] 周某之的大闸社仓谷本来源同样是官方资助，“始以常平使者宋公之檄，司其发敛之政，而以岁贷收息之令从事”。[③] 据《常州宜兴县社仓记》记载，该社仓的本谷是因为饥荒向郡守徐公嘉请示，获得官方资助，“得米六百斛以贷，而因以为社仓”。[④] 考究南宋时期社仓的本谷来源主要由官方资助，大抵是因为社仓的实行都是迫于“活民”与“弭盗”的压力，因而获得了官方的必要支持。虽然官方最后收回了谷本，没有背离社仓的原旨，但后世还是摒弃甚至禁止本谷源自官方的方式。比如，《湖广总督杨宗仁为报湖北举行社仓情形事奏折》就提到有关社仓社本来源是“劝捐谷本，出纳听民自主，不许官吏会计侵肥”。[⑤] 岳钟琪在其拟定的《社仓条约》的第 2 条即提出：“社仓之粮原系民力，故专交百姓自司出纳，不许官员管理。”[⑥]笔者分析，之所以逐渐摒弃这种方式，主要是因为社仓的主要目的是“取之于民，用之于民”，运行方式是春借秋还。如果本谷有源于官方的成分，可能会带来官方对社仓的不必要干预，从而失去了设立社仓的初衷。

二是官府牵头筹粮或者出资。官方牵头筹粮的社仓设立方式也出现在南宋时期。《邵武军光泽县社仓记》中记载，该县官员张䜣之等人通过“节缩经营”方式取得社仓的第一笔“本谷”，“得他用之余，则市米千二百斛以充入之”。接着，他们又广开渠道，通过购买民田、利用僧田和应当没收的民田，又“岁收

---

① 朱熹从官府取得的六百石常平米，本来用于赈济灾民，但他改变赈济方式，以此为谷本，采用“社仓”运营方式。不仅归还了来自官府的六百石常平米，还积蓄了蔚为可观的息米。当然，朱熹这种改变赈济方式当时是违反国家规定的。

② 李文海、夏明方主编：《中国荒政全书》（第 2 辑），北京古籍出版社 2003 年版，第 99 页。

③ 《朱子全书》（25），曾抗美、徐德明点校，上海古籍出版社 2022 年版，第 3780 页。

④ 《朱子全书》（25），曾抗美、徐德明点校，上海古籍出版社 2022 年版，第 3808 页。

⑤ 《湖广总督杨宗仁为报湖北举行社仓情形事奏折》，载《历史档案》2004 年第 2 期。

⑥ 《宁远大将军岳钟琪所拟社仓收放稽查条约》，载《历史档案》2004 年第 3 期。

米合三百斛,并入于仓”。[①] 由官府直接出资设立社仓在历代也不鲜见。比如清代川陕总督岳钟琪建议用火耗“八万余两分发各州县,购买粮米收贮社仓”。他还解释说,此法“是以出之民间者仍还民间,隐寓社仓之法于不言之中”。该建议得到雍正帝批准和支持。[②] 雍正十三年,云南“通计一省捐积谷麦等项止有七万余石。其中一千石以上者仅二十余处,此外皆数百石、数十石,亦有全无社谷者”,为解决该问题,布政使陈弘谋建议“除旧有社本一千石以上已敷接济毋庸议外,其未及一千石者均于该处常平、官庄等谷内动拨五百石或八百石,作为社本”。[③]

三是民间捐输。这种方式始于隋代,类似于辖区内居民“集资”建仓,捐输额度不限,这是社仓谷本的最基本来源。隋代长孙平针对“天下州县多罹水旱,百姓不给”的现象,向皇帝奏令民间自主缴纳粮食以备灾荒。“奏令民间每秋家出粟麦一石已下,贫富差等,储之闾巷,以备凶年。”[④]到明代,这种方式仍在延续。据明代《汪道亨修举社仓事宜》记载,该缴纳方式的主要内容是:(1)由社长会议根据贫富程度、人口多少缴纳。“本社集社长社副众会议,各量贫富家口为多寡。”(2)共分三个等级,每个等级又分三种情况,其中最贫户不用缴纳。“上上户每会六斗,上中户每会五斗,上下户每会四斗,中上户每会三斗,中中户每会二斗,中下户每会一斗,下户不与。”(3)允许用现金代替缴纳粮食。“如粟不便者评纳银钱登簿。”[⑤]另据明代《张朝瑞之社仓办法》记载,本谷大部由民间自主缴纳:“大凡当秋熟之时,或每亩量出谷半升,或通乡各户,富者以石计、贫者以升斗计,俱报数,约正副登簿,保长收入社仓。”[⑥]嘉靖年间有关史料表明,社仓谷本交纳也有差异,“别户上中下,出米四斗至一斗有差,斗加耗五合”。[⑦] 清朝时期的社仓基本延续了这种办法。

---

① 《朱子全书》(25),曾抗美、徐德明点校,上海古籍出版社 2022 年版,第 3798 – 3799 页。
② 《川陕总督岳钟琪为请留火耗买谷积贮社仓等事奏折》,载《历史档案》2004 年第 2 期。
③ 《云南布政使陈弘谋为酌通社仓借本以资接济事奏折》,载《历史档案》2004 年第 4 期。
④ (唐)魏徵等:《隋书·长孙平传》,中华书局 2000 年版,第 838 页。
⑤ 李文海、夏明方主编:《中国荒政全书》(第 2 辑),北京古籍出版社 2003 年版,第 110 页。
⑥ 李文海、夏明方主编:《中国荒政全书》(第 2 辑),北京古籍出版社 2003 年版,第 101 页。
⑦ (清)张廷玉等:《明史·食货三》,中华书局 2000 年版,第 1284 页。

### (二)息谷

息谷是社本的另一重要渠道。朱子社仓兴起之初,从官府借了六百石米作为底本,通过借贷收息方式,经过 14 年运行,不但还清了官府借贷,还有现粮“三千一百石”。朱熹还特别说明,这些粮食“是累年人户纳到息米”。① 息谷成为朱子社仓后续运行的重要基础。

在元代,社仓依旧“各以差等出谷为本”,按照“每年收息谷一斗”标准收取。② 清代岳钟琪在其所拟社仓收放稽查条约中就有“借放收息每岁必有增添”的制度设计。③《湖广总督迈柱为请奖励倡捐社仓谷石官员等事奏折》也有收取息谷是国家规定的记载:“查百姓借领社谷,定例每石收息谷二斗。”④而雍正年间的广西巡抚李绂在《为请将捐谷借民取息为社仓之本等事奏折》中则直接将息谷列为“社仓之本”:“若各府均贮有捐谷,则以捐谷借民,取息为社仓之本。”该建议得到雍正的支持。⑤ 乾隆年间也有收取息谷系“定例”的记载:“至青黄不接之时,与社仓之谷一体听人借领,每石亦照例收息谷一斗。”⑥据乾隆朝编纂的《大清会典》记载:“有习业而贫者,春夏贷米于仓,秋冬大熟加一计息以偿。”⑦而乾隆《清会典则例》对息谷的交纳记载更为详尽:“其收息之多寡,每石收息二斗,小歉减息之半,大歉全免其息,止收本谷,至十年后息已二倍于本,止以加一行息,其出入之斗斛,均照部颁斗斛公平较量。”⑧

### (三)义谷

如果说“民捐”方式是社仓之基的话,多方捐助就使社仓基础更为夯实。这种粮源历史上称为“义谷”。南宋魏掞之在社仓实践时,其社本除官方资助

---

① 《朱子全书》(26),曾抗美、徐德明点校,上海古籍出版社 2022 年版,第 4601 页。

② 李文海、夏明方主编:《中国荒政全书》(第 2 辑),北京古籍出版社 2003 年版,第 105 页。

③ 《宁远大将军岳钟琪所拟社仓收放稽查条约》,载《历史档案》2004 年第 3 期。

④ 《湖广总督迈柱为请奖励倡捐社仓谷石官员等事奏折》,载《历史档案》2004 年第 4 期。

⑤ 《广西巡抚李绂为请将捐谷借民取息为社仓之本等事奏折》,载《历史档案》2004 年第 2 期。

⑥ 《河南巡抚雅尔图为劝捐社谷照例收息济赈有恃事奏折》,载《历史档案》2014 年第 3 期。

⑦ (清)允祹等编纂:《大清会典(乾隆朝)》,李春光点校,凤凰出版社 2018 年版,第 76 页。

⑧ 乾隆《大清会典则例》卷四〇《户部·积贮》,文渊阁《四库全书》本,第 621 册第 249-250 页。转引自常建华:《清康雍时期试行社仓新考》,载《史学集刊》2018 年第 1 期。

外，还得到其部署“捐米千余斛假之”。朱子社仓也鼓励“有富家情愿出米作本者，亦从其便”。[①]《劝立社仓榜》记载：绍兴府会稽县官员“乞请官米置仓给贷”，而致政张承务、新台州司户王迪功、衢州龙游县袁承节等官员“又乞各出本家米谷置仓给贷”。[②] 金华县社仓建立时，有“务赈恤、乐施予”家风传承的富人潘叔度“慨然白其大人出家谷五百斛”。[③] 这说明，富裕大户所捐“义谷”在南宋已是社仓社本的重要来源。此后，历代政权继续鼓励捐“义谷”以充社本，甚而将社仓打造成为封建政权治理乡村社会的重要制度。

元代大德年间，蒙古人燕赤不花倡议设立南安路社仓，率先用自己的薪俸购买一百硕粮食作为社本。[④] 明朝时期，政府鼓励捐“义谷”的制度已经较为稳定。据《汪道亭修举社仓事宜》记载，相关激励制度主要包括如下几个方面：一是捐“义谷”无论多少，都会在类似“德行榜”上予以记载，并加盖官印。“凡社中富而好德，能于本谷外，愿输二石入仓者，纪善一次，四石者纪善二次，十石者纪大善一次，二十石者纪大善纪二大善，三十石者纪三大善，州县掌印官奖赏。”二是如果捐“义谷”数量超过了五十石，相关激励措施分为三个层面：(1)由不同等级的官员“送匾”，并按照捐谷数量在“匾”上题不同字，同时“给与冠带”[⑤]予以进一步彰显其捐赠功德。“输五十石以上者，该府及州县送匾，书‘好义’二字，输百石以上者，本道送匾，书‘施仁’二字，照例给予冠带，输至二百石以上者，准给冠带优礼，本道及两司送匾，书‘乐善’二字，其输四百石以上者，申请两院送匾，书‘积德’二字。”(2)将捐“义谷”行为与所负徭役以优待，即“优免杂从差役”。(3)如触犯国家律法，“犯罪不许刑”。三是如果捐“义谷”数量超过八百石以上者，则要上报皇帝在乡里树立功德碑。“此外若输

---

① 《朱子全书》(26)，曾抗美、徐德明点校，上海古籍出版社2022年版，第4601页。

② 《朱子全书》(26)，曾抗美、徐德明点校，上海古籍出版社2022年版，第4604页。

③ 《朱子全书》(25)，曾抗美、徐德明点校，上海古籍出版社2022年版，第3776页。

④ 刘节修《嘉靖安南府志》(天一阁藏明代方志选刊续编本)卷二五五，燕赤不花撰《南安路社仓记》。转引自王德毅：《朱熹的社仓法及其对元明的影响》，载《国际社会科学杂志》2016年第3期。

⑤ 从某种意义上来说，“冠带”表明了捐谷者的特定身份。比如，明代“官员冠带”具有明确的规格要求。参见杨一凡、田涛主编：《中国珍稀法律典籍续编》(第三册上)，黑龙江人民出版社2002年版，第383页。

粟八百石以上者，申请两院，照例奏请，竖房表里。”[①]

与明代不同，清代不分捐“义谷”的多寡都予以公开表彰，最大限度地将其善行予以传播。根据乾隆时期《社长捐谷奖励定例》规定，如果“士民捐至十石以上者”，则“州县给以花红鼓乐道送”；如果超过三十石以上，除举行相关仪式之外，还按照捐“义谷”数量，由不同等级官员予以“给匾”：“三十石以上者，州县给匾；五十石以上者，知府给匾；八十石以上者，巡道给匾；一百石以上者，布政司给匾；一百五十石以上者，巡抚给匾”。[②] 如果捐输数量达到三百石以上，则给予一定官职待遇，“如有好善不倦，捐数多至三四百石，照例题给八品顶带荣身”。如果捐输数量达到千石以上的官员，则“分别职衔大小，酌量议叙”。[③]如果单次捐“义谷”不够奖励标准，还可以进行累计，待达到相应标准后，予以奖励。“原议捐谷不拘升斗，而奖励起自十石以上，倘有所捐不及十石者，亦应并请以好义记名，年久汇奖。”[④]乾隆时期的《大清会典》也对捐“义谷”行为进行了奖励规定：“有好义能捐十石至百石以上者，旌奖有差。”[⑤]历代政权这种明确的政府正向激励方式无疑有助于良好家风民风的形成，有助于中华民族传统美德的传承，有助于社会的稳定和发展。

### （四）罚谷

罚谷充作社仓粮源出现在明朝中后期。蔡懋德《修复社仓议》中有关“裕仓本”的措施之一就是罚谷。据该资料，对于“本乡绝产为奸里影占者”，可以把他们的财物没收作为社仓谷本；对于“罪外批加刑责及例重情轻者”，允许通过向社仓缴纳一定量的粮食从而“从轻有免”；作为一种扬善惩恶措施，对于“一约中人户富而好义者”，如果能够向社仓“输谷若干石”，则将其善举“与孝

---

① 《汪道亨修举社仓事宜》，载于佑虞编著：《中国仓储制度考》，山西人民出版社 2014 年版，第 109 页。

② 杨一凡、田涛主编：《中国珍稀法律典籍续编》（第七册），黑龙江人民出版社 2002 年版，第 41 页。

③ 《浙江巡抚杨廷璋为陈酌筹修举社仓管见事奏折》，载《历史档案》2015 年第 1 期。

④ 《署理福建巡抚王士任为原议未及社仓捐输奖励之条请旨定例各省通行事奏折》，载《历史档案》2014 年第 3 期。

⑤ （清）允祹等编纂：《大清会典（乾隆朝）》，李春光点校，凤凰出版社 2018 年版，第 76 页。

子悌弟辈一体载纪善簿”,如果“犯罪应记惩钉匾而知悔改者”向社仓“输谷若干石”,则可以“免载惩恶簿”。当然,如果“再犯不悛”,则再“载簿钉匾其门”。

汪道亭《修举社仓事宜》中也有关于罚谷的记载。为便于原汁原味地理解社仓的这一粮源,特将此资料原文摘录于此:“议罚谷凡官司自理赎谷,除照旧人预备官仓外,其各社有乡约演礼不到保甲、直牌怠玩及一切违犯稍轻者,听约正副处酌罚谷;其有本社小事口诉不平者,听约正副量剖曲直罚谷,使之平息,以省赴告及株连干证之费;或赴告而自愿和息者,该有司酌量罚谷,输之该社,取具仓收免罪。情轻者,批约正副查处量罚,是为罚谷,登簿备查。”①如果管理人员出现失误,也要被处以罚谷。比如,在明代,如果社仓有空仓现象,社首则要被罚谷,“仓虚,罚社首出一岁之米”。②

## 四、社仓的日常运行制度

社仓制度建立的方式和目的在隋代长孙平有关建议中即有明确的记载:“民间每秋家出粟麦一石已下,贫富差等,储之闾巷,以备凶年。”③北宋大臣钱觊在给宋神宗乞天下置社仓书中首先评价此举是“行于当时,民无饥馑”之良策,随后建议天下州县“逐乡村各令依旧置社仓”。关于社仓制度的日常运行办法,该大臣较为详细地进行了介绍:“当丰年秋成之时,只于上三等有田人户量出斛斗,以备赈济。第一等不过三石,第二等不过二石,第三等不过一石。或以乡或以村为额,仍令众人选择有物力一户,充社仓甲头。一年一替,以所聚斛斗藏置其家,即具众户实数申报所属官司,判押为据。或有损失,亦迎甲头陪填,贵免侵欺之弊。若遇荒歉,即尽数俵借于下等贫民,听将来岁稔日,官为索还,依前人社仓收贮。”④虽然该建议未被采纳,但其有关社仓日常运行办法被后世继承与发展。本研究以此为基础,并结合后世政权有关社仓制度及其实践予以介绍和阐释。

---

① 《汪道亭修举社仓事宜》,载于佑虞编著:《中国仓储制度考》,山西人民出版社 2014 年版,第 94 页。

② (清)张廷玉等:《明史·食货三》,中华书局 2000 年版,第 1284 页。

③ (唐)魏徵等:《隋书·长孙平传》,中华书局 2000 年版,第 838 页。

④ (明)黄淮、杨士奇编:《历代名臣奏议》,上海古籍出版社 2012 年版,第 3210 页。标点为笔者所加。

### (一)区分民情

摸清社仓保障对象情况,便于实行多家联保,有利于降低社本的风险,这是社仓制度有效实施的前提要求,也是有效监管的内在要求。朱熹在其《社仓事目》中规定了两类不能赈贷的对象,即"产钱六百文以上及自有营运,衣食不缺,不得请贷""停藏逃军及作过无行止之人"不实施救助。① 这两类对象的发现都有赖于稽查户口。根据沈鲤《社仓条议》规定,社仓管理人员及各居民点负责人要逐户排查,详细记录社区每户居民的住所、所住房屋是自有还是典租,及户主年龄及男女人数、共同居住的其他人员、以何职业谋生、家里是否有高龄老人、是否有孤寡残疾之人等情况。在此基础上,又将辖区内居民的生活情况分为仁义礼智四类:"仁",代表衣食充足者;"义",代表衣食仅足者;"礼",代表衣食拮据者;"智",代表衣食不足者。这样分类目的是为日后偏于"平粜张本"。②

《翼富仓条例》也说明了查清保障对象情况旨在保证社仓保障功能的实现。与沈鲤《社仓条议》不同,该条例将所在社区居民分为上中下极四等,用于代表保障对象的生活状况。该条例提到,在社仓实施之前,同辖区居民因等级不同而有不同待遇:"上户不听粜,中户六日一粜,下、极户三日一粜,极户仍减平粜价什之二。"每人日均粮食"五合"③,年初由于粮食较少,可能"只三合"。在粮价上涨时,辖区居民"分二等,次贫平粜,极贫给赈"。社仓制度实施以后,不再区分"粜赈",只是"减价示优",实现了"岁岁平粜"的理想局面。当然,这是正常年景下的运行情况。如果遇到非正常年景,就又另当别论了。"若有非常,又非此论。"④从监管工作角度来看,社仓制度的保障对象是非常明确的,如果有违规操作的话,是很容易被发现和查处的。

---

① 《朱子全书》(26),曾抗美、徐德明点校,上海古籍出版社 2022 年版,第 4596-4597 页。

② 李文海、夏明方主编:《中国荒政全书》(第 2 辑),北京古籍出版社 2003 年版,第 118 页。

③ 这里的"合",读音为 gě。根据《现代汉语词典》的解释,一是容量单位,10 勺等于 1 合,10 合等于 1 升;二是量粮食的器具,容量是 1 合,方形或圆筒形,多用木头或竹筒制成。

④ 李文海、夏明方主编:《中国荒政全书》(第 2 辑),北京古籍出版社 2003 年版,第 124 页。

(二)汇聚社本

社仓运行的根本在于有社本,这是社仓制度得以正常运行的首要环节。社本的最初来源就是上文所说的“本谷”,其次才是息谷、义谷和罚谷。按照钱觊所述,社仓在丰收年份汇聚谷本,以乡或者村为单位,由辖区内富民根据田亩数量分别交纳“三石”、“二石”和“一石”。在后世社仓制度实践过程中,交纳谷本范围从富民拓宽到广大平民,所属辖区单位以及本谷数量上的交纳变化或者减免。比如,按照嘉靖年间的法令,社仓“别户上中下,出米四斗至一斗有差”。①

当然,如果遇到连年甚至多年丰收,社仓的借贷压力就可能比较轻,进而会使社本越聚越多。那么,如何看待与处理社本越聚越多的问题呢?钱觊这样解释,经过多年积累,“或无水旱,即具存留,所贵常有三年之备”,并且“谷有贵贱,岁有凶丰”,大家所交谷本较少,而将来所赈济的范围却较为广泛,因此“岁月稍久,蓄积亦多”,对于防范水旱之灾就可以起到较大作用,实现“免致流亡之患”的目标。② 关于如何看待粮食多与少的问题,习近平总书记曾这样指出:“在我们这样一个十三亿多人口的大国,粮食多了是问题,少了也是问题,但这是两种不同性质的问题。多了是库存压力,是财政压力;少了是社会压力,是整个大局的压力。对粮食问题,要从战略上看,看得深一点、远一点。”③实际上,当社本多了以后,社仓制度的其他功能就逐渐显现出来,比如会办义学或者其他乡村公益活动。

(三)春借秋还

社仓制度持续实施的基础在于有进有出,为此就要解决社仓粮食总量不够以及如何分配问题。淳熙八年,朱熹上书皇帝,奏报自己举办社仓事宜,按照春夏借出、秋冬纳还之原则进行运转,实现了官粮既不亏损,民间又可以较为平稳

---

① (清)张廷玉等:《明史·食货三》,中华书局2000年版,第1284页。

② (明)黄淮、杨士奇编:《历代名臣奏议》,上海古籍出版社2012年版,第3210页。

③ 《走中国特色社会主义乡村振兴道路》(2017年12月28日),载中共中央党史和文献研究院编:《习近平关于“三农”工作论述摘编》,中央文献出版社2019年版,第87页。

地度过青黄不接时段。具体来说,朱子社仓的"春借秋还"规则有如下几个关键点:

第一,清查人口,保证赈贷对象均为辖区内居民。每年农历十二月,"分委诸部社首、保正副将旧保簿重行编排";如果发现"有停藏逃军及作过无行止之人隐匿在内"的情形,仰仗"社首队长觉察,申报尉司追捉",押到官府治罪,并"根究其引致之家,亦乞一例断罪"。截至次年三月,"诸部社首、保正副"将重新编排的"保簿"交纳给乡官,由乡官当面点检,"如有漏落及妄有增添一户一口不实"的情况,则允许告发。官府要进行核实清楚,"乞行根治"。"如无欺弊"情形,即按照该"保簿"登记的人口,区分大人、小孩而"指定米数"。为了更为精准赈贷,届时借户需要填写"请米状"(类似于"借条"),由借户、大保长、队长、保长、社首逐一签名,在"候支贷日",由"监官依状支散"。①

第二,春日赈贷,按照"保簿"登记名单支取。每年农历五月下旬,"新陈未接之际",根据借户提出的"依例给贷"申请,由县里选派官员"与乡官同共支贷"。支取日期确定以后,张榜"晓示人户","先远后近,一日一都",由借户按照"日限"前往支取。借户前来支取时,仍然需要社首、保正副、队长、大保长前往仓库确认是否为借户本人,"照对保簿,如无伪冒重叠,即与签押保明"。当日,由监官同乡官"入仓,据状依次支散"。如有徇私舞弊者,则"许人告首,随事施行"。当日,如果不愿意借粮者,朱熹规定"如人户不愿请贷,亦不得妄有抑勒"。②

第三,秋后纳还,社仓管理人员依例"公共受纳"。每户借贷的粮食要在当年秋冬季节"纳还",最迟"不得过十一月下旬"。"纳还"的程序:(1)借户于农历十月上旬提出申请,要求社仓管理人员择日"前来公共受纳,两平交量"。(2)"受纳"日期确定以后,"即一面出榜,排定日分,分都交纳",顺序依旧是"先远后近,一日一都"。(3)由社首、队长通知保头,再由保头通知借户"赴仓交纳"。如果借户不能足额"纳还",社仓规定"未足不得交纳"。(4)到了"纳还"之日,"监官、乡官、吏头等人至日赴仓受纳,不得妄有阻节,及过数多取"。

---

① 《朱子全书》(26),曾抗美、徐德明点校,上海古籍出版社 2022 年版,第 4596 页。

② 《朱子全书》(26),曾抗美、徐德明点校,上海古籍出版社 2022 年版,第 4597 - 4598 页。

如果还有其他情况,则“其余并依给米约束施行”。[①]

南宋以后的社仓,基本遵循了朱子社仓“春借秋还”规则,不同的是,在社仓增加了民间管理人员,进一步摆脱了官府参与的成分。当然,如果还贷有困难时,社仓也有一些较为人道的制度设计。比如,在明代,“年饥,上户不足者量贷,稔岁还仓。中下户酌量振给,不还仓”。[②]

(四)加收息米

我国古代很早就重视对粮食损耗的最大限度防范与化解。据《新唐书·百官志三》记载,地方监察官员重要职责之一就是“察农桑不勤,仓库减耗”。[③]从《朱子全集》有关“社仓”的记载来看,都有以加收息米方式来冲抵粮食的损耗以及日常管理支出的制度设计。比如,在朱子社仓设立之初,正常年景“每石量收息米二斗”;如果“遇小歉”,则“蠲其息之半”;如果“大饥”,则“即尽蠲之”。在社仓正常化运营以后,“更不收息,每石只收耗米三升”。虽然“每石量收息米二斗”的利息并不算低,但与高利贷息以及被迫背井离乡相比还是要好得多。因此,该加收息米的办法后来得到中央政府的支持,颁行全国施行。

元明清时期的社仓继受了加收“息米”的办法。比如,元代跋鱼山李氏社仓收息标准为“硕收息三斗”。[④] 嘉靖年间,国家法令规定社仓“斗加耗五合”。[⑤] 崇祯末年,大臣蔡懋德建议修复社仓时提出“收时量加息谷,以补耗减”。[⑥] 康熙年间的规定是,社仓“每石取息一斗”。[⑦] 至于加收“息米”的成效,或许雍正年间河南巡抚田文镜的一份奏折从侧面说明其重要性。田文镜在《为报各属捐贮社仓谷石并设立社仓数目等事奏折》中报告:所辖河南各州县共“盈余谷四十六石二斗一升五合。出借加息谷九百三十四石五斗八升二

① 《朱子全书》(26),曾抗美、徐德明点校,上海古籍出版社2022年版,第4596－4597页。

② (清)张廷玉等:《明史·食货三》,中华书局2000年版,第1284页。

③ (宋)欧阳修、宋祁:《新唐书·百官志三》,中华书局2000年版,第814页。

④ 元《程雪楼集·跋鱼山李氏社仓事后》。载《永乐大典》(6),线装书局2021年版,第2498页。

⑤ (清)张廷玉等:《明史·食货三》,中华书局2000年版,第1284页。

⑥ 《蔡懋德通积备荒议》,载李文海、夏明方主编:《中国荒政全书》(第2辑),北京古籍出版社2004年版,第129页。

⑦ 于佑虞编著:《中国仓储制度考》,山西人民出版社2014年版,第105页。

合”,加上“劝捐谷”,“三年共本息劝捐麦谷十万九千七百六十七石五斗三合九勺,分立社仓七百九十八座”。[①] 当“息米”达到一定的量时,就有了诸多限制,比如云南社仓此时“止收耗米三升”,广东社仓则将“息米”“备本地赈济之用”。[②] 在社仓实践中,还有免除所欠社本的事例。乾隆四十四年,“冬十月壬戌,免陕西延安等三府州属乾隆二十年至三十七年民欠社仓谷”。[③] 究其原因,依旧与彰显皇帝的恩德有关。

关于“息米”如何支配,历代社仓规定大同小异。“息米”的用途一般以年为单位进行计算,按照三七开的标准进行分配,七成“息米”作为社本归于社仓,三成“息米”用于社仓管理所需办公纸张笔墨以及管理人员工作餐、仓廒的日常修缮等用途。如果还有剩余的话,以为“民田水利及抚恤之用。”[④]

## 五、社首的任职管理制度

社首是社仓的主要管理人员,其称呼有社长、副社长,仓正、仓副,甲头,掌仓等多种。本研究“社首”称呼取自朱熹《社仓事目》。“干部工作也好,人才工作也好,本质上都是用人问题。”[⑤]作为封建社会一种重要的赈灾救荒制度,社仓制度成功实施的关键在于有一个称职的社首,甚而有时能否遴选合适之人担任社首作为社仓制度实施的前提。

### (一)本人品行端方

在朱熹看来,担任社首一职并非随便一个人即可胜任。在他心目之中,社首作为社仓的关键人物,其品行无私公正是首要条件。那么,什么样的人符合这种条件呢?朱熹给出了心中的社首榜样:“然不知元履之言虽疏,而其忠厚恳恻之意,蔼然有三代王政之余风。”这个人就是社仓先行者魏掞之。魏掞之

---

① 《河南巡抚田文镜为报各属捐贮社仓谷石并设立社仓数目等事奏折》,载《历史档案》2004 年第 2 期。

② 于佑虞编著:《中国仓储制度考》,山西人民出版社 2014 年版,第 105 页。

③ 赵尔巽主编:《清史稿·高宗本纪》,中华书局 1976 年版,第 515 页。

④ 于佑虞编著:《中国仓储制度考》,山西人民出版社 2014 年版,第 105 页。

⑤ 习近平:《贯彻落实新时代党的组织路线 不断把党建设得更加坚强有力》,载《求是》2020 年第 15 期。

设立的社仓最终归于失败，“粟腐于仓，而民饥于室，或将发之，则上下请赇，为费已不费矣”，朱熹在总结原因时说，接替魏掞之职位者“不能勤劳恭恪如元履之为”。[①] 归根结底，魏掞之设立的社仓在初期之所以成功，关键原因是有魏掞之这个称职的社首；其去世后社仓之所以失败，关键原因是其继任者不能担负起社仓管理者的职责。故而，在朱熹随后的社仓实践中，与前来监督的本县官员一起敛散粮食者，是“本乡土居官员士人有行义者”。[②] 朱熹看中社首品行要求，有时抱病还会接受撰记邀请，对社首品行进行详细记述：“是仓之立，君师之教，祖考之泽，而乡邻之助也，吾何力之有哉。且今虽幸及于有成，而吾子孙之贤否不可知，异时脱有不能如今日之志，以失信于乡人者，则愿一二父兄为我教之。教之再而不能从，则已非复吾子孙矣，盍亦相与言之有司，请正其罪，庶其惧而有改，其亦可也。”[③]为了警醒主管社仓的“乡官士人”，朱熹还曾专作《题米仓壁》诗：“度量无私本至公，寸心贪得意何穷？若教老子庄周见，剖斗除衡付一空。”[④]

如果社首品行不端结果会怎样？元代有则史料表明，其结果是“民间但见其害而不见其利，凶年饥岁而民不免于流离死亡”，究其原因，就是“有司任法而不任人，法出而奸生，令行而弊起”。[⑤] 嘉靖年间设置的社仓，社首的选择条件之一即是“有行义者”，并且“处事公平者”方可为社正。[⑥] 康熙帝认为“凡建设社仓，务须选择地方敦实之人董率其事”，因为“此人并非官吏”，在从事催纳所出之米、社仓日常管理等事务时对其品行要求就特别高。[⑦] 乾隆时期的云南社仓，社首通常由“绅士耆民中选充，尽足管理社仓事务”。[⑧] 在江西，社首“令地方乡约公择殷实老成之人，报明有司充补，现今奉行已久”。[⑨] 在福建，社首

---

① 《朱子全书》(25)，曾抗美、徐德明点校，上海古籍出版社 2022 年版，第 3779 页。

② 《朱子全书》(26)，曾抗美、徐德明点校，上海古籍出版社 2022 年版，第 4601 页。

③ 《朱子全书》(25)，曾抗美、徐德明点校，上海古籍出版社 2022 年版，第 3815 页。

④ 《朱子全书》(26)，曾抗美、徐德明点校，上海古籍出版社 2022 年版，第 4791 页。

⑤ 李文海、夏明方主编：《中国荒政全书》(第 2 辑)，北京古籍出版社 2003 年版，第 105 页。

⑥ (清)张廷玉等：《明史 · 食货三》，中华书局 2000 年版，第 1284 页。

⑦ 赵尔巽主编：《清史稿 · 食货一》，中华书局 1976 年版，第 3559 页。

⑧ 《云南总督庆复等为遵旨详议社仓事目事奏折》，载《历史档案》2014 年第 3 期。

⑨ 《江西巡抚岳浚为遵旨详议社仓事目事奏折》，载《历史档案》2014 年第 3 期。

“如有阙额,公择端方有品之人即行充补”。①

（二）家道殷实良善

社首仅仅品行端方,只是表明他平时处事公道,能够为人所信赖。就人性而言,当面对管理粮仓等事务会面临有不少诱惑与较大挑战,与经济条件较好者相比,经济条件较弱者的社首渎职受贿风险相对可能会大些。法律的目的在于最大限度地抑制和防范人性中恶的一面,激发和弘扬美好的一面,从而使经济社会有秩序的稳定发展。故而在相关制度设计时,既要有对违反制度的惩戒规定,又要有对遵守制度的奖励规定。当然,任何制度的设计都以预防为要,而非以惩治为目的。作为旨在赈灾救荒制度设计,社仓制度设计者在重新兴起伊始,即认识到人情不能无公私之分,对于社首必须从经济条件予以限制。于是几乎从南宋朱子社仓至明清时期,对担任社首者都有家道殷实的要求。

例如,在明代,“嘉靖八年乃令各抚、按设社仓。令民二三十家为一社,择家殷实而有行义者一人为社首,处事公平者一人为社正,能书算者一人为社副”。② 又如,汪道亨《修举社仓事宜》即明确社首“以本处齿行俱优者为主”,如果“更兼家资殷实者为之更妙”。雍正时期的岳钟琪所列社仓条约即要求“公举殷实良善素不多事之人”担任社首。③ 乾隆年间依旧强调担任社首者需要家境殷实。再如,江西巡抚岳浚在举办社仓时就报告,“至于经管社仓,已选有殷实老成之人充为社正、社副”。④ 署理湖广总督史贻直在给乾隆的奏折中提到,“臣查雍正二年部议内开,正、副社长务选品行端方、家道殷实之人”。⑤乾隆时期的《大清会典》还明确规定了社首的任职条件:“公举殷实有行谊者一人,为社长。”⑥由此不难看出,社首的理想人选是既家境殷实又个人品行端方,但在实践中其实很难做出选择,尤其是封建社会后期往往更倾向于家境殷实者,这也是诸多社仓最终走向失败的重要原因。比如光绪末年,新津县兴义乡

① 《闽浙总督德沛为遵旨详议社仓事目事奏折》,载《历史档案》2014 年第 3 期。
② （清）张廷玉等:《明史》,中华书局 2000 年版,第 1284 页。
③ 《宁远大将军岳钟琪所拟社仓收放稽查条约》,载《历史档案》2004 年第 3 期。
④ 《江西巡抚岳浚为遵旨详议社仓事目事奏折》,载《历史档案》2014 年第 3 期。
⑤ 《署理湖广总督史贻直为遵旨查议湖北社仓谷石事奏折》,载《历史档案》2014 年第 3 期。
⑥ （清）允祹等编纂:《大清会典(乾隆朝)》,李春光点校,凤凰出版社 2018 年版,第 76 页。

社济仓推举杨映宽担任新社首，着重强调的条件是“伊等均为殷实大粮，堪充此任，且杨映宽下有二子，力能充当”。[①]

(三)权责分工相制

社首职责内容可以概括为“善劝输、择社长、酌收息、公斗斛、严簿籍、禁那借”，[②]但其并非包揽社仓一切事务，而是与其他人员一起有着明确的分工，这也有利于保证社本的安全。在朱熹《社仓事目》中有这样的规定：“簿书锁钥，乡官公共分掌。其大项收支，须监临官签押。其余零碎出纳，即委乡官公共掌管，务要均平，不得徇私容情，别生奸弊。”[③]这说明，在朱熹进行社仓制度相关设计时，已对社首与其他管理人员进行了明确分工，以便相互制约，确保社本的安全，甚至请官府进行相应监督。《清江县社仓规约》中也有类似分工记载：“仓中事务并委乡官掌管，但差使保正、编排人户、磨对簿历、弹压敛散、踏逐仓、追断通负之类，须官司行遣。”[④]到了名单，“处事公平者一人为社正，能书算者一人为社副”。[⑤] 这种权责分工相制方式一直持续到清代。

在清代乾隆时期，江西巡抚岳浚在给乾隆的奏折中直接提出参照朱熹所提人员分工办法执行：“朱子所议簿书锁钥乡官公共分管一条。臣查江省社仓事宜俱系正、副社长轮流收管，其社簿设立二本，一本社长收执，一本缴县存查。至于锁钥，即交正、副社长公同分管，以便查看，不时启闭，现在奉行，毋庸另议。”[⑥]在清代法典中，社首与其他管理人员之间的分工也有相关规定。根据乾隆时期的《大清会典》规定，社首对外代表社仓，其条件要求本人品行端方、家道殷实，社副的条件要求则是“能书者”，二人“共领其事，按保甲印牌”。由此可见，从社首选拔时，就对标社首与社副按职责由不同能力的人员担任。究其

---

① 《社济仓三乡佃约卷》，全宗号001，案卷号88，新津县档案馆藏，第15页。转引自李德英、冯帆：《清末社仓经首选任与乡村社会——以四川新津县社济仓为例》，载《四川大学学报》2014年第4期。

② 《川陕总督鄂弥达等为遵旨详议社仓事目陕省系动用官项采买谷石事奏折》，载《历史档案》2004年第3期。

③ 《朱子全书》(26)，曾抗美、徐德明点校，上海古籍出版社2022年版，第4600页。

④ 李文海、夏明方主编：《中国荒政全书》(第2辑)，北京古籍出版社2003年版，第99页。

⑤ (清)张廷玉等：《明史》，中华书局2000年版，第1284页。

⑥ 《江西巡抚岳浚为遵旨详议社仓事目事奏折》，载《历史档案》2014年第3期。

两人职责，则是“社长、社副执簿校验，岁以谷数呈官，经理出纳惟民所便”，“丰年劝捐社谷，在顺民情”。①

（四）奖惩待遇明确

有权必有责，用权受监督，侵权要赔偿。社首及其他从事社仓管理事务的人都有一定报酬。根据朱熹《社仓事目》记载，每个参与社仓事务人员的标准不一，“每遇支散交纳日，本县差到人吏一名，斗子一名，社仓算交司一名，仓子两名，每名日支饭米一斗。发遣裹足米二石，共计米一十七石五斗。又贴书一名，贴斗一名，各日支饭米一斗。发遣裹足米六斗，共计四石二斗。县官人从七名，乡官人从共一十名，每名日支饭米五升，共计米八石五斗”。② 清代雍正时期的社仓条约中规定，仓正、仓副“应在息谷内每年每人给十二京石供其饭米”。岳钟琪对此解释说：“仓正、仓副既专管社仓之事，若不给以养廉，岂可责其尽心竭力。”如果工作出色，还有一定的奖励，“仓正、仓副出入公平众人输服修仓勤而贮粮谨者，应分别犒赏，以便鼓励”。这些额外的奖励，主要形式有“赏息谷一京石代花红”、“赏息谷三京石代羊酒”、“赏息谷五京石代旗匾”以及“给与九品顶带”等。③ 乾隆时期的《大清会典》对此也有明确规定：“社长、社副经理有方者，按年给奖，仍以息谷酌酬劳功。”④

如果工作有过失或者其他瑕疵，也是要受一定惩罚的，除不能继续担任社首外，还要受一定的经济处罚，比如前文提到的“罚谷”即此种情况。清代雍正时期的社仓条约对此规定是：“如仓正、仓副有瞻徇情面滥借与不应借之人，或滥收湿恶不实之谷，或仓廒不修以致谷有霉烂短少，将仓正、仓副革退，并将未还之谷及霉烂短少之数，于革退之仓正、仓副名下追补还仓。”⑤如果属于故意破坏社仓制度的则可能要受到刑事处罚，“如社长、副有浮收索费及诡名冒借转贩射利等事，或经同社之人告发，或经官访出，提审究拟”。⑥

① （清）允祹等编纂：《大清会典（乾隆朝）》，李春光点校，凤凰出版社 2018 年版，第 76 页。
② 《朱子全书》（26），曾抗美、徐德明点校，上海古籍出版社 2022 年版，第 4598 页。
③ 《宁远大将军岳钟琪所拟社仓收放稽查条约》，载《历史档案》2004 年第 3 期。
④ （清）允祹等编纂：《大清会典（乾隆朝）》，李春光点校，凤凰出版社 2018 年版，第 76 页。
⑤ 《宁远大将军岳钟琪所拟社仓收放稽查条约》，载《历史档案》2004 年第 3 期。
⑥ 《江苏按察使陈弘谋为谨陈社仓等仓存贮未尽事宜事奏折》，载《历史档案》2004 年第 3 期。

## 六、社仓制度的当代新生

作为中国传统社会的一种救灾赈济制度，社仓制度赖以存在的经济基础是以私有制为基础的自给自足小农经济。它创始于隋代，复兴于南宋，发展绵延于元明清以至民国末年。在其长达一千多年的历史长河中，它不仅发挥了救灾赈济之功能，还实际上起到社会保障的功能，对于保证中国社会的健康发展和社会稳定发挥了重要作用。中华人民共和国成立以后，尤其是进入社会主义社会以后，公有制已经成为我国的经济基础，但“民以食为天”依旧是最客观的现实，如何防范饥荒依旧是执政者必须考虑的首要问题，这些因素决定了如何传承民间储粮防饥荒传统，使社仓制度实现新生成为值得研究的社会问题。

### （一）中华人民共和国成立初期重建农村民间储粮备荒制度

国民经济恢复时期，我国不少地区遭遇连年灾荒。救灾的根本问题是粮食问题。党和政府对此高度重视，政务院在1949年12月《关于生产救灾的指示》中明确提出：“生产救灾是关系到几百万人的生死问题，是新民主主义政权在灾区巩固存在的问题，是开展明年大生产运动，建设新中国的关键问题”，并要求“各地人民政府应给予灾民或合作社一部分贷款，并拨出一部救济粮扶助灾民生产自救。”①次年4月通过的《中国人民救济总会章程》，即在第2条明确其性质为在中央政府领导的群众性的救济组织，团结并领导全国从事救济福利事业之团体及个人，协助政府组织群众进行生产节约、劳动互助，以推进人民大众的救济福利事业。② 1950年召开的第一次全国民政工作会议也确立了“生产自救，节约度荒，群众互助，以工代赈，并辅之以必要的救济”的灾害救济方针。由此不难看出，社仓制度中的民间“互助”精神继续在救荒制度设计和实践中得到体现，同时也启示我们，救灾的基础在于广大民众的自觉互助，政府的“必要救济”仅应成为辅助手段。

---

① 中央人民政府法制委员会编：《中央人民政府法令汇编》（1949—1950），法律出版社1982年版，第179－183页。

② 中央人民政府法制委员会编：《中央人民政府法令汇编》（1949—1950），法律出版社1982年版，第184－186页。

之后，新中国提出了“一化三改造”的过渡时期总路线，开展了大规模的经济建设，城镇人口和职工随之大幅增加，粮食需求量也随之大增，由此国家不得不实行粮食统购统销政策，并被迫长期执行与延续。根据1956年6月通过的《高级农业生产合作社示范章程》的规定，农业生产合作社全年收入的实物和现金，在依照国家规定纳税以后，根据既能使社员的个人收入逐年有所增加，又能使合作社的公共积累增长的原则，可以从扣除消耗以后所留下的收入中，留出一定比例的公积金和公益金。如果遇到荒年，公积金可以少留或者不留；遇到丰年，则可以酌量多留。尽管这时候土地所有制性质发生了根本变化，但该方式与古代社仓的有关规定惊人地相似，备荒方面的功能依然被放在重要地位。例如，1957年9月《国务院关于进一步做好救灾工作的决定》中就提出“巩固农业生产合作社是战胜灾荒的有力保证”；1958年5月《粮食部关于夏粮征购工作的指示》提出“农业社在完成国家夏粮征购任务，分配给社员必需的口粮以后，仍有余粮的，应当适当地储存一部分，以备应付灾荒和其他临时调剂的需要。”

### （二）建立健全农村队社集体粮食储备制度

农村队社集体粮食储备制度是在继受社仓制度有益经验基础上，在“备战、备荒、为人民”战略口号下建立的，其本质是通过藏粮于民维护国家安全。20世纪50年代末期至60年代初期，中国所面临的国内外形势特别复杂。在此大背景下，党中央提出了“备战、备荒、为人民”的战略口号。1966年3月，毛泽东对该口号进行了具体解释：“第一是备战，人民和军队总得先有饭吃有衣穿，才能打仗，否则虽有枪炮，无所用之。第二是备荒，遇了荒年，地方无粮棉油等储蓄，仰赖外省接济，总不是长久之计。一遇战争，困难更大。而局部地区的荒年，无论哪一个省内常常是不可避免的。几个省合起来看，就更加不可避免。第三是国家积累不可太多，要为一部分人民至今口粮还不够吃、衣被甚少着想；再则要为全体人民分散储备以为备战备荒之用着想；三则更加要为地方积累资金用之于扩大再生产着想。”[①]从该解释来看,其核心思想即分散储备、藏粮于民、备战备荒,社仓制度有了更为广泛的新生空间。

在实践中,该思想已经在 20 世纪 60 年代初期落实到具体工作中。1962 年 9 月,中共中央在《关于粮食工作的决定》中明确指出要建立社队储备粮:“从今年秋后开始,取消公社、生产大队提取机动粮、自筹粮的办法,以减轻生产队和社员的负担,更好地完成国家征购任务。生产队本身允许保留一定比例的储备粮。以生产大队为基本核算单位的,或者以公社为基本核算单位的,它们也都可以保留一定比例的储备粮。储备粮的提取和使用,应当经过生产队社员大会或者生产大队、公社社员代表会讨论确定。”[②]次年 10 月,中共中央在《关于粮食工作的指示》中强调要逐步增加国家的粮食库存和集体、个人的粮食储备,“逐步做到国有余粮,队有余粮,户有余粮”。如果保管有困难,生产队可以委托粮食部门代为保管,也可以存粮时由粮食部门按价付款,取粮时再交换价款。为此,国家还在全国范围内开展了计划用粮、节约用粮、藏粮于民、备战备荒的宣传教育,积极推动集体和个人储备粮食。1965 年 10 月,中共中央、国务院还明确指示粮食部门积极指导和帮助生产队建立储备粮的管理制度,传授保粮技术。此后,粮食部就农村队社集体粮食储备的提留、管理和使用提出意见。农村队社集体粮食储备制度至此基本建立,逐步做到队队有仓库、队队有储备、户户有余粮。到 1965 年,全国各地粮食部门代生产队保管的原粮储备总数达到 45.7 亿斤;1979 年增加到 193.2 亿斤。[③] 由此可见,社仓制度在“三级所有、队为基础”体制下已经成功转换成一种新的形式,成为夯实国家安全根基的基本方式。

### (三)家庭联产承包责任制之“留足集体的”

20 世纪 70 年代末 80 年代初,我国农村改变了“三级所有、队为基础”的农

---

① 中共中央文献研究室编:《毛泽东年谱(1949—1976)》第 5 卷,中央文献出版社 2013 年版,第 564 – 565 页。

② 中共中央文献研究室编:《建国以来重要文献选编》(第 15 册),中央文献出版社 2011 年版,第 481 页。

③ 赵发生:《当代中国的粮食工作》,中国社会科学出版社 1988 年版,第 290 页。

业组织形式，广泛实行家庭联产承包责任制，把以“工分”来衡量劳动贡献和计算报酬的方式转变为根据承包的土地面积实行“多劳多得”分配原则，农产品分配领域的国家、集体和个人关系被形象化地概括为“交够国家的、留足集体的、剩下的都是自己的”。“农民创造的国民收入分配过程就是农业财政收入、村提留、乡统筹以及农民收入的形成过程。国家财政参与农业国民收入分配的主要形式是农业税。集体参与农业国民收入分配主要采取提留、统筹及摊派等形式。”①

那么，“留足集体的”究竟包含哪些内容呢？根据1991年发布的《农民承担费用和劳务管理条例》规定，农民除缴纳税金，完成国家农产品定购任务外，承担的村（包括村民小组）提留、乡镇统筹费、劳务（农村义务工和劳动积累工）以及其他费用是农民应尽的义务。不难看出，农民承担的该类义务是“留足集体的”全部内涵，其与社仓制度中农民缴纳的“本谷”具有同类性质，带有一定的强制性，否则不能享受在该集体的相应权利。当然，这里所涉及的“集体”与社仓制度所涉及的“乡里”在本质上也是相同的，都是中国社会基层治理体系的有机组成部分。根据《农民承担费用和劳务管理条例》的精神，“集体”共涉及三类主体，即乡镇合作经济组织、村级集体经济组织以及村民小组。

### （四）新时代农民合作社之“社仓”新形式

我们可以在“天眼查”以“社仓”为关键词进行查询，发现有些农民专业合作社在注册时将“社仓”融入其名称，如浏阳市社仓种养专业合作社、济宁市高新区社仓种植农民专业合作社、武夷山朱子社仓现代农业农民专业合作社等。这种现象表明，在部分农民心目之中，农民专业合作社与古代社仓有某些相通之处，可以理解为农民专业合作社是古代社仓在当代的新形式。

笔者认为，这种理解带有很朴素的传承传统文化的意识，可以从《农民专业合作社法》找到一些依据。一是性质相近，服务对象相似。比如，根据该法第2条的规定，农民专业合作社是一种互助性经济组织，它的参加主体是农产

---

① 赖睦、盛剑锋、冯生：《交够国家的 留足集体的 剩下都是自己的——论国家与农民之间的分配关系》，载《湖北财税》1998年第11期。

品的生产经营者或者农业生产经营服务的提供者、利用者,此类组织成立的基础是自愿联合、民主管理。第 3 条则规定以其成员为主要服务对象。经与社仓制度对比,两者性质、参加主体以及服务对象极为相似。二是业务相近。社仓主要功能是“储粮备荒”,而《农民专业合作社法》规定农民专业合作社开展的重要业务内容之一就是“农产品的生产、销售、加工、运输、贮藏及其他相关服务”。三是禁止参加对象相似。从前文分析可知历代政权在设立社仓时大多都限制介入社仓具体事务和日常管理。《农民专业合作社法》第 19 条明确规定“具有管理公共事务职能的单位不得加入农民专业合作社”。

## 七、社仓制度的若干启示

作为一种制度,社仓制度已经在民国末年随着以私有制为基础的政权覆灭而成为历史;作为一种文化,社仓制度在以公有制为基础的共和国时代一直演绎至今。甚至可以断言,只要认可“民以食为天”这种论断,便捷而高效地为广大民众提供备荒救灾措施必然是各类执政者的追求,否则损害的只能是其执政根基。从这个意义上来说,社仓制度于当今中国做好粮食安全保障工作意义重大。为此,结合如何发展农民专业合作社这一新型经营主体,笔者谨慎建议如下,供商榷。

### (一)重视传承社仓文化,筑牢粮食安全第一道防线

有主张认为,科学确定储备规模,优化储备品种规模和结构布局,加强协同运作,充分发挥中央储备粮“压舱石”和地方储备粮“第一道防线”作用。笔者基本赞同该主张,认为中央储备粮“压舱石”功能定位准确,有益于进一步强化中央储备粮工作。但是,将地方储备粮作为“第一道防线”的定位有待商榷。其产生的直接原因是对战争、连年自然灾害的历史教训汲取不足,对历史经验借鉴不够。

古语有云,先事而计,庸人皆可以奏功;事至而谋,奇人不能以速效。雍正即位之初,詹事鄂尔奇就路过山西平定等州县遇到的奇怪状况奏报皇帝:“百姓饥荒屡烦蠲赈,然所历市镇,米豆杂列,询之土人,则富民藏粟犹有至数千斛者。”他慨叹:“今其地之粟本足,拯其地之民不过一转移变通便可无虞,而竟至

数劳圣虑者,则以府县诸臣未能预为之计也。”他建议“仿古常平社仓之制”,稍加变通即可避免百姓流亡现象的出现。① 该项史实说明,在防灾救灾问题上第一道防线实际是“民防”,而非“官防”。在1957年9月《国务院关于进一步做好救灾工作的决定》中,中央政府肯定了农民生产合作社在抢救、补种阶段发挥的积极作用,还强调“救济款应当用在最需要的时候和必须救济的灾民身上”,其原因并非仅是物资不足,而主要是“以免助长灾民依赖思想,减弱生产积极性”。该文件同样强调“民防”才是防灾减灾的第一道防线。为此,笔者建议借鉴传承社仓文化,把粮食安全的第一道防线放在“民防”,支持农民专业合作社等民间力量做好民间粮食储备工作。

### (二)防范粮仓集中风险,健全多元化粮食储备体系

社仓仓库选址以“社”为原则,一方面有利于民众用粮,“乏食贫民藉以就近接济,与民生大有裨益”,②另一方面也有利于防盗防兵火,同时也便于军队就近取粮以解燃眉之急。社仓的这项功能实际上把粮食集中的风险分散开来,化解了“乌巢之粮”可能集中被毁的风险,有效地与常平仓形成了互补性极强的粮食储备体系。

在当代,我们在为一座座现代化“大国粮仓”屹立于中华大地而欢欣鼓舞之时,也在忧心粮食储备过于集中的风险已经悄然来临,一旦突破极限,将会不可避免地给国家和民族带来极大风险。职责有分工,救助有策略。一般来说,正常的策略应首先就近动用民用储备自救。然后,才是地方储备和中央储备依次跟进。新冠肺炎疫情暴发初期,不少地方在不到一周时间内即开始考虑启动地方政府储备,这种做法值得商榷。根据底线思维原则,从中国未来若干年后可能发生一场局部战争为极端情况考虑,“大国粮仓”必然是被敌打击的重中之重。为此,建议参考社仓制度,重新审视“藏粮于民”思想,建立健全政府、企业、民间等多元化粮食储备体系,特别是扎实做好以农民专业合作社为重点的民间储备工作。

---

① 《詹事府詹事鄂尔奇为仿古制设立社仓事奏折》,载《历史档案》2004年第2期。

② 《河南总督田文镜为报雍正四年社仓谷石数目事奏折》,载《历史档案》2004年第3期。

### （三）采取多种措施，促进农民专业合作社发展

社仓系“贮蓄于丰年，取资于歉岁”，为民生经画久远之计，“社仓积谷实属地方要务”。① 为此，从魏掞之尝试社仓之初，社仓即得到官府的大力支持。朱子社仓也是依靠有司借“常平米六百石”启动运行，运转数年之后，朱熹如数归还所借之粮。后代政权也给予社仓不同程度的支持措施。比如，清代云南布政使陈弘谋针对云南社仓“土田瘠薄，出产无多，所捐终属有限”的实际情况，向雍正帝奏报“各属俱有常平仓及官庄等谷，除每年存七粜三外，存贮尚多”，建议从常平仓及官庄“可以酌量暂拨，以作社本”。② 由此可见，历代政权实际上将以“民办民营”为主要特征的社仓作为执政根基来看待，其实际功能丝毫不亚于常平仓。

作为“社仓”形式的农民专业合作社，在农业农村现代化进程中正在发挥越来越大的作用，笔者建议采取财政支持、税收优惠和金融、科技、人才的扶持以及产业政策引导等措施，鼓励和支持国民、法人和其他组织为农民专业合作社提供帮助和服务，以全方位的综合性措施支持农业专业合作社民间粮食储备的发展，特别是对于革命老区、民族地区、边疆地区和不发达地区的农民专业合作社给予优先扶助。

### （四）强化全链条之监管，牢牢守住库存粮食的底线

在朱熹看来，魏掞之推行的社仓最终在其过世以后归于失败，关键在于继任者未能如魏掞之一样恪尽职守。故而在选择社首时，不仅要求本人品行端方、家道殷实良善，而且在制度上要进行权责分工相制、奖惩等方面的设计。“一切有权力的人都容易滥用权力，这是万古不易的一条经验。有权力的人使用权力一直到遇有界限的地方才休止。”③权力必须有监督，没有监督的权力最终必然不可避免地滋生腐败，这是人性使然。中国古代历代政权都强调官府对社仓的监督管理，认为社仓“稽查在官，民难侵蚀”，才能实现“为民储备、水旱

---

① 《湖广总督迈柱为请奖励倡捐社仓谷石官员等事奏折》，载《历史档案》2004 年第 4 期。

② 《云南布政使陈弘谋为酌通社仓借本以资接济事奏折》，载《历史档案》2004 年第 4 期。

③ ［法］孟德斯鸠：《论法的精神》，张雁深译，商务印书馆 1982 年版，第 155 页。

无虞之至意”。[①] 宁远大将军岳钟琪所立社仓条约也强调了官府监督社仓的必要性:“社仓民间管理,虽不许地方官经手,但无查考之法恐仓正、仓副收放不公,或百姓借出不还,又还时杂掺灰土等弊……今定每年著官查核一次。”[②]

为此,建议在国家支持农民专业合作社发展的同时,必须采取措施对其加强监管:一是应当依法加强对财政补助资金使用情况的监督;二是农民专业合作社在依法向有关主管部门提供的财务报告等材料中,如虚假记载或者隐瞒重要事实的,必须依法追究法律责任;三是加强农民专业合作社对粮食的生产、购销、加工、物流、库存、消费等全链条监管,确保粮食数量真实、质量良好、储存安全,保护农民专业合作社及其成员的合法权益。

---

① 《河东河道总督王士俊为报雍正十二年各属社仓积贮数目事奏折》,载《历史档案》2004 年第 4 期。

② 《宁远大将军岳钟琪所拟社仓收放稽查条约》,载《历史档案》2004 年第 3 期。

# 第三章　宋代常平仓制度若干问题研究*

宋代常平仓制度承继于汉唐，肇始于宋太宗淳化三年。宋真宗天禧年间，常平仓遍布天下，其规模远超汉唐时期。随着新旧党争起伏，常平仓法亦随之摇摆不定、进退往复，时而实行常平新法（青苗法），时而恢复常平旧制。南迁临安后，宋高宗重建常平仓制度，直到政权覆灭。本研究拟就宋代常平仓制度所涉若干重要问题进行梳理研究，供商榷。

## 一、宋代常平仓的仓额确定制度

粮食储备多大规模较为合适素来是个值得研究的问题。“在我们这样一个十三亿多人口的大国，粮食多了是问题，少了也是问题，但这是两种不同性质的问题。多了是库存压力，是财政压力；少了是社会压力，是整个大局的压力。”①宋代法律关于仓额的规定可以为我们提供有益借鉴。

### （一）宋初承唐代仓粮限额规定

开元七年六月，唐玄宗敕：“关内，陇右、河南、河北五道，及荆、扬、襄、夔、绵、益、彭、蜀，汉、剑、茂等州，并置常平仓。其本上州三千贯，中州二千贯，下州一千贯。”②尽管它是按照货币仓本来显示储量的，但仍可视为我国历史上首次为地方行政单位的常平仓粮规定限额。

宋真宗景德三年，有大臣奏请在“京东西、河北、河东、陕西、江南、淮南、两

---

* 本文原载《中国粮食经济》2022年第10期、第11期。

① 《走中国特色社会主义乡村振兴道路》（2017年12月28日），载中共中央党史和文献研究院编：《习近平关于“三农”工作论述摘编》，中央文献出版社2019年版，第87页。

② （后晋）刘昫等：《旧唐书·食货志》，中华书局2000年版，第1432页。

浙皆立常平仓”。每处储备标准,“计户口多寡,量留上供钱自二三千贯至一二万贯”。由此可见,宋初曾承继唐代按照购买力来确定粮食储备量。宋真宗召集三司集议,在此基础上初步确定以实物为粮食储备量标准,规定了每处常平仓粮食储备的上限和下限:“大率万户岁籴万石,户虽多,止五万石。”①可以说,在常平仓运行初期,宋政权是以货币购买力和粮食实物两种方式来确定储备量的,有可能前者在当时还占据主导地位。

### (二)北宋细化仓粮具体规定

无论是按照购买力来确定粮食储备量,还是以设定实物储量区间方式来确定粮食储备量,都有不可忽视的弊端。如何将粮食储备量与所辖区域人口数相关联,成为北宋统治者细化相关规定的最初出发点。

天禧二年正月,宋真宗下诏对各地州仓储备数额进行具体规定:“诸州常平仓斛斗,其不满万户处,许籴万硕;万户已上、不满二万户,籴二万硕;二万户已上、不满三万户,籴三万硕;三万户已上、不满四万户,籴四万硕;四万户已上,籴五万硕。”②天禧四年,国家在荆湖、川峡、广南都建立了常平仓。比照此时北宋疆域图可知,常平仓已经覆盖了北宋的主要统治区域。天禧五年,“诸路总籴数十八万三千余斛,粜二十四万三千余斛”。③ 此后,常平仓制在宋仁宗、宋英宗执政时期保持相对稳定。当然,这些规定在一定条件下也可以灵活掌握。比如,宋仁宗景祐年间,淮南转运副使吴遵路上奏说:“本路丁口百五十万,而常平钱粟才四十余万,岁饥不足以救恤。愿自经画增为二百万,他毋得移用。”后来该奏请得到批准。④ 可见,以救恤为名增加储备是符合常平仓设置初衷的。

### (三)根据饥馑程度确定储量

宋神宗在位期间,北宋政局出现新旧党政,常平仓粮食储备量规定的执行

① 《宋史·食货志》,中华书局2000年版,第2865页。
② 《宋会要辑稿》(第12卷),上海古籍出版社2014年版,第7198页。
③ 《宋史·食货志》,中华书局2000年版,第2866页。
④ 《宋史·食货志》,中华书局2000年版,第2866页。

受到较大影响,几乎背弃了常平仓设立宗旨。常平仓法由于处于不稳定状态,遇到饥荒年景就必然影响对灾民的救济。于是,全国流民状况越来越严重,逐渐影响京师。“顷岁河北灾伤,流民至齐、郓;去岁河北又饥,流民偏及京东。”①

元符三年十月二十八日,前京东西路提刑郑仅奏请改革常平之法。他首先痛陈“今常平有折纳之法而未尝折纳,有粜籴之法而多不广籴”,明确提出“欲民不流,不若多积谷;欲多积谷,不若推行折纳、粜籴之法”。各县州粮食储备量确定的具体办法是:“视民口多寡,使县常有三五万斛,州常有三五万斛。小饥则平价粜与下户,中饥则粜及中户而贷下户,大饥则粜及上户而贷中户,甚则贷及上户”。郑仅认为这种方式可以实现官民双赢,“官不虚费,而民实受惠,自不流徙”。② 该法被宋哲宗所接受,其实行结果对缓和社会矛盾起到了积极作用。此后,宋代有关粮食储备量的确定规则再未发生大的变化。

## 二、宋代常平仓的选址建库制度

粮食储存的影响因素主要是温度、湿度和粮食的水分。故而,无论是选址建库制度还是日常库存管理的规定,宋人都围绕这三个因素展开设计。在仓廪选址建造方面,宋代最主要的法律依据是《天圣令·仓库令》(以下简称《仓库令》)第1条。③ 当然,由于选址建库是个较为复杂的问题,它不仅涉及地质条件、水文等自然因素,还与政策、交通、区域环境、建设成本以及其他社会因素密切相关,并且安全问题更是首选因素,因此实际结果与《仓库令》的规定有一定出入。

### (一)仓廪的选址条件

根据《仓库令》规定,宋代仓廪选址需要有城内和高燥两个条件。

---

① 《宋会要辑稿》(第12卷),上海古籍出版社2014年版,第7208页。

② 《宋会要辑稿》(第12卷),上海古籍出版社2014年版,第7208页。

③ 中国社会科学院历史研究所天圣令整理课题组、天一阁博物馆校证:《天一阁藏明钞本天圣令校证》(上),中华书局2006年版,第69页;《天一阁藏明钞本天圣令校证》(下),中华书局2006年版,第277页。该书上册是该文献原版影印,该书下册是该文献的校证版,本研究所用文献加入了笔者自己的有关断句理解,特此说明。第1条具体规定是:“诸仓窖,皆于城内高燥处置之,于仓侧开渠泄水,兼种榆柳,使得成阴。若地下湿,不可为窖者,造屋贮之。皆布砖为地,仓内仍为砖场,以拟输户量覆税物。”

1. 仓廪要建在“城内”。“城内”是仓廪建造选址的地理位置要求，可能主要基于仓廪免受军事攻击考虑。据有关资料记载①，兴建于隋炀帝时期的回洛仓因在洛阳城外的邙山成为瓦岗军的攻击重点，而在城内的含嘉仓则得以避免战火的冲击。唐统治者认识到城外建设粮仓的弊端，于是将粮仓选址重点转移到城内，后来含嘉仓成为天下一仓与此不无关系。但遗憾的是，我们并未在唐代有关仓储法令中看到这方面的规定。宋代《仓库令》明确规定将仓廪建在“城内”，足以说明隋唐两代的正反两方面历史经验给宋代统治者以很大启示，仓廪建在“城内”可以最大限度地确保粮仓免受军事攻击。另外，从方便角度来看，“城内”因属于人口密居区有利于粮食的支取。

仓廪建在“城内”的具体地点，根据有关地方志记载大致有三种情况：一是建在州府、县衙治所附近。在江浙一带，比如《镇江志》记载：“金坛县常平仓，在县治东南五十步。丹阳县常平仓，在县东北一里，普宁寺北。”《松江府志》记载：“常平仓，在旧县。南一百五十步。”《临安志》记载：“临安县常平仓，在县南六十步。盐官县常平仓，在县西一十五步，唐正元十年置。于潜县常平仓，在县治东。昌化县常平仓，在陈留后。”《义乌县志》记载：“常平仓，在县治西廊。”在江西，《信丰县志》记载：“常平仓，在县治之东南。”在湖广一带，比如《长沙县绿江志》记载：“常平仓，在县衙两庑。”《衡阳志》记载：“衡阳府常平仓，在行衙之南。安仁县常平仓，在县治之西。”《南雄郡志》记载：“常平仓，在府治西南。”在安徽，《合肥新志》记载：“舒城县常平仓，在县治西庑。”二是与其他仓库相邻。比如，《吉水志》记载：“常平仓，在足食仓之侧。”《太和志》记载：“常平仓，在县仓之西”。《永丰志》记载：“常平仓，在省仓之后。”《建安府崇安志》记载：“常平仓，在省仓之东。”三是建在其他仓库之内。比如，《太平州图经志》记载：“常平仓，在省仓内。”《临汀志》记载：“临汀县常平仓，在省仓内。”《漳州志》记载：“漳州府常平仓，在州省仓之中廊。”《建武志重修邕州志》记载：“常平仓，在省仓之内。”②

2. 仓窖要建在“高燥处”。仓廪不仅要建在“城内”，而且要建在“高燥

---

① 翠桐：《争夺回洛仓》，载《河南日报·农村版》2014 年 7 月 23 日，第 4 版。

② 《永乐大典》，线装书局 2021 年版，第 2451 – 2457 页。

处”。选择在高处建仓,有利于排水防涝,避免因“水淹”而致使粮食损失,这是人们对生活经验的智慧总结。从现存法律资料来看,唐律已有粮仓“须高燥之处安置”[①]的相关规定。《宋刑统》“损败仓库物”条全文继受了该条规定。[②] 作为《宋刑统》的下位法,《仓库令》也要求仓廪在城内的“高燥处”进行具体选址,并且还规定具体建造仓窖还是仓屋与仓址的水文地址密切相关。如果地面湿润则不能建造仓窖,而是要建造仓屋,“不可为窖者,造屋贮之”。

### (二)仓廪的修建形制

宋代仓廪的修建有着较为严格的规定。

1. 仓廪结构有统一的建筑标准。与其他仓廪一样,宋代常平仓主体建筑一般包括围墙、仓门、官厅、仓敖、吏舍、斛斗库、亭、廊等。据《永乐大典》记载,宋神宗时,郑汝谐所建常平仓样式是:“乃即仓之故基而经营之,夷高增庳,陶瓦伐木,为屋十有二楹,峙于东西,下版以却湿,旁垣以防穿,中为公廨以接官吏役。”[③]这应当是宋代较为标准的仓房。

2. 仓廪地底有明确的防潮要求。粮食储存除了房屋本身,仓廪的地底是另外一个重要方面。仓廪地底总的要求是注重防潮。防潮一方面与仓廪的直接选址密切相关,另一方面就是具体修建时要做到最大限度的防潮。据宋代《仓库令》规定,仓窖窖底需要铺上厚度高达五尺的稾草;然后稾草上面再铺设两层“大稕”,并且仓窖周壁也填成“稕”;凡是用“大稕”的地方,都要“以小稕掩缝”;“稕”铺好后,再用“苫”覆盖,“然后贮粟”。[④] 这样,仓窖的防潮效果即可达到极致。

如果建造的是仓屋,要求仓屋地面“皆布砖为地”,仓屋内仍要建设“砖

---

① 《唐律疏议·厩库》第214条,岳纯之点校,上海古籍出版社2013年版,第246页。

② 《宋刑统》,薛梅卿点校,法律出版社1999年版,第277页。

③ 《永乐大典》,线装书局2021年版,第2471页。

④ 中国社会科学院历史研究所天圣令整理课题组、天一阁博物馆校证:《天一阁藏明钞本天圣令校证》(上),中华书局2006年版,第69页;《天一阁藏明钞本天圣令校证》(下),中华书局2006年版,第277页。

场”,“以拟输户量覆税物”。[1] 当然,铺砖的主要目的除了防潮,就是保证所堆放的“税物”的干净。即使是在库区空地亦须“置砖场以备量覆,其敖内地皆布砖”。[2] 这样有利于保证晾晒粮食的干净。

### (三)仓廪的周边要求

仓廪对周边环境总的要求是有利于防火防水降温。

1. 有利于排水灭火的规定。《仓库令》规定要“于仓侧开渠泄水”,在粮仓旁边要开挖沟渠,便于排水。“诸监仓于敖板下以瓮承卤,不得别设水器。”[3]为防火防水,要求仓库常备防火防水之物,仓库管理人员要“除治草秽,疏导沟渠”。如违反规定造成“官物”损失,则“勒主守及地分公人均备”。虽然遵守了这些规定,“诸仓库水火防虞有备”,但由于“非人力所及致损败官物者”,则“监专具所损所收实数申州保明奏裁”。[4]

2. 有利于降低仓温的规定。“低温储粮”是我国古代人民创造的宝贵储粮经验之一。众所周知,绿色植物通过植物树冠的遮阴作用和蒸散作用,可以降低周边空气温度。该科学规律引起宋代执政者的高度重视。宋代《仓库令》改变唐律“诸仓库空地不得种莳”[5]的规定,允许“兼种榆柳,使得成阴”,[6]“诸仓植木为阴”,但“不得近屋”。[7] 考究由“不得种莳”到允许栽种,并在法令中明确其目的在于“使得成阴”,实际上反映了宋人对低温储粮技术的理解和掌握较之唐代更进一步。

---

① 中国社会科学院历史研究所天圣令整理课题组、天一阁博物馆校证:《天一阁藏明钞本天圣令校证》(上),中华书局2006年版,第69页;《天一阁藏明钞本天圣令校证》(下),中华书局2006年版,第277页。

② 《庆元条法事类》,戴建国点校,黑龙江人民出版社2002年版,第558页。

③ 《庆元条法事类》,戴建国点校,黑龙江人民出版社2002年版,第558页。

④ 《庆元条法事类》,戴建国点校,黑龙江人民出版社2002年版,第558－559页。

⑤ 《庆元条法事类》,戴建国点校,黑龙江人民出版社2002年版,第558页。“莳”,即栽种。参见《现代汉语词典》,商务印书馆2013年版,第1192页。

⑥ 中国社会科学院历史研究所天圣令整理课题组、天一阁博物馆校证:《天一阁藏明钞本天圣令校证》(上),中华书局2006年版,第69页;《天一阁藏明钞本天圣令校证》(下),中华书局2006年版,第277页。

⑦ 《庆元条法事类》,戴建国点校,黑龙江人民出版社2002年版,第558页。

## 三、宋代常平仓的日常运行制度

宋代常平仓的粮源渠道较为多样。据有关研究，和籴在宋代粮食买卖中属于规模最大的。所为和籴，即指官府以买主身份出现于粮食市场，从商人或者农民手中购买粮食，主要用作军储、政府官员消费和填补官仓。和籴的具体方式主要有“博籴”“寄籴”“兑籴”“括籴”“劝籴”“均籴”“结籴”“俵籴”“坐仓”等。[①] 除此之外，南宋时期还设有常平田，其所收租课也属于粮源重要渠道之一。至于收购品种总原则，宋代的规定是“少籴麦豆，多籴谷米”。[②] 其运行制度设计从筹集籴本汇集粮源开始，其间还有定期轮换或者不定期轮换，以及粮食如何赈粜。

### （一）运行初期既定规则

宋代常平仓设置伊始即对其运行进行了明确规定。

1. 关于“籴本”的确定与管理。依据各州“户口”的多少，留取上供钱作为常平仓粟籴本，标准是大州一二万贯，小州二三千贯；籴本专款专用，“付司农司系帐，三司不问出入”；由转运使委任各州一名官员“专掌其事”。

2. 关于籴粜的规定。每年夏秋以略高于市价“收籴”粮食，待到粮价上涨时，以低于市价“出粜”予民；“收籴”价一般比市价高三到五文钱，“出粜”价一般比市价低三到五文钱，但是“所减不得过本钱”。

3. 关于最高收购量的规定。规定万户以下的县“岁籴万石”，每年收购量不能超过一万石；超过万户的县“止于五万石”，最高收购量不能超过五万石。

4. 关于轮换的规定。规定仓内储存超过三年以上的粮食，若“不经粜”必须进行轮换，“即回充粮廪”，另外补充“新粟”。[③]

根据上述规定，结合粮食生产季节的差异，执政者不断重复着这种看似简单的籴、粜活动，由于“所减不得过本钱”规定的存在，能够使常平仓粮不至亏

---

① 刘彦威：《宋代粮食政策略述》，载《古今农业》1994 年第 2 期。

② 李焘撰：《续资治通鉴长编》，中华书局 1986 年版，第 9351 页。

③ （宋）马端临：《文献通考》（第 1 册），中华书局 2011 年版，第 614 页。《宋史 · 食货志》，中华书局 2000 年版，第 2865 页。

本,从而保持整个制度能够持久运行。需要说明的是,该规定属于基本规定,由于经济社会始终处于千变万化之中,有时需要不断修正或者进行补充规定,甚至有些情况下根本不执行该基本规定,因此,常平仓制度难免会遭到破坏。

### (二)籴本变为政府补助

常平仓成立之初,其籴本来源为诸路留取上供钱,后来演变为由政府进行补给。政府补给的方式呈现多样化。需要说明的是,无论这种方式如何变化,宋政权都要求籴本总体上要保本。其主要补助方式有:

1. 内库资金。比如,嘉祐七年冬十月,宋仁宗下诏:“内藏库、三司共出缗钱一百万,助籴天下常平仓。”[①]熙宁二年九月,宋神宗“立常平给敛法”后不久,即下诏“出内库缗钱百万籴河北常平粟”。[②]

2. 交子。比如,熙宁四年二月,宋神宗“赐交子十万缗钱为梓州路常平籴本”。[③]

3. 度牒。比如,熙宁五年闰七月,宋神宗“赐荆湖北路度僧牒五百为常平本钱”。[④] 当年十一月,宋神宗又“诏赐广南西路常平司度牒千,为籴本。”[⑤]元丰六年八月,宋神宗“赐泾原路经略司度僧牒千道为常平钱”。[⑥]

### (三)赈粜价格低于籴本

由于自然损耗等原因,收籴积贮的粮食若按原“收籴”价出售,必定就会产生亏损。至于低于原收购价进行出粜,只会让亏损进一步拉大。那么,宋代常平仓的粮食在赈粜时售价具体情况如何呢?

1. 按照原收籴价出售。据记载,皇佑三年十月十八日,淮南、两浙路体量安抚陈升之等上奏,由于“灾伤州军,乞出粜常平仓斛斗”。由于如按原价出售粮食必定会亏损,宋仁宗便下诏要求在“元籴价上每斗量添钱十文至十五文足出

---

① 《宋史·仁宗本纪》,中华书局2000年版,第166页。
② 《宋史·神宗本纪》,中华书局2000年版,第181页。
③ (宋)李焘:《续资治通鉴长编》,中华书局1986年版,第5348页。
④ (宋)李焘:《续资治通鉴长编》,中华书局1986年版,第5729页。
⑤ (宋)李焘:《续资治通鉴长编》,中华书局1986年版,第5834页。
⑥ 《宋会要辑稿》(第12卷),上海古籍出版社2014年版,第7206页。

粜”。可以推断,如按货币价格来计算,宋朝常平仓中的粮食每斗损耗在十文至十五文之间,每斗粮食售价需高出原“收籴”价的 10 文至 15 文,方可保本。在陈升之提出“如添钱,即非恤民之意”的不同意见后,宋仁宗同意不再上浮,“依原籴价出粜”。① 可见,宋仁宗时曾试图对宋初出粜减价“三五文”进行修正。因此,常平仓如按原“收籴”价出售粮食的话,实际上是在亏本出卖。当年十二月,宋仁宗在全国下诏:“天下常平仓其依元籴价粜以济贫民,毋得收余利以希恩赏。”②

2. 低于市价出售。熙宁七年三月,宋神宗批复:“闻都下米麦踊贵,可令司农寺发仓常平麦,不计元籴价,比在市见卖之直量减钱出粜。”那么,当时粮食市价多少呢?据记载,当时京都“米价钱百五十”。宋神宗在此之前已经下诏“司农寺以常平米三十二万斛、三司米百九十万斛,平其价至斗百钱”。这次“又减十钱,益置官场出粜”。这样,常平仓粮每斗售价为 90 文钱,比市价足足低了 60 文钱。故“民甚便之”。③

### (四)粮食轮换规定异化

基于数量、质量和储存安全,保持粮食市场稳定等多重因素,储备粮要求进行定期轮换。在宋代,常平仓粮一般三年更新一次。尽管常平仓制度设立之初即有“岁歉,减价以粜,用赈贫民,以为永制”④的规定,在实际工作中,至少由于以下两个方面原因支出常平仓粮而需要大量购进新粮,从而实现常平粮的另类轮换。

1. 因兴修水利支出常平仓粮。比如,熙宁五年九月,宋神宗“诏司农寺出常平仓粟十万石,赐南京、宿亳泗州募饥人浚沟河”。⑤ 再如,熙宁六年,宋神宗又“赐淮南西路转运司常平米三万石,募饥民兴修水利”。⑥ 因兴修水利而支出常平仓粮的事例比较多,据粗略统计,仅宋神宗在位期间就先后 13 次因兴修水

---

① 《宋会要辑稿》(第 12 卷),上海古籍出版社 2014 年版,第 7197 页。
② (宋)李焘:《续资治通鉴长编》,中华书局 1986 年版,第 4120 页。
③ (宋)李焘:《续资治通鉴长编》,中华书局 1986 年版,第 6137 页。
④ 《宋会要辑稿》(第 12 卷),上海古籍出版社 2014 年版,第 7199 - 7200 页。
⑤ (宋)李焘:《续资治通鉴长编》,中华书局 1986 年版,第 5769 页。
⑥ (宋)李焘:《续资治通鉴长编》,中华书局 1986 年版,第 6059 页。

利动用常平仓粮，其他如宋哲宗、宋徽宗、宋高宗、宋孝宗、宋光宗等皇帝执政时都曾有类似事例。笔者认为，这种类似于"以工代赈"的轮换方式对宋代社会发展是有着积极作用的。

2. 因军费支出常平仓粮。宋政权存续期间，内部农民起义不断，外部与周边其他政权之间战事频繁，因此在军粮接济不上时就会挪用常平仓粮抵充。最初，动用常平仓粮充作军粮尚是主动为之。比如，大中祥符六年十一月，宋真宗下诏将快到期常平粮支作军饷："其在京及诸路常平仓斛斗，若经二年，即支作军粮，以新者归还。"这应当视作对常平仓粮动员制度的修正。从避免浪费角度来看，尚属于正常管理需要，没有背离常平仓设置初衷。但在此之后，由于军粮短缺日益严重，经常以军需名义动用常平仓粮就带有浓厚的被动色彩。比如，宋仁宗康定元年十二月丙戌，"诏司农寺以常平钱百万缗助三司给军费。自景祐末，不许移用常平，至是以兵食不足，故降是诏"。① 据统计，宋仁宗、宋神宗、宋哲宗、宋高宗等皇帝在位期间都曾动用常平仓粮，其中以宋神宗动用次数为最多，总数高达 26 次之多。应当说，这种动用常平仓粮方式已非正常状态。

## 四、宋代常平仓的库房管理制度

宋代法律对常平仓库房管理已经建立了较为完善的制度。

### （一）禁火制度

宋代法律对失火作了具体处罚规定。《宋刑统·杂律》"失火门"条规定禁止在粮仓内燃火，违者进行刑事处罚："诸库藏及仓内皆不得燃火。违者，徒一年。"该条进一步"疏议"："凡官库藏及敖仓内，有舍者，皆不得燃火。违者徒一年。"②这里所说的"敖仓"即现代常说的粮仓。③

对于发现有火情，宋代法律对知悉火起而不告、不救者按知悉者身份分情

---

① （清）毕沅：《续资治通鉴》（第 1 卷），大众文艺出版社 1998 年版，第 581 页。

② 《宋刑统》，薛梅卿点校，法律出版社 1999 年版，第 490 页。

③ 据《辞海》解释：敖仓是秦所置谷仓。故址在今河南荥阳市东北敖山上。汉魏仍均在此设仓。亦泛指粮仓为敖仓。参见《辞海》（第 7 版），上海辞书出版社 2020 年版，第 81 页。

况是否进行处罚。对一般人来讲,“诸见火起,应告不告,应救不救,减失火罪二等“;对负有“守卫宫殿、仓库及掌囚者”来讲,“虽见火起,并不得离所守救火,违者杖一百”。这类负有守卫职责的人见到“火起”,即使选择“不告,亦不合罪”。[①] 由此可见,在宋人看来,防火固然重要,粮仓守卫者坚守岗位的职责更为重要,其原因必然与粮食是“国之大者”密切相关。

(二)禁谒制度

中国人自古就将迎来送往视为人之常情,但官场上的迎来送往则多是在该幌子下意图直接地或者间接地影响公务活动的正常开展。北宋中后期开始,国家就以禁令方式对此种行为从方方面面进行规范和限制。比如宋代法律禁止监临诸场、库、院、局等各种税收、库藏、专卖事务官在工作场所会见宾客。“诸监当官,于所监仓库”并非由于岗位工作需要而会见宾客,本人及来访宾客“各徒二年”。至于直接收储粮草官员,宋代法律规定更为严格:“诸籴买粮草官,非职事相干辄见宾客,及见之者,各徒二年。”甚至由于意外原因相见也不允许,“以邂逅为名相见者同”。[②]

(三)双人双锁制度

为防止库房监守自盗等弊端发生,宋令规定仓库开门与闭门时有多人在场见证,并且库房钥匙原则上实行分工管理。“诸仓库,监专同开闭,并压记锁封。掌钥以长官,门钥以监门。”若“无监门处”,则“长官兼掌”。[③]

(四)文书制度

宋代对库房文书管理非常严格。首先,禁止将文书带回家处理。“诸仓库内无廨舍者,监官不得住家。”其次,移交文书严格“批印”手续。“收支文书,监官廨封锁,遇替移交,受都簿赤历足,批上印纸离任。”[④]上报有关文书(如账簿)

---

① 《宋刑统》,薛梅卿点校,法律出版社1999年版,第496页。
② 《庆元条法事类》,戴建国点校,黑龙江人民出版社2002年版,第33页。
③ 《庆元条法事类》,戴建国点校,黑龙江人民出版社2002年版,第558页。
④ 《庆元条法事类》,戴建国点校,黑龙江人民出版社2002年版,第83页。

时不仅有时限要求，而且也要严格遵守移交手续。最后，收支官物文书规范"勾抹"。宋令规定，收支官物文书如有"空缺处及剩纸"要求"勾抹"，对违反此规定者，"若赤历内预先虚收者，各杖一百，本行吏人仍降一资"。对于"已支官物旁、帖之类"，若"不勾抹"，则按前者处理。①

（五）主司搜检制度

为防止出入库时发生盗窃，宋代承继了唐律的"库藏主司搜检"规定。依照《宋刑统》规定，凡是从库房出来者，都要接受搜检。如果"应搜检而不搜检"，此时要对"防卫主司"笞二十的处罚。有个例外情况是，五品以上官员，"皆不合搜检"。如果由于没有搜检而致官物被盗，则"计所盗之赃，主司减盗者罪二等"。②

此外，宋令还规定籴粜粮食时不能靠近仓门，"诸谷不得近仓仓门籴粜"。甚至，官员所用的收粮器具也要单独存放："诸仓官斛、斗、升、合各刻仓分、监官押字，置库封锁，应修者，当官较量。"③

## 五、宋代常平仓的监督管理制度

为保证常平仓制度顺利执行，宋朝人设计了一套监管制度，包括监管机构和奖惩措施等。

（一）管理机构

宋代常平仓管理机构变化情况比较复杂。设立之初，宋政权并没有设立相应的管理机构。宋真宗执政时期，先由司农寺掌管常平仓，大中祥符年间改由三司主管。宋神宗在位期间，常平仓先是转归司农寺管理，推行改革后再次转归户部右曹掌管。直到南宋末期，基本上维持此种管理体制。"右曹分案六：曰常平，掌常平、农田水利及义仓振济，户绝田产。"④在地方，常平仓主要由各

① 《庆元条法事类》，戴建国点校，黑龙江人民出版社 2002 年版，第 577 页。
② 《宋刑统》，薛梅卿点校，法律出版社 1999 年版，第 273 页。
③ 《庆元条法事类》，戴建国点校，黑龙江人民出版社 2002 年版，第 558 页。
④ 《宋史・职官志》，中华书局 2000 年版，第 2578 页。

路提举常平司(提举常平茶盐司)主管。而常平司则曾归提点刑狱司、经制司等主管。

中央和地方设立的这些机构,既是行政机构,又是监管机构。提举常平司是负有双重职能的机构,“提举常平司,掌常平、义仓、免役、市易、坊场、河渡、水利之法,视岁之丰歉而为之敛散,以惠农民。凡役钱,产有厚薄则输有多寡;及给吏禄,亦视其执役之重轻难易以为之等。商有滞货,则官为敛之,复售于民,以平物价。皆总其政令,仍专举刺官吏之事”。① 当然,宋史上也出现过提举常平司职责不清晰的情况,致使管理较为混乱。

### (二)奖励措施

需要说明的是,国家规定奖励措施,同时授权监管机构落实并对相关人员采取惩罚措施。故此处所说奖励措施包含监管可以采取的法律措施。

1. 鼓励举报。比如,宋真宗曾经下诏鼓励举报仓管人员抬高籴米价格行为,并给告者“赏钱百千”。后来,统治者又鼓励陈告“诸色公人因给纳常平仓等钱斛取受”者,奖励力度为“杖罪支赏钱五十千,徒罪一百千”。具体方式为“先以官钱给赏,后以犯事及干系人家财充;或无可送纳,官吏保明除破”。而对被举报者本人,则“杖罪送邻州编管,徒罪以上刺配本州牢城”。②

2. 鼓励多籴粮食。天禧年间,宋真宗下诏:“当职官于元约数外增籴及一倍已上者,并与理为劳绩。”③这种激励措施可以大大调动有关人员收粮的积极性。

3. 鼓励增收节支。元丰七年十月十一日,尚书吏部上奏:“经制变运川峡路常平仓积息钱,所增息钱二百九十二万缗,乞推恩。”宋神宗下诏奖励:“李元辅迁两官;史君俞、张茂先候改官日各迁一官,减二年磨勘;刘何、虞仲荀减磨勘年月有差。”④

---

① 《宋史·职官志》,中华书局2000年版,第2659页。

② 《宋会要辑稿》(第12卷),上海古籍出版社2014年版,第6061-6062页。

③ 《宋史·食货志》,中华书局2000年版,第2665页。

④ 《宋会要辑稿》(第12卷),上海古籍出版社2014年版,第7207页。

## (三)惩罚措施

天下大务,莫过赏罚。官治必有赏罚。宋朝统治者在设计奖励制度的同时,还设计了危害常平仓制度的惩罚措施。这些措施主要有:

1. 禁止食禄之家并形势人入中粮食。我国素有"食禄者不得与下民争利"的传统。早在宋太宗执政期间,就在有关粮食的诏令中规定"所有食禄之家并形势人,并不得入中斛斗及与人请求折纳。违者许人陈告,主吏处死,本官除名贬配,仍委御史台纠察。其所中斛斗,不计多少,并支与告事人充赏。主吏自能陈告,并免罪,亦依告事人例施行。其监纳朝臣、使臣,不得受人嘱托纳中斛斗,违者并除名贬配"。① 另据《庆元条法事类》记载:"诸在任官及公使库中麦粮草入官者,以违制论。"②不难看出,宋代以十分严密的惩罚措施最大限度地防止"食禄之家并形势人"入中粮食的可能。

2. 严惩巧立名目收粮者。大观三年四月,宋徽宗下诏:"常平所籴斛斗,多是本仓合干人巧为名目弊幸,自行收籴,甚非我神考立法之本意。可严行止绝,除依常宪外,重立配法,仍增赏典,许人陈告。官吏准此。"③

3. 严惩籴粜失时及欺弊者。宋政权非常重视粮食的及时籴粜,认为"神考常平之政,以年之上下制谷价,以岁之丰耗为兴积"。宣和元年六月,宋徽宗下诏,要求诸路提举常平司"检详前后诏条,令州县官审度年岁,遇贱必籴,遇贵必粜,不许他司辄有移用。虽奉诏支借,亦须执奏不行。每岁春季,提举司具前一年部下所粜、所籴及所收息数中尚书省,取旨赏罚"。如果出现"籴粜失时及有欺弊"的情况,则"官以违制论,人吏决配千里"。④

4. 严惩虚报粮数不实者。乾道四年七月,尚书省将信州虚报粮数情况上报:"信州常平、义仓米,元申帐状管九万三千余硕,今次提举司申有六万八千余硕,乃至盘量,止得一万二千九百余硕,其余皆是虚数。"该虚报数高达85%。更为严重的是,"提举官李庚到任已及二年,并不检察,是致缺米,有误赈济,知

① 《宋会要辑稿》(第12卷),上海古籍出版社2014年版,第7550页。
② 《庆元条法事类》,戴建国点校,黑龙江人民出版社2002年版,第569页。
③ 《宋会要辑稿》(第12卷),上海古籍出版社2014年版,第7208-7209页。
④ 《宋会要辑稿》(第13卷),上海古籍出版社2014年版,第7211页。

州赵师严、通判李桐系干道三年在任之人，所申帐状隐庇虚妄。”宋孝宗非常震怒，下诏将“李庚特降两官放罢，赵师严、李桐各降两官，今后更不得与堂除差遣”。[①]

此外，对于囤积居奇、哄抬粮价、掺杂使假、收受贿赂、粮政官员渎职失职等其他行为也规定了严厉的惩治措施。

## 六、宋代常平仓制度的作用评价

习近平总书记在2013年中央农村工作会议曾指出：“设立常平仓是我国的传统，在稳市、备荒、恤农方面具有重要作用。”[②]客观地说，宋代常平仓制度在当时社会较好地发挥了积极作用，这方面的作用是主要的。可是由于缺少资金、官员徇私以及少数人对多数人专权的社会制度等综合因素，这种作用又被限制在一定范围之内，从而又以负面形象出现在人们面前，为后人开展相关工作提供了反面教材。

### （一）“稳市”作用效果较好

“天下无常安之势，无常胜之兵，无常足之民，无常丰之岁。”[③]古代粮食产能受气候环境影响较大，常常因水灾、旱灾、冰雹等自然灾害而造成粮食减产甚至绝收，其结果常常是“粮贵”；遇到风调雨顺的年景则在丰收之余，又遭受“谷贱”之苦，虽然“多收了三五斗”但有可能生活比平常年景更糟。再加上不法商人的囤积居奇抑或其他扰乱粮食市场秩序的行为，进一步增加了农业社会的不稳定性。宋代常平仓制度就是在这样背景下实施的。

据记载，淳化三年，“京畿大穰，物价至贱”，宋太宗派遣大臣到“京城四门置场，增价以籴”，并“令有司虚近仓贮之”。[④] 由此不难看出，宋代常平仓设置的初衷即平抑粮价，在市场处于非正常时段能够保障每个民众能够得到较为及

---

① 《宋会要辑稿》（第13卷），上海古籍出版社2014年版，第7574页。

② 习近平：《在中央农村工作会议上的讲话》（2013年12月23日），载中共中央文献研究室编：《十八大以来重要文献选编》（上），中央文献出版社2014年版，第665页。

③ （明）黄淮、杨士奇编：《历代名臣奏议》，上海古籍出版社2012年版，第3201页。

④ （宋）李焘：《续资治通鉴长编》，中华书局1986年版，第737页。《宋史·食货志》，中华书局2000年版，第2865页。

时的粮食供应,从而有效避免"籴甚贵伤民,甚贱伤农"[①]的情况出现。从本质来说,常平仓制度是一种政府干预粮食市场的政策设计,其实就是利用价格对粮食市场进行调节,粮价高时抛售"储备粮",粮价低时买进新粮补充储备,政府在此过程中的角色就是市场主体之一。宋代社会繁荣发展,生活秩序总体稳定,与常平仓的"稳市"功能是密不可分的。

### (二)"备荒"作用得到公认

宋代不仅政治上空前高度集权,经济上空前极度繁荣,而且遭受的自然灾害也极其严重。据邓云特先生统计,两宋前后487年,遭受水灾、旱灾、雹灾、风灾、蝗灾、歉饥、地震、疫灾、霜雪之灾等各种自然灾害,总计874次。"两宋灾害频度之密,相当于唐代,而其强度和广度,则更有甚于唐代。"[②]自然灾害的直接结果就是粮食歉收,再加上对外战争、农民起义、苛政等因素,饥荒就不可避免地发生了。

对于政府来讲,在灾害来临情况下,亟须实行"一揽子"政策:遇灾先治标,比如现场施粥、实行赈济、调粮稳定市场、治蝗防疫等;灾后急补救,比如就地安置、减免赋税、放贷救灾、实行节约等。但这些并非治本之策。要实现社会恢复正常秩序,还必须实行积极的救荒政策:比如可以兴修水利、浚治河川、造林垦荒等,还可以实行重农政策促进粮食生产发展,实行仓储政策"以待凶荒"。正如宋人董煟所言:"救荒之法不一,而大致有五:常平以赈粜,义仓以赈济,不足则劝分于有力之家,又遏籴有禁,抑价有禁。"[③]在所有的救济措施中,常平仓的设置被公认为作用最大。"恤民备灾,储蓄之政,莫如常平、义仓。"

### (三)"恤农"作用极其有限

常平仓制度对两宋社会稳定发展起到了重要作用。北宋前期,常平仓的主要职能聚焦为籴粜谷粟、平抑粮价,成为让普通百姓得实惠的惠民制度。宋神宗执政以后,常平仓法反复发生变化,但归根结底是常平新法和常平旧法之间

① (汉)班固:《汉书·食货志》,中华书局2000年版,第949页。
② 邓云特:《中国救荒史》,商务印书馆2011年版,第25页。
③ (宋)董煟:《救荒活民书》,中国书店2018年版,第81页。标点为笔者所加。

的博弈,前者主张"节流",后者主张"开源",二者实质上并非根本矛盾之间的对立。因此,其职能随之多样化就成为必然结果。据有关研究,①常平仓此时的职能增加了兴修水利、修筑城寨、支为军用、镇压夷变、上供国库以及救济流民等多个职能。与此同时,常平仓在北宋社会似乎成了"唐僧肉",成为皇帝和王公大臣们以及其他有权者的"敛财乐园"。虽然国家曾试图立法制止,但随着靖康之难的到来就被历史洪流所湮没。

宋政权南迁以后,常平仓逐渐恢复了粜籴赈济的本位,成为保障南宋社会繁荣稳定发展的"压舱石"和"稳定器",恰好契合了北宋重臣司马光有关"常平仓者,乃三代圣王之遗法"②的评价。当然,"至于深山长谷力穑远输之民,则虽饥饿频死而不能及"③现象较为广泛的存在,则又说明常平仓制度并非惠及全体人民,而只是部分居住在城市或者靠近城市的群体而已。对于广大乡村百姓来讲,受惠力度还是极其有限的。

## 七、宋代常平仓制度的继承与移植

肇始于西汉时期的常平仓制度在宋代得以定型。它不仅对两宋经济社会发展产生了重要影响,而且还为传统中国后世政权所继承和发展。进入近代社会以后,定型于宋代的常平仓制度超越了国界甚至超越了粮食本身,成为中华民族贡献给人类文明的瑰宝。

### (一)常平仓制度为宋代以后传统中国所传承

常平仓制度为后世元明清政权所继承和完善。《宋会要》记载:"元世祖至元六年始立常平仓,其法丰年米贱官为增价籴之,歉年米贵官为减价粜之。于是八年以和籴粮,及诸河仓所拨粮贮焉二十三年定铁法,又以铁课籴米充焉。"④明清时期,常平仓制度逐步完备。明代常平仓多建在地方州县,一般每县建有4个常平仓,开展籴谷收储和赈济活动。清政权入关以后,开始在全国

① 孔祥军:《两宋常平仓研究》,载《南京农业大学学报》2009年第4期。
② (宋)马端临:《文献通考》(第1册),中华书局2011年版,第623页。
③ 陈焕章:《孔门理财学》,商务印书馆2015年版,第451页。
④ 《永乐大典》,线装书局2021年版,第2460页。

推广常平仓制度,由地方州县政府管理常平仓,其基本职能依旧是平抑粮价,其他职能涉及售卖存粮、粮种借贷和慈善救济。常平仓制度在元明清时期的发展和完善成为中国传统社会超稳定的重要原因,而作为社会发展重要指标的人口在清代中叶即突破了四亿人,很显然这与常平仓制度发挥的重要作用是分不开的。

### (二)常平仓制度对美、日等粮食安全产生重要影响

宋代常平仓制度在实行过程中虽有反复和曲折,但都是当时的仁人志士、国之栋梁对如何更好推动中国传统社会的有益尝试和努力。即使是“昙花一现”的王安石变法,虽然收效甚微,但随着清末民初学者陈焕章先生对其独特的解读,传统中国的古老智慧在偶然或者必然情况下受到西方精英人士的关注与思考,为后来不可避免地对罗斯福新政某些领域产生了重要影响,并由美国转道引起其他国家乃至整个国际社会的关注和学习,从而使其走出国门,在世界范围内产生了重要影响。

20 世纪 30 年代的经济大危机给美国带来了经济上的大萧条。作为罗斯福总统重要助手的华莱士,借鉴中国常平仓制度,成功将北宋王安石的“常平新法”移植进入《农业调整法》。“华莱士的‘常平仓计划’更大程度上是王安石青苗法和市易法的美国化,不同之处是华莱士的常平仓更符合现代市场经济社会和资产阶级民主要求,同时作为立法更为规范。”①当时华莱士依托建立的“商品信贷公司”和“联邦剩余商品救济公司”,通过在农业地区发放贷款、开办农作物保险,把农村过剩粮食通过政府行为转移支付到城市,从而迅速稳定了粮价和城市生活,奠定了恢复美国经济的农业基础。正如华莱士所说:“从国家利益、消费者利益和农业利益的不同角度考察,常平仓带来的供给和价格稳定至关重要。”“二战”结束后,联合国粮农组织曾试图建立一个世界粮食委员会,基本目标是建立粮食储备,“当其他国家有大量卖不掉的粮食剩余时,穷国能免除饥饿之灾”。该计划因美国等国反对而被无限期搁置。

---

① 李超民:《常平仓:当代宏观经济稳定政策的中国渊源考察》,载《复旦学报》2002 年第 2 期。

### (三)常平仓制度对其他物资储备产生了重要影响

1942年1月,华莱士还发表文章,希望"在世界范围内针对一系列商品建立可称之为'常平仓原则'的制度"。目前,除建立粮食储备外,世界各国在其他领域也借鉴"常平仓"思想建立相应的储备。比如,美国、俄罗斯等国制定了战略及重要物资储备法,日本、英国、法国、德国、葡萄牙、芬兰、瑞典等国制定了石油储备法。可以说,物资储备观念来源应该都与中国古代常平仓制度有关,至少是思想影响层面的。

## 八、宋代常平仓制度对当代粮食工作的启示

钱穆先生曾在《中国历史研究法》中谈到一则轶事:"抗战时期,美国副总统华莱士来华访问,在兰州甫下飞机,即向国府派去的欢迎大员提起王安石来,深表钦佩之忱,而那些大员却瞠目不知所对。"该则故事固然发生在80年前,我们可以当时中国"落后"而辩解,然则"常平仓原则"不仅影响了超级大国的粮食安全工作,还对异域他国储备其他物资以思想启迪,不能不引起我们深思和重视。

### (一)坚持政府主导的多元化粮食储备体系

常平仓只是宋代官仓的一种。它由国家建造,一般设立在州县。它的功能主要在于:一是粮食丰收时,由国家提供"籴本"大量收购粮食,从而避免"谷贱伤农"的发生;粮荒发生或者粮食市场不稳时,政府大量投放粮食,从而使粮价得以稳定。二是常平仓还低利息放贷给种粮农民,让其购买口粮和粮种,从而保证受灾农民的基本口粮供应和农业生产的恢复。三是常平仓还需要给建造河堤、水渠等工程提供经费。四是常平仓粮还常常被充作军饷。由此可见,与社仓、广惠仓等其他官仓以及民仓相比,常平仓在宋代当之无愧地发挥着"压舱石"作用。这种情况表明,在多元化粮食储备体系中,各类储备都有自己的角色,如果主次不分,则潜在的粮食安全问题随时可能会爆发。故而,在当代中国倡导完善多元化粮食储备体系的同时,建议该项工作依旧在政府主导下进行,充分发挥政府在宏观调控中的重要作用,让各类储备按照法定方式有序发

挥功能,从而实现多方合力保障国家粮食安全的良好局面。

### (二)坚持以市场配置粮食资源的市场机制

定型于宋代的常平仓制度蕴含着如何处理供求关系以及政府与市场的关系。从供给角度来看,随着某种商品价格上升,那么这种商品的供给量就会增加;反之,当某种商品价格下降,那么该商品的供给量就会减少。从需求角度来看,随着某种商品价格下降,那么该商品的需求量就会增加;如果该商品价格上升,那么该商品的需求量就会减少。在粮食领域,就体现在当粮食丰收时,市场上可能就会出现"谷贱伤农"现象;当粮食歉收时,市场上则可能出现"谷贵伤民"现象。纯粹依靠市场进行自我调节固然可以,但社会成本付出较大。比较可行的是,当市场处于不良状态或者不稳状态时,由公权力作为另类市场主体介入其中,可以有效地促其恢复正常状态,引导市场秩序的良性发展。而常平仓制度的设计就是为了最大限度地避免这两种不良现象的发生,保障粮食市场稳定有序发展。因此,在坚持政府主导多元粮食储备体系的同时,笔者还主张让市场在粮食资源配置中发挥决定性作用。

### (三)坚持用法治方式守住管好政府储备粮

在宋代,不断出现破坏常平仓制度的现象。前文提到的多位宋朝皇帝冲破制度限制,挪用常平仓粮充作军饷便是典型例证。日常工作中官员因渎职、失职或者徇私而致使常平仓粮出现"堆积腐烂"等问题更是常见。据司马光所述,"向者有因州县阙常平籴本钱,虽遇丰岁,无钱收籴。又有官吏怠慢,厌籴粜之烦,虽遇丰岁,不肯收籴"。当开始"收籴"时,已经错过收购良机,"县申州,州申提点刑狱,提点刑狱司申司农寺取候指挥,比至回报,动涉累月,已至失时,谷价倍贵"。司马光慨叹:"是致州县常平仓斛斗有经隔多年,在市价例终不及元籴之价,出粜不行,堆积腐烂者。此乃法因人坏,非法之不善也。"①此外,还有"借支官钱以充官用"现象发生,将用来"赈赡饥荒"的"常平"之钱挪作他用。这种现象在当代粮食工作中是否存在呢?近年来,推进粮食购销领域

① (宋)马端临:《文献通考》(第1册),中华书局2011年版,第627页。

腐败问题专项整治,各级纪检监察机关接连通报多起粮食购销领域严重违纪违法案件,少数粮食行政管理部门和粮食企业负责人接受纪律审查和监察调查,反映出粮食购销领域腐败问题的严重性。因此,以法治方式管好政府储备粮显得十分紧迫和必要。

# 第四章　当代中国粮食政策与法律的演进研究*

中国古代历代政权、晚清至民国时期以及中国共产党诞生以来实施的粮食政策和法律，是中国粮食安全保障法体系的宝贵历史资源。特别是中国共产党进入执政时期以后的70余年时间里，面对长期严峻的粮食安全形势，党和政府积极调整粮食政策与法律，恢复和发展生产，加强粮食储备，畅通粮食流通，发展粮食产业经济，不仅巩固了新生人民政权并使其在中华大地的持续存在，而且还为实现伟大复兴的中国梦奠定了坚实的经济基础。

## 一、1949—1953年：粮食自由贸易

共和国成立初期的经济，属于新民主主义经济。根据共同纲领确定的"以公私兼顾、劳资两利、城乡互助、内外交流的政策，达到发展生产、繁荣经济之目的"的经济建设方针，结合国营经济、合作社经济、私人资本主义经济、个体经济、国家资本主义经济等多种经济成分并存的现实，当时粮食市场实行的是自由贸易。其特点是，农民生产的粮食在向国家缴足公粮、留足口粮和其他用粮之后，多余的粮食由农民自己到粮食市场上去自由买卖，国营粮食公司、供销合作社、私营粮商在市场上都可以自由采购和销售。据笔者调查，这种状况与市场经济体制下粮食市场极为相似；所不同的是，当代粮食生产者没有缴"公粮"的义务。

在自由贸易阶段，各经济成分在粮食购销中的作用与当时的国民经济形势密切相关。1949年以后，物价飞涨的局面进一步加剧。4月、6月至7月、11月

* 本文原载《经济研究导刊》2011年第20期，发表时篇名为《共和国粮食收购政策的演变及其启示》。

及次年2月，社会上先后掀起四次物价大飞涨，几乎每次都是粮价上涨牵动其他物价全面上涨。为此，“党和人民政府采取经济与政治手段相结合的方式，一方面通过各种渠道，掌握主要商品的货源；另一方面，选择有利时机和市场，集中全国经济力量，敞开抛售，给投机资本以歼灭性打击。同时，在市场有利时，不失时机购进，积蓄力量，准备下一回合的较量。”[①]经过斗争，国营经济不但壮大了实力，而且还取得了粮食等主要商品市场的领导权，在自由贸易中开始发挥主导作用，自抗日战争以来持续12年之久的通货膨胀局面宣告终结。1950年3月中旬以后，各地市场粮价开始不断下降。

经过“三反”“五反”运动，不少地方出现盲目排挤私营粮商合法经营的现象，不断出现店员失业状况，从而影响了社会和谐稳定。针对这种现象，1952年11月12日，中共中央在《关于调整商业的指示》中提出对公私商业进行调整，保持私营商业的当前营业额并使其不再下滑，以避免店员过多地失业或使失业店员能够转业。该指示调动了私营商业经营的积极性，使他们积极参与到粮食市场的自由贸易中，新中国成立以来国家“以征为主，以市场收购为辅”掌控粮食的政策受到严峻挑战。比如，1952年7月1日到1953年6月30日的粮食年度内，国家共收入粮食547亿斤，共支出587亿斤，赤字为40亿斤，粮食供销形势相当严峻。而在该年度内，全国上市粮食348亿斤，国营粮食公司和供销合作社收购69.9%，私营商业收购高达30.1%，使国家通过市场收购平衡粮食供需的计划几乎落空。进入1953年至1954年的粮食年度内，据估算国家需要掌握的粮食700亿斤，除公粮可以拿到275亿斤外，还需要收购431亿斤，靠市场收购这么多粮食是根本不可能的。这就使党和政府必须采用新的收购办法和新的粮食供应办法不可。统购统销的粮食政策就应运而生了。[②]

## 二、1953—1985年：粮食统购统销

从历史上来看，解决粮源问题的积极手段无非有四条：第一，靠掠夺；第二，靠别国施舍；第三，靠买卖或者国际贸易；第四，靠自己生产。而消极手段仅有

---

① 靳德行主编：《中华人民共和国史》，河南大学出版社1993年版，第56页。

② 前述数字引自薄一波：《若干重大决策与事件的回顾》（上），中共中央党校出版社1991年版，第255－258页。

节约这一路径。鉴于当时社会主义和资本主义两大阵营对垒的国际环境,中国社会生产力短期内不可能有根本的发展这一客观现实,依靠根据地时期形成的自力更生、艰苦奋斗优良传统,在发展粮食生产的基础上统筹粮食分配问题就成为当时的唯一选择。关于当时粮食问题的严峻程度以及解决办法,1953 年 10 月 2 日,陈云在中央政治局扩大会议上关于粮食问题的报告指出,目前全国粮食情况非常严重,一些主要产粮区未能完成粮食收购任务,而粮食销售量却在不断上升,京、津两地的面粉已不够供应,到了必须实行配售的地步。如果不采取坚决措施,粮食市场必将出现严重混乱局面,其结果必将导致物价全面波动,逼得工资上涨,波及工业生产,预算也将不稳,建设计划将受到影响。这不利于国家和人民,只利于富农与投机商人。为此,在粮食问题上必须在农村实行征购,在城市实行配售,严格管理私商,在坚持统一管理的前提下调整内部关系。[①] 后来,在毛泽东同志的建议下,采用了"统购统销"的名称。[②]

实行粮食统购统销最直接的原因是为了解决当时日趋紧张的粮食供求矛盾,而最根本的原因是大规模社会主义工业化建设和我国落后的小农经济之间的矛盾尖锐化。1953 年 10 月 16 日,中共中央为适应国家大规模经济建设的需要作出《关于粮食统购统销的决议》。同年 11 月 23 日,政务院第 194 次政务会议通过《关于实行粮食的计划收购与计划供应的命令》。这两份文件的出台,标志着共和国粮食统购统销体制的正式确立。统购统销被称为继稳定物价、统一全国财经工作之后的第二次大战役,从 1953 年开始实行,"到 1985 年改行粮棉合同定购制度为止,这个在特定条件下开始实行的农产品统购制度,持续时间长达 32 年之久"。[③] 其间,统购统销政策在保持基本制度不变的情况下,又根据粮食供需形势的变化不断调整其具体内容。比如,1955 年以后曾实行粮食定产、定购、定销的"三定"办法,1960 年以后实行"超购加价"的办法,1961 年以后实行售粮奖售工业品制度,1979 年以后不断核减统购指标。

---

① 《毛泽东文集》第 6 卷,人民出版社 1999 年版,第 297 页。

② 陈云在全国粮食紧急会议上的总结报告中说,毛主席昨天晚上说:"征购、配售"的名称可否改变一下? 因为日本人搞过这个事情,这个名称有些吓人的。章乃器先生提出把"配售"改为"计划供应",我们就把"征购"改为"计划收购",简称叫作"统购、统销"。中共中央文献研究室编:《毛泽东年谱(1949—1976)》第 2 卷,中央文献出版社 2013 年版,第 175 - 176 页。

③ 薄一波:《若干重大决策与事件的回顾》(上),中共中央党校出版社 1991 年版,第 255 页。

统购统销政策包括计划收购、计划供应、由国家严格控制粮食市场和中央对粮食实行统一管理四个相互关联、相互依存的内容。按照《关于实行粮食的计划收购与计划供应的命令》的规定，计划收购的基本含义是："生产粮食的农民应按国家规定的收购粮种、收购价格和计划收购的分配数字将余粮售给国家。"至于粮种和价格，《关于粮食统购统销的决议》明确，均由中央统一规定，统购价格大体维持在当时城市出售价格的基础上，以不赔不赚为原则。在缴纳公粮和计划收购粮之后的余粮，农民可以自由存储和自由使用，也可以继续售给国家粮食部门或合作社，或在国家设立的粮食市场进行交易，允许在农村间进行少量的互通有无的交易。

统购统销的实行是我国成功开展大规模经济建设的决定性步骤，使新中国实现了"粮食定、天下定"的目标。如果不实行统购统销的政策，正如中共中央在《关于粮食统购统销的决议》中指出的那样，"将不可避免地出现一个严重的供销脱节的混乱局面，以至牵动全面的物价波动，影响整个的国家建设计划"。更严重的是，它极有可能引发新生政权的生存危机。但是，它的长期机械实行也带来了沉重的历史教训，不仅限制了价值规律在农业生产和农产品经营中发挥作用，而且严重影响了农民生产积极性的发挥，加重了政府的财政负担。"总之，统购统销政策的提出，是由当时的具体历史条件所决定的，因而是必要的和正确的。问题和教训在于，'大跃进'和十年动乱的大曲折，人口增长的失控，不仅使我们长期找不到机会来改变这一政策，而且还不得不从购销两头越勒越紧。此外，还因为我们对于什么是符合我国国情的社会主义经济体制，对于我国现阶段社会主义经济发展的特点没有弄得很清楚，往往把商品经济等同于资本主义，把指令性计划等同于计划经济，因而自觉不自觉地把一定历史条件下实行的统购统销制度同社会主义制度等同起来。"①改革开放以后，鉴于统购统销制度已经影响到农村商品生产的发展和经济效益的提高，1985 年中央 1 号文件宣布用合同定购制度代替统购统销制度。

---

① 薄一波：《若干重大决策与事件的回顾》(上)，中共中央党校出版社 1991 年版，第 282 页。

## 三、1985—1998 年：粮食购销双轨制

党的十一届三中全会以后，我国在农村实行的家庭联产承包责任制极大地解放了农村生产力。在粮食生产技术没有明显提高的情况下，粮食生产得到空前发展。到 1984 年，我国粮食产量达到 4.07 多亿吨，粮食供求由长期短缺转为阶段性过剩。有鉴于此，1985 年年初，国家改革农产品统购统销制度，实行合同定购和市场收购，自此国家进入政府直接控制的市场和自由交换的市场并存的“双轨制”粮食购销体制时期。在这种体制下，粮食定购价格和议购价格的并行，实际上将市场机制引入粮食供求的调节，开始打破统购统销的僵化体制，促进了粮食行业的思想解放，使我国粮食购销政策改革取得重大突破。当然，“双轨制”粮食购销体制是一种过渡性制度安排，它为我国粮食流通体制从计划经济向市场经济转变奠定了基础。

但是，实行“双轨制”当年，粮食大幅度减产、市场粮价迅速回升，中央政府意识到粮食安全问题依旧存在，粮食供需矛盾依旧尖锐。1985 年年底，国家重新赋予合同定购以“国家任务”的性质。1990 年，“合同定购”正式被“国家定购”取代。国家不仅大幅度提高粮食合同定购价格，还明确要求完成合同定购是农民应尽的义务，对定购粮食实行化肥、柴油和预购定金“三挂钩”政策。为了保护种粮农民的积极性，确保国家粮食安全，增强宏观调控能力，国务院还决定建立国家专项粮食储备制度，成立国家粮食储备局。同年 10 月，我国国家级粮食批发市场郑州粮食批发市场建立。

随着“建立社会主义市场经济体制”的提出，粮食市场化的“一轨制”改革也开始尝试。1993 年 2 月，国务院在关于加快粮食流通体制改革的通知中认为“粮食价格改革是粮食流通体制改革的核心”，强调“在国家宏观调控下放开价格”，实行“统一政策、分类指导、逐步推进”的粮食价格改革原则。1994 年、1995 年粮食产量连续两年大幅度下降，粮食供求关系再次紧张，粮价持续上升。这次粮价上涨持续长达两年之久，使国家放慢已经决定放开的粮食流通体制改革的步伐，为确保市场供应和粮价稳定，以“米袋子”省长负责制取而代之，由省政府负责本辖区内的粮食生产、收购、储存、市场管理和市场稳定等。1996 年以后，粮食产量大幅增加，粮食供求关系再次变化，农民“卖粮难”的问

题更加突出。为应对日益过剩的粮食,1998 年,《国务院关于进一步深化粮食流通体制改革的决定》(国发〔1998〕15 号)文件中提出,改革的重点是“三项政策,一项改革”,即按保护价敞开收购农民余粮、粮食企业实行顺价销售、粮食收购资金封闭运行三项政策,以及加快国有粮食企业自身改革,其目标是通过市场化改革,减轻财政负担。这样,国家粮食购销政策开始进入市场化阶段。

### 四、1998 年至现在:粮食购销市场化

为确保 1998 年粮食流通体制改革的成功,国务院分别于当年 6 月和 8 月发布了《粮食收购条例》《粮食购销违法行为处罚办法》等。从 2000 年起,中央决定组建中国储备粮管理总公司,对中央储备粮实行垂直管理,增强政府对粮食市场宏观调控能力。同时,调整保护价收购范围,北方春小麦、南方早籼稻、江南小麦、长江流域及其以南地区的玉米退出保护价收购范围,国家采取措施拓宽前述粮食的收购渠道,进一步加强未退出保护价收购范围地区的市场管理工作。2001 年,浙、沪、粤、闽、苏、京、津、琼 8 个粮食销售区以及部分产销平衡区放开粮食市场,一些粮食主产区也放开了部分粮食品种的收购。

2004 年 5 月,《国务院关于进一步深化粮食流通体制改革的意见》(国发〔2004〕17 号)明确提出粮食流通体制改革的总体目标是:在国家宏观调控下,充分发挥市场机制在配置粮食资源中的基础性作用,实现粮食购销市场化和市场主体多元化;建立对种粮农民直接补贴的机制,保护粮食主产区和种粮农民的利益,加强粮食综合生产能力建设;深化国有粮食购销企业改革,切实转换经营机制,发挥国有粮食购销企业的主渠道作用;加强粮食市场管理,维护粮食正常流通秩序;加强粮食工作省长负责制,建立健全适应社会主义市场经济发展要求和符合我国国情的粮食流通体制,确保国家粮食安全。为实现前述目标,深化粮食流通体制改革的基本思路是:放开购销市场,直接补贴粮农,转换企业机制,维护市场秩序,加强宏观调控。

党的十七大以后,国家在全国范围内逐渐取消农业税和各种收费,结束了农民种田交税的历史,逐渐建立种粮农民补贴制度①和主产区利益补偿机制,

① 该补贴制度主要包括种粮直补、良种补贴、农机具购置补贴、农资综合补贴。

还对重点粮食品种实行最低收购价和临时收储政策。自 2005 年以来，国家连年提高粮食最低收购价格，小麦、稻谷最低收购价提高了 25% 到 40%，[①]粮食产能稳定在 1.3 万亿斤以上，实现“十六连丰”。国务院新闻办公室 2019 年 10 月发布的《中国的粮食安全》白皮书对这一阶段保障种粮农民收益的措施作了如下概括：“为全面促进农村经济社会的发展，国家相继取消牧业税、生猪屠宰税和农林特产税，特别是在 2006 年全面取消了在中国存在 2600 年的农业税，从根本上减轻了农民负担。逐步调整完善粮食价格形成机制和农业支持保护政策，通过实施耕地地力保护补贴和农机具购置补贴等措施，提高农民抵御自然风险和市场风险的能力，保障种粮基本收益，保护农民种粮积极性，确保农业可持续发展。”[②]

## 五、当代中国粮食安全政策与法制演变的若干规律

着力强化依法管理、合规经营是《中国的粮食安全》白皮书总结的中国特色粮食安全之路重要内容，具体包括完善粮食安全保障法律法规，加快推进粮食安全保障立法；落实粮食安全省长责任制，增强地方政府粮食安全意识；深化粮食“放管服”改革，建立以信用监管为基础的新型监管机制，维护正常的粮食流通秩序。就当代中国粮食安全政策与法制演变发展来看，自由贸易、统购统销、“双轨制”、市场化等阶段的经历，为进一步改革提供了许多宝贵的经验和启示。具体来说，主要有：

第一，我国粮食政策与法律演变的主旨是确保国家粮食安全。我国有 14 亿人口，吃饭问题始终是治国理政面临的最大问题。因此，粮食问题不仅是一个经济问题，也是一个政治问题，它直接关系到国家的长治久安。在粮食产需和粮食供求没有得到根本解决的情况下，粮食安全问题始终关系着国计民生的命脉。粮食一旦出了问题，整个国民经济就会出现动荡，进而人民政权的稳固将会受到影响。即使在社会主义建设最艰难的时期，人民政权始终拥有广泛的民众基础，其深层次原因就在于 70 年来的粮食政策与法律始终围绕国家粮食

① 温家宝：《政府工作报告——2011 年 3 月 5 日在第十一届全国人民代表大会第四次会议上》。

② 《中国的粮食安全》，载《人民日报》2019 年 10 月 15 日，第 10 版。

安全问题变化，一直为妥善解决广大民众的吃饭问题而努力。

第二，我国粮食政策与法律演变的关键是把握处理国家粮食安全和种粮农民利益的关系。粮食分配的实质是正确处理国家、集体和个人的关系，其中最重要的是处理好国家和农民的关系，这是由粮食生产在我国粮食安全的关键地位所决定的。长期主管全国经济工作的陈云把国家与农民的关系列为粮食问题涉及四种关系的首位。① 他曾这样比喻这种关系："我现在是挑着一担'炸药'，前面是'黑色炸药'，后面是'黄色炸药'。如果搞不到粮食，整个市场就要波动；如果采取征购的办法，农民又可能反对。两个中间要选择一个，都是危险家伙。"②在计划经济年代，要处理好国家粮食安全和种粮农民利益的关系，关键问题是要恰当掌握粮食收购的数量。在确定粮食收购任务时，既要考虑国家的需要，又要考虑农民的承受能力，二者不可偏废。如果不考虑国家的需要，则国家将可能因没有必要的粮食储备而影响社会的稳定，使国家利益最终受损；如果超过农民的承受能力，就会挫伤农民生产的积极性，影响粮食生产，最终受损的还是国家利益。改革开放以前，广大民众的温饱问题没有得到很好的解决，与没有正确处理好国家粮食安全和种粮农民利益的关系密切相关。正如薄一波在回忆中所提道："党的十一届三中全会后，总结历史的经验，并根据条件的变化，将过去的统购改为合同定购，农民的自由大得多了，积极性也调动起来了，全国粮食产量有了较大突破。"③1984 年中国粮食跨越上新的历史台阶，而粮食生产技术并未有明显提高，关键因素是农民种粮积极性被极大激发出来。进入新世纪以后，党和国家不断出台强农富农惠农的扶持政策，特别是农业税的免除，更是大大调动了农民生产的积极性，成为我国粮食产量保持稳产高产、实现"十六连丰"的重要保证因素。但是，近年来"谁来种地"成为中央决策层关注的重点问题，充分证明政府"富裕农民、提高农民、扶持农民"④的措施和力度不够，国家粮食安全和种粮农民利益这对矛盾处理得不够到位。在粮食安全

---

① 其他三种关系是国家与消费者的关系、国家与商人的关系、中央与地方和地方与地方的关系。中共中央文献研究室编：《陈云年谱》(中)，中央文献出版社 2015 年版，第 273 页。

② 《陈云文选(1926—1949)》，人民出版社 1984 年版，第 207 页。

③ 薄一波：《若干重大决策与事件的回顾》(上)，中共中央党校出版社 1991 年版，第 282 页。

④ 习近平：《在中央农村工作会议上的讲话》(2013 年 12 月 23 日)，载中共中央文献研究室编：《十八大以来重要文献选编》(上)，中央文献出版社 2014 年版，第 677 - 680 页。

保障法体系构建时,如何妥善处理国家粮食安全和种粮农民利益这对矛盾,需要立法者有智慧地解决。

第三,我国粮食政策与法律演变的规律是逐渐发挥价值规律在粮食流通中的作用。粮食流通的首要问题是制定和调整粮食价格,而制定粮食价格的重点是收购价格。这是因为收购价格是粮食从生产领域进入流通领域的最初价格,同粮食生产者的利益休戚相关。从理论上讲,在制定粮食收购价格时,应以生产成本为主要依据,使粮食生产者的纯收益保持正态增长。改革开放以前,由于粮食收购价格严重背离了价值规律,尽管国家有过价格调整,但农民生产粮食的积极性长期没有调动起来,粮食生产一直徘徊在较低水平。党的十一届三中全会以后,国家在改革农村经济体制的同时,不断提高粮食收购价格,重视价值规律在粮食市场上作用的发挥,较好地解决了 14 亿人口的温饱问题。因此,在粮食政策与法律制定过程中,要注意处理好粮食自身的价格、价值和供求之间的关系,按照社会主义市场经济体制的建设要求,让价值规律在粮食流通中更好地发挥作用,从而使粮食价格形成机制更加趋向合理。

# 第五章　新时代中国粮食法体系的现实状况*

我们要构建的粮食安全保障法体系并非空中楼阁,它根植于中国的历史传统和改革实践,是在现行粮食安全保障机制上运行机制上构建的。因此,梳理当代中国现实有效的粮食安全保障法律法规就成为构建粮食安全保障法体系的重要任务。目前,我国粮食安全保障法律法规分散地存在于相关的规范性法律文件之中,并未形成系统的粮食安全保障法体系。对它们进行实然梳理和评价,一方面是摸清当前粮食安全保障立法状况,回应粮食安全保障立法与既有粮食经济管理法律法规如何衔接的必备前提;另一方面可以研究粮食安全保障所必需的制度和条件,增强粮食安全保障立法的针对性。

## 一、统筹粮食安全各环节的法律法规

为保障国家粮食安全,我国现行粮食安全保障法律法规是以分段规范为主、统筹各环节为辅的立法体制。在中央层面,统筹粮食安全各环节的法律主要是《国家安全法》第22条和《粮食安全保障法》《农业法》。《国家安全法》第22条规定:“国家健全粮食安全保障体系,保护和提高粮食综合生产能力,完善粮食储备制度、流通体系和市场调控机制,健全粮食安全预警制度,保障粮食供给和质量安全。”该规定不仅为粮食安全保障体系的健全提供了法律依据,而且还为粮食生产、粮食储备、粮食流通、粮食安全预警、粮食质量安全、粮食供给保障等环节提供了法律依据。在《粮食安全保障法》出台之前,该条款可以通过法律解释,为粮食安全保障工作领域提供法律依据,为地方粮食安全保障立

* 本文原载《河南工业大学学报》2013年第2期,发表时篇名为《我国粮食安全法体系的现状及发展》。

法提供上位法依据。《粮食安全保障法》作为粮食领域的基础性、统领性法律，对耕地保护、粮食生产、储备、流通、加工、应急、节约等方面作出全面规定，为全方位夯实粮食安全根基、推进粮食安全治理能力现代化提供了有力的法治保障，标志着粮食安全保障工作全面纳入法治化轨道，对保障国家粮食安全具有里程碑意义。[①]《农业法》则是从经济管理角度为粮食安全各环节提供了依据。该法总则部分为保障粮食安全提供了原则依据，各章有关农业生产经营体制、农业生产、农产品流通与加工、农业投入与支持保护、农业科技与农业教育、农业资源与农业环境保护、农民权益保护、农村经济发展等规定为保障粮食安全提供了具体依据。可以说，《农业法》为粮食安全管理工作提供了全方位的法律依据。特别需要提及的是，为实现稳定粮食生产能力，确保粮食供求基本平衡的目标，2002 年该法修订时还增加了“粮食安全”的专章规定，首次以法律形式提出“粮食安全”的概念，其主要内容涉及六个方面：一是保护粮食生产能力，建立耕地保护制度；二是国家重点扶持建立稳定的商品粮生产基地，支持粮食主产区与主销区建立稳定的购销合作关系；三是对部分粮食品种可以实行保护价制度；四是国家建立粮食安全预警制度和分级储备调节制度；五是国家建立粮食风险基金；六是提倡珍惜和节约粮食，并采取措施改善人民的食物营养结构。该法不仅确立了国家在粮食安全方面的一系列基本制度，还着眼于制度和规定的原则性。对于拥有世界最多人口的中国而言，《农业法》有关粮食安全的原则规定，既为进一步制定配套规定确立了法律依据，又为制定粮食安全方面的特别法以及国务院立法和地方性立法预留了空间。

在地方，统筹粮食安全各环节的地方立法主要有《广东省粮食安全保障条例》《贵州省粮食安全保障条例》《浙江省粮食安全保障条例》《福建省粮食安全保障办法》《四川省粮食安全保障条例》《新疆维吾尔自治区粮食安全保障条例》《南京市粮食安全保障办法》等。2009 年 3 月，广东省第十一届人民代表大会常务委员会第十次会议通过的《广东省粮食安全保障条例》，从粮食生产、经营、储备、调控、应急等各环节设计粮食安全保障制度，对粮食应急情况下政府

① 《国家粮食和物资储备局 2023 年度推进法治政府建设情况报告》，载国家粮食和物资储备局官网 http://www.lswz.gov.cn/html/zfxxgk/2024-03/29/content_280731.shtml。

有关部门和粮食经营者的义务作出规定,明确了政府及其有关部门为落实粮食安全保障职责所应承担的法律责任。作为我国首部规范粮食安全保障工作的地方性法规,该法率先打破了现行有关法律法规侧重于粮食生产或流通的局限,构建了“政府主导,部门协作,社会参与”的粮食安全保障机制,有力地保障了全国最大粮食主销区的粮食安全。借鉴省外立法经验,结合当地粮食安全面临许多新情况和新问题,2011 年 9 月,贵州省第十一届人民代表大会常务委员会第二十四次会议通过了《贵州省粮食安全保障条例》,对全省粮食生产、储备、流通、调控等方面及相关法律责任进行了详细规定,构建了贵州省粮食安全保障机制。党的十八大以后,随着社会主要矛盾已经转化为人民日益增长的美好生活需要和不平衡不充分的发展之间的矛盾,浙江、福建、四川、新疆等地方粮食安全保障立法先试先行,先后以地方性法规或者政府规章形式出台了本行政区的粮食安全规定,为中央层面的粮食安全保障立法和粮食安全保障法体系的完善提供了地方立法实践基础。

## 二、保障粮食生产安全的法律法规

据梳理,我国涉及土地、种子、水、农业技术与机械、农药、化肥、防灾减灾、生产环境、质量、农业合作组织等方面的粮食生产法律共计 27 部,再加上行政法规和部门规章,已经组成了庞杂的粮食生产法体系。

### (一)关于“土”的现行法律法规

土地是万物之母。粮食生产的根本在于有一定数量和质量的耕地。鉴于人多地少的基本国情,我国在改革开放之初就开始用法治手段管理土地。在耕地管理方面,国家出台或修订了《土地管理法》《水土保持法》《防沙治沙法》《耕地占用税法》《土壤污染防治法》《黑土地保护法》等法律,对于土地所有权和使用权、土地利用总体规划、耕地保护、建设用地、生态环境等方面作了规范。在稳定农村土地承包关系方面,国家出台了《农村土地承包法》《农村土地承包经营纠纷调解仲裁法》。为实施前述法律和加强对国家基本农田的保护,国务院出台了《土地管理法实施条例》《基本农田保护条例》《水土保持法实施条例》《退耕还林条例》《土地复垦条例》《土地调查条例》等行政法规。有关“土”

的部门规章，主要有《农村土地承包合同管理办法》《农村土地经营权流转管理办法》《土地调查条例实施办法》《节约集约利用土地规定》《土地复垦条例实施办法》《耕地质量调查监测与评价办法》《闲置土地处置办法》《土地权属争议调查处理办法》《农村土地承包经营纠纷仲裁规则》《农村土地承包仲裁委员会示范章程》等。与此同时，最高人民法院还发布了《关于审理涉及农村土地承包纠纷案件适用法律问题的解释》《关于审理涉及农村土地承包经营纠纷调解仲裁案件适用法律若干问题的解释》《关于审理涉及农村集体土地行政案件若干问题的规定》等司法解释。此外，《耕地保护法》被列为国务院 2023 年度预备提请全国人大常委会审议项目。

在地方，享有立法权的地方人大及其常委会、人民政府除出台旨在落实上位法的法规或者规章外，还出台了诸多有特色的地方性法规或者政府规章。比如，为规范土地利用总体规划的制定和管理，统筹土地资源的保护、开发和利用，2018 年 11 月，浙江省人民代表大会常务委员会出台了《浙江省土地利用总体规划条例》；为保护黑土地资源，防止黑土地数量减少、质量下降，保障国家粮食安全，促进黑土地资源可持续利用，维护生态系统平衡，2018 年 3 月，吉林省人民代表大会常务委员会出台了《吉林省黑土地保护条例》。综合来看，中央和地方有关“土”的法律法规尽管已为落实最严格土地管理制度提供了法律支撑，但耕地作为粮食生产之根本的地位如何在《粮食安全保障法》中体现是个值得研究的难点问题。

### （二）关于“水”的现行法律法规

农谚说：“有水无肥一半谷，有肥无水望天哭。”粮食生产的命脉在水利。早在 1984 年 5 月，为了防治水污染，保护水生态，国家就制定了《水污染防治法》。1988 年 1 月，为合理开发利用和有效保护水资源，防治水害，充分发挥水资源的综合效益，适应国民经济发展和人民生活的需要，国家出台了《水法》，此后在 2002 年、2009 年、2016 年进行了三次修改。该法从水资源规划、水资源开发利用、水事纠纷处理与执法监督检查以及水资源、水域和水工程的保护等方面对利用水资源进行了系统规定，为粮食生产用水提供了法律依据。农谚说：“水土不下坡，谷子打得多；水土不出田，粮食吃不完。”进入 20 世纪 90 年代以后,基于预防和治理水土流失,减轻水害等目的,国家出台了《水土保持法》;基于防治洪水,防御、减轻洪涝灾害等目的,国家出台了《防洪法》。在全国人大常委会制定涉水法律的同时,国务院出台了《防汛条例》《水土保持法实施条例》《抗旱条例》《农田水利条例》等行政法规,使防治农田旱、涝、渍和盐碱灾害,改善农业生产条件,采取灌溉、排水等工程措施和其他相关措施实现了有法可依。

地方有关"水"的法规或者规章除为落实上位法出台有关规定外,其他基于地方立法实际的立法大致体现在如下几个方面:一是旨在保障供水安全。如《西宁市城市供水用水条例》《苏州市供水条例》《菏泽市城市供水条例》等。二是旨在保护饮用水安全。如《盐城市饮用水安全保护条例》《甘南藏族自治州城乡饮用水安全管理条例》《永州市饮用水水源地保护规定》等。三是旨在节约水资源。如《甘肃省节约用水条例》《武威市节约用水条例》《郑州市节约用水条例》《大连市节约用水条例》《衡水市节约用水管理条例》等。四是旨在保护或者治理具体水域。如《辽阳市汤河水库饮用水水源保护条例》《巢湖流域水污染防治条例》《泉州市晋江洛阳江流域水环境保护条例》《麻阳苗族自治县饮用水水源保护条例》等。中央与地方有关"水"的立法,系在"山水林田湖草是生命共同体"理念指引下的立法,不仅为水的统筹利用提供了法律依据,而且还为粮食生产提供了可靠的法律保证。《粮食安全保障法》要解决的问题是,在粮食生产用水与其他用水发生冲突的矛盾应如何定位解决。

### (三)关于"种"的现行法律法规

"好儿要好娘,好种多打粮。"种业是国家重要的战略性核心产业,是保障国家粮食安全和主要农产品有效供给的重要基础,国家已经制定了相关法律法规。除《农业法》《进出境动植物检疫法》等有关种子的规定外,国家还出台了专门法律《种子法》,以及《植物检疫条例》《野生植物保护条例》《植物新品种保护条例》3 部行政法规。有关种子的部门规章主要有 12 部:《农作物种子生产经营许可管理办法》《农业植物品种命名规定》《农作物种子质量检验机构考核管理办法》《农作物种质资源管理办法》《农业野生植物保护办法》《进出口农作物种子(苗)管理暂行办法》《农作物种子标签和使用说明管理办法》《主要农作物品种审定办法》《农作物种子质量监督抽查管理办法》《农作物种子质量纠纷田间现场鉴定办法》《农业植物新品种权侵权案件处理规定》《农业植物新品种保护名录》。有关种子的规范性文件主要是《农业部办公厅关于做好种子市场监管和品种保护工作的通知》和《农作物种子标签二维码编码规则》。转基因问题是社会关注的焦点问题。国家有关该方面的立法是:《农业转基因生物安全管理条例》这 1 部行政法规,《农业转基因生物安全评价管理办法》《农业转基因生物加工审批办法》《农业转基因生物进口安全管理办法》《农业转基因生物标识管理办法》4 个部门规章。

在地方,各地也出台了有关种子的法规或者规章。比如,江苏、福建、广东、山东等省份出台了本省的"种子条例",吉林、贵州、山西、海南等省份出台了本省的"农作物种子条例"。种子是粮食安全的首要环节。习近平总书记指出,保障粮食安全,要害是种子和耕地;[①]农业现代化,种子是基础,必须把民族种业搞上去,把种源安全提升到关系国家安全的战略高度;[②]中国人的饭碗要牢牢端在自己手中,就必须把种子牢牢攥在自己手里。[③] 如何增强供种保障能力是粮食生产保障立法必须面对的问题。

### (四)关于粮食生产环境的现行法律法规

食品安全的源头在农产品,其关键在于生产环境安全关能否把住。粮食生产环境首先要求耕地和水要过关。耕地和水这二者任何之一不过关,就不可能生产出安全的粮食。除上文提到的有关土地和水的法律外,国家出台涉及有关粮食生产环境的法律主要有:《固体废物污染环境防治法》《循环经济促进法》《环境保护税法》《大气污染防治法》《环境保护法》《清洁生产促进法》《放射性污染防治法》《长江保护法》《黄河保护法》等。农业部还依据《农产品质量安全法》出台了《农产品质量安全监测管理办法》《农用地土壤环境管理办法(试

---

① 中共中央党史和文献研究院编:《习近平关于国家粮食安全论述摘编》,中央文献出版社 2023 年版,第 48 页。

② 《习近平主持召开中央全面深化改革委员会第二十次会议强调　统筹指导构建新发展格局　推进种业振兴　推动青藏高原生态环境保护和可持续发展》,载《人民日报》2021 年 7 月 10 日,第 1 版。

③ 《习近平在海南考察时强调　解放思想开拓创新团结奋斗攻坚克难　加快建设具有世界影响力的中国特色自由贸易港》,载《人民日报》2022 年 4 月 14 日,第 1 版。

行)》《农产品产地安全管理办法》等部门规章。此外,有关部门还出台《绿色食品标志管理办法》《农产品地理标志管理办法》《无公害农产品管理办法》等部门规章以加强农产品品牌建设。

习近平总书记指出:"要把农产品质量安全作为转变农业发展方式、加快现代农业建设的关键环节,坚持源头治理、标本兼治,用最严谨的标准、最严格的监管、最严厉的处罚、最严肃的问责,确保广大人民群众'舌尖上的安全'。"① 这里的问题是,《农产品质量安全法》已经从农产品质量安全标准、农产品产地、农产品生产、农产品包装和标识、监督检查等方面就农产品质量问题进行了较为全面的规范,包括生产环节在内的粮食安全保障立法如何做到有机衔接?粮食质量与农产品质量的区别究竟在哪里?笔者的建议是,《粮食安全保障法》可以着重加强粮食质量监管,如果《农产品质量安全法》等法律中没有涉及而又必须及时出台相应规范加以应对,则可以从质量实现条件角度在《粮食安全保障法》中适当加以体现。

### (五)关于肥料、农药及其他方面的现行法律法规

改革开放以来,农业机械、农药化肥等投入品的开发和应用极大地促进了农业的稳产高产,与之相伴的是环境问题日益严重。目前,我国有关农药管理的主要是行政法规《农药管理条例》以及《农药登记试验管理办法》《农药登记管理办法》《农药广告审查发布规定》《农药包装废弃物回收处理管理办法》《农药生产许可管理办法》《农药经营许可管理办法》《农药标签和说明书管理办法》《化学农药调运交接办法》《化学工业部关于进口农药审批暂行办法》《农药登记资料规定》10 个部门规章。规范性文件主要有《农业农村部办公厅关于加强监督检查 有效防范农药安全风险的通知》《绿色食品农药使用准则》《农业部办公厅关于切实加强农药使用指导和市场监管的通知》。有关肥料专门管理的是部门规章《肥料登记管理办法》。从整体来说,这个方面的立法相对比较薄弱。

---

① 习近平:《在中央农村工作会议上的讲话》(2013 年 12 月 23 日),载中共中央文献研究室编:《十八大以来重要文献选编》(上),中央文献出版社 2014 年版,第 673 页。

与农药、肥料管理相比，我国出台有关农业技术与机械的法律法规较为齐全，主要包括：《农业机械化促进法》《农业技术推广法》2 部法律，《农业机械安全监督管理条例》1 部行政法规，《农业机械事故处理办法》《联合收割机跨区作业管理办法》《拖拉机驾驶培训管理办法》《农业机械维修管理规定》《农业机械试验鉴定办法》《拖拉机和联合收割机登记规定》《拖拉机和联合收割机驾驶证管理规定》《农业机械产品修理、更换、退货责任规定》《农业机械质量调查办法》9 个部门规章，《农业机械试验鉴定机构采信检验检测结果管理办法（试行）》《拖拉机和联合收割机驾驶证业务工作规范》《拖拉机和联合收割机登记业务工作规范》3 个规范性文件。如何把这些立法实践进行总结并在粮食安全保障立法中体现出来是值得研究的问题。

## 三、保障粮食流通安全的法律法规

中央层面旨在保证粮食流通安全的法律法规分为保障粮食流通特殊需求和普通需求两种。保障粮食流通特殊需求的法律主要有《突发事件应对法》《国防动员法》《草原法》等。比如，当国家决定实施国防动员后，有权机关可以根据需要在实施动员区域对粮食供应行业实行管制；①对于草原地区实行舍饲圈养的以及在国务院批准规划范围内实施退耕还草的农牧民，依照规定给予粮食补助。② 另外，《退耕还林条例》第 6 条有关“国务院粮食行政管理部门负责粮源的协调和调剂工作”属于效力位阶较低层面的特殊需求。保障粮食流通普通需求的主要是行政法规《粮食流通管理条例》。该条例确立了我国粮食流

---

① 《国防动员法》第 63 条规定：“国家决定实施国防动员后，根据需要，可以依法在实施国防动员的区域采取下列特别措施：（一）对金融、交通运输、邮政、电信、新闻出版、广播影视、信息网络、能源水源供应、医药卫生、食品和粮食供应、商业贸易等行业实行管制；（二）对人员活动的区域、时间、方式以及物资、运载工具进出的区域进行必要的限制；（三）在国家机关、社会团体和企业事业单位实行特殊工作制度；（四）为武装力量优先提供各种交通保障；（五）需要采取的其他特别措施。”

② 《草原法》第 35 条规定：“国家提倡在农区、半农半牧区和有条件的牧区实行牲畜圈养。草原承包经营者应当按照饲养牲畜的种类和数量，调剂、储备饲草饲料，采用青贮和饲草饲料加工等新技术，逐步改变依赖天然草地放牧的生产方式。在草原禁牧、休牧、轮牧区，国家对实行舍饲圈养的给予粮食和资金补助，具体办法由国务院或者国务院授权的有关部门规定。”第 48 条规定：“国家支持依法实行退耕还草和禁牧、休牧。具体办法由国务院或者省、自治区、直辖市人民政府制定。对在国务院批准规划范围内实施退耕还草的农牧民，按照国家规定给予粮食、现金、草种费补助。退耕还草完成后，由县级以上人民政府草原行政主管部门核实登记，依法履行土地用途变更手续，发放草原权属证书。”

通体制的基本模式,即建立在国家宏观调控下发挥市场机制在粮食资源配置中基础性作用的粮食流通体制。该条例共 56 条,包括总则、粮食经营、宏观调控、监督检查、法律责任、附则 6 章,主要确立了各种所有制市场主体从事粮食经营活动的公平竞争制度、粮食收购许可制度、粮食最低库存量和最高库存量义务规定、粮食流通统计制度、粮食宏观调控和应急机制、粮食流通监督检查制度、粮食流通行政处罚制度、粮食流通行政管理的责任制度等,重点突出了粮食经营者在收购、销售、储存、运输、加工、进出口等经营活动的行为规范,明确了粮食宏观调控手段和应急机制,强化了粮食流通管理各个环节中的监督检查制度,规定了严格而具体的法律责任。在粮食流通过程中,若出现粮食的市场购买价格过低时,政府可以依据《价格法》实行保护价格。① 旨在保证粮食流通的部门规章主要有《外商投资商业领域管理办法》《郑州粮食批发市场交易管理暂行规则》《郑州粮食批发市场交易管理暂行实施细则》《加强海运散装出口粮食、饲料计重工作暂行规定》等。

根据国家保证粮食流通安全的法律法规,各地以多样的地方立法形式予以贯彻实施。比如,河南、吉林、浙江、湖南、四川等地出台了本地有关《粮食流通管理条例》的实施办法,内蒙古、天津、河北、湖北等省(市、自治区)出台了粮食流通管理办法或规定,济南、南京、兰州等较大的市出台了适用本市范围的粮食流通管理办法或者监督管理条例。特别需要提及的是,江西、福建等省还出台了粮食收购资格许可管理的具体办法。它们对于保证粮食流通安全都起到了重要作用。

### 四、保障粮食消费与质量的法律法规

粮食消费有保障粮食消费和要求杜绝食物浪费两方面内容。众所周知,杜绝食物浪费是保证国家粮食安全的重要措施。联合国粮农组织数据显示,2020 年全球粮食损失和浪费率超过 20%。2024 年 3 月下旬,联合国环境规划署发布的《食物浪费指数报告 2024》指出,2022 年全球共浪费食物 10.5 亿吨,人均

---

① 《价格法》第 29 条规定:“政府在粮食等重要农产品的市场购买价格过低时,可以在收购中实行保护价格,并采取相应的经济措施保证其实现。”

浪费食物 132 公斤，占消费者可获得食物总量的 1/5。如果用来食用的话，可供全球受饥饿影响的 7.83 亿人每个人每天提供 1.3 顿饭。我国粮食浪费数量同样十分惊人。有人在 2013 年作过调查估算，我国每年在餐桌上浪费的食物高达 2000 亿元，相当于 2 亿多人一年的口粮。有关机构在 2023 年估算，我国每年损失浪费的食物超过 22.7%，约 9200 亿斤，若能挽回一半的损失，就够 1.9 亿人吃一年。习近平总书记指出："粮食安全是事关人类生存的根本性问题，减少粮食损耗是保障粮食安全的重要途径。"[①]我国《宪法》第 14 条第 2 款规定："国家厉行节约，反对浪费。"这是我国有关粮食消费的根本法规定。《农业法》第 36 条则进一步规定："国家提倡珍惜和节约粮食，并采取措施改善人民的食物营养结构。"近年来，在习近平新时代中国特色社会主义思想指引下，我国有关粮食节约减损制度不断完善。继 2013 年出台《党政机关厉行节约反对浪费条例》之后，2021 年，我国第一部专门针对食品浪费制定的法律《反食品浪费法》出台，新修订的《粮食流通管理条例》系统完善了防止和减少粮食损失浪费的措施。2023 年年底通过的《粮食安全保障法》全链条对粮食节约减损制度进行了系统设计，明确了厉行节约、反对浪费是一种国家行为，明确了公务部门的粮食节约职责，明确了各社会主体的粮食节约义务。粮食节约减损制度逐渐健全的实践表明，"厉行节约，反对浪费"诸多必要措施已经入法，目前的关键问题是如何在新发展理念引领下，把粮食节约减损制度落到实处已经成为一项紧迫的重大现实任务。

农产品质量是事关人体健康卫生安全的大事。有关粮食质量安全的法律法规主要有《产品质量法》《农产品质量安全法》《食品安全法》《进出境动植物检疫法》《铁路货运事故处理规则》《出入境粮食和饲料检验检疫管理办法》《学校食堂与学生集体用餐卫生管理规定》等。《产品质量法》的适用范围是经过加工、制作，用于销售的产品，对于加工、制作后的粮食质量安全起到重要保障作用。《农产品质量安全法》以保障农产品质量安全，维护公众健康，促进农业和农村经济发展为宗旨，规定了诸如农产品质量安全标准的强制实施制度、防止因产地污染影响质量安全的产地管理制度、农产品包装和标识管理制度、

① 《习近平向国际粮食减损大会致贺信》，载《光明日报》2021 年 9 月 11 日，第 1 版。

农产品质量安全监督检查和农产品质量安全违反行为责任追究制度。《食品安全法》系在1995年颁布的《食品卫生法》基础上制定通过的。它是适应新形势发展的需要，为了从制度上解决现实生活中存在的食品安全问题，更好地保证食品安全而制定的。其适用范围包括：食品生产和加工；食品流通和餐饮服务；食品添加剂的生产经营；用于食品的包装材料、容器、洗涤剂、消毒剂和用于食品生产经营的工具、设备的生产经营；食品生产经营者使用食品添加剂、食品相关产品；对食品、食品添加剂和食品相关产品的安全管理。《进出境动植物检疫法》则是在对外经济贸易过程中，为防止动物传染病、寄生虫病和植物危险性病，以及虫、杂草和其他有害生物传入、传出国境而制定的。2016年9月30日，国家发展改革委出台了《粮食质量安全监管办法》，从加强质量安全风险管理、经营质量安全体系、粮食质量检验体系、粮食质量安全监督管理体系等角度规定了粮食购置入库安检机制、粮食出库质量安全验证机制、粮食召回体系、粮食质量安全检验争议的处理机制、粮食质量安全监管考核办法等内容，适用范围为粮食质量安全监督管理及粮食购置、仓储、物流、加工以及销售等各项活动。2023年7月，新修定的《粮食质量安全监管办法》经国家发展改革委第三次委务会通过。

### 五、保障粮食调控与储备的法律法规

粮食是人类社会生存和发展的最基本生活资料，同时，它又是一种事关国计民生的无可替代的公益性商品。“没有商品储备，就没有商品流通”，而“商品储备必须有一定的量，才能在一定时期内满足需求量”。[①] 共和国的实践证明，有计划地积累和建立粮食储备“在正常的情况下能起‘蓄水池’作用，使粮食商品流通得以顺利进行，特别是在粮食困难时期，可以应付紧急需要，调节地区间、品种间、季节间的余缺，对过渡粮食难关作用很大”。[②] 习近平总书记指出：“搞好粮食储备调节。设立常平仓是我国的传统，在稳市、备荒、恤农方面

① 《马克思恩格斯全集》第24卷，人民出版社1972年版，第164页。

② 赵发生主编：《当代中国的粮食工作》，中国社会科学出版社1988年版，第291页。

具有重要作用。”①有鉴于此，中央和地方政府历来重视粮食调控与储备，出台了行政法规《中央储备粮管理条例》《中央储备粮代储资格认定办法》《国家储备粮油补贴资金专户管理办法》《深圳市粮食储备管理暂行办法》等行政规章。其中，《中央储备粮管理条例》最为重要。该条例确立了中央储备粮的计划管理制度、储存管理制度、动用制度、监督检查制度等若干重大制度，对中央储备粮的计划、储存、动用、检查、法律责任作了具体规定，明确规定如果违反相关规定应当承担相应的法律责任，从而为利用中央储备粮调节全国粮食供求总量、稳定粮食市场、应对重大自然灾害或其他突发事件提供了法律依据。在中央储备粮管理职责划分方面，条例规定：国家实行中央储备粮垂直管理体制，地方各级人民政府及有关部门应当对中央储备粮的垂直管理给予支持和协助；地方各级人民政府应当支持本行政区域内的承储企业做好中央储备粮的安全管理工作。全国各地以地方性法规或者政府规章形式出台了地方储备粮管理规定，前者如《宁夏回族自治区地方储备粮管理条例》《辽宁省地方储备粮管理条例》《天津市地方粮食储备管理条例》等；后者如《上海市地方粮食储备安全管理办法》《河南省储备粮管理办法》《海南省地方粮食储备管理办法》等。

为了有效地保管和节约粮食，国家十分重视仓储设施的法制建设，专门出台了适应仓储设施建设需要的《粮油仓储管理办法》《商业仓库消防安全管理办法》《“四无粮仓”和“四无油罐”评定办法》《粮食立筒仓安全使用管理规程（试行）》《国家粮油仓库消防安全管理试行办法》等部门规章。有鉴于粮食与富国兴邦以及政权存亡有密切关系的政治属性，国家有关法律还特别强调特殊时期储备粮食的特殊要求。比如，《人民防空法》第 15 条规定：“为战时储备粮食、医药、油料和其他必需物资的工程，应当建在地下或者其他隐蔽地点。”

此外，要做好粮食流通、储备等工作，就要有适应粮食部门需要的专业技术人才和劳动者，就要不断提高粮食部门干部职工队伍的政治思想、企业管理、业务技术和文化科学水平。也就是说，粮食教育应该是粮食安全保障法体系的重要组成部分。

---

① 习近平：《在中央农村工作会议上的讲话》（2013 年 12 月 23 日），载中共中央文献研究室编：《十八大以来重要文献选编》（上），中央文献出版社 2014 年版，第 665 页。

第二编

# 粮食法之域外资源研究

列宁指出："社会主义实现得如何，取决于我们苏维埃政权和苏维埃管理机构同资本主义最新的进步的东西结合的好坏。"①构建中国粮食安全保障法体系，必须在习近平总书记关于粮食安全重要论述的指导下，学习和借鉴其他国家和地区已有的经验。在选择学习借鉴对象时，基本考虑按照坚持市场在粮食资源配置中起决定性作用和更好发挥政府作用的要求，新经济政策实施前后，列宁粮食法治思想有着明显差异，可以为常态社会条件下和非常态社会条件下的粮食安全保障制度设计提供借鉴和指导，正确把握政府在粮食安全保障工作中的作用。而美国、澳大利亚、加拿大作为粮食强国，市场在粮食资源配置中的决定性作用发挥较为充分，它们的制度设计可以为我国粮食安全保障制度中的市场因素提供借鉴和帮助。对有关古罗马涉粮法制的研究，则有助于探寻西方粮食法治文明的源头，从而清晰其发展脉络。

① 《苏维埃政权的当前任务》(1918 年 4 月)，载《列宁选集》第 3 卷，人民出版社 1972 年版，第 511 页。

# 第一章 《十二表法》与罗马涉粮法制的创立*

作为罗马社会的首部成文法典,《十二表法》总结了罗马国家产生以来的习惯法,并为罗马法发展成为古代社会最发达的法律体系奠定了基础。而其有关涉粮法制的规定,则为罗马的农业发达提供了法律保障。

## 一、《十二表法》制定时的罗马农业状况

与古希腊发达的工商业相比,罗马建国之初的整个经济发展主要支柱是农业。到公元前5世纪中叶,罗马人不仅充分利用优越的自然条件,而且千方百计降低农业生产劳力的成本,运用较高的农业生产技术构建了发达的农业社会。

### (一)适宜的农业生产条件

古罗马发祥于亚平宁半岛。该半岛北依阿尔卑斯山脉,其余三面临海,东面为亚得里亚海,南面为爱奥尼亚海,西面为第勒尼安海。全岛形状窄而长,南北全长约1000千米,东西宽15~200千米,亚平宁山脉纵贯全境。亚平宁半岛东侧山势陡峭,河流短急,海岸线较为平直;而西侧山势较缓,阿诺斯河、第伯河、福尔图诺斯河、利瑞斯河等几条河流较长,且水流平稳,为农业灌溉提供了丰富的水源。由于自然原因,在几条河流经过的地方形成了拉丁姆等几个较大平原,为发展种植业提供了先天条件。亚平宁半岛阳光充足,土壤肥沃,冬季温和多雨,夏季炎热干燥,属于典型的地中海式气候,明显迥异于其他类型气候。

---

* 本文原载《中国粮食经济》2014年第12期,发表时篇名为《管窥〈十二表法〉与罗马涉粮法制的创立》。

但由于河流水量丰富，灌溉极为方便，故谷类、豆类、葡萄、橄榄等农作物在古罗马时期就已开始种植。

（二）廉价的农业生产劳力

根据罗马建成的传说，罗马共由三个部落组成，分别是由拉丁氏族联合而成的部落、萨伯力安部落、由各种不同人群构成的第三个部落。这三个部落分别有100个氏族，每10个氏族构成一个胞族（又叫库利亚），它们之间大部分都有亲属关系。早期的罗马社会就是以氏族、胞族和部落为基础组成的，它们成为罗马贵族的主要来源。随着罗马国家的不断扩张，外来移民和被征服地区的居民开始增多，并逐渐取代罗马土著居民成为从事农业的主要劳动力，“他们构成被剥夺了一切公权的平民”。[1] 罗马社会中的贵族和平民之间的斗争由此开始。经过塞尔维乌斯·土里乌斯改革，平民取得了一定的经济利益和政治利益，罗马社会的农业劳动力开始面临极大的短缺。随着掠夺战争的进行，大量新并入罗马版图土地上的原有居民和士兵成为从事耕种的廉价奴隶，较好地解决了罗马农业劳动力短缺的问题，大大推动了罗马农业的发展，为罗马进一步扩展提供了坚实的物质基础。

（三）发达的农业生产技术

亚平宁半岛的居民有着悠久的重农传统。大约从公元前1800年开始，该地区的居民除使用石器和骨器外，已经较为广泛地用青铜制造镰刀、斧子等。根据考古发现，这时期已经使用镰刀等锐利工具从事农业生产，种植的作物主要有麻、豆、小麦。从公元前10世纪开始，亚平宁半岛进入铁器时代，以男子为主的犁耕农业取代了妇女的锄耕。可以说，到公元前5世纪中叶制定《十二表法》时，亚平宁半岛的农业生产技术已经达到了较高水平，农作物从播种到收获再到储藏都已经拥有周密而又详细的整套技术，甚至还出现了专业的农业管理方面的著述。这点我们可以从目前全文尚存的老伽图作品《农业志》窥出一斑。

① 《马克思恩格斯选集》第4卷，人民出版社1995年版，第127页。

## 二、《十二表法》概况及其有关涉粮法制的记载

鉴于农业在罗马社会中的重要地位，罗马人在其创制的首部成文法典《十二表法》中就把涉粮立法作为核心内容之一。正如马克思精辟地指出的那样："只有毫无历史知识的人才不知道：君主们在任何时候都不得不服从经济条件，并且从来不能向经济条件发号施令。无论是政治的立法或市民的立法，都只是表明和记载经济关系的要求而已。"[①]《十二表法》承继汇总了罗马社会早期习惯法，拉开了罗马涉粮法制发展的序幕。

### （一）《十二表法》的真伪之争

17 世纪以前，世界上并没有人质疑过《十二表法》的制定。首先提出怀疑的是 18 世纪的意大利历史学家 G. B. 维科（Glovanni Battista Vico，1668—1744）。意大利历史学家 E. 帕伊斯（Ettore Pais，1865—1939）和法国法学家 E. 郎贝特（Edouard Lambert）支持了 G. B. 维科的质疑，认为《十二表法》系后人杜撰作品。E. 帕伊斯主张《十二表法》并非在公元前 5 世纪制定，其理由是：《十二表法》的编辑者古罗马法学家 C. 普拉维乌斯（Cnaeus Flavius）曾在公元前 304 年发表《弗拉维亚努姆法》（Jus Flavianum），其中的诉讼法和《十二表法》规定的审判程序完全相同。E. 郎贝特认为《十二表法》系后人杜撰，其理由是该法是公元前 198 年执政官 S. A. 泊图斯（Sextus Aelius Paetus）汇集当时的习惯法和法律成语而成。与质疑者相反，法国罗马法专家 P. F. 吉拉尔认为《十二表法》绝非虚构。他认为，从历史上来看，古罗马著作中均有《十二表法》，并且常引用其律文；从法律来看，《十二表法》适用于公元前 5 世纪的自然经济社会，而不适用于公元前 2 世纪末手工业和商业均有相当发展的罗马社会；从语言学来看，《十二表法》条文均用古拉丁文写成，与公元前 2 世纪所用的拉丁文已大不相同。1903 年在罗马召开的国际历史学会议上，经大会讨论，国际学术界支持了 P. F. 吉拉尔的观点，确认《十二表法》的确存在。[②]

---

① 《马克思恩格斯全集》第 4 卷，人民出版社 1958 年版，第 121 – 122 页。

② 参见周枏：《罗马法原论》，商务印书馆 1994 年版，第 43 – 44 页。

### （二）《十二表法》的制定经过

在《十二表法》制定之前，罗马社会平民和贵族矛盾的焦点集中在法律的公开性上。垄断执掌法律的贵族法官在平民和贵族遇有讼争时，往往徇情枉法，袒护贵族，引起平民的强烈不满。针对贵族法规的专横和徇私，平民纷纷要求变革不成文的习惯法，制定成文法。经过激烈而长期的斗争，平民和贵族达成妥协，同意立法委员全部由贵族担任，但法律须经有平民参加的军伍大会通过始才生效。在考察希腊法制后，公元前451年，由贵族组成的“十人立法会”制定了若干法律，经军伍大会通过和元老院批准后，将其刻在10块板子上在罗马广场上公布。次年，新选出的“十人立法会”又补充了一些条文，刻在另2块板子上，加上此前的共计12块，故称《十二表法》。

### （三）《十二表法》的涉粮规范

公元前390年前后，《十二表法》连同建筑物一起被入侵罗马的高卢人焚毁。尽管经过后世许多学者的搜集和整理，但仍未能恢复《十二表法》的原貌。我们现在所看到该法内容，均系后人根据当时学者在有关著作中引用的条文加以重新整理、恢复而成。当前，《十二表法》最为权威的中文文本系周枏先生在《安徽大学学报》1983年第3期刊载（1990年校订）的译文。根据该译文，《十二表法》各表的内容依次是：传唤、审理、执行、家长权、继承和监护、所有权和占有、土地和房屋（相邻关系）、私犯、公法、宗教法、前五表的补充、后五表的补充。其中第六表所有权和占有、第七表土地和房屋（相邻关系）以及第八表私犯对土地的时效取得、建筑周围的空地面积、田界取得、争执仲裁、公共土地保护、邻地关系和庄稼保护等都作出了处罚规定。这是《十二表法》有关涉粮法制的全部规定。

## 三、《十二表法》中有关涉粮法制的内容解析

《十二表法》从农业生产所需的耕地和对种植业、牧业、林业的生产以及粮食储藏均作出了规定。尽管内容较为简陋，但与不成文的习惯法相比，显然是个巨大的历史进步。

### （一）农业耕地保护法律制度

《十二表法》主要从如下几点保护农业耕地：(1)明确规定田地界限应预留空地面积，并且因土地用途不同而具体数额各异。属于相邻田地疆界的，如以篱笆为界，所筑篱笆不得越过自己土地的界限；以围墙为界的，空地面积应留1尺。属于在自己土地耕作的，挖沟的应留与其深同等宽的空地，掘井的应留空地6尺，栽种橄榄树和无的花果树的应留空地9尺，栽种其他树木的留5尺。(2)明确规定为方便通行和农业生产应预留空地面积。建筑物周围应预留的空地面积为二尺半宽；相邻田地之间应预留的空地面积为5尺；供役地人有义务为享有地役权的他人保持通行道路具备相应宽度和通行条件，否则享有地役权的人有权在他认为适宜的地方通行。(3)明确禁止影响农业耕地的行为。以农业生产所需的灌溉水源为例，如有人擅自变更自然水流，受害方可以根据实际情况选择诉请侵权人赔偿或者请求其提供担保。而对于自然原因影响邻地的，比如树枝越界的，树木所有人有义务将下垂的树叶修剪至离地15尺；如树木因风吹倾斜到邻地上，邻地所有人有权请求树木所有人及时处理，排除妨害。(4)明确规定取得耕地的具体方法。《十二表法》关于取得耕地规定有买卖和占有两种路径。买卖双方需遵循《十二表法》有关契约的要求，如果土地出卖人虚报土地面积，应处以虚报额加倍的罚金。为维护农业生产，保证罗马社会的粮食供给，《十二表法》特别规定对于持续使用土地满两年的，即可不受该土地原所有人的追诉。(5)明确规定发生农业耕地疆界争执时的解决办法。《十二表法》第七表第5条规定："疆界发生争执时，由长官委任仲裁员3人解决之。"

### （二）种植业安全生产保护法律制度

《十二表法》制定时，罗马社会依旧处于自给自足的农业社会阶段，商品经济仍不发达，农业生产特别是种植业生产的安全就成为当时社会稳定的根基。为此，《十二表法》规定"不得以蛊术损害他人的庄稼；不得擅自把一地的庄稼移置他地"。这里所说的"置他地"，笔者认为应理解为偷盗。按照盗窃者的年龄不同，《十二表法》规定了不同的处罚措施。达到结婚年龄的人盗窃耕地里的庄稼的,“则处死以祭谷神”;如果盗窃者没有达到结婚年龄,则“酌情鞭打,并处以加倍于损害的罚金”。当然,所有人或者其他人发现在夜间盗窃耕地里的庄稼的,可以对盗窃者进行任何防卫措施直至杀死,而《十二表法》规定该行为“应视杀死为合法”。

### (三)林牧业安全生产保护法律制度

《十二表法》除保护种植业安全生产外,还保护牧业、林业等其他农业的安全生产。在牧业保护方面,《十二表法》除规定禁止在他人土地上放牧外,还因白天和晚上的不同而进行不同的处罚。如果白天在他人土地上放牧,仅仅负赔偿责任;如果晚上在他人耕地上放牧,处罚方法与上述“夜间窃取耕地的庄稼”的处罚相同,即将盗窃对象区分为达到结婚年龄的人和没有达到结婚年龄的人,分别给予处死或者鞭打、罚金。在林业保护方面,《十二表法》禁止不法砍伐他人树木的行为,否则“每棵处以 25 阿司的罚金”。而对于树木上的果实因风刮或者其他原因而落到邻地里时,树木所有人有权进入邻地“拾取之”,邻地所有人无权阻止;如果果实被邻地所有人的牲畜吃掉,树木所有人无权要求邻地所有人赔偿,邻地所有人也无须对此负责。

### (四)粮食储藏及其后环节保护法律制度

“最文明的民族也同最不发达的未开化民族一样,必须先保证自己有食物,然后才能照顾其他事情,财富的增长和文明的进步,通常都与生产食品所需要的劳动和费用的减少成相等的比例。”①《十二表法》不仅从生产环节保护农业生产安全,还针对谷仓以及侵犯谷仓的行为分别作出了严厉规定。如果属于故意烧毁“堆放在房屋附近的谷物堆的”,“则捆绑而鞭打之,然后把他烧死”;如果属于过失,“则责令赔偿损失,如无力赔偿,则从轻处罚”。

总之,《十二表法》中的涉粮法制是平民和贵族在经济领域激烈博弈的结果,它不仅使罗马农业经济秩序有了法制保障,为以后罗马帝国的进一步扩张提供了基础,而且它开创了罗马农业法制建设的先河,为后世农业立法提供了

① 《马克思恩格斯全集》第 9 卷,人民出版社 1961 年版,第 347 页。

借鉴。正如西方学者所指出:“在我们的文明史上,罗马法占据着一个独一无二的地位,它从最初一种狭小和简陋的农村共同体的法律,发展成为一种强大的城邦国家的法律,接着,在其发展过程中,又成为一种帝国的法律。而这个帝国统治着几乎为当时的人们所知道的整个文明世界。”①当然,从法律技术来看,《十二表法》有关涉粮法制的规定不尽完善,甚至出现律文刻板、完全忽视实际情况的规定。比如第八表规定:“不法砍伐他人树木的,每棵处以 25 阿司的罚金。”这既忽视了树木的种类和数量,又忽视了树木的大小之分,均处以 25 阿司的罚金,显失公平的现象必定存在。但,这丝毫不影响《十二表法》作为伟大法典的存在。

---

① [英]迈克尔・格兰特:《罗马史》,王乃新、郝际陶译,上海人民出版社 2008 年版,第 9 页。

# 第二章　新经济政策时期列宁粮食法治思想的理论借鉴*

自1921年春开始,苏俄进入新经济政策历史时期。列宁指出,新经济政策就是以实物税代替余粮收集制。这表明,列宁粮食法治思想开始转向,由绝对不允许农民拥有余粮向允许农民拥有余粮转变。

## 一、粮食法治建设对于苏俄政权的重要意义

早在1918年,苏俄人民委员会就根据列宁的《关于粮食问题的提纲》通过了《关于对农户征收实物税的法令》等法令。但外国武装干涉和国内反革命叛乱的爆发,迫使苏俄搁置实行实物税等法令,实行余粮收集制和其他战时共产主义措施。战争结束后,国内国际形势的变化促使苏俄以实物税代替余粮收集制,通过粮食政策的转变以稳定苏俄政权。

### (一)以粮食税代替余粮收集制"首先而且主要是一个政治问题"

余粮收集制是在极端贫困、经济破坏和战争情况下被迫实行的临时措施。虽然它保证了军事用粮和城市用粮,但也严重损害了农民的利益。作为临时措施,理应在非常状态结束后予以取消,否则其潜在的尖锐矛盾将随着该非常状态的结束而危及新生政权的稳定。事实上,受战争辉煌胜利的影响,苏俄政府主要领导人陶醉于继续用军事办法来解决经济问题,反对废除余粮收集制。这就使本来就对余粮收集制极端不满的农民变得忍无可忍,有的甚至在会议上高

* 本文原载《河南工业大学学报》2013年第4期,发表时篇名为《论新经济政策时期列宁粮食法治思想》。

喊打倒苏维埃政府的口号，农民暴动几乎遍及全国，工农联盟面临着破裂的危险，苏俄政权面临着严重的政治危机。一般来讲，一个国家的社会主义革命要获得彻底的胜利需要具备两个条件：一是及时得到国际共产主义运动的支援，比如“二战”后在东欧建立的部分社会主义国家；二是在本国实现无产阶级专政或者建立了巩固的工农联盟，比如中国共产党建立的新中国、铁托领导的南斯拉夫。而苏俄政权作为世界上首个社会主义政权，显然第一个条件难以具备，那么它要争取的就是第二个条件的实现。要巩固工农联盟，稳定新生苏维埃政权，必须废除余粮收集制，开始新的粮食法治建设，允许农民拥有一定数量的余粮，从而赢得农民的支持。列宁据此指出：“关于以实物税代替余粮收集制的问题，首先而且主要是一个政治问题，因为这个问题的本质在于工人阶级如何对待农民。”①1921 年 4 月，列宁进一步指出这是由严峻的政治形势所决定的重大政治问题：“1921 年春天形成了这样的政治形势：要求必须立刻采取迅速的、最坚决的、最紧急的办法来改善农民的生活状况和提高他们的生产力。”②唯有如此，才能建立巩固的工农联盟。

（二）实行粮食税是解决“最迫切而又最‘棘手的’”任务的前提

外国武装干涉和国内反革命叛乱被粉碎后，苏俄最迫切的任务就是医治战争创伤，恢复被战争严重破坏的国民经济。当时苏俄的经济可以说是满目疮痍，百业凋敝：1920 年农业总产量仅为 1913 年的 2/3，粮食产量只有 1913 年的 1/2，工业总产量更是下降到 1913 年的 1/3，大部分铁路和桥梁被破坏，日用品严重缺乏。经济的严重被破坏带来了严重的政治后果。由于工矿企业大量停闭，城市严重缺乏食品，大量工人被迫回到农村。再加上战争期间大批工人骨干牺牲，大量小资产阶级分子涌进无产阶级队伍，在困难关头工人阶级的某些阶层产生了不满和动摇。可以说，无产阶级专政的阶级基础遭到严重削弱。更为严峻的是，由于余粮收集制的继续执行，农民怠于粮食生产。这样，粮食产量不能增加，国家无法获得足够的粮食。国内矛盾斗争的焦点全部指向了余粮收

---

① 《关于以实物税代替余粮收集制的报告》（1921 年 3 月 15 日），载《列宁全集》第 41 卷，人民出版社 2017 年版，第 50 页。

② 《论粮食税》（1921 年 4 月 21 日），载《列宁全集》第 41 卷，人民出版社 2017 年版，第 207 页。

集制。余粮收集制"是我们在1921年春天遭到严重的经济危机和政治危机的主要原因"。[①] 列宁清醒地认识到这一点,提出恢复国民经济应从提高农民经济生产着手,应从改变粮食政策开始。"无产阶级作为一个领导阶级、统治阶级,应当善于指导政治,以便首先去解决最迫切而又最'棘手的'任务。现在最迫切的就是采取那种能够立刻提高农民经济生产力的办法。"[②]"要增加粮食的生产和收成,增加燃料的收购和运输,非得改善农民的生活状况,提高他们的生产力不可。应该从农民方面开始。"[③]这里列宁把提高农民经济生产看成为"最刻不容缓"和"最'迫在眉睫'"的任务,认为恢复国民经济"应该从农民方面开始"。那么如何实现呢?列宁指出:"要做到这点,就非认真改变粮食政策不可。这种改变就是用粮食税来代替余粮收集制。"[④]

### (三)粮食法治建设是实施新经济政策的关键环节

由战时共产主义体制向新经济政策转变需要有一个过程,在列宁看来,其关键环节就是实现国家粮食政策的转变,以粮食税代替余粮收集制,因为两者分别是新经济政策、战时共产主义的基础。"以粮食税代替余粮收集制,这一代替的根本意义就是从'战时'共产主义转向正常的社会主义基础。"[⑤]与此同时,列宁还认为实行粮食税对于新经济政策许多其他措施的实行具有决定性的意义。以自由贸易为例,这一新经济政策重要措施同粮食税有直接的、内在的联系。因为只有实行粮食税,农民才可能拥有余粮,农民拥有余粮才有可能进行自由贸易,而战时共产主义体制下农民拥有余粮是毫不可能的事情。"粮食税在原则上是容许自由买卖粮食和其他产品的。"[⑥]因此,国家的正确抉择就是

---

① 《新经济政策和政治教育局的任务》(1921年10月17日),载《列宁全集》第42卷,人民出版社2017年版,第184页。

② 《论粮食税》(1921年4月21日),载《列宁全集》第41卷,人民出版社2017年版,第207页。

③ 《论粮食税》(1921年4月21日),载《列宁全集》第41卷,人民出版社2017年版,第207页。

④ 《论粮食税》(1921年4月21日),载《列宁全集》第41卷,人民出版社2017年版,第207－208页。

⑤ 《〈论粮食税〉的几个提纲》(1921年3—4月),载《列宁全集》第41卷,人民出版社2017年版,第376页。

⑥ 《〈论粮食税〉的几个提纲》(1921年3—4月),载《列宁全集》第41卷,人民出版社2017年版,第376页。

进行粮食法治建设，用粮食税代替余粮收集制，“而这种代替是与交完粮食税之后的贸易自由，至少是与地方经济流转中的贸易自由相联系的”。[①] 以国家允许私人开办小型企业为例，该措施实行效果如何也取决于粮食法治建设。实行粮食税，必然会极大地调动农民的粮食生产积极性，从而促进小农经济的发展，农村市场也因而扩大。这样，农村市场需要大量的工业品来满足农民交换的需要。因此，在社会主义大生产一时难以实现的情况下，鼓励发展私人小工业就成为国家的一种现实选择。“我们要不惜任何代价坚决把小农经济从岌岌可危的状况提高到勉强过得去的状况；而要达到这一点，就必须振兴小工业和地方工业，采取一些措施尽快巩固小经济，允许它开展地方贸易，从而扩大使用资本的范围，这也就必须使整个苏维埃政权和它的基本原则以及它的全部经济政策转上另一条轨道。”[②]正是由于新经济政策其他措施取决于粮食法治建设的状况，取决于是否以粮食税代替余粮收集制，所以粮食法治建设才成为推行新经济政策的关键环节。

## 二、列宁有关粮食法治建设思想的具体内容

在以粮食税代替余粮收集制对于新生苏维埃政权重要性的深刻认识的基础上，列宁系统地提出了新经济政策时期粮食法治建设的具体内容。

### （一）粮食法治建设需通过国家机关进行，“在党的代表大会上是不能制定法律的”

列宁认为，要调动农民增加粮食生产的积极性，就应当努力满足农民的要求，为此就要有流转自由与一定数量的商品和产品。如果没有商品与产品可以流转，那么流转自由就难以实现；如果没有商品与产品可以交换，那么交易自由就无从谈起。但问题在于，有了流转自由就不可避免地要使商品生产者分化为资本家和雇佣工人，也就是不可避免地要恢复资本主义雇佣制。这无疑与共产党的奋斗理想是相悖的。那么，如何在实际中解决这个问题呢？列宁指出：

---

① 《论粮食税》（1921 年 4 月 21 日），载《列宁全集》第 41 卷，人民出版社 2017 年版，第 208 页。

② 《在全俄第三次粮食工作会议上的讲话》（1921 年 6 月 16 日），载《列宁全集》第 41 卷，人民出版社 2017 年版，第 345 页。

“我们只有通过我们的立法来得到这个问题的答案;我们的任务只是规定原则路线,提出口号。我们的党是一个执政党,党的代表大会所通过的决定,对于整个共和国都是必须遵守的;在这里,我们应当在原则上解决这个问题。”①从理论上说,在一定程度上给小农恢复流转自由而并不因此破坏无产阶级政权的根基,列宁认为是能够实现的,问题的关键在于要掌握分寸。如果无产阶级掌握了一定数量的商品并把这些商品投入流转,那么这些商品就能够活跃小农业,农民因获得满足就具有了增加粮食生产的动力和动因。如果无产阶级不能满足农民实行流转自由的要求,在国际范围内社会主义革命推迟爆发的情况下,要在俄国保住无产阶级政权是不可能的。由于“在党的代表大会上是不能制定法律的”,②为此他提议把中央委员会的决议作为基础通过,并责成中央委员会协调决议中的各项规定。“代表大会基本上(这个词的含义是意味深长的)同意中央委员会所提出的以实物税代替余粮收集制的一些规定,并责成党中央委员会迅速使这些规定协调起来。”③列宁要求全俄中央执行委员会和人民委员会应仔细研究实行实物税的形式并通过相应的法律。

### (二)“粮食税是从战时共产主义向正常社会主义产品交换的过渡”

为保证战争对财力物力的需要,苏俄政府在经济领域实行了俗称“战时共产主义”系列非常措施,余粮收集制即是该系列措施之一。依据1919年1月的《关于在各产量省份收集余粮和饲料交国家支配的法令》,余粮收集制系指为满足国家紧急需要,农民除口粮、种子粮和饲料粮(其数量由政府确定)以外,全部余粮按照国家固定价格交售给国家。在实际执行过程中,农民某些必要的粮食也被征收。按照列宁说法,农民实际是在向国家“贷出粮食”。“我们知道,这方面我们执行的政策,是工人说服农民贷出粮食,因为纸币不是等价物,与粮食不等价。农民按固定价格出卖粮食给我们,他拿不到商品——因为我们

---

① 《关于以实物税代替余粮收集制的报告》(1921年3月15日),载《列宁全集》第41卷,人民出版社2017年版,第55页。

② 《关于以实物税代替余粮收集制的报告》(1921年3月15日),载《列宁全集》第41卷,人民出版社2017年版,第64页。

③ 《关于以实物税代替余粮收集制的报告》(1921年3月15日),载《列宁全集》第41卷,人民出版社2017年版,第62页。

没有商品——而只拿到一些花花绿绿的票子。"[①]"苏维埃政权按固定价格从农民那里取得粮食的时候,只能付给他们票子。这些票子有什么价值呢?它们同粮食是不等值的,而我们拿得出的又只有票子……这就是贷。"[②]但这只是临时办法。国家获得粮食的正常办法是,用农民所必需的工业品去换取他们手中的粮食,从而巩固社会主义的基础并取得完全胜利。粮食税就是这种正常办法,实行粮食税就是把最必需的粮食作为税收征来,其余的粮食用工业品去交换。它是一种"既包括过去因素,又包含未来因素的措施"。[③] 这就是说,粮食税既有余粮收集制的成分,国家可以税收的方法向农民无偿地索取一定数量的粮食;又有新办法的成分,通过国家粮食机关、合作组织使社会主义大工厂的产品与农民的粮食进行交换。

(三)粮食税的征收"免不了要采取强制手段"

税是政府为了维持其正常运转以及为社会提供公共服务,而对个人、法人或者其他组织强制和无偿征收货币或者实物的总称。因此,税收不可避免地就带有一定强制性、无偿性和固定性。就粮食税而言,鉴于粮食具有经济属性和政治属性的双重特征,[④]特别是在粮食紧张的年代,粮食税的强制性就更为突出。就20世纪20年代初期百废待兴的苏俄而言,粮食的重要性就更为显著。因此,列宁当时就主张粮食税的征收离不开强制手段,但前提是先说服,实在说服不了时才进行强制。"采取自愿的办法征税是行不通的,我们免不了要采取强制手段。"[⑤]列宁认为,专政就意味着使用暴力,社会主义国家与其他剥削阶级的国家区别就在于:它是反对剥削者的,而不反对被剥削的劳动阶级。有鉴于此,列宁主张,只要苏俄的无产阶级政权能够得到支持和巩固,苏维埃政府可

① 《在全俄中央执行委员会和人民委员会的报告》(1919年12月5日),载《列宁全集》第37卷,人民出版社2017年版,第389页。

② 《在全俄哥萨克劳动者第一次代表大会上的报告》(1920年3月1日),载《列宁全集》第38卷,人民出版社2017年版,第196页。

③ 《在俄共(布)莫斯科市和莫斯科省支部书记及支部负责代表会议上关于粮食税的报告》(1921年4月9日),载《列宁全集》第41卷,人民出版社2017年版,第140页。

④ 参见穆中杰:《科学把握粮食法体系的立法定位》,载《河南工业大学学报》2011年第3期。

⑤ 《关于粮食税的报告》(1921年5月26日),载《列宁全集》第41卷,人民出版社2017年版,第308页。

以向农民作任何让步。从列宁草拟的《论粮食税》的几个提纲可以明确看到列宁主张在粮食税的征收中均强调少不了强制手段。需要提及的是,他在论及集体农庄的作用时认为:把不执行法律的人和无能的人提交法庭审判。

### (四)充分利用多种手段增加粮食生产

粮食生产决定粮食消费。粮食问题之所以引起列宁的高度重视,究其原因是其生产远远不能满足需要。因此,列宁粮食法治思想的重要内容之一就是千方百计增加粮食生产。新经济政策实施伊始,列宁就主张同时使用粮食税和周转自由两种相互联系的刺激农民增加粮食生产的经济手段。这是因为,依据粮食税政策,农民因可以自主支配部分余粮而有利可图,而依据周转自由政策,农民则可以按规定出售余粮和购买所需的其他生活资料和生产资料,从而使农民的劳动价值得以实现。"这种流转对于农民来说是一种刺激、动因和动力。业主能够而且一定会为着自身的利益而努力,因为向他征收的将不是他所有的余粮,而仅仅是实物税;这种税额应当尽可能预先加以规定。主要的是要有一种能促使小农从事经营的刺激、动因和动力。"①在俄共第十次代表会议的报告中,列宁进一步肯定了实行粮食税和交易自由,认为这样就可以推动农民利用各种条件和手段增加粮食生产,否则粮食问题将不可能解决。粮食税和交换自由政策的实施,使苏俄的商业逐渐兴起和繁荣起来。看到这一情况,列宁适时指出:"目前商业竟是我国经济生活的试金石,是无产阶级先头部队同农民结合的唯一可能的环节,是促使经济开始全面高涨的唯一可能的纽带。"②这就是说,商业的活跃,既可以使农民获得必需的工业品,又可以使其看到市场的成熟和完善,从而自觉增加粮食生产,满足国家工业发展对粮食的需求。

## 三、新经济政策实施前后列宁粮食法治思想的异同比较

余粮收集制与粮食税分别是新经济政策实施前后列宁粮食法治思想的集

---

① 《关于以实物税代替余粮收集制的报告》(1921 年 3 月 15 日),载《列宁全集》第 41 卷,人民出版社 2017 年版,第 63 页。

② 《关于共和国的对内和对外政策》(1921 年 12 月 23 日),载《列宁全集》第 42 卷,人民出版社 2017 年版,第 347 – 348 页。

中体现。它们的实行均取得了预期的良好效果，对于社会主义革命与建设均起到了基础性作用。就余粮收集制而言，它的实行使国家掌握的粮食逐年增长，对于保证红军、工人和城市居民获得最低限度的粮食需要具有重要意义，对于粉碎外国武装干涉与国内反革命叛乱起到了重要作用；就粮食税而言，它的实行不仅减轻了农民的负担，改善了农民的生产生活条件，提高了农业生产效率，促进了农业生产的发展，而且它还使国家掌握了必要的粮源，从而使苏维埃政权顺利战胜了饥荒，巩固了无产阶级专政。但由于新经济政策实施前后的历史条件差异，从而也使列宁粮食法治思想在其实施前后也有着诸多的不同。

### （一）有关农民余粮处理权的制度设计不同

新经济政策实施前后，苏俄政权对待农民余粮的态度是截然不同的。在余粮收集制实施过程中，不允许农民拥有任何余粮。起先，征购余粮以阶级划分为原则，富农多征购，中农适当征购，贫农一般不征购。后来因粮食需求难以满足，因而把播种 1 ~ 2 俄亩的贫农也列为征购对象。依据 1919 年 2 月颁布的"关于粮食征购队"的法令，苏俄政府大批工人征粮队武装下乡征粮，凡搜到的余粮一律没收，富农私藏粮食则没收财产，逮捕严惩。列宁曾这样指出，所谓余粮收集制，"实际上从农民手里拿来了全部余粮，甚至有时不仅是余粮，而是农民的一部分必须的粮食，我们拿来这些粮食，为的是供给军队和养活工人……我们当时不这样做就不能在一个经济遭到破坏的小农国家里战胜地主和资本家"。[①] 有时征收农民某些必要的粮食，以求能够保持军队的战斗力和使工业不至于完全崩溃，除此之外，没有任何其他办法，因为国家处于极端的贫困之中。在实行粮食税之后，国家征收的仅是农民手中余粮的一部分，而且是以预先加以规定的实物税形式进行。这样，农民就可以因拥有部分余粮而用于商品交换，从而使粮食税成为一种促使小农从事经营的动因和动力。

### （二）有关强制手段使用方式的制度设计不同

新经济政策实施前后，列宁均主张对于粮食征收实行强制手段，只是实施

① 《论粮食税》（1921 年 4 月 21 日），载《列宁全集》第 41 卷，人民出版社 2017 年版，第 208 页。

的时间和强制程度有所不同。在余粮收集制实施时期,列宁主张以主张专政的手段打击所有拒绝向国家交售余粮的农民。比如,他在《关于粮食专卖法令的要点》中写道:“凡有余粮而不把余粮运到收粮站者一律宣布为人民的敌人,判处10年以上的徒刑,没收全部财产,永远驱逐出村社。”①在《十月革命两周年》的讲话中,列宁结合当时国家处于非常时期的现实,强调:“能把余粮按固定价格出售的农民是我们的战友。不肯这样做的农民是我们的敌人,是罪犯,是剥削者和投机者。”②而对于投机倒把分子,列宁则主张以恐怖手段进行打击。比如,他说:“对于当场捕获的和罪证确凿的投机倒把分子,检查队可以就地枪决。凡查明有营私舞弊行为的检查队员,也将受到同样的制裁。”③“如果我们对投机倒把分子不采取就地枪决的恐怖手段,我们就会一事无成。”④根据列宁的前述主张,苏俄政权把一些思想落后的农民划入敌对分子的行列,出现了“残酷斗争”“无情打击”的现象。当然,我们并不能因为出现这些情况而否定余粮收集制,否定这一时期列宁的粮食法治设想;相反,我们应该把它放在苏俄人民为保卫苏维埃政权的大背景下才看待。粉碎外国武装干涉和国内反革命叛乱后,在试图把余粮收集制作为通向社会主义道路探索失败以后,苏俄实施了新经济政策,实行了粮食税。列宁结合人民内部矛盾上升为国家主要矛盾的实际,在强制手段的使用上也出现了根本转变,主张在征收粮食税时“无论如何必须先说服,然后再强制”,对于农民的余粮则依靠市场手段来解决。

### (三)有关征粮专门队伍的制度设计不同

对于新经济政策实施前后的征粮工作,列宁均主张组织专门队伍进行。在余粮收集制实施时期,列宁主张以武装手段进行征粮。比如,他主张建立工人

---

① 《关于粮食专卖法令的要点》(1918年5月8日),载《列宁全集》中文第34卷,人民出版社2017年版,第295页。

② 《十月革命两周年》(1919年11月7日),载《列宁全集》第37卷,人民出版社2017年版,第295页。

③ 《彼得格勒苏维埃主席团和粮食机关代表联席会议文献》(1918年1月14日),载《列宁全集》第33卷,人民出版社2017年版,第312页。

④ 《彼得格勒苏维埃主席团和粮食机关代表联席会议文献》(1918年1月14日),载《列宁全集》第33卷,人民出版社2017年版,第311页。

检查队进行征粮:“应当从所有的革命检查队中选出最可靠、武装得最好的检查队,派往各个车站和主要产粮省份的各县。”①“从每一千名职工中挑出若干优秀的和忠诚的人参加征粮队,组成一支全体工人的战斗队伍去建立秩序,帮助监督,收集一切余粮粮。”②列宁曾把工人检查队对农村富农及所有敌对分子的征粮活动比喻为“十字军讨伐”:“应当组织伟大的‘十字军讨伐’来反对粮食投机商,反对富农、土豪、捣乱者和受贿者,组织伟大的‘十字军讨伐’来反对在收集、运输和分配粮食和燃料方面破坏国家严格秩序的人。”③这种以武装手段进行征粮的主张,我们可以理解为在战时而又极度缺粮情况下的无奈之举,其后实施的粮食税时改由国家机关来征收即印证了这一点。列宁主张征收粮食税的粮食机关应该强有力。比如,他在关于新经济政策问题的决议草案中拟定的内容就有:“为了迅速地、如数地、普遍地征齐粮食税,必须保持和加强征收机构。为此,应当保证粮食机关具有必不可少的党的威信,应当保持和加强粮食机构的集中制。”④与前面武装的工人检查队征收粮食不同,这里所说的粮食机关是国家机构的重要组成部分。

（四）有关粮食分配与消费的制度设计不同

通过余粮收集制,苏俄政权控制了必要的粮食。鉴于“一切为了前线,一切为了战胜敌人”,在粮食的分配与消费方面,列宁此时的主张不同于新经济实施后的粮食法治思想。他主张,在消费领域里实行统一的、平均主义的分配与消费,苏俄应“过渡到无产阶级共产主义的供应和分配”。1919 年 3 月,列宁在《关于消费公社的提纲》中主张建立统一的分配机构和实行统一的消费,提出使所有的店铺都成为分配站,“所有的分配站（店铺）组成一个统一的分配

① 《彼得格勒苏维埃主席团和粮食机关代表联席会议文献》(1918 年 1 月 14 日),载《列宁全集》第 33 卷,人民出版社 2017 年版,第 312 页。

② 《关于各自单独收购粮食》,载《列宁全集》第 34 卷,人民出版社 2017 年版,第 363 页。

③ 《论饥荒》(1918 年 5 月 22 日),载《列宁全集》第 34 卷,人民出版社 2017 年版,第 338 页。

④ 《关于新经济政策问题的决议草案》(1921 年 5 月 28 日),载《列宁全集》第 41 卷,人民出版社 2017 年版,第 328 页。

网”，“所有的消费者都按地区编入店铺；要强制编入，马上编入”，[①]然后由分配站平均分配粮食和其他消费品。新经济政策实施后，通过不同方式征集来的粮食就有不同的分配方式，对于军队和工人所消费粮食来说，就是列宁所说的最必需的粮食，获得粮食的主要途径就是通过税收形式；而对于其他领域要消费，则通过商品交换的方式来获取。

① 《关于消费公社的提纲》(1919 年 3 月 7 日以前)，载《列宁全集》第 35 卷，人民出版社 2017 年版，第 514 页。

# 第三章　美国粮食法体系的历史演进及其启示*

自殖民地时期以来,美国不仅建立了世界上最发达的粮食产业链,而且还较早构建起成熟的粮食安全保障法体系。就其发展历程而言,在殖民地时期已开启粮食安全保障法体系的构建历程。而20世纪30年代经济大萧条的到来,则促使美国颁布农业调整法,从而奠定了美国粮食安全保障法体系乃至整个农业法体系的基本格局。迄今为止,经过两百多年的历史变迁,美国已经形成以农业法为中心、近百部涉粮法律相配套的粮食安全保障法体系,形成了相对稳定的粮食限耕、粮食限售、粮食补贴、粮食价格、粮食贸易与援助等诸多制度,使美国在粮食安全保障领域真正实现了法治,成为美国发展成粮食生产强国乃至经济强国的最重要因素。然而,遍观学界现有成果,几乎多从农业角度研究美国粮食立法问题,而从粮食产业链角度研究美国粮食立法问题的公开成果非常缺少。此中原因固然很多,但通过梳理美国粮食安全保障法体系的演进史,可以更好地为科学定位我国的粮食安全保障法体系。综合来看,美国粮食安全保障法体系肇始于殖民地时期,定型于罗斯福新政时期,发展和完善于冷战时期。20世纪90年代以来,美国粮食安全保障法体系的服务重点逐渐转为外交需要,从而为其转型拉开了序幕。

## 一、殖民起步:自由资本主义阶段

印第安人是北美大陆的土著居民,他们培育出的玉米等粮食作物为美国粮食产业发展奠定了基础。1492年哥伦布发现美洲大陆后,各国殖民者相继到北美大陆探险并移民,他们继受了印第安人所创造的人类文明。独立战争爆发

---

* 本文原载《河南师范大学学报》2014年第4期。

前夕，美国北部实行农民所有制、南部实行种植园奴隶制，而中部地区则为封建贵族大地产，全国约90%以上的居民从事农业，是个典型的农业地区。适应宗主国的利益需要，英国殖民者当时制定了完整的土地法，迫使大西洋沿岸北部、中部生产谷物和饲养牲畜，南部生产供出口的烟草、蓝靛等。“作为殖民地经济的支配性部门，农业的好坏对总体经济增长来说是关键的。然而，作为经济中最传统的部门，农业常常被视为经济增长的障碍而非经济增长的工具。”①在重商主义传统的影响下，源于英国的殖民地农业政策鼓励发展的重点是极具经济价值的烟草，而非大米、玉米、小麦等粮食作物。

建国以后，美国积极开展“西进运动”，开始向太平洋沿岸扩张领土和殖民开发。当时，国会颁布法令，宣布西部土地一律收归国有，由政府出售。1841年又颁布《垦地权条例》，规定自行占地垦殖者享有购买所垦土地的优先权。南北战争期间，林肯总统颁布了著名的《宅地法》，规定凡年满21岁的公民，每人只需交10美元登记费，即可无偿占有不超过160英亩的荒地，在连续耕种5年后，土地归个人所有。该法为土地的自由投资创造了条件，加速了美国西部地区的开发，促进了农业资本主义的发展。随着自由农民的进一步分化，美国农业逐渐向资本主义农场演进，农业地区逐渐实现了专业化，生产谷物的地区慢慢集中在中北部和中西部广大平原。据1859年有关资料，美国玉米产量已达2131万吨，小麦471万吨，不仅充分满足了本国需要，而且还大量出口。② 列宁曾将这种发展农业的方式称为“美国式道路”，认为在此情况下，“地主经济已不再存在，或者已被没收和粉碎封建领地的革命所捣毁了。农民在这种情况下占优势，成为农业中独一无二的代表，逐渐演变成资本主义的农场主”。③

## 二、曲折探索：垄断资本主义阶段

在《宅地法》的吸引下，国外移民大量涌入美国西部。从1861年到1914年，美国农业劳动人数从620万增加到1358万，耕地面积从1.66亿公顷增至

① ［美］杰里米·阿塔克、彼得·帕塞尔：《新美国经济史：从殖民地时期到1940年》，罗涛等译，中国社会科学出版社2000年版，第42页。

② 《世界经济百科全书》，中国大百科全书出版社1987年版，第501页。

③ 《列宁全集》第16卷，人民出版社1988年版，第205页。

3.68 亿公顷,占全部农户 1/6 的资本主义大农场产值占了全国农产品总值的 1/2 以上,资本主义生产关系在美国农业中已经占据统治地位。特别是西奥多·罗斯福总统执政后,积极推动制定了土地开垦法,发起开垦旱涝地区土地的运动,并建设大型灌溉工程,极大地推动了美国粮食产业的发展。加上拖拉机在农业生产中开始采用,小麦、玉米等农产品产量迅速增加,美国农业进入了"黄金时代"。据 1860 年至 1900 年统计,小麦增长近 3 倍,达 1632 万吨;玉米增长约 2.5 倍,达 6858 万吨。借助第一次世界大战带来的有利时机,美国粮食产业得到空前迅速发展,1915 年小麦产量创历史新高,总量达 2722 万吨,比 1913 年增加 1/3。[①] 1916 年,为长期低利贷款给农场主,威尔逊政府颁布了《联邦农业贷款法》,成立了联邦农场借贷局和农业信贷银行。

然而,周期性的资本主义危机使美国农产品价格在 20 世纪 20 年代伊始急剧下降。到 1921 年年底,18 个月前 2.58 美元/蒲式耳的小麦价格降为 0.93 美元,玉米价格则从 1.86 美元下跌到 0.41 美元。[②] 美国农业经济困难重重,农民暴力抗议运动不断发生。在此情况下,"平等农业"的观念应运而生,旨在寻求确定每个农产品公平交换价值的《麦克纳里—豪根法案》两度在国会上通过,但均遭到柯立芝总统的否决,最终没有成为美国法律。但这场立法博弈为以后美国政府的粮食政策提供了可资借鉴的经验,为 20 世纪 30 年代政府对农业的大规模干预创造了条件。[③] 1929 年,新上任的胡佛总统签署《农产品销售法》。该法是第一个使联邦政府承诺稳定农产品价格的法律,但粮食等农产品的不断增加最终导致政府支持价格的努力彻底失败,使美国社会危机进一步加深。

### 三、基本定型:罗斯福主政时期

资本主义世界的空前大危机给美国经济带来了沉重的打击。罗斯福就任总统后,积极推动国会通过旨在使小麦、玉米、水稻以及棉花等其他农产品恢复

---

① 《世界经济百科全书》,中国大百科全书出版社 1987 年版,第 502－503 页。

② [美]加里·M. 沃尔顿、休·罗考夫:《美国经济史》,王珏等译,中国人民大学出版社 2011 年版,第 502 页。

③ 周余祥:《柯立芝政府时期美国农业发展道路的辩论及其抉择》,载《中南大学学报》2012 年第 4 期。

到1909~1914年水平的《农业调整法》,确定对农业实施有效干预的具体措施包括:一是与粮食等农产品生产者与参与播种面积控制计划的农场主签订付给直接补贴的方法,使农场主主动减少粮食等农产品的播种面积;二是与粮食等农产品生产者及其协会组织签订自愿协议,以调整销售和稳定价格;三是向工商、粮食等农产品生产者协会发放许可证,以取消不公平的做法和负担;四是在粮食等农产品加工商购买初级产品时收取"加工税",并决定税率的高低;五是用加工税和政府拨付资金来支付调整工作的开支,扩大市场和处理剩余的粮食等农产品。1933年的《农业调整法》奠定了美国粮食安全保障法体系的基本格局,此后的美国粮食立法均是在此基础上进行调整。

1934年4月,国会通过《琼斯—康纳利法案》,把主要农产品范围扩展到裸麦、大麦、高粱、花生等产品。1935年8月,罗斯福总统签署了《农业调整法修正案》,其核心内容集中在第22条款和第32条款。前者是授权总统在他认为粮食等农产品进口妨碍到农业调整计划时,有权对粮食等农产品实行进口限额;后者是规定用海关收入的30%来促进出口和国内消费,鼓励使用粮食等农产品发展工业和其他用途,资助粮食等农产品生产的调整活动。1937年6月,国会通过的《农业销售协议法》授权农业部长代表联邦政府与加工商、生产者和从事销售农产品的其他人员在自愿的基础上签订销售协议,并规定销售规程必须得到生产者投票通过方能生效。1938年2月,国会通过新的《农业调整法》,提出以市场控制代替直接的生产控制,规定在一定供应和价格条件下,国家向与政府合作的玉米、小麦等农产品生产者提供指令性的无追索权贷款。与此同时,该法还规定国家对小麦实行作物保险,对玉米、大米等农产品实行平价补贴,授权联邦政府实施自愿的和强制性的耕地面积削减计划,通过向农场主提供无追索权贷款的方式建立农产品存储制度。随着"二战"的爆发,美国粮食安全保障法体系开始转向服务于大战的需要。1941年5月,国会通过一项联名议案,决定把农业生产者同意实行销售限额的玉米、小麦、水稻等农产品最大贷款计划比例提高到平价的85%。当年7月,国会对农业法再次进行修改,通过了《斯蒂格尔修正案》,规定凡是战争需要扩大生产的农产品一律实行价格支持,把非主要农产品价格支持在平价的85%或更高水平上。1942年10月,罗斯福总统签署的《紧急价格控制法修正案》又对玉米、小麦、水稻、花生等主要农产品以及前项法案规定的非主要农产品的支持水平提高到不少于平价的90%,同时规定该价格支持在敌对行动正式宣布结束的元旦起算的2年内维持不变。因措施得力、应对有方,到1945年“二战”结束时,美国农业生产指数比1940年增加15%,农业净收入达到123亿美元,约增长1.75倍,保证了大战对粮食等农产品的需求。

## 四、继续发展:冷战时期

“二战”结束后,在初步农业机械化的基础上,美国农业全面实现高度机械化和现代化。1950年到1982年,美国农场拥有拖拉机平均功率由27.4马力增加到59.1马力,①农业生产和劳动生产率都得到较大幅度的提高。据联合国粮农组织统计,1950~1970年,美国农业年均增长率为2.4%;1970~1974年,美国农业年均增长率为4.0%;1975~1984年,美国农业年均增长率高达6.1%。从美国粮食作物产量来看,1941~1945年年均为1.29亿吨,1971年达到2亿吨。7年后的1978年,美国粮食作物产量高达3亿吨。进入20世纪80年代以后,因气候异常和国家政策调整,美国粮食作物产量一度下降到2.683亿吨,但到冷战结束时,美国粮食作物产量又恢复到3.1529亿吨。②

美国粮食产业的稳定发展是和美国粮食政策密切相关的。除联邦政府继续加强以促进农业发展为中心的水利综合开发项目,继续支持农业教育科研和推广工作之外,美国国会还通过了高达22项涉粮农业法律,其中最为重要的是《发展农产品贸易与援助法》(“第480公法”)和《1973年食品与消费者保护法》。为应对粮食“生产过剩”的危机,1954年通过的“第480公法”对接受休耕而遭受损失的农场主实行价格补贴,由政府按支持价格收购市场推销不出去的农产品,在“贷款”“援助”“赠送”等名义下,大规模对外倾销。此后,美国粮食出口量直线上升,从1950年的1000万吨增加到1977年的8500万吨,占全世界总出口量由29%升至52%,成为世界上最大粮食出口国,垄断了世界上半数以上粮食市场。③《1973年食品与消费者保护法》是资本主义大危机以来首

① 《世界经济百科全书》,中国大百科全书出版社1987年版,第506页。
② 《耕海帆丛书·万国博览》(美洲大洋洲卷),新华出版社1998年版,第698页。
③ 《1979年世界经济年鉴》,中国社会科学出版社1980年版,第11页。

次在市场求过于供的情况下制定的,它反映了美国粮食政策与法律的重大转折。1976 年,美国建立了由国务院、财政部、商务部和农业部参加的,职责为协调联邦政府农业政策的最高决策机构——农业政策委员会。次年 9 月,卡特总统签署的《食物和农业法》规定了农业研究、推广和教育计划,其目的是把美国农业部建设成为粮食和农业科学的主要中心,改进研究工作的协调和计划,保证研究成果有效地到达生产者手里;建立一个新的竞争的研究基金制度。为此,美国成立了粮食和再生性资源小组委员会、粮食和农业科学委员会、竞争性农业研究基金拨款计划委员会以及全国农业研究、推广和教育政策顾问委员会。里根总统主政时期,根据美苏军备竞赛的需要,对粮食安全保障法体系进行了微调。

### 五、艰难转型:20 世纪 90 年代至今

《1990 年食物、农业、资源保护和贸易法》是冷战时代进入尾声时通过的,其主要目的是进一步削减联邦政府用于农业的开支;通过扩大农产品出口,帮助农场主维持收入的增长;加强环境保护。该法是美国粮食立法乃至整个农业立法史上包括内容最广泛的立法,内容涵盖了农产品计划、资源保护、农产品贸易、农业研究、食品券计划、信贷、农产品推销、谷物质量、有机农产品证书、农作物保险、农村发展、全球性气候变化等方面,规定允许农场主在生产粮食等农作物的品种上有较大的灵活性,重新授权总统执行出口扩大计划,设立有关农村发展计划和营养补助计划,新增规定主要有:每个农场主的各种补贴总额不得超过 25 万美元;停止下调作物的目标价格,把其冻结在 1990 年水平上;到 1995 年参加保护地面积总数达 4000 万~4500 万英亩的储备计划,同时计划帮助农场主保护 1000 万英亩土地的地面和地下水不受污染;对“第 480 号公法”进行了重大修改。此后,美国出台的《1996 年联邦农业促进和改革法》《2002 年农业安全和农村投资法》《2008 食物、保护与能源法案》等法案均是在前一法案的有效期满后制定的。

2012 年 9 月 30 日是美国《2008 食物、保护与能源法案》的最后有限期限,后经国会批准又延期一年。2013 年,由共和党控制的众议院和民主党把持的参议院分别通过各自提出的农业法案,但由于在占农业开支 80% 的食品券项

目上两党存在较大分歧,新的农业法案未能如期出台。2014 年 1 月 27 日,两党就此分歧达成妥协。同月 29 日,美国众议院以 251 票赞成、166 票反对的表决结果通过 2014 年农业法案。2 月 4 日,该法案以 68 票同意、32 票反对在美国参议院通过。2 月 7 日,奥巴马总统签署通过该法案。该法案的主要内容是:(1)在收入补贴方面,取消直接支付,保留营销援助贷款项目,调整反周期补贴,针对小麦、水稻、豆类、饲用谷物、油籽以及花生新设旨在防范市场风险的价格损失保障;针对生产者的收入损失,将平均作物收入选择补贴升级为旨在防范生产经营自然风险的农业风险保障。(2)在资源保护方面,新法案将休耕储备项目的面积上限由 3200 万英亩降低到 2018 年财政年度的 2400 万英亩,保障环境质量激励项目主要用于帮助生产者在耕种中的土地上实施资源保护措施,资源保护管理项目的年度面积上限由 1276.9 万英亩减少到 1000 万英亩,设立农业资源保护地役权项目,取消区域资源保护合作项目。(3)在食物和农业研究方面,新法案不仅安排了每财政年度 500 万美元的财政授权,还规定将增加资金,鼓励公共研究机构和私人研究机构开展合作,从事非营利性的研究与科技转化项目。此外,该法案涉及的内容还包括强化营养项目、农村发展措施、可再生能源项目的使用、特种作物和有机农产品的发展、贸易和海外农业等方面。可以说,2014 年农业法案的通过标志着美国粮食安全保障法体系建设进入一个新的篇章,它将对美国乃至整个世界的粮食安全产生不可忽视的重要影响。

## 六、几点启示

纵观美国粮食安全保障法体系的发展史,从其建国至今主要依靠法律来保障粮食安全,而我国粮食政策始终处于从属地位。因此,坚定不移地通过力推我国《粮食安全保障法》的制定来确保粮食安全是其对我国的最大启示。至于美国粮食安全保障法体系对于我国粮食立法问题上的具体启示,主要集中在如下几点:

### (一)粮食基本政策要保持连续

马克思曾精辟地指出:“只有毫无历史知识的人才不知道:君主们在任何

时候都不得不服从经济条件,并且从来不能向经济条件发号施令。无论是政治的立法或市民的立法,都只是表明和记载经济关系的要求而已。”①美国的经验表明,粮食立法是一个长期的渐进过程,既要适应不同历史时期的特殊要求,又要保持粮食立法基本内容的连续性,不要轻易中断和放弃。以立法目标为例,在应对资本主义大危机过程中,美国民主党人为实施政府对农业的有效干预制定了《农业调整法》。此后,美国每隔5~7年就重新修订一次,其间两党轮流执政,并且历次立法时不仅变动法律名称,而且还调整立法重点和内容;但国家对粮食产业的支持保护和干预的基本方向以及主要措施却明显地保持连续性。粮食基本政策的持续性可以说是美国成为世界上最主要粮食主产国的原动力。在我国,粮食是国民经济的重中之重已成普遍的共识,但在粮食基本政策的内容方面历史上却曾出现反复,带来了诸多深刻的教训。2002年修订的《农业法》首次以法律形式提出“粮食安全”的概念,对于我国粮食产业发展的基本目标和基本政策予以法律定位。此后,国家又以“中央一号”文件形式将确保国家粮食安全的基本内容一以贯之,成为支撑粮食多年连丰的主要动力。现在的关键问题是,如何避免现行粮食基本政策“因领导人注意力改变而改变”,利用《粮食安全保障法》起草契机,将其有效地纳入粮食安全保障法典中去,从而以法律的形式保证粮食基本政策的持续性。

### (二)粮食扶持政策要公开透明

在美国粮食立法中,国家有关粮食扶持政策的规定非常具体,对粮食产业预算额度、增加幅度、筹资渠道、支出手段、使用方向以及资金监管等内容的规定都十分明确,可以说既注意了粮食产业投入的公开性,又保证了政策可操作性,明确宣示了国家对粮食产业的重视和法律的权威性。在美国历次修订《农业调整法》过程中,尽管国家支持粮食产业的政策争论十分激烈,但通过的法案均以法律条文的形式公布了粮食产业的支出范围、支出分类以及使用用途和方向,甚至有些内容规定达到不可擅自支配的刚性程度。除前文提到具体例证外,如美国《1990年食物、农业、资源保护和贸易法》规定,当库存与消费比超过

① 《马克思恩格斯全集》第4卷,人民出版社1958年版,第121-122页。

25%时，停耕面积增加10%~20%；当比例为25%或不到25%时，停耕面积增加0~12.5%，这样就使国家有关粮食限耕政策落到实处。再比如，美国《2002年农业安全与农村投资法案》规定，农场主对农场主项目的最低资金由政府拨款的0.4%增加到2007年的0.5%，从而使国家有关政府应当继续实施农场主对农场主项目的基本政策得以明确的落实。可以说，美国有关粮食扶持政策公开透明的法律规定增加了政策的计划性和权威性。而在我国现有粮食立法中多为模糊性的规定，缺乏可操作性和有效监管，如2002年修订的《农业法》明确规定中央和县级以上地方财政每年对农业总投入的增长幅度应当高于其财政经常性收入的增长幅度，但事实上这些规定并没有得到有效贯彻和执行，相应的比重反而呈下降趋势。① 再如，《粮食法（征求意见稿）》也存在同样问题，"通读全文，感觉该法面面俱到，但似乎又把最重要的问题给忽视了，那就是农民，如何激励农民多生产粮食，该法并没有拿出多少实质有效的办法"。② 当然，也可能有人会提出粮食扶持政策若公开透明的话，势必对法律的稳定性和权威性造成冲击。其实，我们从美国粮食安全保障法体系的演进史不难看出，法律施行5年左右对法律进行修改并没有对其稳定性和权威性造成冲击，相反，"法治"却成了美国民众的信仰。

### （三）种粮农民权益要重点保护

粮食产业是个弱质产业，种粮农民是个弱势群体。要重点保护种粮农民的物质利益和民主权利是美国粮食立法演进史提供给我们的又一启示。早在1810年，美国就在其农业合作社立法中明确规定了入社社员的权利，规定社员享有选举和罢免合作社董事，制定或修改合作社细则，监督董事和管理人员按

---

① 根据2005年《全国人大常委会执法检查组关于检查〈中华人民共和国农业法〉实施情况的报告》，贯彻实施农业法存在的问题之一就是农业投入总量不足，结构不够合理。总量不足主要是地方财政特别是市、县级财政的农业投入不足国家财政用于农业的支出总量在增加，但占财政总支出的比重却呈下降状态，据统计局资料，20世纪80年代这一比重为7.7%~12.2%；90年代为8.2%~10.6%；2001~2004年为8%左右。参见乌云其木格：《全国人大常委会执法检查组关于检查〈中华人民共和国农业法〉实施情况的报告——2005年10月26日在第十届全国人民代表大会常务委员会第十八次会议上》，载《中华人民共和国全国人民代表大会常务委员会公报》2005年第7期。

② 郑风田：《关于〈粮食法〉的五点疑问》，载《农经》2012年第3期。

法律、章程、细则和合同办事,对滥用职权的董事会成员提起诉讼,要求管理人员报告账目,检查合作社账目和财产等权利。在此后的多次修订中,农民的前述权益始终予以明确。此外,美国还通过《公平劳动标准法》《职业安全与保健法》《迁移和季节性农业工人保护法》《农业劳动承包商登记法》《社会保险法》《社会保障法》《农业劳动关系法》《联邦农作物保险法》等,对农业劳动者的劳动时间、报酬、补偿、退休福利、劳动保险、失业救济等问题作了规定。在我国,尽管通过社会变革和土地改革实现了耕者有其田,从宪法到《农业法》都规定要对农民合法权益予以保护,但在以高质量发展全面推进中国式现代化进程中,如何既保障国家粮食安全,又保障种粮农民的合法权益,始终是确保粮食生产安全的重大战略问题。否则,“黄色炸药”和“黑色炸药”①的危险始终会伴随着我们。

此外,美国粮食立法中有关重视农村社会发展、粮食限耕、粮食限售、粮食援助等方面的规定都给我国粮食立法以有益启示。当然,在继受美国粮食立法经验时,我们要牢牢立足于我国正处于社会主义初级阶段的基本国情,明确美国处于富裕型粮食安全历史方位、我国处于温饱型粮食安全历史方位的客观现实,认真遵守域外经验本土化原则,做到既不机械照搬美国粮食立法经验,又不盲目抵制对美国粮食安全保障法体系的有益吸收。

---

① 《陈云文选(1949—1956)》,人民出版社1984年版,第207页。

# 第四章　澳大利亚粮食法体系的历史演进及其启示*

澳大利亚国土面积769万平方公里，人口2227万，其全称是澳大利亚联邦（the Commonwealth of Australia）。作为世界具有竞争力的主要经济实体，澳大利亚2009/2010年度国内生产总值达12228亿澳元，约占世界经济总量的1.7%，居世界第13位。澳大利亚是全球粮食出口大国之一，其80%的农产品用于出口，农业和矿业合计占出口的57%。[①] 与发达的粮食产业相适应，澳大利亚构建了完善的粮食安全保障法体系。

## 一、澳大利亚的粮食产业基本状况

澳大利亚最主要的粮食作物是小麦，大麦、燕麦是仅次于小麦的重要粮食作物。除此之外，澳大利亚的其他粮食品种还有大米、高粱、玉米和豆类等。澳大利亚在粮食的生产、仓储和流通方面均实现了现代化，而在粮食贸易方面以国际化为其突出特色。

### （一）粮食生产的现代化

澳大利亚农业用地4.17亿公顷，作物耕种面积为2751.1万公顷，近年来粮食耕种面积和产量均有提高。据2008/2009年度统计，小麦种植面积增加8%，产量突破2000万吨，同比增长57.9%；大麦种植面积增加2%，达到500万公顷，产量同比增加12%；大米种植面积增加3倍以上，产量为上一年度的

---

* 本文原载《世界农业》2013年第9期，发表时篇名为《澳大利亚的粮食法体系研究评述》。

① 《世界经济年鉴》（2010/2011），经济科学出版社2011年版，第199页。

3.4倍(见表2－1)。[①] 与中国实行家庭联产承包责任制不同,澳大利亚实行家庭农场经营方式,家庭成员既是生产者又是经营者,只是在农忙时才有临时雇工。澳大利亚的粮食生产主要依靠家庭成员进行,粮食生产已经实现了机械化。适应从事农业生产人口少、农业生产机械化的需要,澳大利亚粮食生产实行了全国电脑网络自动化管理,是世界上农业生产电脑网络普及率最高国家之一。在每个耕种季节到来时,小麦局(Australian Wheat Board)等机构都会通过网络向粮食生产者提供各种粮食品种的可能价格、需求量、产品种类等市场信息,粮食生产者根据市场需求来选择粮食种植品种,决定是否与有关部门签订协议,以减少中间环节、扩大收益。

**表2－1 澳大利亚主要粮食作物产量变化**

单位:万吨

| 粮食种类 | 2007年产量 | 2008年产量 | 2009年产量 |
|---|---|---|---|
| 小麦 | 1082.2 | 1356.9 | 2142.0 |
| 大麦 | 425.7 | 716.0 | 799.7 |
| 燕麦 | 74.8 | 150.2 | 116.0 |
| 大米 | 16.3 | 1.8 | 6.1 |

数据来源:《世界经济年鉴》(2010/2011),经济科学出版社2011年版,第200页。

### (二)粮食仓储的现代化

澳大利亚有先进的仓储管理技术和经验,其粮食仓储体系由农村收购仓库、地区终点仓库和港口终点仓库组成。粮食仓储管理主要由分设于昆士兰州、新南威尔士州、维多利亚州、南澳大利亚州和西澳大利亚州的散装散运公司负责(Bulk Handing Authorities)。这五个州的散装散运公司负责本行政区域内的粮食仓储管理,它们均拥有交通便利的仓储网点,能够保障仓储的粮食顺利地到达粮食出口码头,然后运送到世界各地。澳大利亚的粮食仓储一般有水平大棚仓库、圆柱形仓库、立式仓库和短期堆场四种。为确保粮食品质在存储的过程中不受到损坏,熏蒸技术、通风技术、仓房密封技术等则由澳大利亚联邦科

① 《世界经济年鉴》(2010/2011),经济科学出版社2011年版,第200页。

工组织粮食储藏研究所提供技术支撑。

(三)粮食流通的现代化

澳大利亚的粮食运输系统非常发达。在粮食运输的第一阶段,即从家庭农场运到仓库,平均运输距离为 17 千米;在粮食运输的第二阶段,即从仓库到出口码头,平均运输距离为 350 千米。粮食的主要运输方式有公路和铁路两种。澳大利亚的粮食在国内市场是自由流通的,但在国际市场主要有小麦局来进行,其目的就是保障粮食生产者获得最大利润。合理的粮食价格既是粮食顺利流通的关键因素,也是粮食生产者是否能够保持积极性的重要因素。小麦局根据市场预测价格与粮食生产者签订合同,分两次向粮食生产者支付售粮款:首笔支付时间为收割期,粮食生产者将粮食运到仓库后的三周内,小麦局将 80% 的售粮款支付给粮食生产者;第二笔在收割后支付,法定时间为每年的 3 月以前,小麦局将剩余的 20% 售粮款支付给粮食生产者。2008 年澳大利亚《小麦销售法》修改以后,价格形成机制呈现多样化趋势,但由于批量出口小麦需由小麦局认证,故小麦的国际市场价格受其影响并不太大。

(四)粮食贸易的国际化

自 18 世纪 70 年代以来,澳大利亚一直是世界上重要农产品生产国和出口国,农业在国民生产总值中的比重较大。20 世纪 70 年代以来,农业在澳大利亚国民生产总值中的比重不断下降,服务业、采矿业和制造业等其他行业比重逐年上升。1949/1950 年度,农产品出口比重高达 83.3%,1970/1971 年度该比重下降到 52.7%,[①] 20 世纪 90 年代以后,农产品比重继续下降。1999 年至 2000 年,农产品出口比重已经大幅下降,农业占 GDP 的比重仅为 3%。[②] 尽管如此,农业在澳大利亚出口中的地位仍然非常重要,澳大利亚依旧是国际粮食市场上的主要供应国之一,80% 的粮食依旧用于出口。因此,农业生产受国际因素影响也特别大。以主要出口商品小麦为例,澳大利亚是世界上仅次于美国

① 《世界经济年鉴》(1979),中国社会科学出版社 1980 年版,第 324 页。
② 《世界经济年鉴》(2001),经济科学出版社 2001 年版,第 333 页。

和加拿大的世界第三大小麦出口国,小麦出口量约占其产量的80%以上。1993年,其小麦产量高达18203千吨,但受国际市场影响,1994年产量锐减一半,下降到9093万吨。[①] 受近年来世界粮食危机的影响,澳大利亚小麦出口贸易大幅攀升,2007年为19.61亿澳元,2008年为37.92亿澳元,2009年47.56亿澳元。[②]

## 二、澳大利亚的主要粮食法律规范

为保证粮食各环节现代化和粮食贸易国际化的顺利实现,澳大利亚联邦政府和各州政府制定了诸多粮食法律法令,使粮食的生产、流通、加工、储藏和贸易等各个环节均有法可依。与其他法律一样,澳大利亚的粮食安全保障法体系由法、法规、规章、标准和行业标准或指南所组成,其中法和法规系强制性规范,规章、标准和指南系任意性规范。

### (一)有关粮食生产的法律规范

第二次世界大战结束之后,为保证和促进农业生产,澳大利亚联邦政府出台了"农业复兴计划"。该计划规定,设立旨在保证农业生产的信贷基金,以贷款支持方式对现有农场进行优化组合,对主动放弃和离开农产的农业生产者予以低息或者贴息贷款支持,帮助其投资其他行业或另谋出路。与此同时,澳大利亚还进行了农业机械化立法。1952年以前,澳大利亚立法规定对新型农业机械第一年减免40%的税金,以后改为25%;60年代以后还以给予石油公司补贴的形式对农业机械化进行支持。20世纪90年代以后,澳大利亚继续以法令形式支持农业生产,比如决定实行10年土壤保护计划,修改的《农村调整计划》规定以支付一半左右银行利息的方式支持农业生产者从银行获得贷款,修订的《国有土地租赁条件》鼓励租赁者保护所使用的土地和资源,修订的《税法》规定土地保护费可抵消应交的所得税,修订的《水法》规定通过增加税费以实现提高农业用水利用率的目标。此外,澳大利亚粮食业务都有相应的法律为

---

① 《世界经济文化年鉴》(1997/1998),人民出版社1998年版,第712页。
② 《世界经济年鉴》(2010/2011),经济科学出版社2011年版,第203页。

依据,政府机构、企业和科研单位的活动均有法可依。比如,粮食生产者组织有《全国农场主联合会法》,粮食科研行业有《粮食发展与研究法》,促进农村统筹发展的有《乡村调整计划法》。

(二)有关粮食市场的法律规范

澳大利亚生产的粮食主要用来出口,其中小麦居于最重要地位。为此,有关小麦的管理在澳大利亚粮食安全保障法体系中处于核心地位。早在 1939 年,澳大利亚政府就成立了小麦局,对全国范围内的小麦进行统一收购和集中管理。在 1948 年首部《小麦销售法》的基础上,1979 年澳大利亚重新颁布了《小麦销售法》,明确规定全国小麦及面粉统一由小麦局收购、销售及出口,其他任何部门和个人均无权插手。但迫于各方压力,1989 年 6 月,澳大利亚又颁布了新的《小麦销售法》,主要内容是:允许生产者直接在国内市场上销售小麦,经营者直接与生产者签订收购合同,粮食加工企业在市场上收购小麦,并与生产者签订长期的小麦购销合同;结束小麦局购销小麦的垄断地位,其以平等经营者的身份参与国内市场竞争。但该法除规定小麦出口仍由小麦局垄断经营外,又扩大了其出口权限。在小麦局的统筹安排下,澳大利亚立法支持出口商扩大粮食输出,如对于一些新开业的或者缺乏资金的出口商,澳大利亚联邦政府用市场发展补助金予以资助。在伊拉克战争期间,因小麦局爆出丑闻,澳大利亚迫于西方压力和国内各利益集团的博弈,[①]于 2008 年修改了《小麦销售法》等相关规定,取消了小麦局的出口专营权,推出新的认证制度监管批量小麦出口。根据该法,如果要从澳大利亚出口小麦,批量出口商需向小麦局申请认证,小麦局有权授予、变更、暂停或取消认证。除《小麦销售法》外,澳大利亚有关小麦的立法还有《小麦出口收费法》和《小麦出口调整法》。在重视小麦管理法律法规制定的同时,澳大利亚还制定了适应大麦市场的《大麦销售法》及其他农产品市场的《农产品销售法》。为加强粮食的贮运和经营,澳大利亚还出台了专门的《贮运经营法》等法律,与前述其他法律一起保证了粮食市场在

① 参见高瑛、童葶:《澳大利亚小麦局出口专营权取消的政治经济分析》,载《世界经济与政治论坛》2010 年第 1 期。

法治轨道上运行。

### (三)其他有关粮食的法律规范

在粮食生产和市场之外的其他环节,澳大利亚制定了《小麦产业稳定法》等相应的法律。根据这些法律,澳大利亚联邦政府下属部门建立了小麦局、常设顾问委员会、农业经济局等一系列粮食专业机构,它们依法履行相应的粮食管理任务,各州也依法成立了相应的粮食管理机构。在价格管理方面,从1974年起,澳大利亚建立了小麦业稳定基金制度,将小麦保证价格改为稳定价格,即小麦价格主要根据国际市场价格来制定。此外,为加强对食品的管理,建立组织和工作制度。1991年6月,澳大利亚颁布了《国民食品管理法令》;为规范进口食品检查、管制和相关事宜,1992年12月颁布了《进口食品管制法》,次年又对该法进行了修改。《进口食品管制法》共分四个部分:第一部分明确了进口食品管制等有关用词定义,第二部分规定进口个人消费食品所需证明文件;第三部分规定了食品检查方案;第四部分对违法者的罚款作了规定。

澳大利亚粮食生产、流通、加工、储藏及贸易的市场化程度很高,但粮食各环节秩序井然,这主要得益于健全的粮食安全保障法体系建设。可以说,完备的、操作性较强的粮食安全保障法体系和有效的监督机制,为澳大利益粮食各环节提供了安全保障。

## 三、移植澳大利亚粮食法有益经验

澳大利亚是世界上粮食出口大国之一,而我国是粮食基本自给的发展中国家。两国国情的不同决定了两国之间的粮食安全保障法体系存在很大的差异,但这种差异并不能成为阻碍我国借鉴澳大利亚相关经验以完善我国粮食安全保障法体系的理由。

### (一)完备的粮食安全保障法体系

经过60多年的发展,澳大利亚已经建立了完备的粮食安全保障法体系。在粮食生产环节,从土壤、水资源、税收、科学研究、生产者自治组织等方面均做到了有法可依;在粮食市场环节,澳大利亚制定了统筹出口的一系列粮食法律法规,为粮食生产者最大限度地获得利益提供了法律保障;在粮食的其他环节以及进口方面,澳大利亚都有相应的法律保障措施。可以说,澳大利亚粮食安全保障法体系涵盖了粮食生产、贸易、质量检验、营养健康和科学研究等各个方面,其完备的粮食安全保障法体系值得我国借鉴。我国自 1992 年实行社会主义市场经济体制以来,依法管粮逐渐成为我国粮食行业管理的发展趋势。但迄今为止,我国粮食行业的法律法规分散地存在于相关的规范性法律文件之中,并未像澳大利亚那样形成系统的粮食安全法体系。随着社会主义市场经济体制的建立和完善,主要依靠政策管粮的方式逐渐退出历史舞台,依靠法治的方式管粮将成为确保我国粮食安全的有效性措施。

### (二)健全的粮食管理体制

澳大利亚的粮食管理实行政府和社会组织双重管理机制。政府管理实行两级管理,联邦政府负责粮食生产和销售的立法和有关政策的制定,州政府负责各州粮食的生产、储运和销售等具体工作。政府管理体现为对粮食生产扶持和对粮食市场调控,主要通过四种方式进行:一是支持改善农业生产条件,由政府投资进行农田水利设施建设和道路建设,改善粮食的运输和加工条件,保护土壤等农业生产环境,从而降低了粮食生产者和经营者的成本支出;二是支持粮食生产的科研工作,组织成立澳大利亚粮食研究与发展研究协会(Grains Research & Development Corporation),并提供资金支持,由其资助粮食研究所等研究单位进行粮食科学研究;三是提供优惠贷款,引导粮食生产者调整种植结构,从单一的粮食生产向多种经营转变,不断提高经济效益,从而有效地避免自然和市场双重风险;四是设立粮食发展基金,为粮食生产、流通、加工、储藏和贸易等各环节提供贷款担保。澳大利亚依法取消农业补贴,实行对粮食生产扶持和对粮食市场调控的措施,为我国健全农业支持保护制度提供了有益启示。

社会组织管理粮食主要是农民合作组织。依据有关法律,澳大利亚农民合作组织构成如图 2 - 1 所示。依据有关章程的规定,谷物委员会不经营农产品,主要负责与政府协商确定国内的小麦、大麦销售政策,向政府推荐小麦局、大麦局的理事会成员,并监督两局的工作,从而为由市场形成粮食价格机制提供了条件,为维护粮食种植者的利益提供了保证。澳大利亚发达的农民合作组织及其运作方式,为我国创新农业生产经营体制,稳步提高农民组织化程度提供了路径借鉴。

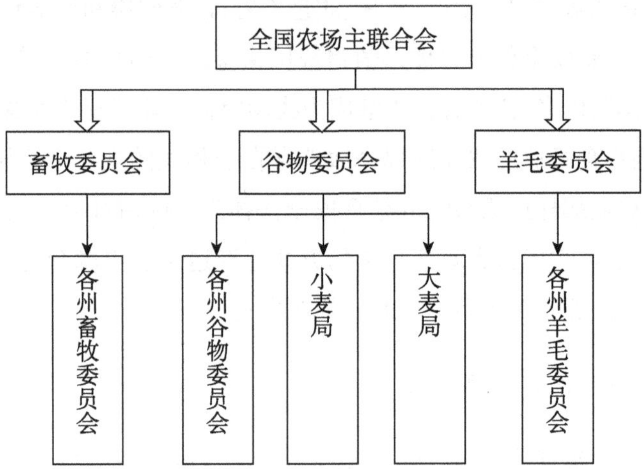


**图 2－1　澳大利亚农民合作组织构成**

（三）成熟的粮食市场机制

澳大利亚是实行市场经济体制的国家,市场在粮食资源配置中起着决定性的作用。以粮食价格为例,澳大利亚的粮食价格完全取决于国际和国内两个市场的供求关系,政府不干预粮食的市场价格。具体的形成路径是:小麦局根据有关资料估计次年国际市场的小麦售价,提前向粮食生产者公布该年收购小麦的价格,如果粮食生产者愿意以该价格出售即可与之签订销售合同。毫无疑问,澳大利亚的这种规定是有市场风险的,因为粮食价格有可能高于预测价格也有可能低于预测价格。为此,澳大利亚小麦销售法中规定了“贮存库返还小麦价格”(Pool Return Wheat),即小麦局分期付售粮款给粮食生产者。如果粮食售价高于预测价格,则由小麦局按实际售价与粮食生产者结算;如果粮食售价低于预测价格,则小麦局需与粮食生产者协商解决。

澳大利亚成熟的粮食市场机制还表现为国内市场和国际市场均是统一开放的。1989 年澳大利亚通过的《小麦销售法》放开了小麦的国内市场,取消了小麦局是国内唯一小麦收购商和批发商的规定,允许小麦生产者在国内市场上直接销售小麦,允许商人直接与小麦生产者签订收购合同,允许粮食加工企业通过市场收购小麦或与粮食生产者签订小麦购销合同。该规定为国内市场的健康发展提供了保证。2008 年该法的修改只是取消了小麦局的出口专营权,国内国际两个市场统一开放的局面并未从改变。澳大利亚国际国内两个市场的统一开放对于粮食生产者而言有着重要影响,如果供求关系趋紧而致使粮价上涨时,粮食生产者就会扩大粮食生产;如果供求关系趋于宽松致使粮价下降时,粮食生产者则会缩小粮食种植面积,扩大畜牧业规模。我国与澳大利亚国情根本不同,澳大利亚人少地多的优势使粮食生产者在粮食销售中获得较高收入成为粮食市场的目标追求,而我国人多地少的矛盾则使保证粮食有效供给和市场价格稳定成为我国宏观调控目标。这是我国在借鉴澳大利亚粮食安全保障法体系时是应该予以注意的。

# 第五章　加拿大粮食法体系的历史演进及其启示*

加拿大国土面积998万平方公里，全国总人口3374万人。加拿大是发达资本主义国家，农业、采矿业和制造业是其经济的主要支柱。虽然现在加拿大农业部门的产值和就业人数所占国民经济比重较小，但其农业发达，是世界农产品生产国和出口国之一。与发达的粮食产业相适应，加拿大构建了完备的粮食安全保障法体系。

## 一、加拿大粮食产业的发展概况

加拿大现有农场面积6758.7万公顷，约占全国陆地总面积的7.4%。其中作物用地3591.2万公顷，占陆地面积的3.9%，其主要粮食作物有小麦、大麦、玉米等。①

### （一）殖民统治时期的粮食产业

在16世纪之前，加拿大地区的居民是以渔猎和采集业为主的印第安人和因纽特人，仅在中部靠南的地区种植少量的玉米、豆类和南瓜等。西方殖民者入侵以后，毛皮业、伐木业和木材业得到发展。在此期间，法国殖民当局曾把封建土地所有制引进该地区，把大片土地分封给官吏、商人和天主教会。1854年，英国殖民者在打败法国殖民者后废除了这项制度。随着经济的发展，对劳动力的需求不断增加，吸引着大量欧洲移民移居加拿大，从而促进了消费品等

---

* 本文原载《世界农业》2013年第10期，发表时篇名为《加拿大粮食法体系及其借鉴》。

① 《世界经济年鉴》(2010/2011)，经济科学出版社2011年版，第199页。

工业部门的建立。“最文明的民族也同最不发达的未开化民族一样,必须先保证自己有食物,然后才能照顾其他事情,财富的增长和文明的进步,通常都与生产食品所需要的劳动和费用的减少成相等的比例。”[①]经济的繁荣和人口的增加,为加拿大粮食产业的发展提供了历史契机。

### (二)自治领建立后的粮食产业

自1867年7月1日成为英国的一个自治领后至第一次世界大战爆发前,加拿大的粮食产业有了较大发展。19世纪70年代,加拿大自治领不断向西部地区开拓,直达太平洋沿岸,形成了由东到西、横贯北美洲的统一的国内市场。与此同时,全国铁路网的建立使整个市场相互之间联系更加紧密。在这期间,欧洲移民大量涌入。据统计,1870年至1899年年均移民5.2万人;1900年至1913年,年均移民增至20万人。[②] 欧洲移民不仅为当地经济发展提供了必要的劳动力,还带来了西欧先进国家的生产技术,同时外国资本也随之流入。为促进中西部草原地区的迅速开发,1872年政府制定了《自治领土地法案》,不久便出现了“小麦繁荣”时期。1881年加拿大全国小麦播种面积94.7万公顷,产量达到88.04万吨,1913年为445.17万吨公顷和610万吨。[③] 自此以后,加拿大由粮食进口国变为出口国。

### (三)两次世界大战期间的粮食产业

“一战”结束后不久,加拿大发生了经济危机。在经过1920年至1924年小麦价格下跌打击后,1925年,加拿大的农业随着小麦价格的回升进入新的繁荣时期。到1929年小麦产量达到1551.2835万吨的高峰,出口达952.5425万吨。[④] 在此期间,农业生产工具也发生了重大变化,马匹、马车和人工收割用的农具被拖拉机、联合收割机和运货卡车所取代。1929年经济危机也给加拿大农业以沉重打击,使其农产品出口额急剧缩减。1932年全国农场的现金收入

---

① 《马克思恩格斯全集》第9卷,人民出版社1961年版,第347页。
② 《世界经济百科全书》,中国大百科全书出版社1987年版,第377页。
③ 《世界经济百科全书》,中国大百科全书出版社1987年版,第377页。
④ 《世界经济百科全书》,中国大百科全书出版社1987年版,第377页。

仅是1928年的39%。到1939年,尽管全国经济有了一定恢复,但国民生产总值还比1929年低8%。[①] “二战”爆发以后,加拿大包括粮食在内的整个农业都获得巨大发展,与1939年相比增加了1.04倍。

### (四)“二战”结束至今的粮食产业

“二战”结束后,移民人口的大量增加、技术的进步、农业机械化的深入发展使加拿大的粮食产业有了较大发展,农场也逐渐分为专业种植农场、专业畜牧场和一部分混合农场。但这一期间的加拿大粮食产业发展并非一帆风顺。在经历“二战”后初期的短暂繁荣之后,20世纪50年代就出现了农产品过剩危机,而60年代后期出现的粮食危机又使加拿大的粮食产业有了较大发展。国际供求的不稳定对加拿大的粮食产业产生了巨大的负面影响。为此,加拿大政府对整个农业进行了干预:资助保险计划,保证农场主在遇到自然灾害时免受损失;提供市场信息;通过对生产者预付定金、资助仓储企业组织销售活动;通过关税贸易政策保护农场主的利益;稳定价格保证农场主收入稳定。政府的有力措施促进了加拿大粮食产业的快速发展。据统计,1980年加拿大全国有农业耕地6820万公顷,占全国土地面积的7.4%,但农业机械化程度和专业化程度的提高使农业就业人口减少到48万人,而谷物总产量却高达5425万吨。[②] 到21世纪初,2007年、2008年和2009年农业部门(含林业、渔业和畜牧业)的产值分别是272.13亿加元、274.1亿加元和249.61亿加元,分别占当年全国GDP的2.2%、2.2%和2.1%。2009年的农业人口(不含林业和渔业)为32万人,仅占全国就业人口的1.9%。而整个种植业在2009年实现现金收入229.71加元,约占农场现金收入的52%。[③]

## 二、加拿大的主要粮食法律规范

随着粮食产业的发展和发达,以及加拿大成为世界主要粮食出口国之一,加拿大构建了适应市场发展需要的粮食安全保障法体系。加拿大的粮食安全

① 《世界经济百科全书》,中国大百科全书出版社1987年版,第377页。
② 《世界经济百科全书》,中国大百科全书出版社1987年版,第378页。
③ 《世界经济年鉴》(2010/2011),经济科学出版社2011年版,第199页。

保障法体系骨干由《谷物法》和《小麦局法》两部法律组成,其他部分还有相关法律法规和政策。

### (一)有关粮食管理机构方面的立法

加拿大粮食管理机构是国家小麦局和产品销售局。依据1935年通过的《小麦局法》,国家小麦局的主要任务是在国内各区域和出口贸易中有秩序地统一组织全国小麦生产、运输和销售。依据1939年《农产品合作销售法案》的规定,小麦、大麦、燕麦以外的粮食及其他农、畜产品的销售由产品销售局负责。1949年,加拿大联邦议会又通过补充法案,规定小麦局同时负责该国西部地区的曼尼托巴省、萨斯喀彻温省、阿尔伯塔省和不列颠哥伦比亚省的皮斯河地区的燕麦、大麦的统一收购和销售。此外,还要根据市场需求规定下年度的播种面积,决定收购数量,执行粮食价格支持政策,发放粮食预付款项,组织粮食运输和出口等工作。按照《小麦局法》的规定,加拿大小麦局对经营小麦实行许可证管理,每年与具备经营资格的粮食生产者签订购销合同,内容主要是送交小麦、大麦等粮食的具体时间和数量,违反合同的粮食生产者将被按每吨价格的6%~15%处以罚款。

### (二)有关粮食购销买卖方面的立法

加拿大购销买卖方面的立法主要是《小麦局法》。1935年,加拿大就在该法中规定,凡是在联邦政府确定范围内的商品粮,全部由小麦局统一购销;除非小麦局授权,其他任何单位和个人都无权私自买卖。农场主并非随意决定交售粮食数量,该数量必须控制在小麦局分配的交售限额内。小麦局确定该交售限额的办法是:在每个生产年度开始后,根据各粮食生产者的申请和对市场需求的预测,由小麦局确定各省的粮食种植面积,统一分配粮食交售限额。小麦局规定付款方式共分三个阶段:在收粮时按预估收购价的75%向粮食生产者支付;在粮食年度中调整应付款项并支付中期货款;在粮食年度末根据实际销售数量和价格支付最终货款。对于统一收购的粮食,国家法律规定小麦局销售粮食需依法进行。依据《小麦局法》的规定,小麦局应以合理价格销售统一收购的粮食,一般应先卖给私营粮商,再由其在国内外市场销售;在特殊条件下,小麦局可以直接把粮食销售给外国政府或它们的代理机构。至于小麦局统一购销之外的粮食,则由加拿大各省、区成立的专门机构自主管理。

(三)有关粮食价格调整方面的立法

加拿大的粮食购销价格主要由市场形成,按照市场经济规律运作。自20世纪30年代以来,加拿大就制定了粮食保证价格的法律法令。该“保证价格”类似于我国现在的“粮食最低收购价”,即粮食生产者将粮食交售给小麦局以后,保证能够得到的最低价格。依据有关法律的规定,该最低价格需提前公布、当年有效,时间一般在每年3月1日前,由联邦政府公布下一个粮食生产年度小麦、大麦、燕麦的保证价格。为减轻因粮食“保证价格”较低而造成粮食生产者收益不稳,1975年,加拿大出台了《农业稳定法》和《西部谷物稳定法》,决定实行粮食稳定价格制度,并在此基础上专门建立谷物补偿基金。

由于小麦是加拿大主要粮食出口品种,加拿大为此还在1972年颁布了稳定小麦价格的专门法令。依据该法令,自1973年起最高等级的小麦国内销售价格为每蒲式耳3.25加元,并保持长期稳定不变;国外销售价格每蒲式耳超过3.25加元时,政府以财政补贴形式把超过的价款付给小麦局,补贴最高限额为5加元。该法令还对国内面粉商进行了限制,规定面粉商向小麦局购买小麦时,如果出口价格低于每蒲式耳3.25加元,应按3.25加元向小麦局付款;如果该出口价格超过3.25加元,面粉商应按出口价格付款给小麦局,最高不超过为5.75加元;超过5.75加元部分由联邦政府以财政补助形式付款给小麦局。

(四)有关粮食质量及其他方面的立法

加拿大特别重视对粮食质量的管理,早在1912年就制定了《谷物收购和品质检验法》。1971年4月,在1930年《谷物法》基础上修改的新《谷物法》生效,设立了负责粮食质量的机构全国谷物委员会,它隶属于联邦政府的农业部。依据《谷物法》的规定,谷物委员会的主要任务是代表联邦政府对谷物实施管理和控制,对粮食从种子到收购、储存、销售和出口等各环节的进行质量管理,管理谷物的等级、品质和计量;制定有关各种谷物的质量标准;审查和签发谷仓的营业执照,检查鉴定储仓设施;处理纠纷和进行裁决等。依据该法的规定,谷物委员会设有执行委员、委员、助理委员、商品交易监督员和经济专员，其各职能机构均有具体而明确的规定。

为提高国内农业的竞争能力和获利能力，改善食品安全和环境保护，自2003年起加拿大实行新的农业政策，主要内容包括：当农场生产毛利跌幅小于30%时，政府提供收入援助，而跌幅超过30%时，则提供灾难援助；向年均销售额超过10000加元的生产者提供培训、咨询、营销信息、网络链接等经营服务。[①] 为推进粮食产业发展，加拿大还在1945年出台了《农场改良贷款法》，规定给农产提供贷款的具体政策和措施。

## 三、加拿大粮食安全保障法体系的构建启示

在借鉴加拿大粮食安全保障法体系时，必须充分考虑我国尚处于社会主义初级阶段的基本国情。

### （一）依法规范粮食产业秩序

加拿大粮食产业的外向型色彩非常浓厚，国际市场变化对加拿大粮食产业的影响非常大。与我国重视粮食产业的方式不同的是，加拿大主要通过法律来保证粮食产业的发展和稳定，如专门制定有《谷物法》《小麦法》《农业稳定法》《农场信贷法》等，将每年投入的资金以法令形式固定下来，从而稳定地保证农民的正常收入，促进粮食产业稳定发展。而我国目前主要依靠粮食政策来保证粮食产业的发展，我国粮食产量实现的多年连丰与连续出台的“中央一号文件”就充分说明这一点。“中国社会主义农业的改革和发展，从长远的观点看，要有两个飞跃。第一个飞跃，是废除人民公社，实行家庭联产承包为主的责任制。这是一个很大的前进，要长期坚持不变。第二个飞跃，是适应科学种田和生产社会化的需要，发展适度规模经营，发展集体经济。这是又一个很大的前进，当然这是很长的过程。”[②]由于“全球粮食产业链供应链不确定风险增加，我

① 《粮食大辞典》，中国物资出版社2009年版，第234页。

② 《邓小平文选》第3卷，人民出版社1993年版，第355页。

国粮食供求紧平衡的格局长期不会改变”,[①]尽管粮食政策正在有效地发挥着作用,但“国际竞争越来越体现为制度、规则、法律之争”[②]、社会主义市场经济内在要求等诸多因素决定了粮食政策将最终让位于粮食立法,国家必须通过法律来规范粮食产业秩序。

(二)科学定位粮食安全保障法体系

加拿大构建粮食安全保障法体系旨在提高粮食生产者的竞争能力,确保其获取最大利润,人均耕地远高于我国的国情决定了粮食安全在其体系中并不占据主要地位。以粮食储备为例,加拿大粮食储运体系分为农场、初级谷物转运站和终点谷物转运站,因粮食供应远高于国内需求,国家至今都没有专门储备粮食,甚至政府也不对粮食储备者进行必要的补贴。而我国人均耕地的特别突出矛盾成为我国构建严格储备粮食储备体系的最重要原因。“粮食储备是保障国家粮食安全的重要物质基础,要以服务宏观调控、调节稳定市场、应对突发事件和提升国家安全能力为目标,科学确定粮食储备功能和规模,改革完善粮食储备管理体制,健全粮食储备运行机制,强化内控管理和外部监督,加快构建更高层次、更高质量、更有效率、更可持续的粮食安全保障体系。”[③]因此,要构建我国的粮食安全保障法体系,必须科学定位粮食安全保障法体系,按照国家粮食安全新战略要求,明确我国粮食安全保障法体系的保障目标是辖区内居民口粮的基本安全,还是满足辖区内居民美好生活的需要,如果二者兼而有之又如何衔接与处理。

(三)逐步建立粮食安全保障法体系

综观加拿大的粮食安全保障法体系,都是在粮食产业发展到一定阶段之后始有立法需求,而经济社会的发展又推动着不断修改既有粮食安全保障法体

① 中共中央党史和文献研究院编:《习近平关于国家粮食安全论述摘编》,中央文献出版社 2023 年版,第 16 页。

② 习近平:《坚持走中国特色社会主义法治道路　更好推进中国特色社会主义法治体系建设》,载《求是》2022 年第 4 期。

③ 《习近平主持召开中央全面深化改革委员会第八次会议强调　因势利导统筹谋划精准施策推动改革更好服务经济社会发展大局》,载《人民日报》2019 年 5 月 30 日,第 1 版。

系。以小麦局的垄断权为例，由于加拿大小麦局在与美国竞争中落败，大大影响了加拿大粮食在全球市场的竞争力，促使保守党政府于2012年8月提出改革小麦局法案，以逐步使其实现公司化。我国粮食安全保障法体系至今尚未形成，专门规范粮食产业的有《中央储备粮管理条例》和《粮食流通管理条例》及各地出台的相关实施办法。作为粮食安全保障法体系的骨干《粮食安全保障法》将来出台以后，理应遵循规范粮食产业秩序、确保国家粮食安全、保护种粮农民利益、促进社会稳定的基本要求，逐步实现中央粮食立法与地方粮食立法的有机统一，逐步实现农业立法与粮食立法的有机统一，逐步实现粮食生产、粮食流通和粮食储备等各环节立法的有机统一。

### （四）完善农民专业合作组织

加拿大小麦局实质上是国内粮食生产者的专业合作组织，对外它代表本国粮食生产者与众多的贸易主体进行谈判，为粮食生产者在国际国内市场获取最大利益，而粮食生产者只需专心于粮食生产即可获得较好效益。这样的组织形式对于以家庭联产承包责任制为粮食主要生产方式的当代中国无疑具有重要意义。“一个规范高效的农民专业合作组织，可以有效地克服单家独户家庭经营的局限性，把家庭经营的优势与合作经营的规模优势有效地结合起来，对于提高农业竞争力，减少市场风险，稳定和增加农民收入，保证农产品质量水平起到了极其重要的作用，能够有效地改善农民的经济和社会地位。”①2013年“中央一号文件”提出要“大力支持发展多种形式的新型农民合作组织”，加拿大小麦局的组织形式为我们完善农民专业合作组织提供了有益启示。

① 严可仕：《借鉴加拿大小麦局经验　完善福建省农民专业合作组织》，载江西省农学会编：《现代农业与科技创新》，江西科学技术出版社2008年版，第187－188页。

# 第三编

# 粮食安全入律主题研究

正在起草的《粮食安全保障法》是一部应对粮食安全风险的法律，其立法定位是口粮绝对安全，谷物基本自给。① 该法要解决的核心问题是粮源汇集与粮源分配问题，即如何通过提高粮食综合生产能力和利用国际市场两种途径来获得粮源，而获得的粮源如何进行公平合理分配。其中，粮源汇集问题是该法解决的首要问题。鉴于中国拥有14亿人口的客观现实，我国粮食安全的立足点只能是依靠提高国内粮食综合生产能力来实现，《粮食安全保障法》要为提高粮食综合生产能力提供充分的法律依据。那么，粮食综合生产能力提高的关键在于粮食主产区生产能力的提高。因此，《粮食安全保障法》的核心问题在某种意义上就演绎为粮食主产区利益补偿机制如何入律的问题。

笔者主张在习近平新时代中国特色社会主义思想指导下，以粮食主产区利益补偿机制作为《粮食安全保障法》主题，通过立法确认实现市场主导粮食价格形成机制、全方位补贴粮食主产区和增强粮食产业核心竞争力等法治理念的转换，把粮食产销利益补偿机制贯穿粮食生产、粮食储备、粮食流通、粮食应急管控、粮食产业发展等多个环节，构建中国特色粮食安全保障制度体系。

---

① 《〈粮食安全保障法〉起草领导小组召开第一次会议》，载《中国粮食经济》2018年第12期。

# 第一章 《粮食安全保障法》应秉持的基本原则*

2019年3月,习近平总书记在参加河南省代表团审议时指出:粮食主产区"要扛稳粮食安全这个重任"。① 2020年2月,习近平总书记对全国春季农业生产工作作出重要指示,要求粮食主产区和非主产区共同维护国家粮食安全责任:"要加大粮食生产政策支持力度,保障种粮基本收益,保持粮食播种面积和产量稳定,主产区要努力发挥优势,产销平衡区和主销区要保持应有的自给率,共同承担起维护国家粮食安全的责任。"②笔者认为,习近平总书记的指示精神明确了粮食主产区要发挥粮食安全保障主力军作用,明确了《粮食安全保障法》应确立的基本原则和粮食安全能力保障制度。

## 一、粮食安全战略规划原则

党的十八届三中全会通过的《中共中央关于全面深化改革若干重大问题的决定》提出:"坚持正确处理改革发展稳定关系,胆子要大、步子要稳,加强顶层设计和摸着石头过河相结合,整体推进和重点突破相促进,提高改革决策科学性,广泛凝聚共识,形成改革合力。"③我们在制定《粮食安全保障法》过程中,首先考虑的问题就是国家粮食安全新战略如何在该法中体现,它与该法的立法

---

* 本文原为国家社科基金项目"粮食主产区利益补偿机制的法治化型构研究"有关内容。

① 《习近平李克强王沪宁韩正分别参加全国人大会议一些代表团审议》,载《人民日报》2019年3月9日,第1版。

② 《习近平对全国春季农业生产工作作出重要指示强调 把农业基础打得更牢 把"三农"领域短板补得更实 为打赢疫情防控阻击战 实现全年经济社会发展目标任务提供有力支撑》,载《人民日报》2020年2月26日,第1版。

③ 中共中央文献研究室编:《十八大以来重要文献选编》(上),中央文献出版社2014年版,第514页。

宗旨是何种关系，在粮食安全各环节立法中又如何体现，粮食主产区的“立足”地位以及非粮食主产区的主体责任又如何体现。

（一）正确理解国家粮食新战略的科学内涵

粮食安全新战略的全部内容为“以我为主、立足国内、确保产能、适度进口、科技支撑”，①它是以习近平同志为核心的新一届中央政治局根据国内外形势提出来的，具有深刻的科学内涵。

具体来说，我们可以对该内涵作如下理解：第一，“以我为主”是该战略的前提。新中国成立以来，我国传承根据地时期形成的自力更生优良传统，粮食自给率一直保持在95%以上，始终牢牢掌握粮食问题的主动权。进入新时代以后，我国的耕地、水资源等自然条件发生了较大变化，但“中国人的饭碗任何时候都要牢牢端在自己手上”②的初心不能变，否则中国独立自主的基础将会失去。第二，“立足国内”是该战略的基础。国际上“谁来养活中国”③的质疑声长期不绝于耳，但70年的基本经验是中国人依靠自己养活自己，这是我们屹立世界的基础。“立足国内”的基础是针对粮食生产、粮食储备、粮食流通、粮食产业等全产业链而言的，并非仅在其中某一环节而言。第三，“确保产能”是重点。与拥有14亿人口相对应的是，我国的粮食消费无论数量还是质量都是毋庸置疑的庞大刚性需求，因此任何时候都不能放松和忽视国内粮食生产，确保“谷物基本自己、口粮绝对安全”是确保产能的目标。第四，“适度进口”是手段。在正常情况下，通过合理利用国际市场，既可以满足国内居民对粮食品种多样化的需求，又可以节约国内资源和降低资本，也是加强国际合作和交流、密切相互之间关系、共建人类命运共同体的重要途径。第五，“科技支撑”是该战

① 中共中央、国务院《关于全面深化农村改革加快推进农业现代化的若干意见》（2014年1月2日），载中共中央文献研究室编：《十八大以来重要文献选编》（上），中央文献出版社2014年版，第703页。

② 《中央农村工作会议在北京举行》，载《光明日报》2013年12月25日，第1版。

③ 长期关注中国长期粮食前景问题的美国世界观察研究所所长莱斯特·R.布朗从1994年起先后发表了《谁能供得起中国所需要的粮食》《谁来养活中国》《中国的繁荣正在消耗全球食物供给》等系列著述，对中国未来的粮食供求关系作了非常悲观的预测。他认为，2030年中国人口将达到16亿，粮食将出现2.16亿吨到3.78亿吨的缺口，世界上没有谁能提供如此多的粮食养活中国，中国未来将因出现严重的粮食紧缺而成为世界的一大危机。由此，在世界范围内引发了“中国粮食威胁论”的风波。

略实现的关键。改革开放以前,我们坚持“以粮为纲”,几乎把所有的耕地都用来种植粮食,也没有很好解决广大民众的温饱问题,其经验和教训值得深刻总结。党的十一届三中全会以来,先是通过家庭联产承包责任制的实施调动了农民的种粮积极性,在科学技术没有明显提高的情况下解决了广大民众的温饱问题。进入21世纪以后,在坚持家庭联产承包责任制不变的前提下,面对耕地不断减少的情况,通过科学技术的广泛应用实现了粮食多年丰收。这就启示我们,粮食安全的根本出路在于科技进步与创新。总体来看,国家粮食安全新战略各有侧重、互为补充,构成一个内涵丰富的完整体系。

### (二)《粮食安全保障法》是粮食安全新战略的法律化

中国最基本国情是有14亿人口,粮食安全新战略“确保谷物基本自给、口粮绝对安全”的目标体现在《粮食安全保障法》中就是要保障口粮安全。为此,正在起草中的《粮食安全保障法》要应对两个层面的风险:一方面是国家战略安全风险,另一方面是普通民众的“一日三餐”风险。因此,它既是国家安全法体系的组成部分,又是最基本的民生保障法;既保障国家战略安全,又保障居民口粮安全。鉴于风险有一般风险和特殊风险(应急)两种情况,在制度设计时,粮食综合生产能力保障、粮食储备能力保障和粮食流通能力保障应对的是一般风险;粮食应急管控能力保障应对的是特殊风险。这是在“靠天吃饭”局面尚未根本改变条件下保障粮食安全的制度设计,但考虑到“人民对美好生活的向往”,要实现天下苍生衣食无忧的宏愿,“粮食产业高质量发展保障”章的设计就成为应有内容。无论是过去、现在还是将来,“粮食安全监管能力保障”的制度设计都是必不可少的。至于粮食质量管理,笔者认为实行质量全链条管理,即把质量问题分解到粮食安全每个环节,不再专章设置。(详细思路参见图附录三-1)

### (三)《粮食安全保障法》要体现粮食安全战略的动态性

从历史上看,国家粮食安全战略具有动态变化的特点,它随着粮食安全形势的变化需要及时作出相应调整。具体来说,所涉及的因素主要有:(1)自然因素方面。主要包括粮食供给的人口数量、现有耕地数量和质量、粮食的复种指数等。(2)社会因素方面。主要是农业科技进步贡献率的高低、种粮的比较效益、种粮农民积极性是否具有可持续性、粮食流通和储备体制是否适应社会发展需要。(3)政府方面。执政者是否有“好了伤疤忘了疼”①的怠政思想，粮食安全保障意识是否强烈。(4)国际因素。主要是国际范围内各种政治势力的博弈状态如何、全球粮食供给状况如何、多年贫困缺粮国家和地区的粮食状况如何。这些因素调整变化的合力结果就是国家粮食安全战略的变化状态。针对粮食安全战略动态性的特点，鉴于要为国家粮食安全保障工作提供法律依据，笔者认为在《粮食安全保障法》中既要体现粮食安全战略的动态性，又要把国家粮食新战略所包含的具体要求体现在制度设计中，实现粮食安全战略与具体粮食法律制度的良性互动。按照前述思路，笔者建议确立制定粮食安全战略原则，具体表述是“国家制定并不断完善粮食安全战略，全面评估国际、国内粮食市场形势，明确粮食安全战略的中长期目标、粮食安全政策、工作任务和措施”。(所涉基本原则结构图参见图附录三－2)

## 二、多方协同获得粮源原则

从历史上来看，解决粮源问题的积极手段无非有四条：第一，靠掠夺别国或地区；第二，靠其他国家施舍；第三，靠买卖或者国际贸易；第四，靠自己生产。而消极手段仅有节约这一路径。对于拥有 14 亿人口的中国来讲，不仅中国传统文化不允许当代执政者依靠掠夺别国和地区或者依靠其他国家施舍获得粮源，而且客观上没有任何一个国家和地区可以满足 14 亿人口的粮食消费需求。因此，《粮食安全保障法》关于粮源获得方式规定只有三种方式选择：粮食生产、国际合作(买卖或者国际贸易)和粮食节约。粮食生产不仅需要粮食主产区发挥主力军作用，而且非粮食主产区也不能抛弃生产责任。正所谓“一个好汉三个帮。”中央决策层强调粮食主产区要发挥粮食安全保障主力军作用，并非默认非粮食主产区可以作为粮食安全保障的旁观者。相反，习近平总书记还特别指出粮食销区应落实其负有的生产责任：“任何省区市，无论耕地多少，都

① 习近平：《在中央农村工作会议上的讲话》(2013 年 12 月 23 日)，载中共中央文献研究室编：《十八大以来重要文献选编》(上)，中央文献出版社 2014 年版，第 659 页。

要承担粮食生产责任。如果一个地方真把粮食生产搞没了，就是抛弃了责任。有关部门要拿出点硬约束，让地方特别是粮食主销区切实落实责任。”[①]这点在粮食市场化改革之初就已明确：“粮食主产区要稳定并逐步增加粮食生产，保障国家粮食安全；主销区要保证粮食播种面积，保证必要的粮食自给率；产销平衡地区要继续稳定粮食产需平衡的局面。”[②]近年来，随着粮食安全保障风险加大，粮食安全保障法制建设已经从经济管理角度转向应对国家粮食安全风险，亟须多方在生产、储备、流通等多个环节协同获得粮源。

### 三、大力倡导粮食节约原则

节约粮食是获得粮源的消极方式，但却是较为有效的立即获得粮源的方式。比如，战争时期遭到围困以后，在“外无救兵、内无粮草”情况下，只有依靠节约才有可能赢得最长时限的坚守，从而实现转机。新中国统购统销政策的实质也是在粮食产能固定的情况下，通过特殊的节约方式使共和国度过了那段艰难的岁月。古语“今日省把米，明日省滴油，来年买条大黄牛”“省吃餐餐有，省穿日日新”正是这种方式的写照。因此，在粮食生产到收货、运输、加工、消费等环节重视节约粮食的法制建设，其重要性不亚于粮食生产环节。

粮食从生产出来到摆上餐桌的损失浪费曾经一度惊人。据时任国家粮食局局长任正晓同志在 2013 年介绍，我国农户存粮由于储存设施简陋，极易遭受虫、鼠、霉的侵害，每年因此造成粮食损失 400 亿斤；粮食物流方式大多采用包粮运输，全国粮食企业有近 1800 亿斤的仓容属于储粮条件差、损失大的危仓老库，粮食损耗超 150 亿斤；人们在粮食消费上过分求精、求白，致使人体所需的大量营养成分在粮食加工中被损耗的粮食约在 130 亿斤以上。他据此测算出，我国粮食产后储藏、运输、加工等环节损耗粮食就高达 700 亿斤以上。[③] 在粮食生产环节，主要存在的问题是由于种子技术等因素影响致使用种量过大。

---

① 习近平：《在中央农村工作会议上的讲话》（2013 年 12 月 23 日），载中共中央文献研究室编：《十八大以来重要文献选编》（上），中央文献出版社 2014 年版，第 666 页。

② 《国务院关于进一步深化粮食流通体制改革的意见》（国发〔2004〕17 号）。

③ 《必须正视的“粮蚀”危机——国家粮食局局长任正晓谈粮食浪费问题》，载《光明日报》2013 年 2 月 18 日，第 2 版。

2013 年,习近平总书记在中央工作会议上曾经用鲜明的数字指出要刹住浪费粮食的不良风气:“我国在粮食生产、流通、加工、消费环节存在大量浪费现象,餐桌上的浪费尤为惊人。这与社会上存在的讲面子、讲排场的陋习有关。有人作过调查估算,我国每年在餐桌上浪费的食物高达二千亿元,相当于二亿多人一年的口粮。前些天,媒体报道,一所大学食堂的垃圾桶里经常有白花花的馒头和米饭,清洁工看着心痛,捡起来再吃。这方面例子不在少数,一些大学食堂成了浪费食物的‘天堂’,触目惊心!即使生活一天天好了,也没有任何权利浪费!浪费粮食的不良风气必须坚决刹住!”①尽管我国《宪法》第 14 条第 2 款规定:“国家厉行节约,反对浪费。”但遗憾的是,除党规党纪作出相关硬性规定②外,中央和地方有关这一规定的具体法律法规均依旧明显不足,多以倡导性立法形式出现,而缺乏惩罚浪费粮食的具体条款。比如,《小学生日常行为规范》第 8 条、《中学生日常行为规范》第 22 条、《监狱服刑人员行为规范》第 11 条等部门规章均要求调整对象“爱惜粮食”;《中国人民解放军内务条令》第 255 条要求“部(分)队首长必须重视……节约粮食、燃料和用水”。即使处于法律层面的《农业法》,也仅在第 36 条规定“国家提倡珍惜和节约粮食,并采取措施改善人民的食物营养结构”。

节约粮食是中华民族在数千年的历史长河中形成的优良传统,已经成为中华民族勤劳节约文化的道德底线。节约粮食就是尊重劳动,浪费粮食就是对劳动的最大不尊重。从粮食生产角度来说,我们节约粮食或者减少粮食浪费,实际就等于粮食的增产,有利于守住 18 亿亩耕地红线。习近平总书记指出:“要运用法治手段解决道德领域突出问题。法律是底线的道德,也是道德的保障。要加强相关立法工作,明确对失德行为的惩戒措施。”③把节约粮食作为《粮食安全保障法》的基本原则,既有利于对中华民族优良传统的维护和传承,又有利于为减轻粮食主产区调出粮食压力营造良好的社会氛围。

---

① 习近平:《在中央农村工作会议上的讲话》(2013 年 12 月 23 日),载中共中央文献研究室编:《十八大以来重要文献选编》(上),中央文献出版社 2014 年版,第 667 – 668 页。

② 如《党政机关厉行节约反对浪费条例》(2013)、《关于厉行节约反对食品浪费的意见》(2014)等。

③ 《习近平在中共中央政治局第三十七次集体学习时强调 坚持依法治国和以德治国相结合 推进国家治理体系和治理能力现代化》,载《光明日报》2016 年 12 月 11 日,第 1 版。

## 四、主动开展国际合作原则

在浙江工作时期，习近平同志就指出："大力实施'走出去'战略，不断提高外向型农业的发展水平，在参与国际国内分工中进一步做大做强特色优势产业。"①当选为总书记以后，习近平同志就提出抓好两个市场、两种资源，积极开展国际范围内粮食安全合作："要推动建设国际经济金融领域、新兴领域、周边区域合作等方面的新机制新规则，推动建设和完善区域合作机制，加强周边区域合作，加强国际社会应对资源能源安全、粮食安全、网络信息安全、应对气候变化、打击恐怖主义、防范重大传染性疾病等全球性挑战的能力。"②在我国粮食安全新战略中，"适度进口"已经成为继加强国内粮食生产能力建设获得粮源方式之后的重要方式。它一方面彰显的是中国作为负责任大国的历史担当，在"一带一路"机制下共建人类命运共同体；另一方面还要明确开展粮食安全领域的国际合作：既要明确国际合作所面临的风险和挑战，又要明确开展国际合作并非可以放松国内粮食生产。

### （一）正确认识农业"走出去"与法律保障要跟上之间的关系

粮食安全是世界和平与发展的重要保障，关系人类永续发展和前途命运。粮食安全国际合作旨在让更多人远离饥饿威胁，让更多国家与地区提高可持续农业生产能力，实现共同富裕。据《人民日报》（海外版）消息，中国国家国际发展合作署日前公布的数据显示，去年以来，中国连续向亚非拉30余国提供紧急粮食援助，惠及上千万受灾民众。在双边层面，中方通过派出专家建设示范农场、推广作物良种、提供技术支持、实施农业主题研修培训班等方式，推广粮食生产等技术和经验，帮助各国提升农业生产能力和粮食安全水平。在多边层面，中方同世界粮食计划署合作，在30多个发展中国家实施粮食援助项目，有效缓解当地粮食和营养短缺。中国已成为联合国粮农组织南南合作框架下，资金援助最多、派出专

---

① 《习近平2003年1月13日在浙江省农村工作会议上的讲话》，载习近平：《干在实处　走在前列——推进浙江新发展的思考与实践》，中共中央党校出版社2006年版，第182页。

② 《习近平在中共中央政治局第二十七次集体学习时强调　推动全球治理体制更加公正更加合理为我国发展和世界和平创造有利条件》，载《光明日报》2015年10月14日，第1版。

家最多、开展项目最多的发展中国家,得到受援国人民和国际社会广泛赞誉。①

然而,“国际竞争越来越体现为制度、规则、法律之争”②同样体现在粮食安全国际合作领域,需要法律护航“走出去”的农业。一方面,要对标普遍接受的国际标准。在粮食安全国际合作领域,不仅要遵守国际通行规则,还要遵守所在国家的法律法规。中国需要引导“走出去”农业的组织或者公民个人在经营管理等过程中严格遵守相关法律法规和市场秩序,倡导和推动在社区发展、属地化经营、环境保护、节能减排和公益服务等方面积极履行社会责任。另一方面,要推动规则标准的对接。中国与粮食安全国际合作方政府需要加强规则标准对接与互认,促进装备、技术、标准、服务等领域的基础设施及其规则标准互联互通,需要共同推进交通基础设施标准对接、交通行业技术与管理人员职业资格互认。因此,为构建科学合理、安全高效的粮食供给保障体系,通过国内外的协同努力,提升粮食供给能力和质量安全,共同应对全球粮食安全挑战,在《粮食安全保障法》中必须增加有关鼓励开展粮食安全国际合作,支持国际贸易在粮食安全中发挥作用。

### (二)正确认识由保障国内市场立法转变为保障统筹国际国内两个市场立法

从国外进口粮食是获得粮源的另一种重要方式。经过近70年的发展,国家通过调整粮食政策与法律,使我国粮食产量和人均粮食产量实现了双提升:2018年粮食产量达到6578.922亿公斤,比1949年的1131.84亿公斤增长了4.8倍;人均粮食产量达到471.5公斤,比1949年的208.9公斤增长1.25倍。但按照海关公开的数据,2018年我国进口的谷物及谷物粉达到了2046.9万吨,进口的大豆达到了8803.1万吨,合计进口的粮食总量达到了1.085亿吨,继续为全球最大的粮食进口国。③ 粮食产量和粮食进口总量合计为7663.922

① 《维护全球粮食安全呼唤全球合作》,载《人民日报(海外版)》2024年8月8日,第7版。

② 习近平:《坚持走中国特色社会主义法治道路 更好推进中国特色社会主义法治体系建设》,载《求是》2022年第4期。

③ 《继续全球第一!2018年中国粮食产量6.58亿吨,粮食进口1.085亿吨》,载搜狐网,https://www.sohu.com/a/290117217_100110525。

亿公斤，而2018年我国常住人口为13.9538亿人，人均消费粮食为549公斤，人均每年需要进口粮食78公斤。

上述数据表明，我国不仅是产粮大国，而且是粮食进口大国。“据测算，通过国际贸易和合作，我们利用了国际上相当于七亿亩播种面积的土地生产粮食和大豆、棉花、糖料等农作物。”①“善于用好两个市场、两种资源，适当增加进口和加快农业走出去步伐，把握好进口规模和节奏。”②为此，我们在粮食安全保障立法时必须回应粮食依靠国内生产基本自给转变为以国内生产为主、同时从国外适度进口的客观现实，既要保障国内粮食需要，又要保证国际市场粮价稳定，为善于用好两个市场、两种资源提供法治保障。

### （三）正确认识进口粮源与国内粮食生产之间的关系

在把适度进口粮食纳入国家粮食安全新战略以后，21世纪初期社会上那种“认为全世界的粮食供应是非常充沛的，我国买粮食只需出口创汇的1%都不到。保护粮食市场倒是我们应该重视的”观点再次引起人们关注。当时这种观点还试图解释打消国家粮食市场对中国禁运的顾虑，认为按照WTO规定不许可用贸易做政治斗争的工具，这种情况一般不会发生，除非有联合国决议，并以伊拉克进攻科威特遭联合国禁运但粮食不再禁运之列的史实加以佐证，提出“粮食只要出高价，总归买得到”③。

其实，稍有历史知识和社会阅历的人都不难明白，当粮食危机真正来临时，有钱也买不到粮食。民间流传的类似“一袋红薯干换一袋黄金的故事”④，以及

① 习近平：《在中央农村工作会议上的讲话》（2013年12月23日），载中共中央文献研究室编：《十八大以来重要文献选编》（上），中央文献出版社2014年版，第666页。

② 《中央农村工作会议在北京举行》，载《光明日报》2013年12月25日，第1版。

③ 茅于轼：《再论我国粮食安全问题》，载《上海财经大学学报》2004年第4期。

④ “一袋红薯干换一袋黄金的故事”：在兵荒马乱的年代，人们都在逃难。有钱的人，就带了金银细软出逃；没钱的穷人，有什么就背上什么出逃。逃难路上，十室九空，饿殍满地，哀鸿遍野，千里无人烟。一个富人与一个穷人相遇了。又累又饿的富人很长时间没吃饭了，万般无奈之下，只好用一块金子换了穷人的一块红薯干。后来富人说，我用一袋金子换你一袋红薯干吧！穷人觉得很合算，就答应了。这时，有人劝穷人留下一些红薯干自己吃。穷人不听，把一袋红薯干都换成了金子。然后，分别赶路。过了几天，穷人没得可吃了，金子也换不来食物。又过了几天，穷人活活饿死了。这个故事告诉人们，在生命面临“饥饿”与生死存亡的紧要关头，“红薯干”远比“黄金”更有价值和意义！在极端困难的情况下，粮食比黄金还要珍贵。

中国古代管仲发动的“服绨降鲁梁”“买鹿制楚”“买狐皮降代”[1]等粮食战争史实都说明了这个道理。近年来,国际上发生的事实再次印证了“有钱还怕买不到东西,资本家会放着生意不做”只是和平年代的思维,在非常事件发生以后,血淋淋的现实马上会击碎“一手交钱一手交货”的美梦。

国家重视国际粮食市场,并且国际粮食市场也为缓解我国粮食供应的结构性短缺起到了较大作用,但必须明确的是,国内粮食生产才是我国粮食安全的立足点。在平常时期,国家通过农业项目来推动在俄罗斯、南美、非洲等海外建立粮食生产基地,可以对我国粮食供给起到补充作用,但新冠肺炎疫情危机中“口罩荒”启示我们,关键时刻这些粮食根本没有运回国内的可能。对此,习近平总书记早就指出:“有一点必须讲清楚,我们说适当扩大国内紧缺农产品进口和加快农业走出去步伐,绝不意味着立足国内基本解决吃饭问题的大政方针有任何改变,决不能将此误读为可以放松国内粮食生产,那就会误大局、误大事。”[2]

### 五、央地分级分工合作原则

在粮食安全保障领域,我国实行国家宏观调控下粮食安全省长责任制,不仅考核粮食主产区省级人民政府,而且对非主产区省级人民也进行考核,中央各职能部门以及各级人民政府实行的分级分工负责制。

#### (一)粮食安全省长责任制是重要工作抓手

自粮食安全省长责任制实行考核以来,深化了地方政府对落实粮食安全省长责任制的理解和认识,明晰了落实的任务要求,发现和解决了问题短板,各地重农抓粮的积极性更高、针对性更强、措施更实、效果也更好,考核“指挥棒”的作用得到有效发挥,比较好地推动形成了中央和地方共同负责粮食安全保障的工作格局。但在实际工作中,一些地方还存在脱离实际、精准度不高、重点不突

---

① “服绨降鲁梁”“买鹿制楚”“买狐皮降代”,参见(春秋)管仲:《管子·轻重戊》,北方文艺出版社2016年版,第470、472、73-474页。

② 习近平:《在中央农村工作会议上的讲话》(2013年12月23日),载中共中央文献研究室编:《十八大以来重要文献选编》(上),中央文献出版社2014年版,第667页。

出等问题，影响了主体责任落实的质量和效果。为此，国家采取了下列措施以更好压实地方政府主体责任：(1)按照党中央、国务院关于保障粮食安全的决策部署，围绕国家考核工作组各成员单位确定的落实粮食安全省长责任制年度重点任务，敦促指导各省级人民政府结合本地省情、粮情，科学制定年度落实方案；国家层面加强对年度重点任务的考核，促进重点工作落地见效，保障国家粮食安全。(2)加强考核情况督导调度，指导各省不断改进对市县政府落实粮食安全责任的考核工作，增强考核的针对性和实效性，防止走过场、流于形式，更好地推动地方政府因地制宜、创造性地落实粮食安全省长责任制。

与此同时，国家还加强了考核结果应用，充分发挥考核工作的“指挥棒”作用。近年来，国家考核工作组相关成员单位注重考核结果应用，比如财政、粮食等部门在对地方安排“优质粮食工程”等粮油产业发展资金时，对粮食安全省长责任制考核中相关工作比较到位的省份予以优先考虑；一些成员单位在制定本部门涉粮激励政策时，也充分考虑考核结果，取得了很好效果。因此，不断强化考核结果应用，放大考核效应，对成绩突出的省份进行褒奖和鼓励，对落实差的省份通报和约谈，鲜明树立重实干重实绩的导向，对落实粮食安全省长责任制、保障国家粮食安全意义的确重大。

在考核实践中，由于粮食安全省长责任制考核工作政策性强，必须紧扣党中央、国务院关于保障粮食安全的决策部署，适时调整优化考核内容，确保考核工作始终沿着正确方向深入推进、取得实效。近年来，国家深入推进农业供给侧结构性改革，不断调整优化种植结构，推动粮食生产由增产导向转向提质导向。在此背景下，考核重点也相应作出调整：一方面，结合粮食生产禁止区划定考核，从耕地土壤环境质量类别划分、受污染耕地分类治理、农产品产地环境监测网建设、土壤—农产品协同监测等方面，对各省、自治区、直辖市粮食产地环境质量进行严格把控，从源头上把住粮食质量安全关。另一方面，合理设定粮食种植面积和总产量的考核标准，明确规定“符合国家规划要求的政策性调减”不扣分。在具体考核中，对各相关省份围绕农业供给侧结构性改革开展的种植结构调整，均视为符合国家规划要求的政策性调减，相应考核评分已作了统筹考虑。①

综上所述，笔者认为，粮食安全省长责任制已经成为我国粮食安全保障领域的有效工作抓手，尽管我国宪法和组织法规定地方各级人民政府有权行使经济等行政职权，但对于粮食安全考核尚缺乏法律依据，亟须在《粮食安全保障法》中加以体现以提供法律依据。

### （二）中央各职能部门有着较为明确职责分工

中央各职能部门在粮食安全保障领域历来有不同分工。按照《粮食安全省长责任制考核办法》第2条规定②以及2018年中共中央印发的《深化党和国家机构改革方案》和后续对部门职责的细化确认，国务院粮食安全省长责任制考核工作组由国家发展改革委、农业农村部、国家粮食和物资储备局、中央编办、财政部、自然资源部、生态环境部、水利部、国家市场监督管理总局、统计局、农业发展银行等部门和单位组成。这些部门和单位的职责均需在《粮食安全保障法》予以明确。但中央各部门在粮食安全保障领域职责并非均等，而是各有轻重，粮食生产主要由农业农村部负责，粮食流通领域由国家粮食和物资储备局负责，粮食产业发展各有关部门均有职责。具体情况是：

粮食生产领域。该领域主要有国家新组建农业农村部负责，具体职能包括：负责粮食种植的监督管理，指导各地粮食生产，并组织涉粮产业体系、生产体系、经营体系的构建；负责种植粮食所需的农业生产资料和农业投入品的监督管理，以及农业防灾减灾、农作物重大病虫害防治等工作，指导种子执法；负责指导农业农村人才工作，指导新型职业农民培育以及农业职业技能的开发工作；负责开展农业对外合作，执行有关农业援外项目，组织有关国际公约履行和协定执行。

粮食流通领域。国家组建国家粮食和物资储备局，其主要职责包括：组织

---

① 上述资料引自国家粮食和物资储备局2019年9月30日《对十三届全国人大二次会议第6450号建议的答复》，内容为关于强化粮食安全省长责任制考核的建议。

② 《粮食安全省长责任制考核办法》第2条规定："国务院对各省（区、市）人民政府粮食安全省长责任制落实情况进行年度考核，由发展改革委、农业部、粮食局会同中央编办、财政部、国土资源部、环境保护部、水利部、工商总局、质检总局、食品药品监管总局、统计局、农业发展银行等部门和单位组成考核工作组负责具体实施。考核工作组办公室设在粮食局，承担考核日常工作。"

实施粮食收储、轮换、管理，统一负责粮食储备基础设施的建设与管理，对管理的政府粮食储备、企业粮食储备以及粮食储备政策落实情况进行监督检查，并负责粮食流通行业管理和中央储备粮的行政管理。它与国家发展改革委的分工是国家发展改革委拟定中央储备粮储备的规划和总量计划，国家粮食和物资储备局负责按照程序组织实施。

粮食产业发展领域，中央各部门更是各司其职、各有其责。有关资料显示，自 2017 年 9 月，国务院办公厅印发《关于加快推进农业供给侧结构性改革大力发展粮食产业经济的意见》明确粮食产业总体要求和具体措施以来，国家有关部门制定了《关于深化粮食产销合作提高安全保障能力的指导意见》《关于深入实施"优质粮食工程"的意见》《关于进一步促进农产品加工业发展的意见》《关于促进食品工业健康发展的指导意见》《国家农村产业融合发展示范园创建工作方案》等一系列文件，从政策层面推动粮食产业发展。国家发展改革委、工业和信息化部、财政部、农业农村部等部门在资金投入、品牌创建、培育龙头等方面给予大力支持。国家发展改革委开展了示范园创建工作，目前有关部门正在组织实施；支持东北地区发展食品工业，扶持发展一批玉米深加工项目；大力支持粮食物流、仓储和应急设施项目建设。工业和信息化部积极实施食品工业增品种、提品质、创品牌"三品"专项行动，引导企业加强新产品研发，提升质量检验检测能力，强化食品企业品牌建设，优化布局实现就地加工转化。财政部不断加大投入力度，出台鼓励扶持政策，促进东北四省区玉米、大豆等粮食产业发展；安排产粮大县奖励资金，由地方统筹用于支持粮油生产和产业发展；支持地方深入实施"优质粮食工程"，增加绿色优质农产品供给。农业农村部大力扶持培育新型农业经营主体和社会化服务组织，鼓励引导农业龙头企业发展订单农业，大力推介优质农产品。① 至于粮食进出口相关业务，在国家机构合并后，由海关总署统一负责。

### （三）地方各级人民政府相对独立的职责分工

依据《宪法》规定，我国地方各级人民政府可以划分为省、县、乡三级。当

① 参见国家粮食和物资储备局 2019 年 9 月 30 日《对十三届全国人大二次会议第 4812 号建议的答复》中关于加快建设粮食产业强国的建议。

国务院对省级人民政府进行粮食安全考核时，各省级人民政府就会按照组织法的要求，把粮食安全考核所涉各项指标分解到所属各县（市），并对其进行考核。比如《浙江省粮食安全保障条例》第3条明确粮食安全实行县级以上人民政府首长责任制，①为浙江省政府对所属县（市）进行粮食安全考核提供了法律依据，改变了以往按照组织法安排工作的争议做法。但是，乡镇作为我国最基层政权组织形式，长期以来在粮食安全保障等多项工作中的地位并未予以明确。

习近平总书记强调，越是面对风险挑战，越要稳住农业，越要确保粮食和重要副食品安全。② 粮食安全省长责任制是国务院对各省级人民政府在粮食"产购储加销"等各环节维护国家粮食安全的事权与责任方面实行的一项制度。每年进行的粮食安全省长责任制考核凸显了粮食安全责任制被一级一级压实。粮食安全责任制的各项任务尤其是粮食生产责任最终要落地，则是乡镇一级政府实实在在地扛起了粮食安全的具体重任。具有"落地政府"之称的乡镇政府的粮食安全保障工作具体成效如何，直接关系到县级以上地方行政首长的粮食安全政治责任是否扛稳。一般来讲，有关粮食生产的下列工作由乡镇政府完成：一是用好政策资源，增强粮农生产信心。比如，提高粮食生产的精准程度，将国家各项奖励支持政策、资金落实到粮食生产主体；强化技术支持服务，不断增强农资保供、自然灾害预警，提升防灾减灾能力；增强粮农保险意识，强化保险的兜底作用，以政府的公信力护航粮食生产；等等。二是严守耕地红线，补齐基础设施短板。面对"非粮化""非农化"等影响粮食生产的行为，比如，从事种植多年生经济作物、苗木、草坪和挖塘养殖等破坏耕作层的非粮食生产经营活动，从事取土、堆放固体废弃物等毁坏种植条件的活动，耕地的闲置和抛荒，农

① 《浙江省粮食安全保障条例》第3条规定："县级以上人民政府按照粮食安全行政首长责任制的要求，承担保障本行政区域粮食安全的主体责任，提高粮食可持续生产能力，保护粮食生产主体种粮积极性，增强地方粮食储备能力，保障粮食市场供应，确保粮食质量安全。省人民政府应当每年对设区的市人民政府进行粮食安全责任制考核，设区的市人民政府应当每年对县（市、区）人民政府进行粮食安全责任制考核。"

② 《习近平对全国春季农业生产工作作出重要指示强调 把农业基础打得更牢 把"三农"领域短板补得更实 为打赢疫情防控阻击战 实现全年经济社会发展目标任务提供有力支撑》，载《人民日报》2020年2月26日，第1版。

田水利设施的损坏等行为，实实在在起作用的是乡镇政府。三是支持适度规模经营，发展社会化服务。习近平总书记强调，要发展适度规模经营，支持发展家庭农场、农民合作社等新型经营主体，加快健全农业社会化服务体系，把小农户服务好、带动好。[①] 在这方面真正起作用的同样是乡镇政府。那么，乡镇政府行政首长对粮食生产具体情况了解如何呢？笔者曾在豫北某产粮大县就“玉米种植面积是多少？”之类问题进行过抽样调查，发现相当比例的乡镇长不能及时回答，而由其他同志插话补充。另据一些已经退职多年的乡镇领导反映，在20世纪90年代左右，“玉米种植面积是多少？”之类问题对乡镇长而言如数家珍。为什么会有这样差别呢？他们认为当时肩负着本乡镇粮食生产的组织责任，是“实打实”的责任。那么，乡镇政府现在在粮食安全保障工作的责任究竟是什么呢？亟须在《粮食安全保障法》中予以明确。这些问题除在法律中作进一步明确外，乡镇人民政府通过村委会来引导农民种植粮食起到极其关键作用。

除上述原则外，由于我国粮食行业法制建设相对滞后，粮食安全保障工作队伍法治素质有待进一步提高，借鉴《民法通则》第6条[②]规定，在《粮食安全保障法》中增加“遵守法律和政策原则”。

① 《习近平在中央农村工作会议上强调　锚定建设农业强国目标　切实抓好农业农村工作》，载《人民日报》2022年12月25日，第1版。

② 《民法通则》第6条规定：“民事活动必须遵守法律，法律没有规定的，应当遵守国家政策。”现为《民法典》总则编相关规定。

# 第二章 《粮食安全保障法》应坚持的入律逻辑*

从公正发展角度来讲，粮食主产区利益补偿机制不仅涉及粮食生产环节，还涉及粮食储备、粮食流通、粮食应急管控等后续环节，因为“粮食安全问题不在于粮食是在哪儿生产的，而在于个人能不能得到它”。① 因此，研究以补偿粮食主产区利益为切入点制定《粮食安全保障法》，要贯穿粮食生产、粮食储备、粮食流通、粮食应急管控、粮食产业高质量发展以及粮食安全监管等多个环节。换句话说，起草《粮食安全保障法》应立足于补偿粮食主产区利益，从产业链角度制定《粮食安全保障法》。

## 一、粮食生产环节立法的利益实现

完善粮食生产保障立法的基本出发点是调动国内外一切积极因素，对内增强粮食生产能力，对外支持开展国际合作，为国家粮食安全服务。与之相适应，在明确相关义务时，辅之以“应当”“必须”“禁止”等刚性要求，并在法律责任制度设计时予以保证。比如，对于地方各级人民政府未落实粮食安全保障责任的，一方面由上级人民政府（直至国务院）责令改正，通报批评；另一方面对政府主要负责人、负有责任的主管人员和其他直接责任人员依法给予行政处分，如构成犯罪则依法追究刑事责任。具体实现建议是：

### （一）以“增强应对粮食生产风险能力”为中心专章明确粮食生产保障立法

粮食生产保障立法是国家应对粮食安全风险的首要环节，这是我们粮食安

---

* 本文原为国家社科基金项目“粮食主产区利益补偿机制的法治化型构研究”有关内容。

① 诺贝尔经济学奖获得者阿马蒂亚·森 1981 年所讲。转引自茅于轼：《粮食安全靠什么?》，载《农村金融研究》2009 年第 4 期。

全战略得以实现的立足点。与经济管理立法任务不同的是,粮食生产保障立法的核心任务是,以增强粮食生产风险能力为中心,为稳定和提高粮食综合生产能力确立有关制度,其关键是区分粮食生产保障立法与其他涉粮生产法律界限,而至于每年粮食实际产量的多少则不是粮食生产保障立法的任务。另外,由于资源所限我们必须支持农业"走出去",鼓励和支持与粮食安全有关的国际交流与合作,完善粮食安全领域全产业链对外合作支持政策。

### (二)以"重点明确粮食生产自然条件和社会条件"来划分与其他涉粮生产法律界限

如何实现粮食生产保障立法与现有粮食生产立法的有机衔接是《粮食安全保障法》立法难点之一。农谚讲:"土是根,肥是劲,种是本,水是命。"我们建议解决该难题的出发点是,粮食生产数量需要发挥人、物两个方面的积极因素,而粮食生产质量则需要人和物两个方面因素的有机结合才能根本实现,由此形成的基本思路是,粮食生产保障立法要确立我国是否有种粮所必需的土、水、粮种等条件保障制度,生产出来的粮食质量是否能够保障对人体无害的制度,种粮队伍是否能够保持稳定的制度。(有关设计参见图附录三－3)

### (三)以"国家粮食安全与种粮农民利益的关系"为主线统领粮食生产保障立法

每一部法律可以有多种权利义务的制度设计,但只有一条独特的权利义务关系主线。基于"粮食安全,是指各级人民政府通过制定政策,采取经济、法律、行政等多种手段保障本辖区内居民生活和社会生产对粮食基本需求持续得到满足的过程,从而使国家利益处于没有危险和不受内外威胁的状态"[①]的认识,《粮食安全保障法》的权利义务主线就是各级人民政府如何履行粮食安全保障义务,辖区内居民的粮食安全保障权利又如何实现。由于政府并不直接从事粮食生产、流通等业务工作,它主要是通过政策、行政、法律、金融等多种手段和方法组织、吸引相关主体参与粮食安全保障工作中,而这些相关主体在享有

① 穆中杰:《新时代粮食安全保障法体系构建研究》,郑州大学出版社 2020 年版,第 9 页。

相关权利的同时要履行一定的义务。那么，谁手里有粮？只有农民手里有粮。农民交粮要什么？要钱。因此，如何通过增加农民收入、激发农民交粮的积极性就成为政府重要工作。“政策问题不解决，农民的积极性发挥不出来，其他的措施再多，农业生产也上不去。”①正确处理政府“要粮”和农民“要钱”之间的关系就成为粮食生产保障立法的主线。习近平总书记指出：“国家要加大对粮食主产区的支持，增强粮食主产区发展经济和增加财政收入能力，实现粮食主产区粮食生产发展和经济实力增强有机统一、粮食增产和农民增收齐头并进。”②

## 二、粮食储备环节立法的利益实现

粮食储备是继粮食生产之后的重要环节。每年粮食收获季节，非粮食主产区按照与粮食主产区之间的有关合作协议，通过就地收购粮食主产区的粮食实现异地储备等多种方式，以便满足本辖区内居民生活和生产的需要。它是粮食主产区利益补偿变为现实的重要环节，与粮食储备的形式密切相关。

“储备有三种形式：生产资本的形式，个人消费基金的形式，商品储备或商品资本的形式。”③一般来说，粮食储备分为政府储备和非政府储备两种形式。就政府储备而言，目前有中央和地方两种储备格局，它们面临的共同问题是数量真实、质量良好、储存安全。为此，不仅需要建设和管护粮食仓储设施，还要实现粮食收购、销售、轮换、动用等多种业务。由于粮食对周边环境的特殊性要求以及现有法律不够，笔者明确建议仓储单位经营场地要满足环境要求。就非政府储备而言，笔者认为又可分为企业社会责任储备和社会储备，前者主要是粮食企业、个体工商户和大型超市，按照粮食的特性它们负有最高库存量和最低库存量义务；后者主要要求农业生产经营主体和大型企事业单位的食堂要有保持必要的库存义务；而对于居民和农户来讲，则从法律上倡导它们储粮，从经济上进行补偿以引导它们进行必要储粮。（有关设计参见图附录三 –4）

---

① 《陈云文选》第3卷，人民出版社1995年版，第152页。

② 《习近平在吉林调研时强调　保持战略定力增强发展自信　坚持变中求新变中求进变中突破》，载《光明日报》2015年7月19日，第1版。

③ 《马克思恩格斯选集》第2卷，人民出版社1995年版，第300页。

## 三、粮食流通环节立法的利益实现

作为生产和消费的中介，粮食流通是种粮农民生产的粮食能够产生经济收入的必要方式。没有粮食流通，粮食就不可能成为商品，种粮农民经济收益的实现将变得较为困难。习近平同志在福建、浙江工作时期就非常重视粮食流通工作，提出："要继续重视粮食工作，深化粮食流通体制改革，千方百计保护农民的种粮积极性，保护和提高粮食生产能力，保障粮食安全。"①"进一步扩大粮食省际产销协作，鼓励建立稳定的省外粮源基地，搞活粮食流通，大力培育有一定仓储能力的规模型粮食流通企业和粮食批发市场。"②粮食流通环节共有三个重要问题：第一，粮食价格尤其是粮食收购价格的形成机制问题。粮食收购价格是粮食从生产领域进入流通领域的最初价格，同种粮农民的利益休戚相关，它还是粮食销售价格形成的基础。笔者主张市场主导粮食收购和销售价格的形成，重视粮食价格、价值和供求三者之间的关系。第二，粮食流通体制问题。该问题的关键是统一、开放、竞争、有序的粮食市场体系如何形成。第三，粮食流通对粮食生产的影响问题，即粮食消费影响粮食生产问题。这就需要按照粮食市场的需求和食物结构的改变，种粮农民相应地调整种植品种和结构，增加优质粮食的生产，发展其他粮食品种的生产。

基于上述，在粮食流通环节，补偿粮食主产区利益实现可以通过如下方式实现：首先，要明确建立粮食市场体系，为国家粮食安全起见，实行粮仓登记制度（或者收粮企业登记备案制度）；其次，对粮食流通分不同情形进行日常管理，正常状态下，做好粮食经营者、粮食质量、粮食数量和粮食流通设施等项工作，在非正常状态下，可以由国务院决定实行管控措施；最后，无论处于何种状态下，都要保证军粮的优先供应，保证粮食消费安全，同时重视社会节粮风气的形成。（有关设计参见图附录三－5）

---

① 习近平：《关于制定福建省国民经济和社会发展第十个五年计划建议的说明》，载《福建日报》2000年11月7日，第A01版。

② 习近平：《坚持统筹城乡发展的方略　进一步明确今年我省"三农"工作的主要任务》，载《政策瞭望》2005年第2期。

## 四、粮食应急管控环节立法的利益实现

粮食安全保障的成效如何关键在紧急状态下的应急管控能力如何。就补偿粮食主产区利益而言，作为应急管控措施与正常条件下的粮食购销而言，其补偿标准应有较为明显的差异，应体现公平的标准，既不能借应急管控之名向粮食主产区转嫁利益损益，又不能因经济问题出现应急不力从而致使居民的口粮供给受到影响。

例如，新冠肺炎疫情暴发以后，我国按照《传染病防治法》启动了相应响应机制，基本上做到了依法防控。但在应急物资保障方面，也暴露出我国应急管控体系方面的弱点。对此，习近平总书记强调："要健全统一的应急物资保障体系，把应急物资保障作为国家应急管理体系建设的重要内容，按照集中管理、统一调拨、平时服务、灾时应急、采储结合、节约高效的原则，尽快健全相关工作机制和应急预案。"①粮食安全风险有两类：一类是粮食产业链中断的内生性风险②；另一类是突发事件派生的外源性风险③。健全粮食应急管控体系，从监测预警、应急响应、应急保障和后期处置对粮食安全予以法律规定，④可以有效抵御和化解粮食安全风险，为经济发展、社会稳定和国家安全提供保障。（有关结构设计参见图附录三－6）

---

① 《习近平主持召开中央全面深化改革委员会第十二次会议强调　完善重大疫情防控体制机制　健全国家公共卫生应急管理体系》，载《人民日报》2020年2月15日，第1版。

② 内生性风险：来源粮食产业链内部，由农资供应—粮食种植—粮食收购—粮食储备—粮食加工—食品加工—粮食销售—最终消费某一或多个环节的中断而带来的风险。包括：育种环节被外资控制或因种子问题造成规模化减产；耕地数量与污染问题；产区水资源短缺和地下水漏斗问题；粮食收购、储备、加工等环节被外资控制问题；粮食品质问题，如真菌毒素、重金属和农药残留问题；消费文化或习惯导致的粮食问题（如转基因、种族习俗等）；粮食价格暴涨。

③ 外源性风险：源自国外的传导性风险以及国内极端事件引致的风险。包括：全球粮食库存过低或价格过高导致的传导性风险；由地震、泥石流、台风、海啸、极端温度、核辐射、洪涝、难民涌入、贸易冲突、政治动荡、战争等极端事件派生的粮食安全问题。

④ 应急管理涉及减灾、准备、响应和恢复四个过程。《国家粮食应急预案》将粮食应急预案的主要业务划分为预警监测、应急响应、应急保障和后期处置四个部分。后续颁布的地方省市粮食应急预案都沿袭了这一说法。但是，按照现代应急管理的逻辑，应该为"监测预警"，而不是"预警监测"。监测是一个永久性、长期化的过程，当有异常现象发生或有征兆出现时，需要及时预警。而不是等到有了警情之后，再来安排监测的工作。其他三个部分应急响应、应急保障和后期处置在《国家粮食应急预案》和省、市、县粮食应急预案已成为惯例，本课题沿袭了这一观点。

## 五、粮食产业发展领域立法的利益实现

实现粮食产业强国是实现国家粮食安全的最终出路，也是实现中华民族伟大复兴梦的重要物质基础。早在 2013 年，习近平总书记就指出："看看世界上真正强大的国家、没有软肋的国家，都有能力解决自己的吃饭问题。美国是世界第一粮食出口国、农业最强国，俄罗斯、加拿大和欧盟的大国也是粮食强国。这些国家之所以强，是同粮食生产能力强联系在一起的。"①在我国，与粮食产业的内涵和分类相对应，粮食产业遍布在粮食生产、流通、加工、消费等粮食相关环节，由不同管理部门具体负责：粮食生产、加工主要涉及农业农村部等农业生产相关管理部门，粮食流通发展主要涉及国家粮食物资储备局、海关、国家发展改革委等部门，粮食消费发展主要涉及商务部、国家卫生健康委等部门。

粮食产业是粮食主产区主导性产业，粮食产业的发达程度直接关系到粮食主产区财政收入的多寡，直接关系到种粮农民利益的实现程度。与其他粮食主产区相比，江苏、山东两省的粮食产业发展态势较好，黑龙江、河南等省份尚有较大的提升空间。从法制角度来讲，国家支持粮食产业发展的政策亟须上升为国家法律，从而为建设粮食产业强国提供法律基础。（有关利益实现思路设计参见图附录三 -7）

## 六、粮食安全监管环节立法的利益实现

粮食安全保障工作离不开监管。习近平总书记指出："要加大对维护国家安全所需的物质、技术、装备、人才、法律、机制等保障方面的能力建设，更好适应国家安全工作需要。"②按照该指示，粮食安全监管环节首先应建立和健全库存检查制度和信用体系建设；其次大力加强粮食安全监管部门的能力建设，既要有科学的监管分工，又要有强有力的监督检查措施，同时对监管部门来说还

① 习近平：《在中央农村工作会议上的讲话》（2013 年 12 月 23 日），载中共中央文献研究室编：《十八大以来重要文献选编》（上），中央文献出版社 2014 年版，第 661 页。

② 习近平：《在国家安全工作座谈会上的讲话要点》（2017 年 2 月 17 日），载《习近平谈治国理政》第 2 卷，外文出版社 2017 年版，第 382 页。

必须有一定的约束,要求其依法履职、保守秘密;最后,良好而有效的粮食安全监管离不开政府绩效考核和必要的资金支持。(有关利益实现思路设计参见图附录三 -8)

# 第三章 《粮食安全保障法》应确立的主要制度*

粮食主产区利益补偿机制的实现需要相应法律制度支撑，国家粮食安全保障法律制度的重心在于粮食安全保障能力问题的有效解决。党的十九届四中全会提出完善“保障国家粮食安全的制度政策”。① 下面我们从粮食主产区利益补偿机制角度出发，对粮食安全能力保障制度进行研究，并在此基础上形成《粮食安全保障法（专家意见稿）》。

## 一、粮食生产能力保障制度

保障粮食供给数量和质量是国家粮食安全保障实现的根本所在，其核心是保护和提高粮食综合生产能力。② 习近平总书记针对河南粮食主产区明确指示：“要发挥好粮食生产这个优势，立足打造全国重要的粮食生产核心区，推动藏粮于地、藏粮于技，稳步提升粮食产能，在确保国家粮食安全方面有新担当新作为。”③“粮食生产根本在耕地，命脉在水利，出路在科技，动力在政策，这些关

---

* 本文原为国家社科基金项目“粮食主产区利益补偿机制的法治化型构研究”有关内容。

① 《中共中央关于坚持和完善中国特色社会主义制度 推进国家治理体系和治理能力现代化若干重大问题的决定》，载《人民日报》2019 年 11 月 6 日，第 5 版。

② 《农业法》“粮食安全”第 31 条明确对“粮食综合生产能力”作出规定：“国家采取措施保护和提高粮食综合生产能力，稳步提高粮食生产水平，保障粮食安全。国家建立耕地保护制度，对基本农田依法实行特殊保护。”随后，第 32 条至第 36 条分别规定了如下内容：国家重点扶持建立稳定的商品粮生产基地，支持粮食主产区与主销区建立稳定的购销合作关系；对部分粮食品种可以实行保护价制度；国家建立粮食安全预警制度和分级储备调节制度；国家建立粮食风险基金；提倡珍惜和节约粮食，并采取措施改善人民的食物营养结构。在《农业法》“粮食安全”章与《粮食安全保障法》的关系处理上，基于《农业法》是经济管理法、《粮食安全保障法》是国家安全法的认识，笔者主张《农业法》“粮食安全”章整体删除，相关内容在《粮食安全保障法》中加以体现。

③ 《习近平李克强王沪宁韩正分别参加全国人大会议一些代表团审议》，载《人民日报》2019 年 3 月 9 日，第 1 版。

键点要一个一个抓落实、抓到位,努力在高基点上实现粮食生产新突破。”①结合我国既有粮食生产方面的立法,根据习近平总书记指示,粮食生产能力保障制度重点从如下几个方面进行设计。

### (一)推动“藏粮于地、藏粮于技”入律

众所周知,在我国粮食生产实现多年连丰以后,粮食安全面临的风险也在不断加大,主要是:耕地面积不断减少,耕地质量问题日益突出,水资源日渐紧张,种粮成本居高不下,种粮农民从事粮食生产的积极性越来越弱,粮食对外依存度不断加大;而与之相对应的是,人们对优质粮食等农产品的需求越来越强烈。在此背景下,为破解粮食安全所面临的系列问题,国家提出实施“藏粮于地、藏粮于技”战略,并在2017年以来每年出台的中央一号文件都强调加以实施。②“藏粮于地、藏粮于技”战略是确保国家安全的重要战略,它是在我国粮食生产实现多年连丰以后的重要战略转变,其目的由过去强调粮食产量的增加转向粮食产能的确保。

那么,“藏粮于地、藏粮于技”战略如何在立法中实现呢?首先,要准确把握“藏粮于地、藏粮于技”战略的核心是耕地数量和地力的保护,供种保障能力的增强,农业装备和信息化水平的提升。其次,实施“藏粮于地、藏粮于技”战略的重点是在粮食生产功能区,为此国家就要根据土壤、水资源、生态、气候等因素划定确认粮食生产功能区范围,实施差别化、定向化利益补偿和扶持政策,确保粮食生产功能区的种粮属性。最后,重视抓好“藏粮于地、藏粮于技”战略实施的基础工作,主要是建设集中连片、旱涝保收、高产稳产的高标准农田,并加强管护工作;持续加强耕地质量保护与提升,巩固提升粮食产能;建立合理耕

---

① 《习近平在河南考察时强调 深化改革发挥优势创新思路统筹兼顾 确保经济持续健康发展社会和谐稳定》,载《光明日报》2014年5月11日,第1版。

② 2017年中央一号文件提出:“深入实施藏粮于地、藏粮于技战略,严守耕地红线,保护优化粮食产能。”

2018年中央一号文件提出:“深入实施藏粮于地、藏粮于技战略,严守耕地红线,确保国家粮食安全,把中国人的饭碗牢牢端在自己手中。”

2019年中央一号文件提出:“毫不放松抓好粮食生产,推动藏粮于地、藏粮于技落实落地,确保粮食播种面积稳定在16.5亿亩。”

地轮作制度,实现种地养地相结合,促进资源永续利用和粮食生产的可持续发展。

（二）规定粮食生产基本条件制度

与经济管理方面的法律不同,《粮食安全保障法》重在明确粮食生产的基本条件,就犹如战场上一线部队需要可以使用的枪支弹药,而至于枪支弹药如何制造和供应运输到前线则是后勤保障的职责。新中国成立后不久,毛泽东同志在总结农业生产的基础上,提出旨在农作物增产的农业“八字宪法”,具体内容是:土(深耕、改良土壤和土地利用规划)、肥(增加肥料和合理施肥)、水(兴修水利和合理用水)、种(培育和推广良种)、密(合理密植)、保(防治病虫害)、管(田间管理)、工(工具改革)。进入新时代以后,农业“八字宪法”已经有新的内涵,特别是工具改革已经进入农业装备机械化和信息化阶段。农谚讲:“土是根,肥是劲,种是本,水是命。”因此,在制定《粮食安全保障法》时,这八个方面的条件均要具备,只不过需要融入新时代对粮食生产的实践和探索,并把这八个方面的条件再加以提炼。笔者建议的具体制度设计是:

首先,粮食生产需要耕地和水,为此就要明确实施最严格的耕地保护制度,对永久基本农田实行特殊保护,支持粮食生产者改善耕地地力,支持农田水利等农业基础设施建设和维修养护。为了防止破坏耕作层,需要明确在粮食生产功能区内禁止种植多年生经济作物、苗木、草坪以及挖塘养殖等非粮食生产经营活动,禁止从事取土、堆放固体废弃物等毁坏种植条件的活动;为了保证粮食种植面积,明确乡镇人民政府应当落实上级有关粮食生产扶持政策,确保粮食生产功能区每年至少种植一季度粮食作物。其次,粮食生产离不开种子,规定建立健全旨在增强供种保障能力的粮种分级储备制度,既鼓励培育具有自主知识产区的优良粮食品种,又强调支持传统粮种的常规管理。再次,粮食生产要特别防范灾害影响,故而要规定建立粮食生产监测与评估制度,建立健全粮食生产补贴奖励、信贷担保、保险等制度,完善重要粮食品种生产保险大灾风险分散机制。最后,粮食生产需要有质量保证,因此明确要加强农业生态保护,严守生态红线,采取多种支持措施鼓励绿色生产,积极推进粮食生产的可持续发展。为了应对粮食可能出现的严重短缺,要规定有粮食生产应急制度,以便在危机发生时,经履行必要程序将生产非粮作物的耕地迅速转为生产粮食。

### (三)规定职业农民制度

粮食生产不仅需要物因素的制度设计,还需要人因素的制度设计。物因素和人因素两个方面的制度结合,才有可能确保粮食生产能力的实现。众所周知,粮食生产离不开对种粮农民的辛勤劳作,离不开种粮农民积极性的调动。总结历史经验,围绕国家"要粮"和农民"要钱"矛盾的解决,构建职业农民队伍离不开国家富裕农民、提高农民、扶持农民等多种支持措施,而现代化农业的发展离不开新型农业经营主体和新型农业服务主体。因此,支持职业农民队伍建设、支持新型农业经营主体和新型农业服务主体的发展就成为《粮食安全保障法》的必要内容。

粮食生产队伍建设需要提高经济收益的政策支持,不可否认经济手段在粮食生产积极性调动方面的重要作用。从根本意义来说,获得较高的经济收益还不能完全解释粮食生产队伍的稳定问题。在甘肃、安徽、河南等地调研时,有关县市农业部门的同志谈到"农民用对土地朴素的挚爱来从事粮食生产"的现象。这些同志介绍说,粮食生产是公认的赔本生产,但农民为何还要进行粮食生产,不少农民的回答是"耕地就是用来生产粮食的,让它荒着太可惜、心痛"。依靠中华农耕文化所倡导的传统美德去从事粮食生产是当前粮食生产队伍稳定的重要因素,加强农耕文化的传承,对于加强职业农民队伍建设、稳定粮食生产队伍才具有更为根本的意义。"以人民为中心"不是简单的政治宣誓,它需要体现在我们的具体制度设计中。为此,笔者建议各级人民政府应重视作为农耕文化载体的高龄农民群体,基于历史所造成的"城乡差别",规定应有条件地提高高龄农民从事粮食生产的相应待遇是《粮食安全保障法》关于职业农民制度设计的重要内容。

## 二、粮食储备能力保障制度

"夫积贮者,天下之大命也。"[①]我国历来重视粮食储备。习近平总书记指

① (汉)班固:《汉书・食货志》,中华书局2000年版,第952页。

出:“粮食储备是保障国家粮食安全的重要物质基础,要以服务宏观调控、调节稳定市场、应对突发事件和提升国家安全能力为目标,科学确定粮食储备功能和规模,改革完善粮食储备管理体制,健全粮食储备运行机制,强化内控管理和外部监督,加快构建更高层次、更高质量、更有效率、更可持续的粮食安全保障体系。”①新冠肺炎疫情暴发以后,针对我国粮食等储备制度出现的问题,习近平总书记指出:“要健全国家储备体系,科学调整储备的品类、规模、结构,提升储备效能。”②总结我国在粮食储备方面的制度建设经验,结合新冠肺炎疫情中暴露的有关储备问题,应从如下几个方面加强粮食储备能力保障制度建设。

### (一)央地粮食分级储备制度

长期以来,我国实行的是中央、省级、市级、县级四级储备体制。据课题组调研,真正能够起到作用的是中央和省级储备,市级和县级储备基本上形同虚设。有鉴于此,笔者主张重点规制中央和省级两级储备,而对市、县两级储备则予以相对较宽松政策,同时重视发挥民营粮食企业的功能。与此相适应,中央人民政府和省级人民政府应当优化储备粮布局,对于口粮品种储备比例要适当提高,对于生产、库存薄弱地区的储备规模要适当加大。与原粮储备相比,成品粮储备对于应急防灾具有极为重要的现实意义,因此,对于人口较为集中的大中城市和价格易波动区域,要明确规定一定量的成品粮储备。根据多年实践经验,该一定量确定为10~15天市场供应量的规模较为合适。

储备粮不仅可以平抑物价,而且更多时候是“救命粮”。为此,粮食的采购、销售、轮换和动用就需要科学的制度设计。基于保证农民有粮“卖得出”和补偿粮食主产区利益等多重因素考虑,储备粮的采购优先收储当地生产的粮食,销售一般通过粮食交易中心公开进行。当储备粮销售出库以后,应当在6个月内完成原粮补库(根据粮食生产实际情况各省可能有所不同,比如黑龙江与云南),以避免市场粮食价格大幅波动。为保证储备粮的质量,一方面根据

---

① 《习近平主持召开中央全面深化改革委员会第八次会议强调 因势利导统筹谋划精准施策推动改革更好服务经济社会发展大局》,载《人民日报》2019年5月30日,第1版。

② 《习近平主持召开中央全面深化改革委员会第十二次会议强调 完善重大疫情防控体制机制健全国家公共卫生应急管理体系》,载《人民日报》2020年2月15日,第1版。

品种特点、粮食储存品质指标和市场情况安排轮换计划，另一方面在粮食入库、补库和出库时，为保证公平，粮食承储企业不能自行检验，必须委托第三方粮食质量检验机构进行质量鉴定，而在粮食储存期间的质量检验则由粮库定期组织进行。至于储备粮的动用，除规定按照粮权属性动用条件外，《粮食安全保障法》应授权中央人民政府对央地储备粮均有权下达动用指令，省级人民政府对本辖区内的地方储备粮均有权下达动用指令。

粮食承储企业的选择直接关系到储备粮的储存安全。为避免 2013 年"5·31 中储粮直属库火灾事故"①等类似问题的发生，笔者建议在储备粮承储企业作如下制度设计：（1）实行粮食仓储企业负责人制度，即由粮食仓储企业主要负责人负责库存粮食的数量真实、质量合格、储存安全；（2）借鉴《唐律疏议》有关粮仓制度②作出禁止性制度设计，规定粮食储存区内禁止吸烟、燃火等行为，禁止存放对粮食造成污染或者对粮食储存安全构成威胁的物品；（3）加强对粮食承储企业的监督，规定承储政府储备粮的企业应当按照有关规定安装符合技防标准的技防产品或者技防系统，预留与公安机关视频图像等信息共享平台联网的接口，并根据公共安全及联网共享需求将视频图像等信息资源接入平台。

### （二）粮食仓储设施保护制度

粮食仓储设施的地址选择以及经营场所的周边环境对储备粮有重要影响，但现行规定存在效力层次不够的问题。比如，2015 年冬，广州市粮食集团某临

---

① 2013 年 5 月 31 日，中国储备粮管理总公司黑龙江分公司林甸直属库发生一起火灾事故，造成 80 个粮囤、揽堆过火和恶劣社会影响，直接经济损失 307.9 万元。经调查，事故直接原因是粮库作业过程中，皮带式输送机在振动状态下电源导线与配电箱箱体孔洞边缘产生摩擦，导致电源导线绝缘皮破损漏电并打火，引燃可燃物苇栅和麻袋，造成火灾。事故的间接原因和暴露出的管理问题主要是：企业安全生产主体责任不落实，现场安全管理混乱；违规违章安装敷设设备设施及电缆（线），重要防火区域电缆电线未进行穿管保护、用电设备没有漏电保护设施；违规超能力收储和组织生产作业；安全投入严重欠账，新建临时储位没有消防管网和消防栓等消防设施；隐患排查整改不认真、不得力、不扎实、不彻底；安全培训教育和应急管理不力。参见《国务院安委会办公室关于中石油大连石化分公司"6·2"火灾爆炸事故和中储粮黑龙江分公司林甸直属库"5·31"火灾事故情况的通报》，载《国家安全生产监督管理总局国家煤矿安全监察局公告》2013 年第 9 期。

② 《唐律疏议》第 214 条"损败仓库积聚物"规定："诸仓、库及积聚，财物安置不如法，若曝凉不以时，致有损、败者，计所损、败，坐赃论。州、县以长官为首。监、署等亦准此"；第 429 条"库藏仓不得燃火"规定："诸库藏及仓内，皆不得燃火。违者，徒一年"；第 431 条"官府仓库失火"规定："诸於官府廨院及仓库内失火者，徒二年"。

河储备库的附近酝酿建立水泥厂①,其中争议的问题之一就是对“距砖瓦厂、混凝土及石膏制品厂等粉尘污染源,不小于100米”中的“不小于100米”的理解。该风波中涉及的拟建水泥厂与粮库相隔一条公路,间距约为200米。规划方认为该距离符合部门规章《粮油仓储管理办法》的规定,但对于可能存在的粮食质量污染问题则视而不见。《粮油仓储管理办法》由于效力位阶问题对此种漠视行为无法产生必要的法律威慑力。

为此,在从正面提出国家建设粮食仓储设施标准的同时,基于粮食储存安全考虑,主张对粮库库址的选择作出禁选区域:粮食储备库库址不应设在抗震设防烈度为9度的地震区;应避开有泥石流、滑坡、泥沙等直接危害的地段以及Ⅳ级自重湿陷性黄土和Ⅲ级膨胀土等工程地质不良地区;避免洪水、潮水和内涝威胁,场地的防洪标准不应低于50年一遇。② 基于粮食质量安全考虑,主张粮库至污染源、危险源的距离应满足如下要求:(1)距有害元素的矿山、炼焦、炼油、煤气、化工(包括有毒化合物的生产)、塑料、橡胶制品及加工、人造纤维、油漆、农药、化肥等排放有毒气体的生产单位,不小于1000米;(2)距屠宰场、

---

① 该风波的具体情况是:当时,广州市粮食集团邀请国家粮食局粮食科学研究院的曹阳教授和本课题负责人赴当地参加五人专家论证会。其他三位专家从环境保护角度论证水泥厂可能会对周边环境产生污染问题,曹阳教授从粮食储藏角度提出粮库对周边环境要求,并引用《粮油仓储管理办法》附件一“关于污染源、危险源安全距离的规定”。该水泥厂虽距粮库仅一路之隔,但已经超过了100米,故当时该规定并未引起广州市政府有关部门的重视。本课题组负责人在发言中引用了《国务院办公厅关于印发粮食安全省长责任制考核办法的通知》(文号:国办发〔2015〕80号)第9条规定,并解释说除一般情况下的考核结果外,还有直接确定为不合格的特殊情况,即对因不履行职责、存在重大工作失误等对粮食市场及社会稳定造成严重影响的,年度考核为不合格,并依法依纪追究有关责任人的责任。出席该论证会的广州市发改委负责人现场表态,要求广州市粮食集团立刻形成报告、市发改委会同有关部门立刻整改、水泥厂立即停止建设。该水泥厂建设风波就此戛然而止。

② 该规定源自《粮食仓库建设标准》。之所以建议把这些规定上升为法律,主要考虑是:(1)粮食储备设施选址问题是减灾阶段的重要体现。如果选址不当,可能导致突发事件暴发时粮库的倒塌,很难起到安全保障作用。尤其是在自然灾害型的突发事件下,如果粮食储备设施岿然不动,势必对稳定人心、应急救助有非常重大的作用。比如,2010年青海玉树地震,当时距离玉树不远的一个新建省级粮食储备库没有倒塌,无疑对玉树的粮食应急意义重大。(2)近几年粮库出现洪水中的透水事故,导致几千到几万吨的储备粮食被毁,需要逐步引起重视。在灾害到来之前需要加固粮食储备设施,或者重新选址建造,以避免类似事故的发生。(3)九级地震并不是人类认知的极限。实际上,东日本地震发生前,日本政府对核电站选址的抗震等级要求为8.5级,但东日本地震超越了这一认知,导致了地震、海啸与核辐射三重灾害肆虐的惨重后果,需要我们重视和引以为戒。(4)洪涝灾害是我国最为常见的突发事件之一,古代“移民就粟”即非常重要的救助措施。课题组采用《粮食仓库建设标准》中的规定,对粮食储备设施选址条件进行了规定。这是比较合理的措施,需要予以法律规定。

集中垃圾堆场、污水处理站等单位，不小于500米；（3）距砖瓦厂、混凝土及石膏制品厂等粉尘污染源，不小于100米。在具体适用的时候，可以通过行政法规或者司法解释在对“不小于”作出具体解释。而对违反前述规则的行为，根据后果的严重程度，在法律责任部分规定实行对单位负责人、直接主管和直接责任人惩罚制度。

（三）社会储备粮食制度

新冠肺炎疫情暴发后，作为恤农、备荒、防灾最后防线的政府粮食储备起了至关重要的作用，但也暴露了社会储备粮食严重不足的问题，如何增强粮食储备的韧性成为提升能力保障的关键。增强粮食储备韧性的核心在于健全多元化粮食储备制度，避免单纯依赖某种单一储备现象的发生。为此，建议以增强粮食储备能力的韧性为中心，从如下三个方面设计社会储备粮食制度。

第一，明确粮食经营者的社会责任。国有国法，行有行规。粮食“不因甲的消费增加而乙的消费就减少”特性，决定了粮食经营者在从事粮食业务伊始就负有恪守粮食行业的行规，无权以经营自主权来对抗必须履行的社会责任。这方面的制度设计是：一方面，根据粮食经营规模对社会产生的可能影响，对于从事批发销售的个体工商户和销售粮食的大型超市规定应当保持不少于上年度日均经营量5倍的粮食库存；对于从事收购、加工、批发销售的粮食企业规定应当保持不少于上年度日均经营量10倍的粮食库存。另一方面，根据粮食供需变化可能出现的多种投机行为，为保护种粮者利益和粮食主产区利益，有必要授权省级人民政府对粮食经营者实行必要库存量制度。

第二，鼓励粮食生产经营主体以及社会化服务组织储备粮食。当前，小农户作为粮食生产经营主体尚广泛存在，粮食经纪人在粮食购销活动中起了重要的桥梁作用。随着粮食规模生产的发展，粮食经纪人作为购销环节的桥梁使命将退出历史，取而代之的是粮食生产经营者自己储存粮食，或者从事社会化服务的某些组织也兼营粮食储存业务。这是社会发展的未来趋势。为此，《粮食安全保障法》应规定国家采取信贷、财政补贴等措施鼓励粮食生产经营主体和社会化服务组织建设粮食仓储设施，储存一定数量的粮食。

第三，明确要求规模以上单位食堂储存粮食，鼓励居民、农户存储粮食。新冠肺炎疫情暴发时，全国各大中小学适逢假期，大大减轻了聚集性感染的可能。但同时也引发人们思考，如果是大中小学正常上课时间，单位食堂现有的供应措施可以满足集中用餐需求吗？如果不能满足，极有可能引起较大的社会恐慌。据抽样调查，郑州所在地的大学食堂一般储存量为 2 天口粮需求，难以满足“极端隔离”措施下的单位集中用餐需求。由于国家机关、学校、医院、大中型企业等具有人员集中用餐的特点，故而应规定单位食堂具有储存成品粮义务。至于居民家庭，则鼓励根据需要储存一定数量的成品粮。近年来，以粮食生产为主业的农村不储备粮食的现象已经极为普遍，所需面粉、馒头、面条等口粮消费多像城镇人一样从超市或者粮店购买。据笔者在小麦全国第一生产县滑县穆营村调查，该村常住人口为 3000 人，拥有高标准农田近万亩，是数百年来方圆百里公认的耕地大村、产粮大村。[①] 而就是这样人口集中、粮食集中的中原大村，竟然没有一家磨坊或者面粉厂（甚至豆腐作坊也没有），村民日常消费品多从村里个体超市或者集镇上购买。鉴于农民储粮习惯和生活方式已经发生了较大变化，粮食储备的农村防线已经被突破，《粮食安全保障法》应授权乡镇人民运用市场机制合理引导农户科学储粮，实现农户有利可得和增强粮食储备能力的共赢，增强应对粮食供应危机的第一道防线。

## 三、粮食流通能力保障制度

粮食流通对粮食生产具有反作用，从而对粮食主产区利益产生影响。马克思认为：“流通是商品所有者的全部相互关系的总和。在流通以外，商品所有者只同他自己的商品发生关系。”[②]粮食流通存在的独立性决定了粮食流通能力保障制度是《粮食安全保障法》的重要制度。习近平总书记在粮食主产区河南考察时要求“做好粮食市场和流通的文章”。[③] 粮食流通能力保障制度除对军粮供应作出明确规定外，其他用粮可以从如下几个方面进行设计。

---

① 据了解，在粮食经纪人队伍兴起之前，该村村民到周围留固镇、万古镇等出售余粮时，享受高价售粮的“特殊礼遇”，平均每斤小麦要高出其他村民粮价 1 厘到 2 分钱。

② 《马克思恩格斯全集》第 23 卷，人民出版社 1973 年版，第 188 页。

③ 《习近平在河南考察时强调　坚定信心埋头苦干奋勇争先　谱写新时代中原更加出彩的绚丽篇章》，载《人民日报》2019 年 9 月 19 日，第 1 版。

(一)粮食市场秩序规制制度

在国家培育和发展统一、开放、竞争、有序粮食市场体系下,粮食市场秩序规制制度共有三个方面的问题:

第一,关于管粮还是管仓的问题。理论界和实务界对于管粮还是管仓的问题有不同意见。按照“颗粒归仓”的农耕文化传统,总结我国历史上的粮食管理立法经验,结合《行政许可法》等法律法规的规定,《粮食安全保障法》应确立粮仓登记制度。① 具体是:粮仓权利人应当向粮仓所在地的县级以上粮食和物资行政管理部门登记,履行报告信息义务;在可能影响国家粮食安全情况下,县级以上粮食和物资行政管理部门可令粮仓权利人随时报告粮仓使用情况、存粮数量等信息。粮仓登记制度的设立可以有效解决通过掌握粮仓数量进而掌握国家粮食储备情况,从而为宏观调控的精准施策提供了基础。相应地,国家在规划和建设粮食流通基础设施时,应以粮仓为中心展开建设并对其实施有效管护,从而架通粮食生产区域与粮食市场的桥梁。

第二,关于粮食收购许可等经营问题。从事粮食收购是否需要经过许可不仅在社会上有争议,而且在国家粮食和物资行政管理部门内部也有不同意见。根据粮食“不因甲的消费增加而乙的消费就减少”无可替代性特征,《粮食安全保障法》旨在应对粮食安全风险的立法初衷,借鉴法国等发达国家对粮食实行严格管控以及民国时期历史经验②,建议参考粮食收购许可制度,《粮食安全保障法》对从事粮食收购等经营业务活动进行相应规范,同时对从事粮食加工、销售等经营活动者实行登记备案制度,有利于掌握粮食市场主体变化情况和稳定粮食流通秩序。与此同时,在粮食经营管理上要重视对粮食经营台账的管理,特别要明确对较大数额粮食经营台账的管理,以便应对影响社会安定情况

---

① 民国政府 1939 年发布的《非常时期粮食调节办法》规定:粮食调节机关可组织粮食行商、加工厂、仓库的登记,并令其随时报告购销及积存数量。民国全国粮食管理局 1940 年公布《粮食管理紧急实施要项》规定:各市场粮商及其有关仓库及加工事业均应予以登记,并受政府委托负起购运配销储藏及加工粮食的责任。

② 比如,民国政府 1942 年公布的《粮商登记规则》规定,凡经营粮食业务的公司、商号、经纪、行栈、仓库、厂坊除按其他法令登记外,应向粮政机关登记,领取营业执照。未登记领有营业执照者,不得经营粮食业务。

的发生。①

第三,关于政策性粮食经营活动的管理问题。政策性粮食是指政府指定或者委托粮食经营者购买、储存、销售、加工,并给予财政、金融等方面政策性支持的粮食,包括政府储备粮、最低收购价粮等。如果允许粮食经营者从事政策性粮食经营,则有失粮食市场的公平竞争;如果不允许粮食经营者从事政策性经营,无疑不利于粮食产业的健康发展。《粮食安全保障法》应允许粮食经营者从事政策性粮食经营活动,但要明确其禁止行为,主要包括:(1)虚报粮食收储数量;(2)通过以陈顶新、以次充好、低收高转、虚假购销、虚假轮换、倒卖等方式套取粮食价差、财政补贴,骗取信贷资金;(3)挤占、挪用、克扣财政补贴、信贷资金;(4)擅自以政策性粮食为债务人提供担保、清偿债务,或者改变政策性粮食指定用途;(5)利用政策性粮食进行商业经营或者期货等金融衍生品交易;(6)阻挠、拖延或者拒不执行政策性粮食计划指令;(7)购买国家限定用途的政策性粮食,倒卖或者不按照规定用途处置;(8)擅自动用政策性粮食;(9)其他违反国家政策性粮食经营管理规定的行为。

### (二)粮食流通环节质量管控制度

粮食流通环节的粮食质量管控要求在正常情况下进行粮食质量检验,如果发现出售的粮食有质量问题,应有相应的追溯机制。

如果出库前发现有影响粮食质量情形,明确规定禁止作为口粮销售,并且应当按照有关规定处理,同时将处理情况向县级以上粮食和物资行政管理部门、市场监督管理部门报告。这些情形具体包括:(1)真菌毒素、农药残留、重金属以及其他危害人体健康的污染物质含量超过食品安全标准限量的;(2)霉变或者色泽、气味异常的;(3)储存期间使用化学药剂并且在药效残留期限内,

① 关于为何规定粮食经营者要特别做好较大数额粮食台账,笔者认为,《粮食安全保障法》旨在保证国家粮食安全和居民口粮消费安全,这种保证不仅在平时而且在非常时期(如疫情、动乱、战争等)也应发挥作用。历史上群体事件发生前夕一般都会"聚草屯粮"或者粮食消费数量超过正常居民消费数量,这种情况不可避免地在粮店会有所反应。因此,主张把粮食经营者出售较大数额的粮食做好台账记录。产生争议有深层的社会原因。在当前行政审批体制改革情况下,必须避免的一个误区是"放权"不等于"放任不管"。我国正在推进法治中国建设,"放权"给市场是必需的,但是在法律中对"放权"的度作出科学设置也是必要的,尤其《粮食安全保障法》更多是"防患于未然"的法律制度设计。

或者混有化学药剂残渣未处理的；(4)被包装材料、容器、运输工具等污染，不符合食品安全标准的；(5)其他法律、法规以及国家有关规定明确不得作为口粮销售的。

### (三)粮食流通特殊情况管理制度

粮食流通领域不可避免地会发生一些特殊情况，《粮食安全保障法》也应作出相应的制度设计。这些特殊情况主要包括：(1)当出现非正常情况用粮用途时，比如应急救济、种子供应等出现暂时经费短缺问题，《粮食安全保障法》应规定允许赊账销售。(2)当粮食供给出现重大危机或者可能出现重大危机时，《粮食安全保障法》应授权国务院可以对粮食实行管控。(3)对于老年人、婴幼儿、孕妇、哺乳期妇女等人群的特殊消费，《粮食安全保障法》应明确禁止粮食经营者不得利用该群体的特殊消费需求而进行虚假标示和宣传，误导、诱骗消费者购买。

## 四、粮食应急管控能力保障制度

我国的自然灾害具有灾害种类多、分布地域广、发生频率高、造成损失重的特点。同时，我国国土面积广袤，粮食生产集中在少数几个主产区，在危机发生时粮食流通极易出现问题而致粮食供给出现断档。习近平总书记明确要求："积极推进我国应急管理体系和能力现代化。"①结合 2020 年新冠肺炎疫情期间粮食应急管控出现的问题，笔者建议在作相应制度设计时重点把握如下内容。

### (一)粮食应急专项规划和预案制度

习近平总书记指出："要健全风险防范化解机制，坚持从源头上防范化解重大安全风险，真正把问题解决在萌芽之时、成灾之前。"加强应急预案管理。②

---

① 《习近平在中央政治局第十九次集体学习时强调　充分发挥我国应急管理体系特色和优势　积极推进我国应急管理体系和能力现代化》，载《人民日报》2019 年 12 月 1 日，第 1 版。

② 《习近平在中央政治局第十九次集体学习时强调　充分发挥我国应急管理体系特色和优势　积极推进我国应急管理体系和能力现代化》，载《人民日报》2019 年 12 月 1 日，第 1 版。

结合我国已经建立统一管理、综合协调、分级负责、属地管理为主的粮食应急管理体制，笔者建议在《粮食安全保障法》中明确规定国务院制定粮食应急专项规划，省级人民政府制定本行政区域的粮食应急专项规划。具体理由是：

第一，粮食应急规划具有由灾害评估和风险降低两个目标驱动的特点，便于在风险萌芽之时、成灾之前真正解决问题。截至目前，我国尚缺乏粮食应急专项规划的编制，在实际工作中，大多数人将粮食应急预案等同于粮食应急专项规划。溯源我国粮食应急预案，肇始于2003年“非典”疫情，2005年形成《国家粮食应急预案》。在地方，各省、市、县人民政府制定了地域粮食应急预案。2015年，根据《粮食收储供应安全保障工程建设规划(2015—2020年)》，各省据此出台了相应建设规划，并修订了粮食应急预案。需要说明的是，与粮食应急专项规划较为接近的是国家有关“完善应急供应体系”，但缺乏应急规划应有的功能和范畴。

第二，粮食应急规划不同于粮食应急书面预案。从管理学角度来说，粮食应急预案是在某一应急过程中特定时间点的预设方案，而粮食应急规划则是一个动态的行政管理过程，既应对灾害风险升级又应对灾害风险降低。必须明确的是，笔者主张重视“粮食应急专项规划”的制定，并非忽视《粮食应急预案》的完善和应用。恰恰相反，“粮食应急专项规划”及《粮食应急预案》、“粮食应急预案操作细则”三者不可或缺，并应相辅相成。在具体操作步骤上，基于持续提升粮食应急保障能力的考虑，应该以国务院名义出台国家层面的粮食应急专项规划，然后各省级人民政府结合本地情况编制本行政区域范围的粮食应急专项规划，并辅之以粮食应急预案及相应操作细则。至于县级人民政府，并非必须制定“粮食应急专项规划”，但要在区域粮食应急预案中对规划有所设计和明确。

### (二)粮食市场监测预警制度

习近平总书记强调要加强风险评估和监测预警。[①] 监测预警制度是粮食

---

① 《习近平在中央政治局第十九次集体学习时强调　充分发挥我国应急管理体系特色和优势　积极推进我国应急管理体系和能力现代化》，载《人民日报》2019年12月1日，第1版。

市场上的“烽火台”。国家应该建立粮食市场监测与预警制度，加强对全球粮食储备、国际粮食市场供求形势、国际物流通道等的监测，加强对全国粮食总量平衡、质量状况、市场价格、物流通道、消费需求等进行综合评估，确定风险等级，采取必要措施。而各省级人民政府及有关部门应当加强对辖区内粮食生产、需求、库存、价格及粮食市场动态的实时监测与分析，并按照国家有关部门要求及时报送市场监测情况。这样考虑的主要理由是：

第一，要注意粮食价格的传导性风险，因而不能只监测国内的粮食价格、库存和数量，而要放宽到全球范围，随时掌控粮食市场供求和价格动态变化情况。这方面我们可以从2008年暴发的全球粮食危机和2020年新冠肺炎疫情期间越南等部分出口国不断传出限制粮食出口消息①得到启示。

第二，增加对国际物流通道的监测。俗话说：“功大者无过救驾，计毒者无过断粮。”中外军事战争史表明，断绝粮道致使敌对方因缺粮而失败的战例数不胜数。除此之外，笔者建议增加对国际物流通道的监测的理由还包括：(1)中国粮食进口数量大、里程长，严重依赖外方海运港口设施和物流通道。但国际贸易不确定因素多，粮食进口国需要多元化，粮食进口路径不能仅依赖单一通道，以免因海外战争、政治局势、贸易冲突造成物流通道风险问题。(2)国内粮食物流通道建设也应逐步受到重视。这是因为中国国土面积广袤，多数人口集

---

① 2008年暴发了全球性的粮食危机。据联合国粮农组织统计，全球粮食价格2006年上涨12%，2007年上涨24%，2008年前8个月涨幅超过50%。非洲(21国)、亚洲(10国)、拉丁美洲(5国)、欧洲(1国)共37个国家粮食总产量/供应量严重缺口，全球粮食储存跌至30年的最低点。全球最大的大米出口国泰国国内出现米荒，大米价格的飙升幅度超过100%；而“世界粮仓”美国也受到影响，其最大的连锁超市沃尔玛(包括山姆会员店和好事多)甚至对顾客购买部分品种的大米数量加以限制。前述资料参见《“中国粮食危机论”已成历史?》，载搜狐网，https://www.sohu.com/a/334682662_120114460，2019年12月30日访问。

“随着新冠肺炎疫情在全球蔓延，部分粮食出口国传出限制出口的信息，国家粮油信息中心高级经济师王辽卫28日接受新华社记者专访表示，我国实现了‘谷物基本自给、口粮绝对安全’，粮食供求总体宽松，完全能满足人民群众日常消费需求，也能够有效应对重大自然灾害和突发事件的考验。”《口粮绝对安全、百姓米面无忧——关于当前粮食市场供应问题的对话》，载《海南日报》2020年3月29日，第9版。

聚在“胡焕庸线”[1]东南方，超千万人口的城市逐步增加。然而，中国粮食生产越来越集中在少数北方省份，这等于是“把所有鸡蛋放在一个篮子里”，粮食流通风险加大。

### （三）粮食市场异常波动应急报告制度

“烽火台”发现了“敌情”，若不能及时报告并启动相应应急预案，必将带来无可估量的后果。为此，笔者主张建立粮食市场异常波动报告制度，当出现下列情形之一的，应层报国家有关主管部门：(1) 发生干旱、洪水、地震、泥石流、台风、极端气温，以及其他严重自然灾害，导致粮食市场出现异常波动；(2) 发生非典、禽流感、登革热等重大传染性疫情，以及群体性不明原因疾病的公共卫生事件，引发公众恐慌，造成粮食市场异常波动；(3) 发生农药残留、重金属、真菌毒素、核辐射等粮食污染，以及重大食物中毒、职业中毒的事故灾难，引发公众恐慌，造成粮食市场异常波动；(4) 边境难民涌入、国际贸易冲突等其他引发粮食市场异常波动的情况。之所以建议作出这样规定，基本考虑是：

第一，粮食应急管控有“应什么急”和“如何应急”两个基本问题。这是因为：一方面，国家或地区可能会面临诸多灾害威胁，其形成过程有长有短，有缓有急，还可能引发次生灾害。但是，粮食应急并非针对国家或地区内所有的灾害，而必须指向那些与粮食救助（或物价影响）密切关联的事件。因此，形形色色的灾害中，究竟哪些灾害与粮食应急相关联？这些灾害如何进行分类与分级？这是研究粮食应急管控必须明确的首要问题。另一方面，粮食应急体系的

---

① 据胡焕庸先生在 1935 年《地理学报》第 2 卷第 2 期发表的论文《中国人口之分布》，通过深入分析中国人口（等值线）密度图，发现了一条神秘的对角线：“今试自黑龙江之瑷珲，向西南作一直线，至云南腾冲为止，分全国为东南和西北两部。则此东南部之面积，约占全国总面积的 36%；西北部之面积，约战全国总面积的 64%。惟人口之分布，则东南部计 4.4 亿，约占总人口 96%；西北部之人口，仅 1800 万，约战全国人口之 4%。其多寡之悬殊，有如此者。”为纪念胡焕庸对于这条重要的地理界线的发现之功，美国俄亥俄州立大学田心源教授将其称为“胡焕庸线”。根据 1982 年中国内地第四次人口普查的数据，胡焕庸先生于 1987 年提出，“中国东半部面积占目前全国的 42.9%，西半部面积占全国的 57.1%……在这条分界线以东的地区，居住者全国人口的 94.4%；而西半部人口仅占全国人口的 5.6%”。到 2000 年第五次人口普查时，胡焕庸线东南半壁依旧人口密集，土地面积占全国的 43.8%，人口却占 94.1%；而西北半壁依旧人口稀疏，土地面积占全国的 56.2%，人口仅占 5.9%。与 1935 年相比，无论是人口分布比例，还是人口密度之比，都没有发生太大变化。参见唐博：《胡焕庸与神秘的“胡焕庸线”》，载《地图》2011 年第 4 期。

建设会受到诸如国家或地区内经济发展、灾害种类和地理特征等因素的影响。如何根据灾害管理的不同阶段对粮食应急进行细分,并制定相应的管理策略,则是研究粮食应急供应体系的另一个关键问题。

第二,判断是否可能导致粮食突发事件通常从以下几点考虑:(1)粮食系统受到冲击或干扰,造成了巨大破坏性,而且这种破坏性影响的地域范围大、人群范围广。(2)受到破坏后的粮食系统恢复的时间跨度大。如果系统恢复的时间很短,一般不会造成粮食安全突发事件。问题的关键是,有时候系统在很长时间内都无法恢复,导致受灾人群的口粮供给保障出现了问题。(3)某地域范围内在极短时间涌现出了大量难民、饥民,其正常口粮需求无法保障;如果没有食物供应,可能造成当地社会秩序的紊乱。

第三,粮食应急预案实施以来出现了多种应急情景。主要包括:(1)自然灾害事件情景。例如,2010 年西南五省遭遇大范围干旱,部分地区旱情甚至百年一遇,为粮食应急供应提供了干旱灾害情景;2010 年甘肃舟曲特大泥石流为粮食应急供应提供了泥石流灾害情景;2013 年超强台风“海燕”、2014 年超强台风“威马逊”为粮食应急供应提供了台风灾害情景;2008 年南方雪灾为粮食应急供应提供了极端气温的灾害情景。(2)非典、禽流感、登革热等重大传染性疫情造成的公共卫生事件情景,为粮食应急供应提供了公共卫生事件的灾害情景,其他诸如禽流感、登革热、非洲猪瘟等,亟须纳入粮食安全情景库予以预警应对。(3)农药残留、重金属、真菌毒素等造成的粮食品质危机。目前,多数地方粮食系统已将农药残留、重金属、真菌毒素等纳入粮食入库检测项目。存在的问题是:国内一些地方粮食系统将粮食数量安全与粮食质量安全分开对待,不利于粮食安全的综合治理。2013 年广东“镉大米事件”为粮食应急供应提供了重金属超标的灾害情景,需要将粮食数量与品质统一起来进行应对。2011 年东日本大地震为粮食应急供应提供了核辐射的灾害情景,需要导入这一情景进行减灾预防。(4)边境难民涌入、国际贸易冲突等其他引发粮食市场异常波动的情况。朝鲜半岛核试验、缅甸国家动乱等,由于与中国毗邻,一旦事件失控,必定造成大量难民涌入中国,势必对粮食安全造成一定的风险。

除上述内容外,把加强粮食应急加工能力建设、应急管控期间有扰乱市场行为的惩处措施以及粮食应急预案的善后完善等也应在《粮食安全保障法》中进行体现，实现粮食应急的法定化。

## 五、粮食产业高质量发展制度

《粮食安全保障法》有关粮食产业高质量发展制度的设计，要充分考虑我国粮食产业经济发展面临的内外部环境以及任务。粮食产业高质量发展是多种因素合力作用的结果，既需要粮食产业政策的支持，又需要国家专项资金的支持；既需要科技兴粮，又需要人才兴粮。为此，国家在作前述相关制度设计时，应建立和健全粮食产业决策机制，定期组织专家和有关方面开展对国际国内粮食产业发展形势的分析研判，以推进国家粮食产业政策的科学决策，重点作好如下三个方面的制度设计。

### （一）粮食产业经济发展支持制度

粮食产业经济发展支持制度设计目的是增强粮食产业核心竞争力，增加绿色优质粮食产品有效供给，促进农民持续增收。它的实现路径主要有三个方面：

第一，发展粮食产业化经营。粮食产业化经营是在稳定、完善农村联产承包责任制的前提下，按照发展社会主义市场经济和社会化大生产的要求，合理配置各种资源，通过粮田规模经营、多成分多要素投入、社会化服务、企业化管理，形成以粮食生产为中心，产前、产后各行业相互促进、联动发展的产业链。[①]从该定义不难看出粮食产业化经营的主要特征：粮食生产要实现适度规模化经营，"农业部调查表明，从我国资源禀赋和当前城乡居民收入差距看，一年两熟地区户均耕种五十至六十亩、一年一熟地区户均耕种一百至一百二十亩，就有规模效益"[②]；粮食"产购储加销"实现一体化，各种社会服务能够跟得上，相互促进，联动发展；粮食产业投入要素实现多元化，既有国家、集体、种粮农民的投入，又有社会资本的投入，从而实现投入规模和回报的最佳结合。

第二，重视粮食品牌化建设。习近平总书记指出："粮食也要打出品牌，这

---

① 冯久先：《粮食产业化经营的基本构想》，载《农业经济问题》1995 年第 11 期。

② 习近平：《在中央农村工作会议上的讲话》（2013 年 12 月 23 日），载中共中央文献研究室编：《十八大以来重要文献选编》（上），中央文献出版社 2014 年版，第 678－679 页。

样效应好、价格高。”[①]改革开放以前，我国粮食供给长期紧张，再加上计划经济体制下运行，虽然有粮食产业但缺少品牌化建设，人们对粮食产品的数量重视远远高于对质量和品牌的重视。在温饱型粮食安全实现以后，随着生活水平的提高，人们逐渐对粮食品质越发重视。现在国家推行的粮食优质工程正是适应了该社会需求，福临门、北大荒、五常米业、淮阳稻花香大米等品牌的兴起，启示粮食主产区要重视品牌建设，突出特色。

第三，支持“三链”融合发展。如何推动粮食主产区发展和促进农民增收，习近平总书记指明的根本出路是：“发挥自身优势，抓住粮食这个核心竞争力，延伸粮食产业链、提升价值链、打造供应链，不断提高农业质量效益和竞争力，实现粮食安全和现代高效农业相统一。”[②]“三链”融合发展解决的是我国粮食低端产能过剩而高端需求供给相对不足的矛盾，是推动粮食产业转型升级的重要举措。以小麦全国第一生产县滑县为例，全县迄今为止主要靠出售小麦原粮，有规模的加工企业几乎没有，小麦的“产购储加销”对外依存度较大，产业链、价值链和供应链是割裂的。与其相一致的是，该县作为国家级贫困县尽管已经摘帽，但种粮农民的生存状况并未根本改观，粮食种植的规模效益尚有待发现。

### （二）粮食产销合作制度

《农业法》第32条第2款对粮食产销合作制度作了规定：“国家支持粮食主产区与主销区建立稳定的购销合作关系。”但从当前形势发展来看，它并未突出粮食主产区的主动与优势。为此，在《粮食安全保障法》中有关该制度设计的建议是：国家鼓励和支持粮食主产区、粮食主销区、粮食产销平衡区开展多种形式的粮食产销合作，发挥粮食流通对生产的引导作用，促使粮食生产与消费有序衔接，提高国家粮食安全综合保障能力。对此，可以作如下理解：

---

① 《习近平同志到吉林延边考察时的讲话》，载国家粮食局编：《建设粮食产业强国实践与探索》，中国财富出版社2018年版，第6页。

② 《习近平李克强王沪宁韩正分别参加全国人大会议一些代表团审议》，载《人民日报》2019年3月9日，第1版。

第一,明确粮食主产区对国家粮食安全的支撑力。从粮食生产越来越向少数区域集中的趋势来看,尽管国家要求粮食非主产区也要增强粮食自给能力,但不可否认的是,粮食主产区对国家粮食安全的支撑度越来越高,客观上要求国家和粮食非主产区加大对粮食主产区利益补偿力度。笔者提出的制度设计是:国家建立和完善粮食主产区政策支持体系和利益补偿机制,促进粮食主产区粮食生产发展和经济实力增强有机统一,提高粮食主产区对国家粮食安全的支撑能力。

第二,明确粮食流通对生产的引导作用。粮食生产的产品通过流通满足了粮食消费者的需求。在这一过程中,粮食生产是起点,粮食消费是终点,而粮食流通是架通二者之间的桥梁。作为粮食生产和粮食消费之间的桥梁,粮食流通的作用不是单向度而是双向度的,粮食消费可以创造出生产的需要并成为生产的前提。正如马克思所反复强调:“生产生产着消费,消费生产着生产。”①

### (三)关于粮食产业安全保障制度

粮食产业安全的威胁既有外部因素也有内部因素。因此,笔者建议设置并购审查制度和产业链异常消除威胁制度。具体设计是:新建或者并购境内从事粮食生产、经营等活动的企业,涉及国家粮食安全的,有关部门应当按照国家有关规定进行审查。当育种、生产、储备、加工、进出口等因素出现异常情况时,对国内粮食产业造成实质损害或者产生实质损害威胁的,国家有关部门应当采取必要措施消除损害或者损害的威胁。这样设置的原因是:

第一,对粮食产业链风险进行监测,尤其是相关粮食资源、粮食通道不能受控于外资企业,避免出现诸如大豆产业沦陷的局面。一旦出现类似风险,需要快速予以应对。

---

① 《马克思恩格斯选集》第2卷,人民出版社1995年版,第9－10页。

第二，目前有关粮食安全的政策与措施①多出于经济安全的视角，尚未提升至国家安全的高度。经济视角的粮食安全多从粮食产业链出发，考虑粮食的供给、库存、价格和消费问题，没有从食物供应链管控、农业重大利益出发进行综合考量，从而忽视潜在的粮食安全风险。比如，类似难民涌入、贸易冲突、政治动荡、战争等极端事件，在以经济安全为核心的粮食安全风险分析时，是不会重点考虑的。还有外资控制育种、加工或储备环节所导致的风险，种族文化导致的饮食差异，转基因观念不同而可能导致的人群骚动等，都需要从国家安全角度系统分析潜在的风险。

## 六、粮食安全监管能力保障制度

粮食安全监管既有对粮食数量的监管，也有对粮食质量的监管。政府有关部门分工合作，既加强对粮食生产、流通、消费的监管，又加强对粮食储备的监管，主要制度设计如下。

### （一）粮食库存检查制度

粮食收购入库到销售出库期间，由粮食储存单位进行日常管理。为此，国家建立和健全粮食库存检查制度，由国家粮食和物资行政管理部门会同有关部门每年对粮食库存粮食的数量、质量和储存安全以及政策性补贴、储备粮贷款等情况定期进行检查。如发现情况及时处理，从而保证粮食储备安全。

为更加有效地加强监管，企业信用体系建设作为较为有效的监管措施，建议纳入国家粮食安全保障立法，具体建议是：县级以上人民政府应当加快推进粮食经营企业信用体系建设，建立完善守信联合激励和失信联合惩戒制度。

---

① 如《外商投资法》第6条规定："在中国境内进行投资活动的外国投资者、外商投资企业，应当遵守中国法律法规，不得危害中国国家安全、损害社会公共利益。"《国有粮油仓储物流设施保护办法》第15条规定："任何公民、法人和其他组织对侵占、损坏、擅自拆除粮油仓储物流设施，擅自改变粮油仓储物流设施用途，危害粮油仓储物流设施安全和粮油储存安全的违法行为，有权向各级人民政府粮食行政管理部门举报。"《中央储备粮管理条例》第31条规定："承储企业不得以中央储备粮对外进行担保或者对外清偿债务。承储企业依法被撤销、解散或者破产的，其储存的中央储备粮由中国储备粮管理总公司负责调出另储。"

### (二)粮食监督检查措施

粮食、市场监督监管部门等有关部门在进行监督检查时,需要采取一定的监管措施。经总结多年来监督检查经验,从有利于监督检查工作开展角度出发,建议下列监管措施上升为法律:(1)进入现场检查或者核查;(2)查阅、复制有关资料、账簿、凭证;(3)向有关单位和人员调查了解相关情况;(4)发现问题的,现场要求整改;(5)查封、扣押不符合粮食质量安全标准的粮食,违规使用的添加剂和添加的非食用物质,以及用于违法生产经营或者被污染的工具、设备等其他物证;(6)查封违法从事粮食经营活动的场所。为避免有其他情况的出现,将“法律、法规、规章规定的其他措施”作为兜底性措施。监管部门监督检查工作结束以后,应按规定建立档案,以便备查。

对于被监管对象而言,要明确对有关部门依法进行的监督检查,被监管对象有义务予以配合,如实说明情况,提供必要资料,不得以拒绝、阻挠或者其他方式影响监督检查。否则,将承担相应的法律责任。

### (三)政府绩效考核制度

作为地方政府领导班子带领经济社会发展的核心激励制度,政府绩效考核制度在很长一段时期对于推动我国改革开放、富民强国起到了极为重要的作用。但关于其存在的法律依据,我们仅可以在《地方各级人民代表大会和地方各级人民政府组织法》可以找到较为模糊规定,县级以上地方各级人民政府有权领导所属各工作部门和下级人民政府工作,管理本辖区内经济、教育等各项行政工作,并依照法律规定任免、培训、考核和奖惩国家行政机关工作人员,乡镇人民政府有权管理本行政区域的各项行政工作,并办理上级国家行政机关交办的其他事项等。[①] 有研究认为“我国政府绩效考核制度目前作为行政内部制度并没有对民众公开,但是考核目标却直接决定着地方政府的职能行为”。[②] 随着法治中国建设的逐渐深入和依法行政工作的推进,明确把粮食安全保障考

① 参见《地方各级人民代表大会和地方各级人民政府组织法》第 59 条、第 61 条。

② 秦晓蕾:《地方政府绩效考核制度正义性反思》,载《江海学刊》2016 年第 6 期。

核纳入政府绩效考核制度的法律依据已经显得越来越迫切。

在调研过程中，甘肃、河南、江苏、安徽、浙江、湖南等地反映的一个共性问题就是，粮食安全省长责任制的考核缺少法律依据，上级人民政府对下级人民政府进行粮食安全保障工作考核的法律依据也不甚明确。在前面的制度设计中，我们把粮食安全省长责任制作为工作抓手作了制度设计，对于上级人民对下级人民粮食安全保障工作考核的制度设计是，把该项考核工作纳入政府绩效考核制度。为此，建议在《粮食安全保障法》中明确规定：上级人民政府对下级人民政府在耕地、水资源、粮食种质资源保护和粮食生产、储备、供应、质量安全、市场监管等方面的情况进行监督，并纳入政府绩效考核体系。

# 第四编

# 粮食安全立法实现研究

# 第一章　当代中国粮食安全风险防范的法治路径*

习近平总书记指出，构建新发展格局是一个系统工程，要把握的一个工作着力点就是推进农业农村现代化，“保障粮食等重要农产品供给安全，是‘三农’工作头等大事”。[①] 然而，当前国内外风险因素相互叠加，全球经济发展陷入低迷期，各种不稳定和不确定性因素增多，如何“确保中国人的饭碗牢牢端在自己手中”[②]迎来新挑战。

## 一、当代中国粮食安全面临的风险挑战

习近平总书记指出：“确保粮食安全，不仅要着眼平时，还要提升应急保供能力，系统梳理生产、加工、流通、储备、贸易等方面可能存在的风险点。”[③]立足于中国有 14 亿人口的客观实际，笔者预判在新发展格局构建过程中，当代中国粮食供求紧平衡态势将长期存在，但受国内外风险因素叠加影响，这种紧平衡态势很可能因某种因素突出而被暂时打破，粮食短缺局面将持续数年时间才有可能恢复到紧平衡状态。具体来说，这些国内外风险因素主要涉及如下几个方面，而国内因素应对风险准备不足是最重要因素。

---

* 本文原载《粮食科技与经济》2024 年第 1 期，发表时篇名为《新发展格局下中国粮食安全面临的风险挑战及其治理》。

① 习近平：《新发展阶段贯彻新发展理念必然要求构建新发展格局》，载《求是》2022 年第 17 期。

② 习近平：《高举中国特色社会主义伟大旗帜　为全面建设社会主义现代化国家而团结奋斗——在中国共产党第二十次全国代表大会上的报告》，载《人民日报》2022 年 10 月 26 日，第 3 版。

③ 习近平：《加快建设农业强国　推进农业农村现代化》，载《求是》2023 年第 6 期。

### (一)显性耕地数量质量仍齐降,隐性耕地有遭毁风险

这里所说的显性耕地,是指已被确权的耕地或者其他统计在册的耕地。我们同意显性耕地总量减少势头得到遏制的既有观点,但笔者认为人均耕地数量和耕地质量仍在下降。对比《第二次全国土地调查主要数据》(以下简称"二调")和《第三次全国国土调查主要数据》(以下简称"三调"),①不难发现,在2009年至2019年这10年,全国耕地由203077万亩降至191792.79万亩,减少了1.128421亩,延续了"二调"前的数量减少趋势,②耕地"非农化"现象明显加剧。经过采取"长牙齿"的系列措施,2022年度统计全国共有耕地12760.1万公顷③(折合191401.5万亩),耕地总量持续减少的势头初步得到遏制,甚至最近两年还出现耕地增长,但人均耕地④却从2019年的1.329亩降至1.326亩,人地矛盾进一步突出。就区域耕地数量情况来看,如果进一步分析土地利用遥感数据,除东北区耕地增长0.5%外,全国其他地区均为耕地减少。"保障国家粮食安全的根本在耕地,耕地是粮食生产的命根子。"⑤如果耕地数量持续减少,国家粮食安全的根基必将动摇。与耕地数量仍在减少一样,耕地质量问题也不容乐观。截至2022年年底,全国已累计建成10亿亩高标准农田,⑥中国旱涝保收的"保命田"仅为人均0.69亩,但这些"保命田"并非都是质量良好的耕地。根据2019年公布的《全国耕地质量等级情况公报》,⑦基础地力较高的耕地面积为6.32亿亩,仅占全国耕地总面积的31.24%。此外,农用地土壤环境

---

① 《关于第二次全国土地调查主要数据成果的公报》,载《资源与人居环境》2014年第1期。《第三次全国国土调查主要数据公报》,载《中国农业综合开发》2021年第9期。

② 《第二次全国土地调查显示耕地多出两亿亩,专家表示——政策聚焦:耕地其实还在减少》,载《人民日报》2014年1月2日,第2版。

③ 《2022年中国自然资源统计公报》(2023年4月),载《自然资源通讯》2023年第7期。

④ 这里全国总人口数据为1443497378人。参见国务院第七次全国人口普查领导小组办公室编:《2020年第七次全国人口普查主要数据》,中国统计出版社2021年版。

⑤ 习近平:《在中央农村工作会议上的讲话》(2013年12月23日),载中共中央文献研究室编:《十八大以来重要文献选编》(上),中央文献出版社2014年版。

⑥ 《建好高标准农田　夯实粮食安全根基》,载《农民日报》2023年4月11日,第2版。

⑦ 《2019年全国耕地质量等级情况公报》,载《中国农业综合开发》2020年第6期。

质量问题尤其值得注意,影响农用地土壤环境质量的主要污染物是重金属,①粮食安全面临新挑战。

一般认为,我国大幅增加新增耕地②的可能性微乎其微。笔者认为,这是立足于已经统计在册土地而言,在我国广大农村还存在数量蔚为可观的未统计在册的土地,有些土地的肥沃程度不亚于已经建成的高标准农田,可以称为“隐性耕地”,比如“宅场荒”就是其中一种。所谓“宅场荒”,系指荒芜已久的宅基地以及长期没有耕种并且未有统计在册的成片农用地。据有关消息,③2021年,全国小麦第一生产县滑县东小庄村开展“宅场荒”整治,收回集体土地及宅场荒地181亩。在此前后,该县其他村庄也开展过“宅场荒”整治,收回宅场荒地数量不一,一般情况下,拥有1500人口规模的村庄可以收获宅场荒地在100亩左右,有近半数土地可以用来耕种粮食作物。但实际上,这些宅场荒地已多数被挪作他用,或作为建设用地,或者作为宅基地卖给村民。在该县万古镇某村,有处规模20亩左右的“宅场荒”,村民已经开垦并在种菜或者其他作物,但该村委会强行进行以宅基地名义进行拆分,以每块3万元价格卖给村民。这些“隐性耕地”一旦挪作他用,一般很难在短期内恢复耕作,其风险很难作出准确评估,建议予以重点关注,将其进行统计在册管理。

### (二)自然灾害风险有加重趋势,病虫害呈现频发态势

全球气候变暖趋势仍在持续,气候变化幅度加大给农业生产带来更多不确定风险。根据《中国气候变化蓝皮书(2023)》,2015年~2022年是自1850年有气象观测记录以来最暖的8个年份。自20世纪90年代后期以来,极端高温事件明显增多,2022年中国平均暖昼日数和极端高温事件频次均为1961年以

① 黄润秋:《国务院关于2022年度环境状况和环境保护目标完成情况的报告——2023年4月24日在第十四届全国人民代表大会常务委员会第二次会议上》,载《中华人民共和国全国人民代表大会常务委员会公报》2023年第4期。

② 这里所说的“新增耕地”,是指各级自然资源、农业农村、发展改革、财政、水利等部门以及社会主体通过对未利用、低效利用和闲置、损毁和退化的土地进行开发、整理、复垦、修复等措施新增加的可用于耕地占补平衡的耕地。参见《四川省新增耕地核定办法(试行)》(川自然资源〔2020〕8号),载《四川省人民政府公报》2020年第22期。

③ 《开展村居环境综合整治,滑县东小庄村收回集体土地及宅场荒地181亩,为发展集体经济打下了基础》,载百家号,https://baijiahao.baidu.com/s?id=1696543598740706640。

来最多，极端强降水事件呈增多趋势。[①] 另据2022年7月农业农村部种植业管理司负责人介绍，中国是全球气候变化影响显著的区域，农业气候资源在发生改变，气候变化也导致我国极端气象灾害的事件增多，灾害异常性和不可预见性越来越多，给农业生产带来的挑战也越来越多。根据中国气象局预测，汛期我国气候状况总体偏差，极端天气事件偏多，旱涝灾害较重，呈现出“两头涝、中间旱”的态势，东北和黄淮海常年抗旱的地方可能要抗涝，长江中下游常年防汛的地方可能要应对高温干旱，抗灾夺丰收任务依然十分艰巨。[②] 实践表明，2023年，“烂场雨”与高温干旱天气交替发生，极端高温事件超过了2022年，极端强降水事件明显高于往年。据调查，在产粮大省河南，农用地的排水沟渠几乎全部被填平，雨水几乎全靠农用地自然下渗。此类现象在安徽等其他省份也广泛存在。这是农业领域重大风险所在。

农作物重大病虫害重发态势明显，口粮安全严重受到威胁。综合分析病虫源基数、种植制度、作物布局和气候等因素，根据公布的2024年全国农作物重大病虫害发生趋势预报，[③]预计2024年小麦、水稻、玉米、马铃薯等主要粮食作物和油料、蔬菜作物上22种重大病虫害呈重发态势，全国预计发生面积23.30亿亩次，比2023年和2018年～2022年实际发生面积（均值）分别增加26.2%和18.4%，对70%以上的农作物产区构成威胁，潜在产量损失超过3000亿斤。小麦赤霉病、条锈病、纹枯病、茎基腐病、蚜虫等小麦“四病一虫”预计发生面积5.6亿亩次（占小麦病虫害总发生面积的62.9%），比2023年和2018年～2022年均值分别增加61.3%和34.9%。稻飞虱、稻纵卷叶螟、二化螟、水稻纹枯病、稻瘟病等水稻“三虫两病”预计发生面积10.7亿亩次（占水稻病虫害总发生面积的86.3%），比2023年和2018年～2022年均值分别增加24.5%和20.3%。草地贪夜蛾、玉米螟、粘虫、棉铃虫、大斑病、南方锈病等玉米“四虫两病”预计发生面积5.75亿亩次（占玉米病虫害总发生面积的58.7%），比2023年和2018年～2022年均值分别增加5.6%和6.9%。其他粮食和经济作物重大病

① 中国气象局气候变化中心编著：《中国气候变化蓝皮书（2023）》，科学出版社2023年版，第2页。

② 《2022年上半年农业农村经济运行情况（下）》，载《农业工程技术》2022年第23期。

③ 《2024年全国农作物重大病虫害发生趋势预报》，载《中国植保导刊》2024年第1期。

虫害以及来自境外有害生物的危害也不容小觑。据全国农作物重大病虫测报网监测,受境外病虫源基数、台风降雨偏多等因素影响,水稻“两迁”害虫、二化螟、玉米南方锈病、草地贪夜蛾等重大病虫害呈重发态势,对秋粮生产构成威胁。①

(三)农民种粮意愿仍继续降低,“非粮化”压力偏大

新时代的农民已经摆脱了“谋生存”的挣扎阶段,步入“吃不愁、穿不愁”并且还有相应保障的小康社会,开始追求一定享受需要。关于人的生存需要得到满足以后为何转向享受需要,马克思曾经这样说:“一座小房子不管怎样小,在周围的房屋都是这样小的时候,它是能满足社会对住房的一切要求的。但是,一旦在这座小房子近旁耸立起一座宫殿,这座小房子就缩成可怜的茅舍模样了。这时,狭小的房子证明它的居住者不能讲究或者只能有很低的要求,并且,不管小房子的规模怎样随着文明的进步而扩大起来,只要近旁的宫殿以同样的或更大的程度扩大起来,那座较小房子的居住者就会在那四壁之内越发觉得不舒适,越发不满意,越发被人轻视。”接着,马克思指出,人们的需要和享受是由社会产生的,“我们在衡量需要和享受时是以社会为尺度,而不是以满足它们的物品为尺度的”。② 农村税费改革以来,种粮农民收入虽有增加,但农村经济落后的局面并未发生改变,城乡收入差距客观上进一步拉大:2018 年,全国居民人均可支配收入 28228 元,其中城镇居民人均可支配收入为 39251 元,农村居民人均可支配收入 14617 元,城乡居民人均可支配收入比值为 2.69,与 10 年前的 2008 年相比,城乡收入绝对差距扩大了 1.23 倍,高达 24634 元。③

按照种粮农民形象而通俗的理解,如果城镇居民每天人均消费 1 斤口粮,

① 《农业农村部:坚决遏制重大病虫大面积暴发成灾》,载《农业科技报》2023 年 8 月 9 日,第 1 版。

② 《马克思恩格斯选集》第 1 卷,人民出版社 1995 年版,第 349 – 350 页。

③ 《农村经济持续发展 乡村振兴迈出大步——新中国成立 70 周年经济社会发展成就系列报告之十三》,载《新农业》2019 年第 18 期;《国家统计局:2018 年农村居民人均可支配收入 14617 元》,载《农村财务会计》2019 年第 3 期。据温家宝总理 2009 年 3 月 5 日在十一届全国人大二次会议上所作《政府工作报告》,城镇居民人均可支配收入 15781 元,农村居民人均纯收入 4761 元。参见温家宝:《政府工作报告——2009 年 3 月 5 日在第十一届全国人民代表大会第二次会议上》,载《光明日报》2019 年 3 月 15 日,第 1 版。

那么农村居民每天人均消费仅有0.371斤口粮，该收入连最起码的温饱也难以保证。此外，教育、医疗、基础设施等公共产品供给方面城乡（包括主产区）差距也是很大。总之，种粮农民与“穷人”、农村与“穷地方”紧密联系在一起，种粮农民的收入犹如马克思所说的“小房子”，获取“宫殿”式收入是他们当下的主要诉求。在调研农民的利益诉求时，“提高粮价”“增加收入”“有钱赚”成为他们近乎一致的呼声。对于当前种粮农民的经济状况，笔者的调研结论是“有饭吃，饿不死，缺钱花”，在经济上处于温饱有保证、富裕有距离的状况。当前种粮农民在经济方面的利益诉求已经由“小房子”式的温饱诉求转变为“宫殿”式地大幅增加经济收入，与城镇居民平等地步入小康社会，共同享受改革开放带来的美好生活。因此，外出务工或者从事其他职业致使土地撂荒，或者种植经济价值较高农作物致使耕地“非粮化”，甚至将耕地挪作他用而致使出现耕地“非农化”。“非农化”“非粮化”甚至耕地撂荒只是问题的表面现象，其本质是农民种粮“无利可图”“无钱可赚”，也可以理解为农民对种粮的“和平抗议”。毛泽东同志指出：“一切空话都是无用的，必须给人民以看得见的物质福利。”①习近平总书记也指出：“农民种粮能挣钱，粮食生产才有保障。”②2023年2月20日，人民网发表评论《农民种粮能赚钱，国家粮食才安全》③实际上就是对此类风险客观存在的侧面回应。或许，马克思曾经引用的这样一段话更能引起我们对“非农化”“非粮化”现象的深思：“资本害怕没有利润或利润太少，就象自然界害怕真空一样。一旦有适当的利润，资本就胆大起来。如果有10%的利润，它就保证到处被使用；有20%的利润，它就活跃起来；有50%的利润，它就铤而走险；为了100%的利润，它就敢践踏一切人间法律；有300%的利润，它就敢犯任何罪行，甚至冒绞首的危险。如果动乱和纷争能带来利润，它就会鼓励动乱和纷争。走私和贩卖奴隶就是证明。”④

---

① 《毛泽东文集》（第2卷），人民出版社1993年版，第467页。

② 习近平：《加快建设农业强国　推进农业农村现代化》，载《求是》2023年第6期。

③ 《人民网评：农民种粮能赚钱，国家粮食才安全》，载人民网，http://opinion.people.com.cn/n1/2023/0220/c223228-32626974.html。

④ 《马克思恩格斯选集》第2卷，人民出版社1995年版，第266页。

### （四）粮食贸易的不可控性大增，全球供应链频繁遭冲

根据中国海关统计数据，我国 2019 年～2022 年每年进口粮食保持在 1.1 亿吨以上，是当代中国粮源的重要补充。近年来，通过粮食贸易获得粮源的不确定因素时有发生，其风险值得关注和化解。概括起来，这些因素大致有如下几类情况：

第一，部分国家因故出台禁止或者限制出口的贸易政策。受新冠肺炎疫情、俄乌冲突等影响，截至 2022 年 5 月 28 日，越南、阿根廷、哈萨克斯坦、印度、印度尼西亚、马来西亚、摩洛哥、土耳其、匈牙利、伊朗、科威特等 20 多个国家实施了粮食出口限制令，品类包括小麦、玉米、面粉、西红柿、植物油、豆类等。自 2023 年以来，印度、俄罗斯、阿联酋等多个国家宣布禁止大米出口。

第二，国际粮食品种价格轮番大幅波动。2020 年年初，新冠肺炎疫情在全球肆虐，粮价急速攀升，其中玉米涨幅最大。2022 年，受俄乌冲突爆发的影响，小麦价格飙升，超过了玉米。2023 年，全球最大的大米出口国印度禁止绝大部分大米品种出口，大米价格上涨。值得注意的是，近年来粮食品种价格轮番领头上涨，并同时带动其他粮食品种上涨，充分表明粮食安全与全球经济和政治高度关联，进口国通过贸易获得粮源成本大幅增加。

第三，入境管制、海运停航、军事冲突、贸易竞争等多种因素影响粮食供应链。新冠肺炎疫情期间，多国实行入境管制，码头关闭，海运停航，粮食供应链被长时间中断，对粮食流通产生了重要影响。俄乌冲突爆发后，“黑海港口农产品外运协议”在短暂地实施后，于 2023 年 7 月终止，乌克兰的粮食外运不仅变得困难，而且成本要增加 15%～20%。此外，美元大幅加息以应对通胀的国际经济形势，也加剧了国际粮食供应链的不稳定性。

### （五）粮食应急保障体系有短板，乡镇村社能力较脆弱

众所周知，我国现在是“北粮南运”粮食产销格局，其弊端无疑是区域供需矛盾加大，粮食流通空间距离越大、运转周期越长、流通层级越多，对粮食流通

基础设施的要求就越高,应对粮食区域供需的风险就越大。有资料显示,①到2022年年底,全国共有粮食应急加工企业6584家、应急储运企业4846家、应急配送中心3542家、应急供应网点56495个,全国应急加工能力每天可达到164万吨,能满足全国人民两天的需要。粮食应急能力与此前相比,尽管已有了很大提高,但笔者调查发现,我国粮食应急保障体系依旧存在短板,尤其涉及最基层的乡镇村社保障体系更为脆弱。调查共有两份。第一份是在2020年新冠肺炎疫情暴发之初进行的。据团队在小麦全国第一生产县滑县穆营村调查,该村常住人口为3000人,拥有高标准农田近万亩,是数百年来方圆百里公认的耕地大村、产粮大村。而就是这样人口集中、粮食集中的中原大村,竟然没有一家磨坊或者面粉厂(甚至豆腐作坊也没有),村民日常消费品多从村里个体超市或者集镇上购买。在2020年正月初二,该村因新冠肺炎疫情实行严格限行措施以后,在限行措施采取后的第7天,4家个体超市被买空,约有半数以上家庭提出外出购粮需求。据向有关方面确认,为满足日常消费,政府首先启动了政府储备。其他村镇也存在类似问题。虽然疫情暴发之初适逢春节,家家已经提早备足年货,即使如此仅坚持7天,政府储备作为粮食储备的最后防线却最先启动,恰恰暴露出我国储备制度的韧性严重不足,乡镇村社作为应对粮食供应危机的第一道防线几乎形同虚设。

第二份调查系2022年下半年新冠肺炎疫情再次大范围严重时以大城市为重点进行。总体来说,我国大中城市物流业短板问题较为突出,总的问题是一旦发生战争等非自然突发事件,粮食供给短缺可能会在较长时间存在,但因区域不同而又具体情况不同。以上海为例,受限行措施的影响,上海与其他省市之间的货物运输交接效率下降,导致供应不能满足需求。据媒体报道,上海疫情发生后,全国多地相继支援上海,山东、四川、安徽、重庆等多地的蔬菜陆续运往上海;许多上海居民已收到了各地援助的蔬菜包,但也有居民反映有的支援物资无人对接,甚至有烂掉的风险。上海物流配送表现出来的是由于上海地处我国东部沿海,与产地之间距离较远出现的物流阻断、运送不畅问题,其矛盾焦

① 《保障粮食安全　端牢中国饭碗——国家发展改革委负责同志出席国新办新闻发布会》,载《中国经贸导刊》2023年第6期。

点在于产需之间如何物畅其流问题。在地处中原腹地的郑州，物流短板主要出现在终端配送环节。其原因主要有两个：一是粮食保供点过少。据团队抽样调查，郑州中原路以南、桐柏路以西、陇海路以北、秦岭路以东这块占地面积约为1.4平方公里的区域范围内，仅在前进路上设有一家超市供应米面油等物资。二是人为造成了终端配送出现不畅问题。据调查，由于社区实行封闭式管理，隔绝了骑手、快递人员的进入，而社区人口数量大，管理人员工作压力大，尤其是需要配送到户的高风险楼栋、楼层区域，混乱无序的配送、领取安排以及条件较低的物流设备等都极大地降低了终端配送效率。此外，疫情防控期间，郑州市内多由社区统一购买“保供粮食”，但这也存在难以及时配送到户等诸多现实问题，居民通过社区团购所获得的食品质量也难以得到保障，再次暴露出“最后一公里”依然是痛点。

### （六）粮食购销风险隐患顽疾多，数量质量须持续关注

粮食安全关系国计民生，是“国之大者”。自2021年8月粮食购销领域开始专项整治，截至2023年7月底，中央纪委国家监委网站受权发布90起粮食购销领域腐败问题通报，国家粮储局原主要领导，青海、黑龙江等多个省级粮储局原负责人落马，持续释放深入整治粮食购销领域系统性腐败的强烈信号。从公布的这些案件来看，粮食购销领域相对封闭，涉粮腐败具有风险点位多、涉及人员广、监管难度大、敏感程度高等特点。“粮食购销领域腐败问题与多部门存在利益关联，流程复杂、专业性强，外行工作人员对该领域业务不熟，难以发现深层次问题。”[①]众所周知，《诗经》有云：硕鼠硕鼠，无食我黍！硕鼠硕鼠，无食我麦！硕鼠硕鼠，无食我苗！可以说，粮食购销领域的风险是多年来一直存在顽疾，对粮食数量质量的危害必须予以全链条地持续关注，丝毫不能放松。

粮食购销风险主要集中在三个环节。(1)收购入库环节。作为粮食流通的起始环节，粮食收购环节面对的是广大农民，粮食收购者必须严格执行国家粮食收购政策，不能损害售粮农民利益，更不能有损害国家利益的违法行为。

---

① 赵宇航：《持续深化粮食购销领域腐败问题专项整治　服务保障国家粮食安全》，载《中国纪检监察报》2023年8月13日，第1版。

该环节所涉及的主要风险因素有：虚假收购、以陈顶新、先收后转、转圈粮、压级压价、“打白条”以及“人情粮”“关系粮”等。(2)储存保管环节。粮食保管是确保储粮安全的关键环节，粮食储备制度是实现粮食安全的重要保障，更是粮食调控工作的重中之重。主要风险因素有：亏库短量、保管不力、擅自动用、盗卖政府储备等。(3)销售出库环节。政策性粮食销售出库是发挥政策性粮食调控市场作用的重要环节，对保持粮食价格稳定、供求平衡，促进经济社会平稳健康发展具有十分重要的意义，也是确保不合格粮食不流入口粮市场的重点环节。主要风险因素有：将不宜存粮食作为宜存定向销售、空进空出、虚报损耗、超轮空期、“吃拿卡要”等。

此外，我国粮食安全领域存在的主要风险还有水资源供需矛盾持续凸显、育种全链条创新明显不足、农机研发及应用距离世界先进水平仍有差距、化肥农药物品投入强度高但资源利用效率比较低、基层农技推广人员数量不足和素质有待提升、粮食隐性浪费现象还不同程度存在甚至有反弹风险、粮食供应难以满足居民消费提档升级需求等其他问题。

## 二、当代中国粮食安全风险防范的法治路径

防范粮食安全保障风险，既要有底线思维以保最基本民生，又要有目标追求以夯实社会主义现代化强国的根基。习近平总书记指出，端自己的饭碗、装自己的粮食是底线；[①]“全面建设社会主义现代化国家，出发点和落脚点是让人民生活越过越好”。[②] 围绕“全方位夯实粮食安全根基”总要求，笔者谨慎建议如下，以供商榷与借鉴。

### (一)贯彻落实好粮食安全保障法，以《宪法》为中心完善粮食安全法体系

“天下之事，不难于立法，而难于法之必行。”法律的生命在于实施，法律的权威只有在实施中才能得以彰显。《粮食安全保障法》于2024年6月1日起施行，为推动我国粮食安全从政策性治理转向法治化治理再上新台阶提供了历史

① 中共中央党史和文献研究院编：《习近平关于国家粮食安全论述摘编》，中央文献出版社2023版，第14页。

② 习近平：《加快建设农业强国　推进农业农村现代化》，载《求是》2023年第6期。

契机。鉴于粮食安全保障法从颁布到实施跨度长达半年,一方面,为完善相关配套法规提供了较为充裕的时间,有利于扩大《粮食安全保障法》知晓率和覆盖面,从而有助于更好地推进《粮食安全保障法》落地施行;另一方面,为有关部门和相关主体留出了足够的时间来学习和掌握。作为粮食安全保障主管部门,更要全面准确把握《粮食安全保障法》内容,深刻理解精髓要义,熟知法律赋予的各项职责,推动相关主体真正掌握法律相关条款内容,熟悉应承担的责任与义务,做到尽知熟知,为有法必依提供条件。在实际工作中,需要把《粮食安全保障法》作为行政决策、行政管理、行政监督的重要标尺,规范行政活动;完善相关司法解释,使之与《粮食安全保障法》精神相一致,统一法律适用标准(比如粮食生产合理用水需求的“合理”的界限把握)。

依法制订或者修订粮食安全法体系的其他组成部分。主要包括:第一类,行政法规。涉及《中央储备粮管理条例》《粮食流通管理条例》《退耕还林条例》以及《粮食安全保障法》通过后的实施条例等。第二类,地方性法规。诸如全国各地拥有立法权的权力机关制定的区域版粮食安全保障条例,既可以省级单位统一制定,也可以在下一级单位制定效力位阶较低的地方性法规。第三类,部门规章。诸如《粮油仓储管理办法》《国有粮油仓储物流设施保护办法》《粮食质量安全监管办法》《粮食流通行政执法办法》《进出境粮食检验检疫监督管理办法》以及其他部门规章等。第四类,地方政府规章。诸如《北京市储备粮管理办法》《河南省储备粮管理办法》等。第五类,其他规范性文件。诸如《政策性粮食购销违法违规行为举报奖励办法(试行)》《政府储备粮食仓储管理办法》《政府储备粮油质量检查扦样检验管理办法》《粮油安全储存守则》《粮库安全生产守则》。第六类,有关国际公约、条约或者协定。前述规定和《粮食安全保障法》及其他涉粮法律,共同组成了以《宪法》为核心的中国粮食安全法体系,均需有关部门依据《宪法》和《粮食安全保障法》等有关上位法进行合宪性、合法性审查,维护《宪法》作为国家根本法的地位,确保《宪法》在粮食安全保障事务中具有最高法律效力。

### (二)全方位夯实粮源汇集之根基,持续巩固多渠道稳定汇集粮源能力

大力落实藏粮于地,确保粮食来源有“道”。(1)在“地”的数量方面,要采

取“长牙齿”的硬措施积极推进藏粮于地，落实最严格的耕地保护制度，坚决守好耕地保护红线，加强土地用途管制，严格管控土地的用途转化；严格永久性基本农田管理，采取多种措施切实稳定粮食播种面积；同时，要积极落实粮食生产扶持政策，让种粮者“有钱赚”，提高农民种粮积极性，防止出现耕地撂荒现象。(2)在“地”的质量方面，要努力提升现有耕地质量，重点是抓好高标准农田建设，深挖耕地产能，对建设时间长、达不到高标准农田要求的农田进行改造提升，“逐步把永久基本农田全部建成高标准农田”①；积极推进农业土壤污染治理，促进化肥农药减量增效，改善耕地土壤理化性质，强化耕地质量保护；通过完善配套设施、提高耕地质量、防治土壤污染，实现藏粮于地。(3)在“地”的增量方面，既要统筹利用国内国际两个市场，稳定粮源进口渠道，又要深入开展粮食节约减损行动，杜绝粮食浪费现象发生；同时，要牢固树立大食物观，不断提高多元食物供给能力，努力采取措施保护“宅场荒”等潜在耕地，坚持生态优先，从耕地资源向整个国土资源拓展，“向耕地草原森林海洋、向植物动物微生物要热量、要蛋白，全方位多途径开发食物资源”，②宜粮则粮、宜经则经、宜牧则牧、宜渔则渔、宜林则林，全方位、多元化、广区域地拓展粮源的可能性渠道，努力构建多元化食物供给体系。

积极推进藏粮于技，不断提高粮食生产科技水平。一是打好种业“翻身仗”。在保护好“老种子”等优良种质资源基础上，积极培育具有自主知识产权的突破性新品种，加快生物育种产业化步伐，有序推进生物育种产业化应用，“把当家品种牢牢攥在自己手里”③。二是加快农机农艺科技突破，以产业急需为导向，加强农业关键核心技术攻关，加快农业科技成果转化，开展农业技术推广，大力推广轻简、绿色、高效的生产技术，不断提高农业物质技术装备水平。三是健全农作物病虫害等防治体系，逐步构建农业防灾减灾长效机制，强化病虫草害监测预警，及时发布病虫信息，开展统防统治、综合防治，全面提高农业抗风险能力，最大限度降低病虫害损失。

---

① 习近平：《加快建设农业强国　推进农业农村现代化》，载《求是》2023年第6期。

② 中共中央党史和文献研究院编：《习近平关于国家粮食安全论述摘编》，中央文献出版社2023年版，第82－83页。

③ 习近平：《加快建设农业强国　推进农业农村现代化》，载《求是》2023年第6期。

加大农业保护支持力度，调动种粮主体与抓粮主体工作积极性。就种粮主体而言，要健全农民种粮挣钱得利机制保障，完善种粮农民收益保障机制，既要大力扶持家庭农场、农民合作社等新型主体，把加快培育新型农业经营主体作为一项重大战略，又要立足大国小农的基本国情，坚持经营农业、农民受益的底线思维，完善联农带农机制，完善价格、补贴、保险"三位一体"的政策体系，完善农资保供稳价应对机制，促进小农户和现代农业发展有机衔接，把他们引入现代农业发展大格局。就抓粮主体而言，要健全地方抓粮担责尽义机制保障，不断健全粮食主产区利益补偿机制，积极探索产销区多渠道、多层次、多类型的利益补偿办法，保障重农抓粮者得实惠、有发展，压实主产区、主销区、产销平衡区自觉履职尽责肩负起抓粮主体责任。

### （三）全方位提升粮食供应之能力，畅通粮食保供环节"最后一公里"

持续提升大中城市粮食应急保障能力。一是健全粮食应急保障机制。建立由发改、粮储、交通、应急、财政、工信等多部门参加的，有关保供企业参与的市级粮食应急指挥保障机制，明确各自的职责和任务、工作程序等内容，自觉加强粮食保障体系的要素支持；修订完善粮食应急预案并有针对性组织演练，夯实粮食应急反应之基础。二是完善粮食应急保障服务网络。充分利用现代信息技术，在优化现有粮食应急供应网点基础上，充分发挥民营主体的市场功能，支持人口密集区域密集布局供应网点；充分发挥产供储加销协同功能，统筹提升粮源筹措、调度运输与配送等方面的保障能力；支持智能化设施设备的建设和推广应用，实施点对点、门对门的便利化精准配送，打通粮食配送环节的"最后一公里"。三是加强粮食应急保障队伍建设。对参加粮食应急事务的人员定期进行知识、技能和防护培训，有针对性地组织应急方案演练，不断提高其应急事务处置能力；动态调整粮食应急保障企业名单，确保粮食应急队伍能够招之即来、来之能战、战之能胜。

完善以乡镇村社为先锋的多元化粮食储备体系。和平年代发生的新冠肺炎疫情给大中城市带来严峻的粮食供给挑战值得深思。正在进行的俄乌战争可以毋庸置疑地确定，大中城市粮食供应（当然包括其他物资）在遭遇战争时必定陷入严重短缺状态，因为大型粮食安全设施必将首当其冲。总结中国历史经验,古代中国以乡镇村社为基础建立的社仓成为稳定乡村社会的重要基础,20世纪80年代中国由于广大农户储粮成为中国渡过粮食危机的重要原因,启示我们以底线思维来思考破解以国内大循环为主体情况下产业过度集中所带来风险隐患。在多方群体利益群体已经固化的情况下,鉴于产业分布短时间内难以调整,比较可行的方式是:把过度集中的发展模式调整为相对集中的发展模式,将以中央、省、市、县等政府储备为主体的多元化储备体系延伸至乡镇村社,助力每一个乡镇村社都有可稳定供应当地居民7天粮食的储备。

科学构建省、市、县、乡四级粮食应急保障中心。一般而言,以省级为单位的粮食应急保障中心体系包括如下内容:(1)构建涉及省、市、县三级的粮食应急保障中心体系,粮食应急需要时,按照县、市、省之层级有序启动,每个地级市、县(市)原则上至少建立1家粮食应急保障中心,粮食应急保障中心原则上由规模加工企业为骨干,配套应急储运、配送、供应网点,构建全链条粮食应急保障体系。(2)省级粮食应急保障中心主要聚焦重点城市、人口较多地级市和主销区,承担省级单位内部跨区域应急保供任务,既要保障所在区域应急需要,还要兼顾相邻区域应急供应需要。(3)地市级粮食应急保障中心应当辐射辖区内所有县(市),与省级粮食应急保障中心形成互补。(4)县(市)级粮食应急保障中心侧重建在灾害易发频发区域、交通不便区域和人口密集区域。但要畅通粮食保供的"最后一公里",需要将粮食应急保障中心从县一级延伸至乡镇一级(名称可为"站"或者其他),设立原则是规模较大的乡镇单设1个,规模较小的若干个乡镇可以共用1个。

### (四)全方位筑牢粮食安全之屏障,明确把粮食安全纳入公益诉讼范围

粮食安全是国家安全的重要基础。习近平总书记指出:"国家安全是民族复兴的根基,社会稳定是国家强盛的前提。"①根据人民检察院诉讼实践,我国已有粮食安全领域的公益诉讼判例,诸如"巴东县人民检察院诉县国土资源局怠于履行监管职责公益诉讼案(2018)""商城县人民检察院诉县自然资源局不

① 习近平:《高举中国特色社会主义伟大旗帜　为全面建设社会主义现代化国家而团结奋斗——在中国共产党第二十次全国代表大会上的报告》,载《人民日报》2022年10月26日,第4版。

依法履行基本农田复垦监管职责行政公益诉讼案(2019)”“固始县人民检察院督促规范农药经营以及农药包装废弃物回收行政公益诉讼案(2021)”等。[①] 粮食安全领域中的公益诉讼,可以简称为“粮食安全公益诉讼”,它并非一种孤立存在的诉讼形式,而是与大家所熟知的民事公益诉讼、行政公益诉讼相并列的诉讼类型和诉讼形式。具体而言,粮食安全公益诉讼是指负有法律监督职责的国家机关对粮食安全领域内违反粮食安全保障法律法规、破坏粮食安全保障秩序、侵犯公民粮食安全保障权益等合法权益,进而侵犯社会公共利益的行为而提起诉讼,要求法院审理裁判的诉讼制度。粮食安全公益诉讼的本质是一般意义上的公益诉讼程序与制度在一定范围内的粮食安全诉讼案件中的具体运用。在我国,负有法律监督职责的国家机关就是人民检察院。

从前文有关分析来看,国家需要在初步建立粮食安全公益诉讼制度的基础上,旗帜鲜明地把粮食安全纳入公益诉讼范围,由人民检察院代表国家全方位介入粮食安全保障事务。这里有三个问题需要把握:一是粮食安全公益诉讼的法律依据。检察机关行使职权的法律依据仍然是《行政诉讼法》第 25 条第 4 款、《民事诉讼法》第 58 条。这两条规定对行使职权领域都采取了列举方式,并在其后有“等”之字样,从字面意思来看,既可以理解为“表示列举未尽”,又可以理解为“列举后煞尾”。[②] 但如果认可在我们这样一个有 14 亿多人口的大国,“保障粮食安全始终是国计民生的头等大事”[③]论断的话,那么从立法本意来看,“表示列举未尽”应为立法本意,粮食安全隐含在其中。二是粮食安全公益诉讼的前提条件。明确把粮食安全纳入公益诉讼,并非主张由人民检察院包揽处理危害粮食安全的一切事务,而是主张人民检察院代表国家提起公益诉讼有明确的前提条件。这些前提条件是:如果针对民事主体提起诉讼,是“在没有法律规定的机关和组织或者法律规定的机关和组织不提起诉讼”的情形下方可提起诉讼;如果针对行政主体提起公益诉讼,则是必须经向违法行使职权

---

① 《关于印发〈耕地保护检察公益诉讼典型案例〉的通知》,载最高人民检察院,https://www.spp.gov.cn/xwfbh/dxal/202309/t20230927_629459.shtml。

② 《现代汉语词典》,商务印书馆 2012 年版,第 275 页。

③ 《习近平李克强张德江俞正声刘云山王岐山张高丽分别参加全国人大会议一些代表团审议》,载《光明日报》2016 年 3 月 9 日,第 1 版。

或者不作为的行政机关制发督其依法履职检察建议程序后，行政机关仍不依法履行职责的方可提起公益诉讼。三是粮食安全公益诉讼的受案范围。该问题较为复杂，所涉范围较广泛，根据《粮食安全保障法》和我国已有涉及土地、种子、水、农业技术与机械、农药、化肥、防灾减灾、生产环境、农产品质量、农业合作组织等 27 部粮食生产法律的规定，①笔者建议从两个角度予以总体把握，综合作出判断：(1)从法律角度来看，拟诉行为须违反《国家安全法》第 22 条、《粮食安全保障法》等粮食安全保障法律法规，并损害社会公共利益；(2)从业务角度来看，拟诉行为须涉及粮食生产、收购、储存、运输、加工、销售、进出口等粮食安全某一环节或者若干环节。

此外，由于“我国国情决定了我们不能成为‘诉讼大国’”②，粮食安全公益诉讼还须注意与粮食安全行政执法的衔接关系问题。总的来说，该问题需要遵循“法治国家、法治政府、法治社会一体建设”要求予以创新性探索解决。

---

① 穆中杰等：《〈粮食安全保障法〉与现行粮食生产法律的科学衔接研究——〈粮食安全保障法（草案）〉的完善建议》，载《农产品加工》2023 年第 8 期。

② 习近平：《坚定不移走中国特色社会主义法治道路　为全面建设社会主义现代化国家提供有力法治保障》，载《求是》2021 年第 5 期。

# 第二章　粮食安全党政同考机制构建研究*

习近平总书记在2020年年底的中央农村工作会议上强调:“地方各级党委和政府要扛起粮食安全的政治责任,实行党政同责,‘米袋子’省长要负责,书记也要负责。”①该论述为构建粮食安全党政同考机制的构建指明了方向。

## 一、粮食安全责任制考核实行党政同责的有关依据

粮食安全责任制考核机制运行至2023年年底,其直接依据是《国务院关于建立健全粮食安全省长责任制的若干意见》和《国务院办公厅关于印发粮食安全省长责任制考核办法的通知》,但并不完全适用于实行党政同责后的考核。故而,在《粮食安全保障法》尚未出台情况下,亟须由中共中央、国务院制定《实行党政同责强化落实粮食安全省长责任制考核办法》作为其直接工作依据。本文拟就实行党政同责的法治资源作一梳理。

### (一)权威文件

粮食安全党政同责是伴随中国共产党粮食安全观的逐步明确而提出的。在总结党史的基础上,党的十九大报告明确提出“中国粮食、中国饭碗”的粮食安全观:“确保国家粮食安全,把中国人的饭碗牢牢端在自己手中。”该粮食安全观把“中国粮食、中国饭碗”划分为如下三个层面,分别是:谷物基本自给,口

---

* 本文原载《粮食科技与经济》2022年第2期,荣获第五届“湖南期刊主题宣传好文章”。

① 《习近平在中央农村工作会议上强调　坚持把解决好“三农”问题作为全党工作重中之重　促进农业高质高效乡村宜居宜业农民富裕富足》,载《人民日报》2020年12月30日,第1版。

粮绝对安全;[①]满足人民美好生活需要;[②]建设粮食强国。[③] 可以说,中国共产党粮食安全观不仅是粮食安全党政同责提出的理论依据,还是党领导粮食工作的立足点和出发点。

自2003年以来,每年中央一号文件连续聚焦粮食安全问题,凝聚全党之力走出一条中国特色粮食安全之路,为粮食安全党政同责提供了深厚的实践依据。粮食安全领域明确实行党政同责肇始于耕地保护问题。2017年1月,中共中央、国务院在《关于加强耕地保护和改进占补平衡的意见》提出实行耕地保护党政同责,并明确"对履职不力、监管不严、失职渎职的,依纪依规追究党政领导责任"。为提升粮食和重要农产品供给保障能力,2021年中央一号文件提出:"地方各级党委和政府要切实扛起粮食安全政治责任,实行粮食安全党政同责。"随后,为强化经济安全风险预警、防控机制和能力建设,作为实施粮食安全战略的重要措施,在我国《国民经济和社会发展第十四个五年规划和2035年远景目标纲要》中规定粮食安全党政同责:"强化粮食安全省长责任制和'菜篮子'市长负责制,实行党政同责。"

综合来看,上述文件均为党和国家意志的体现,尽管不属于党内法规或者国家法律,但应当在党内法规或者国家法律法规中加以落实。特别是《国民经济和社会发展第十四个五年规划和2035年远景目标纲要》具有特殊的强制性,故而该文件属于广泛意义上的国家"法律",其明确规定的粮食安全党政同责问题理应在国务院有关文件中得到体现和落实。同时,根据《中国共产党党内法规制定条例》第7条的规定,党内法规制定工作应当遵循"贯彻党的基本理

---

① "要依靠自己保口粮,集中国内资源保重点,做到谷物基本自给、口粮绝对安全,把饭碗牢牢端在自己手上。"习近平:《在中央经济工作会议上的讲话》(2013年12月10日),载中共中央党史和文献研究院编:《习近平关于"三农"工作论述摘编》,中央文献出版社2019年版,第67-68页。

② "以满足吃得好吃得安全为导向,大力发展优质安全农产品。"《习近平在山东考察时强调 认真贯彻党的十八届三中全会精神 汇聚起全面深化改革的强大正能量》,载《光明日报》2013年11月29日,第1版。

③ "看看世界上真正强大的国家、没有软肋的国家,都有能力解决自己的吃饭问题。美国是世界第一粮食出口国、农业最强国,俄罗斯、加拿大、欧盟的大国也是粮食强国。这些国家之所以强,是同粮食生产能力强联系在一起的。所以,粮食问题不能只从经济上看,必须从政治上看,保障国家粮食安全是实现经济发展、社会稳定、国家安全的重要基础。"习近平:《在中央农村工作会议上的讲话》(2013年12月23日),载中共中央文献研究室编:《十八大以来重要文献选编》(上),中央文献出版社2014年版,第661页。

论、基本路线、基本方略”的原则,中共中央、国务院有充分的理由和根据出台《实行党政同责强化落实粮食安全省长责任制考核办法》。

### (二)党内法规

从党内法规来看,《中国共产党问责条例》可以作为党政领导个人和党组织落实粮食安全省长责任制不力的追责依据。

根据该条例第 4 条的规定,党委(党组)应当“加强对本地区本部门本单位问责工作的领导,追究在党的建设、党的事业中失职失责党组织和党的领导干部的主体责任、监督责任、领导责任”。这表明党委(党组)享有追责权。而第 5 条则规定了党组织和党员领导干部个人为问责对象,即“问责对象是党组织、党的领导干部,重点是党委(党组)、党的工作机关及其领导成员,纪委、纪委派驻(派出)机构及其领导成员”。但对于落实粮食安全省长责任制不力的地方政府和职能部门而言,由于其不属于个人,如何追究其责任,《中国共产党问责条例》也不能作为直接依据。

### (三)国家法律

就我国现有法律体系而言,涉及粮食安全保障范畴的法律主要有如下几个:《国家安全法》《国防动员法》《人民防空法》《农业法》《食品安全法》《农产品质量安全法》《进出境动植物检疫法》《价格法》《种子法》《水法》以及土地管理等领域的法律。从这些法律来看,并未看到“粮食安全党政同责”立法原文,但综观来看,《国家安全法》不仅为党在粮食安全保障事务中领导地位提供了法律依据,还规定了与政府均负有的相应责任和义务,其他法律则只涉及政府在粮食安全保障事务中某些环节的责任和义务。

根据《国家安全法》第 4 条和第 11 条的规定,中国共产党在粮食安全保障事务中居于领导地位,地方政府则和地方党委都负有维护国家粮食安全的责任和义务。这种责任和义务主要体现在该法第 22 条:“国家健全粮食安全保障体系,保护和提高粮食综合生产能力,完善粮食储备制度、流通体系和市场调控机制,健全粮食安全预警制度,保障粮食供给和质量安全。”该规定贯穿了粮食安全保障工作的全链条。《农业法》是首个提出“粮食安全”问题的法律,并且用专章形式规定了政府在粮食安全保障全链条的责任和义务:保护粮食生产能力,建立耕地保护制度;国家重点扶持建立稳定的商品粮生产基地,支持粮食主产区与主销区建立稳定的购销合作关系;对部分粮食品种可以实行保护价制度;国家建立粮食安全预警制度和分级储备调节制度;国家建立粮食风险基金;提倡珍惜和节约粮食,并采取措施改善人民的食物营养结构。其他法律仅涉及粮食安全保障某个环节的责任和义务。

根据对国家现行法律的分析不难发现,上述粮食安全保障领域的法律并未直接设定有关粮食安全省长责任制考核的规定。为端牢国人饭碗、保障国家粮食安全,中共中央、国务院可以履职需要,根据这些法律制定“实行党政同责强化落实粮食安全省长责任制考核办法”。

### (四)行政法规

根据《立法法》第65条的规定,行政法规的制定权属于国务院。从理论上来说,行政法规规定的内容不宜作出有关“党”的权责方面的问题,但2021年年初新修订的《粮食流通管理条例》第7条第1款却明确规定了“党政同责”问题,即“省、自治区、直辖市应当落实粮食安全党政同责,完善粮食安全省长责任制,承担保障本行政区域粮食安全的主体责任,在国家宏观调控下,负责本行政区域粮食的总量平衡和地方储备粮等的管理”。

不难看出,该条并未指明落实粮食安全党政同责的主体,仅笼统地规定“省、自治区、直辖市”,至于是党委还是政府,抑或职能部门或者其他机构,从法条字面上并不能看出。笔者认为,该条体现了较为高超的立法技术,如果未来通过的《粮食安全保障法》规定了“粮食安全党政同责”问题,则该条的主体将不言自明;即使没有对“粮食安全党政同责”问题作出规定,则它明确以立法形式确立了党对粮食工作的领导权,同样可以作为制定“实行党政同责强化落实粮食安全省长责任制考核办法”的依据。

## 二、全面认识粮食安全省长责任制党政考核的重要意义

### (一)实行党政同责旨在强化粮食安全省长责任制考核

实行粮食安全党政同责,并非对既有粮食安全省长责任制的否定或者代替,而是对粮食安全省长责任制的再次肯定与强化。它实际上明确了"五级书记"领导粮食工作体制,解决的问题是粮食安全省长责任制实行以来长期存在的党政权责不一的问题。

党委和政府在粮食安全领域中的地位是有差异的。地方党委领导集中体现为对区域粮食安全重大问题进行决策的政治领导。政府对粮食安全事务的管理要服务于党委的工作大局,并与地方党委共同承担粮食安全主体责任。这种主体责任既包括党委应该承担的政治决策责任,又包括政府自身承担的执行决策责任。但是,长期以来,地方党委实际上并未对其履职行为承担相应责任。实行粮食安全党政同责,一方面要充分发挥地方党委在区域粮食安全中的领导核心作用,另一方面要对其领导粮食安全的权责边界进行划分和确认,从而厘清党委和政府在区域粮食安全中的差异化责任。

### (二)党政同责是应对错综复杂粮食形势政治保障手段

如何认识和理解粮食安全领域的复杂形势和矛盾,直接关系到实行党政同责在粮食安全责任制考核体系设计中的强化程度。

综合来看,粮食安全领域主要存在如下矛盾亟须应对:(1)自然资源数量和禀赋难以满足庞大粮食数量需求。我国目前现有耕地不仅基础地力相对较差,而且数量仅有20.25亿亩,占世界耕地总量的9%,人均耕地是世界平均水平的2/5,并且每年粮食产量仅能满足当年国内65%的粮食需求。水资源不仅缺乏,总量仅占全球7%,人均水资源占有量是世界平均水平的1/4,并且水资源分布极为不均衡,松花江区、辽河区、海河区、黄河区、淮河区、西北诸河区等粮食核心产区水资源仅占全国总量的21%(这些区域粮食产量却占全国总量的75%)。此外,拥有14.12亿人口是庞大粮食刚需存在的必然。(2)粮食产能触及"天花板"直接威胁粮食供给。粮食比较收益较低等诸多因素致使地方

政府抓粮和农民种粮的积极性有待提高，少数现代化农业生产与大多数小农户生产长期并存是一个客观存在，它们制约了粮食产能的进一步提高。而作为粮食安全出路的科技含量，农业科技进步贡献率超60%，远低于美国、德国、荷兰等发达国家的90%农业科技进步贡献率。(3)品种及区域供需矛盾突出严重影响粮食供给。这主要体现为政府和社会忧患意识不足、粮食损耗浪费现象(餐饮)依然严重、品种供需矛盾突出等多个方面。此外，也许是更重要的，由于全国75%以上的粮食产量集中在13个粮食主产区，需要北粮南运，无疑流通空间距离加大直接导致区域供需风险加大。(4)进口粮源风险骤增潜在影响粮食供给。当今世界正经历百年未有之大变局，人类面临共同公共卫生安全给粮食贸易带来严峻挑战，粮食的战略性功能日益凸显，进口粮源风险因素持续存在。(5)粮食持续增产动力濒竭长远影响粮食供给。如果从1978年起算，粮食生产已经持续了44年，黑土地地力减弱、耕地土壤板结等情况表明我们的耕地已经在“带病持续生产”，亟须实行轮作轮休或者培肥地力。我国目前几乎没有荒地可以开垦，这是史无前例的残酷现实；而现有小农户的粮食生产主要靠朴素的土地情结在进行，深层次的动力激励机制尚未形成。

## 三、合理确定粮食安全省长责任制党政考核的对象组织

粮食安全责任制考核由目前仅考核地方政府调整为既考核地方政府的履责情况，又考核地方党委的履责情况。相关考核要实现追责链条的制度设计，建立党组织工作考核和政府系统工作考核两个体系，落实粮食安全党政同责要求，从而使责任落实到各层级、各部门、各岗位和各个责任人。

### (一)既要考核地方政府又要考核同级地方党委

在以往粮食安全省长责任制考核中，国家仅对省级政府进行考核。按照实行粮食安全党政同责要求，就要改变以往考核方式，既对地方政府进行考核又要对同级地方党委进行考核。这里的问题是，地方党委和政府应当承担多大的责任？是同等责任吗？有关观点认为：“何谓党政同责？实际上就是指开展某

一项工作，党委和政府要一起管、一起抓、一起负责、一起担责。”[①]笔者认为这种观点有些不妥，因为它容易混淆党委和政府的职责边界，在实际工作中容易产生以党代政、党政不分的误区。比如，正常年景田间地头的管理需要政府的农业部门负责督促指导，党委及其职能部门就不应参与其中。党政同责的理解关键是有关“同”的理解，它直接关系到党委和政府在粮食安全问题上是各司其职、各负其责，还是一起履职，一起担责。

《辞海》有关“同”的释义共8个，除姓、胡同、古代一种酒器、地方百里之称4种释义明显不能解释“党政同责”之外，其余还有相同、共同、和、齐这4种解释。[②] 根据“党政同责”所处语境，笔者认为“同”理解为“共同”比较合适。但“共同”不等于“一起”，“一起”表示不同主体针对同一空间内同一客观对象的同时行为，行为者之间没有明确分工；“共同”则表示不同主体针对同一空间内同一客观对象的不同行为，行为者之间有着较为明确分工。这里的“共同”实际是“平等”“一样”之义。笔者认为，党政同责指的是党委和政府在粮食安全领域（其他领域也如此）平等地履行职责和承担责任。这样不难看出，党委和政府承担责任的前提是其履行职责的效果如何，如果履职未到位理应担负相应责任。因此，相应考核指标体系的设计应该依据党委和政府的“三定”方案进行，使其做到有的放矢。

### （二）既要考核党政系统又要考核其主要负责人

考核地方党委和政府，既要考核党委、政府领导班子在粮食安全领域的整体履职情况，又要对党政主要负责人进行考核，同时按照领导班子分工，还要分别考核各自分管或者联系领域与粮食安全相关的工作。为有效推进考核工作，地方党委、政府及其负责人在每一考核周期内，按规定向上级党委、政府分别报送粮食安全履职情况报告，同时将其内容纳入各省级考核办上报的台账中。

笔者提出在粮食安全领域对地方党委和政府主要负责人进行考核是有充分法律和党内法规根据的。根据现行《宪法》第105条的规定，地方各级人民

---

① 中国农网评论员：《粮食安全党政同责意味着什么？》，载《农民日报》2021年4月12日，第1版。

② 《辞海》，上海辞书出版社2020年版，第4368页。

政府实行省长、市长、县长、区长、乡长、镇长负责制。这就是说，地方行政长官对本辖区包括粮食安全保障在内的所有行政事务负最终责任。相应地，它们也有权对本辖区粮食安全保障工作进行统筹管理。至于对党委书记的考核依据，其最高依据是党章规定，“党政军民学，东西南北中，党是领导一切的”。其次，根据《中国共产党地方委员会工作条例》第 11 条的规定，党委书记主持党的地方委员会全面工作，对党委工作负主要责任。

### （三）调整考核工作组另新增组织部门参加考核

粮食安全省长责任制考核是国务院对各省级政府落实粮食安全省长责任制情况进行的考核，其考核主体为国务院。根据 2015 年发布的《粮食安全省长责任制考核办法》以及 2018 年国家机构改革方案，该项考核工作由国家发展改革委、农业农村部、粮食和物资储备局会同中央编办、财政部、自然资源部、生态环境部、水利部、海关总署、市场监管总局、统计局、农业发展银行等部门和单位组成考核工作组负责具体实施。

粮食安全党政同责实行以后，根据我国党政管理体制以及相关法律的规定，国务院并无权对下级党委进行考核或者问责。笔者认为粮食安全省长责任制的考核主体应该调整为中共中央、国务院，新增中央组织部或者中央其他部门作为考核工作组成员，共同组成新的考核工作组负责具体实施粮食安全省长责任制考核。

### （四）建立由中纪委、国家监委参加组成申诉小组

人们对“申诉”有不同的理解。《现代汉语词典》对“申诉”有两种解释：一是诉讼当事人或其他公民对已发生法律效力的判决或裁定不服时，依法向法院或者检察院提出重新审理的要求；二是国家机关工作人员和政党、团体成员等对所受处分不服时，向原机关或上级机关提出自己的意见。[①]《辞海》对“申诉”的解释也是两种：第一种，向人诉说情由。该条还引证《颜氏家训 · 风操》：“周章道路，要候执事；口头流血，申诉冤枉。”第二种，公民就有关问题向国家机关

① 《现代汉语词典》，商务印书馆 2013 年版，第 1151 页。

申诉意见,请求处理的行为。该条还列举了两种情况:①诉讼上的申诉。即当事人或其他有关公民对已发生法律效力的判决或裁定不服,依法向法院、检察机关提出重新处理的要求。②非诉讼上的申诉。该条举例说,如我国《宪法》规定,公民对于任何国家机关和国家工作人员的违法失职行为,有向有关国家机关提出申诉、控告或者检举的权利。①

根据《现代汉语词典》和《辞海》的解释,我们可以归纳出"申诉"包含如下几层含义:第一,当对所受的处分或者处罚不服时,有权向处理机关或者其上级机关提出重新处理或者不同意见;第二,当对国家机关或者其工作人员的履职行为认为违规时,有权向国家机关提出其重新履职或者追究其责任的要求;第三,有权提出申诉的主体是利益相关者,可以是公民或者社会组织,也可以是政党、国家机关及其工作人员。总之,"申诉"是一种救济权利,其核心内涵在于阐明情由、请求处理。笔者建议在粮食安全省长责任制考核程序中明确设立由中央纪委、国家监委参加的申诉程序,旨在对考核工作组在履行考核职责时进行监督,以保证粮食安全省长责任制考核工作公正有序地进行。

## 四、科学设计粮食安全省长责任制党政考核的方式内容

粮食安全责任制党政考核方式应结合粮食安全工作实际不断进行优化,同时对考核内容也要不断进行调整。

### (一)坚持考核周期确定性与增强粮食工作主动性并重

粮食安全省长责任制考核周期为年度考核。在调研中,有观点反映这样考核频次较繁,建议实行任期考核。笔者认为该观点值得商榷,应该继续坚持实行年度考核。理由主要有三个:第一,粮食的无可替代性决定了"寅吃卯粮"行不通。就是说,粮食消费是一种现实刚需,它具有无可替代性,"何不食肉糜"、画饼充饥之说在实践中是行不通的。第二,年度考核契合粮食工作现行机制。长期以来,根据我国粮食生产和收获的季节性特点,在随后收购、储存、加工、销售等环节形成了稳定的运作机制。如果调整为任期考核,明显与长期形成的工

---

① 《辞海》,上海辞书出版社2020年版,第33847页。

作机制不相符。第三,年度考核契合粮食安全的本质。粮食安全既是国家安全的重要基础,又是最基本的民生需求。它不仅体现在平时能否及时满足人们对粮食的需求,更为重要的是在特殊时空范围内能否满足人们"吃饱饭"的需求。所谓"年年防灾"的俗语即讲的防止这种极端情况的发生。

当然,必须承认,上一年度刚刚考核结束,本年度的考核工作又需要进行部署和安排,粮食安全省长责任制的年度考核的确存在频繁、被动考核等问题。为此,笔者建议以落实每年中央经济工作会议和中央农村工作会议精神为切入点,结合各地粮食安全实际状况以及特色粮食产业发展情况,继续坚持粮食安全省长责任制落实情况台账制度,将由省委书记、省长联合签发的台账按月报送国家考核办。与此同时,粮食安全考核工作组调整优化考核方式,将部分"命题权"和"答卷权"下放给地方党委和政府,既要考核各地在耕地保护、应急管理、产业发展等方面的共性问题,又要考核区域粮食安全的特色发展,从而避免地方党委和政府"以考核为中心开展粮食安全工作"的现象出现,调动中央和地方两个方面的积极性。

### (二)坚持粮食安全全国必考指标与区域特色指标并重

早在1994年"米袋子"省长负责制提出伊始,我国粮食管理体制演变为中央统一领导、地方分级负责体制,就把粮食安全所涉的生产、流通、消费等全部环节纳入责任范畴。在长期实践的基础上,2015年出台的《粮食安全省长责任制考核办法》对粮食安全考核内容又进行了细化,并确定了考核重点。实践表明,这种全面考核与重点考核相结合的方式对保障国家粮食安全起了非常重要的作用,粮食安全责任制成为粮食安全保障工作的重要制度设计。

实行党政同责之后,相应的考核指标体系应该进行系统性调整。根据前文所述,笔者主张在总结全面考核经验的基础上,建议将考核指标分为全国必考指标和区域特色指标,必考指标包括增强粮食综合生产能力、保持粮食播种面积和产量基本稳定、加强粮食储备安全管理、保障粮食市场供应和稳定、加强粮食应急保障能力建设、推进粮食产业高质量发展。而至于区域特色指标如何落实,笔者建议"一省一策",国家层面只作原则性要求,由各省将这些考核重点进一步细化融入具体粮食安全考核工作中去,建立区域考核指标体系,突出区域粮食安全特色，从而助力各省粮食安全领域的特色发展。粮食安全考核工作组对该区域考核指标体系落实情况进行审核评估，从而给出确定性评价。换句话讲，区域粮食安全特色考核由各省级单位担任“出卷人”和“答卷人”，国家粮食安全考核工作组只是“阅卷人”。全国必考指标成绩和区域特色指标成绩在总分值中按照比例分别计算，其成绩总和为该省级单位当年考核成绩。此外，需要特别说明的是，粮食安全省长责任制考核旨在调动各地开展粮食安全工作的积极性，并不具有“竞赛”性质，各省级单位之间不具有竞争性，一切以服务区域粮食安全、满足人民美好生活需要为最终衡量尺度。

（三）坚持开源节流粮源考核与粮食流通效率考核并重

粮食安全责任制考核目的无疑是确保国家粮食安全的实现。那么，什么是粮食安全？关于粮食安全的定义，笔者曾从“食为政首”角度给出如下定义：粮食安全，是指各级人民政府通过制定政策，采取经济、法律、行政等多种手段保障本辖区内居民生活和社会生产对粮食基本需求持续得到满足的过程，从而使国家利益处于没有危险和不受内外威胁的状态。[①] 如果从本原意义上来讲，笔者认为粮食安全是指有数量充足、质量健康的粮食，而这些粮食又能够顺畅、及时、合法到达需要者手里。至于粮源是生产而来还是贸易而来，抑或节约所得，只是人们获得粮源的具体方式不同，拥有粮食才是问题的本质所在。同样，粮食能够及时顺畅、及时到达需要者手里的方式也有多种选择，至于是购买、赈济或者其他方式也不是问题的本质，只要是合法满足了消费者的粮食需要就可以了。

基于上述认识，笔者主张在进行全国必考指标设计时，着重突出粮源获得方式和粮食流通效率考核。在粮源获得方式方面，可以设计粮食综合生产能力、粮食安全对外合作情况以及粮食节约情况指标。在确定这些必考指标后还可以进一步细化。以粮食节约情况为例，可以把粮食节约指标细化为减损理念倡导、生产过程减损、降低产后损失、推行可持续消费模式、节粮减损创新举措等内容。在粮食流通效率方面，可以按照顺畅、及时、合法要求，对其硬件建设

---

① 穆中杰：《新时代粮食安全保障法体系构建研究》，郑州大学出版社 2020 年版，第 69 页。

和软件建设进行考核指标设计。

（四）坚持粮食安全保障实绩与相关保障机制运行并重

粮食安全省长责任制考核不仅应重视粮食安全保障数量和质量方面的实际效果，还要对粮食安全领域的治理体系和治理能力进行考核，以责任清单形式确定地方党委和政府在落实粮食安全责任制方面的责任，明确相关部门需要配合的具体工作和任务安排以及时限要求，同时在考核指标设计中二者应该并重，这样可以在一定程度上避免由于“粮食安全基础条件较好”而致使实绩较好的弊端。之所以这样主张，主要基于如下事实和理由。

第一，“7·20郑州特大暴雨”反面教材深刻启迪粮食安全保障工作。2021年7月20日，在郑州市气象局连续发出至少4份暴雨红色预警信号情况下，郑州市民均未接到有关部门任何“停工停课”消息，致使灾害程度扩大，最终整个城市管理几乎陷于瘫痪状态。假定这场灾难是发生在粮食安全领域，我们的治理体系和治理能力能够应对吗？既然气象部门已经多次发布红色预警，负有相应职责的有关部门为何会无动于衷呢？各党政机关的主要负责人是否尽到履职责任呢？如果以没有遇到过类似情况进行辩解，恐怕难以向党中央和广大人民交代。它启示我们，如果没有对粮食安全相关保障机制进行应有的考核，则可能由于粮食安全基础较好而掩盖其履职能力的不足，一旦危机来临，“京广路隧道的至暗时刻”①必然重现。

第二，应对新冠肺炎疫情有益经验值得粮食安全保障工作总结。新冠肺炎疫情在2020年年初暴发，适值农历春节期间，家家户户均备足了年货。如果说2011年席卷全国的“抢盐风波”②给中国人应对抗风险韧性及其社会治理能力敲响了警钟，那么2020年的新冠肺炎疫情危机则是对中国社会抗风险韧性及其社会治理能力的检验。假定时间发生在其他季节（比如夏季），全国范围进行疫情防控，我们粮食安全领域的治理体系和治理能力能够应对吗？我们社会治理能力检验的结果又会怎样呢？

---

① 《绝命隧道：京广路隧道的至暗时刻》，载腾讯网，https://new.qq.com/rain/a/20210723A0C9FD00。

② 朱晓萌：《谁导演了“抢盐风波”》，载《中华工商时报》2011年3月24日，第5版。

## 五、严格落实粮食安全省长责任制党政考核的结果应用

粮食安全考核结果要确保“有用”。既要应对成绩突出的地区和领导干部给予表彰奖励,又要建立粮食安全保障不力的责任追究制度,同时要完善相应异议以及申诉机制。

### (一)重视粮食安全考核过程性与特殊情况处理

实行粮食安全党政同责之后,粮食安全省长责任制的考核一方面要重视过程性考核。这就是说,对地方党委和政府在考核周期内的台账上报工作以及相关工作开展情况实行过程性考核,而国家粮食安全考核工作组则将考核工作贯穿于粮食安全的全过程,同时做好年度考核总结的工作安排。另一方面,在一些特殊情况下,区域粮食市场会出现异常波动进而对社会稳定造成一定影响,故而就要查明是否与党政有关部门不履行职责或者不恰当履行职责、存在重大工作失误有关。如果属实的话,则直接认定为本考核年度为不合格。

### (二)考核结果与党政领导班子和个人考核挂钩

粮食安全省长责任制考核结果要与省级地区党委、政府集体密切相关,同时还要与党政主要领导干部个人密切相关。如果考核为优秀,除有关部门在相关项目资金安排和粮食专项扶持政策上优先予以考虑之外,该区域党政主要负责人当年年度个人考核可以为优秀人选;如果考核为不合格,该区域党政主要负责人当年年度个人考核只能确定为合格或者合格以下等次。另外,对粮食安全省长责任考核结果除由中央组织部存入省级党政主要负责人个人档案之外,同时将作为对各省级党委和政府主要负责人和领导班子综合考核评价的重要参考调整为重要依据。

### (三)优化粮食安全保障不力相关责任追究制度

粮食安全省长责任制考核年度不合格者,按照如下程序进行处理:(1)整改。考核结果为不合格的,应在考核结果通报后一个月内,各省级党委和政府负责人分别向党中央、国务院作出书面报告,提出本省整改措施与时限,同时抄

送考核工作组各成员单位。(2)约谈。逾期整改不到位的,由考核工作组向党中央、国务院提出约谈问责建议。根据党中央、国务院指示,由国家发展改革委、农业部、粮食局、中央组织部联合约谈该省级党委、政府有关负责人,必要时由党中央、国务院领导同志约谈该省级党委、政府主要负责人。(3)执纪问责。对在粮食安全保障工作中违法违纪行为者,按照《中国共产党问责条例》以及相关法律法规进行执纪问责,追究法律责任。需要特别说明的是,这里的执纪问责不仅包括各省级党委和政府及有关部门,还包括各考核工作组及其工作人员的不当履职。

### (四)完善考核结果和责任追究决定的救济机制

笔者建议设立异议和申诉机制,主要考虑是要建立一种权益保障机制。作为被考核对象,各省级党委和政府有权利就考核结果和责任追究决定提出书面异议。这里所说的异议理由,可以是与粮食安全保障工作密切相关的不可抗力因素,也可以是考核工作组存在的履职瑕疵或者其他理由。受理书面异议的部门为国家粮食安全考核工作组。考核工作组接到各省级单位的书面异议后,启动异议受理程序,转交有关机关和部门依据相关规定进行处理,同时抄送中纪委、国家监委。如果各省级党委和政府对异议处理结果依旧不服,可分别向中共中央、国务院进行申诉。具体申诉处理工作由中央纪委、国家监委参加的申诉小组进行审核并提出处理意见,然后报中共中央、国务院作出决定。党中央、国务院作出的决定为终局决定。

# 第三章 关于粮食生产保障立法的若干问题研究*

关于如何保障粮食生产，习近平总书记早在浙江工作时期就指出："计划经济时期，粮食生产主要是定指标，压任务，靠的是政府行政命令。在市场经济条件下，过去的这一套行不通了，不能采取强迫命令、催耕催种、低价平调的办法来解决，要探索新的办法。"①那么，新的办法是什么呢？习近平总书记指出："坚持在法治轨道上统筹社会力量、平衡社会利益、调节社会关系、规范社会行为，依靠法治解决各种社会矛盾和问题，确保我国社会在深刻变革中既生机勃勃又井然有序。"②本文在习近平新时代中国特色社会主义思想指导下，拟从立法角度着手，对粮食生产保障立法所面临的主要矛盾作出研究和梳理，提出粮食安全保障立法的可行性建议。

## 一、粮食生产保障立法面临的复杂关系

七十二行农为首。新中国成立以来，"三农"问题一直是党和政府工作重中之重。"抓农业农村工作，首先要抓好粮食生产。"③那么，当前我国粮食生产领域面临的形势都要哪些呢？一方面，经过新中国成立初期的土地改革、1978

---

* 本文原载《国家粮食和物资储备局软学课题研究成果选编(2019 年度)》(内部资料)。

① 习近平:《干在实处 走在前列——推进浙江新发展的思考与实践》,中共中央党校出版社 2006 年版,第 184 页。

② 《习近平新时代中国特色社会主义思想专题摘编》,中央文献出版社、党建读物出版社 2023 年版,第 276 页。

③ 习近平:《在中央农村工作会议上的讲话》(2013 年 12 月 23 日),载中共中央文献研究室编:《十八大以来重要文献选编》(上),中央文献出版社 2014 年版,第 660 页。

年以来实施的一系列强农富农惠农政策，“粮食综合生产能力不断巩固提升，2018 年粮食产量 13158 亿斤，比 1949 年增长 4.8 倍，年均增长 2.6%；人均粮食产量 472 公斤，比 1949 年增长 1.3 倍，守住了国家粮食安全底线”，[①]实现了温饱型粮食安全。另一方面，粮食生产面临着一系列严峻挑战。耕地数量和质量呈双降趋势，备用耕地几乎没有，保障粮食种植面积困难重重，科技支撑能力滞后于现代农业发展需要，粮食生产经营设施基础薄弱，风险防范能力脆弱，并且种粮比较收益偏低，种粮队伍积极性不高且力量偏弱，国家粮食安全隐忧重重。从更深层次来讲，当代中国粮食生产保障立法面临着如下矛盾亟待解决。

### （一）粮食生产相关主体之间的关系

粮食安全保障立法所涉法律关系较为复杂，既有行政主体之间的纵向行政法律关系，又有民事主体之间的横向民事法律关系。有时甚至可以说，两种法律关系纵横交错、相互交织。仅就粮食生产而言，不同利益主体对于经济、社会、生态等效益目标均有追求，但又各有侧重。对于中央政府来讲，实现国家粮食安全的社会效益是其首要目标，而其采取激励和监管粮食生产措施，实现较好的经济效益是次之目标。对于地方政府来讲，无论是开展产销合作还是自主生产，由于隶属关系和大局要求而不得不虑及社会效益，实际上更倾向于追求经济效益。对于粮食生产者[②]来讲，经济效益无疑是其追求的最重要的、甚至是唯一目标，社会效益实现只是一种客观效果。对于粮食消费者来讲，能够买到物美价廉的粮食是其唯一追求，至于粮食是国内生产还是国外进口并不重要，粮食生产所涉的这三种效益似乎与他们关系不大。至于生态效益，由于其不是显性目标，只有富于历史责任感的政府才会对其特别重视，成为其主动追求的目标，其他相关主体不会将其列为主动追求目标。

基于相关主体对经济效益、社会效益和生态效益的目标追求，笔者认为粮食生产领域最核心的关系是政府和粮食生产者之间的关系，它们之间的关系可

---

① 《农村经济持续发展　乡村振兴迈出大步——新中国成立 70 周年经济社会发展成就系列报告之十三》，载《新农业》2019 年第 18 期。

② 本研究所说的粮食生产者，指以种植粮食为主要业务的自然人、法人和其他组织，包括种粮农民、家庭农场、农民合作社等。

以归纳为“要粮”与“要钱”的关系。粮食生产者的经济诉求能否得到满足直接关系到国家粮食安全是否有保障。在社会主义市场经济体制条件下,“低价收购”“无常调拨”等计划经济手段已经不具有可持续性,可行的方式是尊重市场主体的诉求,按照市场方式来取得粮源。因此,中央政府和地方政府投入、补贴就变得必不可少,而粮食生产者只有在获得较好的经济效益情况下,才会主动去种粮,履行供粮、供合格粮的义务。否则,粮食生产者的种粮积极性将会受到挫伤,最终损害的是国家粮食安全。习近平总书记指出:“出去的不愿回乡干农业,留下的不安心搞农业,再过十年、二十年,谁来种地?农业后继乏人问题严重,这的确不是杞人忧天啊!”[①]“谁来种地”成为中央决策层关注的重点问题,充分证明政府“富裕农民、提高农民、扶持农民”[②]的措施和力度不够,粮食生产者的经济诉求没有得到很好的满足。

### (二)种粮面积硬要求与土地经营自主权之间的关系

长期以来,党和政府对粮食生产均有稳定粮食播种面积的“硬要求”。早在20世纪50年代,国务院就有耕地面积“硬指标”要求,“五年计划规定扩大耕地面积三千八百六十八万亩,是最低的指标,必须尽可能地用各种办法超过这个数字”。[③] 为了保证多产粮,毛泽东同志提出“田头地角,零星土地,谁种谁收,不征不购”。[④] 实践表明,在计划经济体制下,这种“硬要求”通过行政命令的方式是能够落地实现的。

改革开放以来,特别是建立和完善社会主义市场经济体制以来,这种“硬要求”越来越受到农民土地经营自主权的约束和挑战。以全国第一小麦生产县河南滑县落实上级有关粮食播种面积的“硬要求”为例,2019年中央一号文件提出:“毫不放松抓好粮食生产,推动藏粮于地、藏粮于技落实落地,确保粮

---

① 习近平:《在中央农村工作会议上的讲话》(2013年12月23日),载中共中央文献研究室编:《十八大以来重要文献选编》(上),中央文献出版社2014年版,第678页。

② 习近平:《在中央农村工作会议上的讲话》(2013年12月23日),载中共中央文献研究室编:《十八大以来重要文献选编》(上),中央文献出版社2014年版,第677-680页。

③ 《1955年国务院政府工作报告》,载《人民日报》1955年7月8日。

④ 毛泽东:《粮食问题》(1959年7月5日),载《毛泽东文集》第8卷,人民出版社1999年版,第83页。

食播种面积稳定在16.5亿亩。”2019年中共河南省委一号文件明确更加细化落实“硬要求”:“力争优质小麦面积达到1350万亩、优质花生面积稳定在2200万亩、优质林果达到1450万亩左右。”[①]2019年滑县人民政府工作报告进一步以文件落实分解指标:“力争优质专用小麦单品种成方连片种植达到10万亩、优质花生种植达到35万亩,将玉米种植面积压减至110万亩以下;扩大红薯面积达到2万亩。”[②]从形式来看,从中央到地方均有文件明确要求,粮食种植面积“硬要求”落地问题应该不大。但问题的关键在于,这些文件上的土地数字最终要体现在农民的田间地头。我国《农村土地承包法》第17条和第18条规定承包方在履行维持土地农业用途义务的基础上,有权自主组织生产经营。这样,种粮面积“硬要求”最终落地到农民田间地头的时候出现了问题,农民承包的土地不用来种粮(比如用来种菜、种烟叶等经济作物等)怎么办?谁有权行使有关强制措施?采取有关强制措施的法律依据又是什么?

### (三)粮食生产高成本与种粮收入低效益之间的关系

粮食生产成本的高低有两个参考尺度:一是国外粮食生产成本,二是种粮比较收益。二者相比,种粮比较收益于粮食生产成本而言更具有直接的参考价值,它直接关联粮食生产者种粮积极性的高低。以2010~2019年河南省小麦亩均成本收益为例[③],10年间,年均亩生产成本为547.5元(最高年份为2014年的583.7元),年均亩产值为892.8元(最高年份为2015年的1015.3元),年均亩生产收益为345.3元(最高年份为2015年的448.3元);近5年,该三项依次为562.4元、967.7元、405.3元。尽管与10年年均亩产收益和生产成本相比,近5年二者均在增加,如果按每个农户10亩地来计算,半年收入也才收入

---

① 《产业振兴农民增收——省委一号文件解读之产业发展篇》,载《河南日报》2019年3月4日,第3版。

② 陈忠:《2018年政府工作报告——2019年3月28日在滑县第十五届人民代表大会第四次会议上》,载滑县人民政府网,http://old.hnhx.gov.cn/info/egovinfo/xxgk-content/xxgkml-30/2019-0402001.htm。

③ 《产量增 价格升 小麦种植增收显著——“十二五”河南省小麦生产成本及收益调查分析》;《成本显著下降 收益明显增加——2017年河南小麦生产成本收益调查分析》;《小麦量增质优 种植收益明显提高——2019年河南小麦成本收益调查分析》。

4053元,“与到城镇务工经商或城镇居民相比,种粮收入相差甚大”。[①] 种粮收入如此低收益如何能够吸引人们专注于粮食生产?

就全国情况而言,据国务院发展研究中心农村经济研究部副部长张云华研究:“2015年,中国玉米、稻谷、小麦、大豆、棉花等主要农产品亩均总成本分别为1083.72元、1202.12元、984.30元、674.71元、2288.44元,分别比美国高出56.05%、20.82%、210.42%、38.44%、222.84%。中国农业迈入‘高成本’时代,农业生产效率与国际竞争力相对下降,来自美国及世界农产品进口增加。”[②]而国家的政策取向仅是“稳定种粮农民补贴,让种粮有合理收益”(2020年以前政策取向为“保障农民种粮基本收益”),因此粮食生产高成本而种粮收入低效益矛盾交织的直接结果当然是没有人愿意从事粮食生产了。要解决“谁来种粮”的问题,必须妥善解决粮食生产高成本和种粮收入低收益这对矛盾,让农民不在因为经济收益而没有体面。

### (四)抢收抢种文化传承与农业机械推广之间的关系

抢收抢种文化在我国源远流长。在农业机械尚为新鲜物件的年代,每年麦收秋种季节,种粮农民一方面忙着收割麦子,披星戴月守候在地头,在天刚蒙蒙亮的时候就已经割倒了大半亩麦子,趁着麦子还带有“潮气”就急匆匆地拉到了麦场里,开始打晒环节;另一方面,拉麦车返回地里时,车子上面装载的是秋粮种子、播种耧以及所需的化肥等其他农资,在刚刚收割完毕的麦田里播下了秋天的希望(有的秋粮需要麦垄点种)。这期间的一日三餐,多是家人把饭菜送到田间地头。俗话“麦子上场,小孩儿没娘”正是抢收抢种文化的真实写照。但是,近年来,抢收抢种文化随着农业机械的推广逐渐异化,其承载主体逐渐由政府和种粮农民的共振演变为政府的独角戏。

---

① 闫鹏、李铜山:《新时代粮食生产亟待解决的几大问题研究》,载《乡村科技》2019年第14期。

② 张云华:《中美农业基础竞争力对比与建议(上)》,载《中国经济时报》2017年5月9日,第5版。需要特别说明的是,张云华关于小麦的总成本数据与河南统计网数据有较大出入,结合笔者调查数据以及孙中叶教授提供的咨询意见,认为河南统计网数据是可信的。

据有关粮食经纪人队伍调查,[1]每当麦收(稻收)季节,农机服务提供者把粮食从地里收割完毕,粮食经纪人在田间地头就直接把粮食拉走,在此期间种粮农民只是把地块交代清楚。如果和粮食经纪人比较熟悉,种粮农民甚至连地头都不去,直接由其收割运输结账了事。在天气正常的情况下,这种方式影响微乎其微,但如果突遇冰雹、大风等极端天气,庄稼会因来不及收割而给种粮农民带来严重损失。在问及种粮农民为何不再抢收的原因时,种粮农民几乎都这样解释:主要依靠农机服务来收割庄稼,一会儿就可以收割完成,遇到极端天气的概率太小了;万一遭受损失,市场上也不会缺粮食,更何况这个损失可以靠打工来弥补。该情况表明,随着农业机械化的推进,抢收抢种逐渐停留在政府文件要求层面,而种粮农民这一最终落实主体已经淡化许多了,粮食安全存在潜在的威胁。习近平总书记指出:“农耕文化是我国农业的宝贵财富,是中华文化的重要组成部分,不仅不能丢,而且要不断发扬光大。”[2]在实施“藏粮于技”战略情况下,如何传承抢收抢种等农耕文化已经成为迫切的现实问题。

### (五)农业“走出去”与应对措施少之间的关系

推动农业“走出去”对于保障国家粮食安全具有重要的战略意义。但迄今为止,农业“走出去”仍然存在着诸多困难和挑战,并且缺少有效的应对措施。国内因素主要涉及两个方面:一方面,农业“走出去”企业自身存在能力缺失的短板,企业多为融资能力弱、应对风险能力差的中小企业,不仅缺少“走出去”所需要的各类综合性人才,而且企业在技术应用上缺少自主技术研发推广平台,相互之间存在着竞争无序的情况;另一方面,政府有关配套完善的支持政策没有跟上,促进农业“走出去”的信用担保制度、保险制度、海外农业直接投资制度等方面尚有待完善,政府与农业“走出去”企业缺乏有效的结合机制。

国外因素主要涉及硬件和软件两个方面。硬件方面,东道国仓储物流等基

---

① 宋廷明等:《汇集粮源　服务社会:14 省市粮食经纪人现状综合调研报告》,载《中国粮食经济》2015 年第 5 期;穆中杰:《河南省粮食经纪人现状调查及其法治引导》,载《河南工业大学学报》2015 年第 3 期。

② 习近平:《在中央农村工作会议上的讲话》(2013 年 12 月 23 日),载中共中央文献研究室编:《十八大以来重要文献选编》(上),中央文献出版社 2014 年版,第 678 页。

础设施比较薄弱,致使交通成本昂贵。软件方面是主要制约因素,比如东道国对国外农业投资实行保护性政策,对于购买土地或者并购企业有诸多限制,对于国外农业投资者在本国的用工有诸多限制,甚至有的东道国由于政局不稳致使政治风险较大。迄今为止,仅有西安爱菊集团等少数企业较为成功地"走出去",为更多农业企业"走出去"提供了经验借鉴。习近平总书记指出:"推动农业走出去,要充分研判经济、技术乃至政治上的风险,提高防范和应对能力。"①粮食生产保障立法应该为支持农业"走出去"提供制度支撑,从而为相关企业获得支持或者救济提供法律依据。

## 二、粮食生产保障立法应有的风格转向

由于上述粮食生产领域的法律法规均是从经济管理角度出台的,客观上它已经难以解决新时代应对国家粮食安全风险的需要,亟须在立法风格上作较大的调整和转向。

### (一)由经济管理立法转变为防控生产风险立法

我国自古以来就是一个灾害多发的国家,素有"饥荒的国度"之称。② 时值世界处于百年未有之大变局的今日,除传统的自然风险之外,我国粮食生产还面临如下非传统安全较高风险,主要表现在:(1)由种子出现问题而引发的风险。一是种子推广不慎可能导致大面积减产的风险;二是主粮种子大比例受控于外资机构的风险;三是发生自然灾害时无粮种储备,影响粮食生产;四是转基因品种观念和认知程度可能酝酿一定的风险。尽管《种子法》规定"加强种子执法和监督""建立种子储备制度,主要用于发生灾害时的生产需要及余缺调度",但还远远不够,难以应对涉及国家粮食安全的种子风险。(2)耕地和水资源出现问题而引发的风险。一是耕地数量红线一旦突破将直接威胁粮食产能;

---

① 习近平:《在中央农村工作会议上的讲话》(2013 年 12 月 23 日),载中共中央文献研究室编:《十八大以来重要文献选编》(上),中央文献出版社 2014 年版,第 667 页。

② 邓云特指出:"我国灾荒之多,世界罕见,就文献可考的记载来看,从公元前十八世纪,直到公元二十世纪的今日,将近四千年间,几于无年无灾,也几乎无年不荒;西欧学者甚至称我国为'饥荒的国度'。"邓云特:《中国救荒史》,商务印书馆 2011 年版。

二是土地重金属污染及其治理效果不佳直接关系到粮食产品质量安全；三是耕地越来越集中在少数几个产区，可能导致流通风险的问题；四是农村土地流转避免大规模集并到外资企业手中引发的风险；五是农田水利设施的不完善导致粮食减产风险；六是主产区地下水漏斗与修复问题带来的风险。《土地管理法》《水法》等法律已经涉及以上部分问题，但仍然不能综合体现粮食安全风险。(3)信息预警滞后所带来的风险。2019 年草地贪夜蛾入侵中国，并造成大面积的扩散和蔓延，应急处置有较大难度。说明我国在农业重大害虫预警信息滞后，需要立法予以完善。

综上，现代粮食安全管理倡导预防至上、关口前移。粮食生产与粮食育种、耕地、水资源、农业重大害虫、气象灾害等因素密切相关。不能坐而等待这些要素导致粮食综合生产能力受到重大影响后才发出预警信号，而应未雨绸缪，预先发出警情情报，避免粮食综合生产能力受到影响。因此，粮食生产保障立法必须改变以往以经济管理为目的的立法，而应转变为以防控粮食生产风险为核心任务的立法。

### (二)由粮食生产专项立法转变为粮食生产综合立法

粮食安全是实现经济发展、社会稳定和国家安全的重要基础。梳理古今中外粮食安全发展史，基本结论就是，粮食安全具有鲜明的时代特色，它因时空条件各异而有不同的要求；即使同一国家或者地区，也会因所处的历史阶段不同而不同。由于所处的历史方位不同，粮食安全管理措施不同，粮食安全保障立法也就有不同的目标追求和制度设计。因此，明确当代中国粮食安全所处的历史方位，是起草《粮食安全保障法》首先要明确的问题。从历史角度来看，粮食安全可以划分为饥饿型粮食安全、温饱型粮食安全、小康型粮食安全、富裕型粮食安全四种类型。当代中国所处的历史方位为温饱型粮食安全(美国所处的历史方位为富裕型粮食安全)。因此，《粮食安全保障法》要实现的目标是：如何通过保“中国饭碗”安全，保“谷物基本自给，口粮绝对安全”，实现国家战略安全。而粮食生产则是实现该目标的立足点。习近平总书记指出：“任何省区市，无论耕地多少，都要承担粮食生产责任。如果一个地方真把粮食生产搞没了，就是抛弃了责任。"①

从前面梳理既有粮食生产法律法规可以看出，现行法律法规以有关耕地、水利、种子、污染防治等方面的专项立法为主，综合立法除《农业法》"粮食安全"章所涉及的6个条文之外，其他综合性立法极为少见。作为《粮食安全保障法》的有机组成部分，粮食生产保障立法综合性体现在两点：第一点是粮食生产保障立法是有关耕地、水利、种子、粮食质量、化肥、农药等粮食生产保障措施以及粮食生产队伍的综合性立法，但不是既有粮食生产法律法规的简单重复；第二点是粮食生产保障立法是和粮食产业高质量发展紧密结合的立法，是落实"发挥自身优势，抓住粮食这个核心竞争力，延伸粮食产业链、提升价值链、打造供应链，不断提高农业质量效益和竞争力，实现粮食安全和现代高效农业相统一"②指示精神的立法。

### （三）由服务藏粮于仓战略立法转变为服务藏粮于地战略立法

古语云："五谷者，万民之命，国之重宝。"③长期以来，我国较多重视粮食产量的增减变化，关注粮仓储粮数量的变化，而对粮食产能问题则重视不够，这样就产生了一个"怪圈"：粮食供给较为充裕或者稍微宽松时，政府就会放松粮食生产；待到粮食供给紧张，再重视粮食生产；过段时间粮食供给状况得到改善后，卖粮难、储粮难等问题又出现了。为了应对这个"怪圈"，国家实施"藏粮于仓"战略，政府储备、农户储备等储备制度设计的必要性就凸显出来。习近平总书记指出："在我们这样一个十三亿多人口的大国，粮食多了是问题，少了也是问题，但这是两种不同性质的问题。多了是库存压力，是财政压力；少了是社会压力，是整个大局的压力。对粮食问题，要从战略上看，看得深一点、远一点。"④那么，储备多大规模为合适呢？这是个较难测算的难题。笔者认为，尽

① 习近平：《在中央农村工作会议上的讲话》（2013年12月23日），载中共中央文献研究室编：《十八大以来重要文献选编》（上），中央文献出版社2014年版，第666页。

② 《习近平李克强王沪宁韩正分别参加全国人大会议一些代表团审议》，载《人民日报》2019年3月9日，第1版。

③ 《范子计然》，载《太平御览》卷八三七，中华书局1960年版，第3740页。

④ 《走中国特色社会主义乡村振兴道路》（2017年12月28日），载中共中央党史和文献研究院编：《习近平关于"三农"工作论述摘编》，中央文献出版社2019年版，第87页。

管国际上有种储备率17%~18%安全红线的说法，但对于人多地少、世界第一人口大国的中国来讲仅具有参考价值，并不能保证中国人民实现衣食无忧。在中国，任何时候采取的任何措施都必须立足于仅有18亿亩耕地但却有着近14亿人口的基本国情作出。另外，藏粮于仓对我国不但有库存压力的挑战，而且经过40年持续开足马力地生产，我国粮食生产条件已经不允许再这样循着老路继续下去。因为总有一天这种生产力量会衰竭，它不可能持续循环，并且目前这种征兆越来越明显。

我们现在所要解决的问题是，如何让我们的粮食生产可以持续循环并保持稳定的产能。国家“十三五”规划提出：“实施藏粮于地、藏粮于技战略。”有学者研究认为，实施藏粮于地战略在夯实农业综合生产能力、实现乡村振兴战略目标、解决农业发展不平衡不充分问题等方面具有重要意义。① 笔者在赞同这种看法的同时，认为更为重要的是旨在实施该战略的系列措施迫切需要法律支撑：在生产基础条件方面，耕地红线要坚守，粮田建设要标准，水利建设要精准，农业生态要修复，粮食作物要因地制宜；在科学技术方面，优良品种要推广，种田施肥要科学，农业机械化水平要提升。当然，在粮食产业环节，要重视一二三产业融合发展，加强品牌建设，推进粮食产业的高质量发展。粮食生产保障立法应围绕这些问题进行制度设计。

### （四）由“廉价要粮”立法转变为“高补贴要粮”立法

新中国成立以来，我们的重工业是在“掠夺”农业农村农民的基础上发展起来的，这是由当时所处的国内外复杂形势所决定的，否则共和国政权不可能存续至今。改革开放以来，我们的城镇化进程实质就是“掠夺”农业农村农民的过程，这是中国特色社会主义建设大业过程中不可逾越的，否则我们的人民至今还生活在共同贫困之中。现在问题是“许多农村出现村庄空心化、农民老龄化的现象”②，“谁来种地”成为粮食生产领域的最现实问题。据笔者近几年春节返乡（全国小麦第一生产县滑县）探亲调查，大年初一这一天，按照以前相

---

① 马松林：《新时代藏粮于地战略促进乡村振兴的措施研究》，载《山西农经》2019年第1期。

② 习近平：《在中央农村工作会议上的讲话》（2013年12月23日），载中共中央文献研究室编：《十八大以来重要文献选编》（上），中央文献出版社2014年版，第680页。

互拜年的场景，乡亲们人来人往、络绎不绝，可是近几年家家均是“门前冷落鞍马稀”，虽然不是“千里无鸡鸣”的凄惨景象，但三个一群、五个一伙聚在一起的热闹景象再难见到，以种地为业的农民越来越多地进城务工和生活，以耕种为业已经停留在人们口头和记忆中了，我们不得不承认兴盛千百年的乡村的的确确没落了。据国家统计局网站公布数据，2018 年我国农业就业人员为 2.02577 亿人，约为全国人口总数的 14.51%；在乡村就业人员为 3.4167 亿人，约占全国人口总数的 24.48%。那么，种粮队伍的结构怎样呢？据一份《2018 年度中国乡村调查》[①]，75% 的受访者表示村里从事农业生产者主要为 46～60 岁的中年人；52% 的受访者表示村里从事农业生产者主要为 60 岁以上老人；44% 的受访者表示村里从事农业生产者主要为留守妇女。在受访者不愿务农的因素中，该调查显示农业收入低是最主要的因素。

只有劳动者才是社会财富的最终创造者，只有农民才是粮食生产的最重要角色。我们现有粮食生产制度设计大多围绕县级以上人民政府及其职能部门展开，而对于乡镇基层政权的责任设计则不甚明确，对粮食生产首要角色——农民则重视不够，相反一再依赖既有政策和制度来廉价从他们手中获得粮食，不断挫伤他们从事粮食生产的积极性。马克思曾引用过这样一段话：“资本害怕没有利润或利润太少，就象自然界害怕真空一样。一旦有适当的利润，资本就胆大起来。如果有 10% 的利润，它就保证到处被使用；有 20% 的利润，它就活跃起来；有 50% 的利润，它就铤而走险；为了 100% 的利润，它就敢践踏一切人间法律；有 300% 的利润，它就敢犯任何罪行，甚至冒绞首的危险。如果动乱和纷争能带来利润，它就会鼓励动乱和纷争。走私和贩卖奴隶就是证明。”[②]应当承认，我们现有从农民手中廉价获得粮食的政策和法律已经走到了尽头，要保障国家粮食安全，国家获得粮食的制度设计必须向种粮农民进行高额补贴转变。否则，“谁来种地”的问题不可能得到解决，“端着饭碗到处要饭”的乞讨大军随时可能出现。

---

① 搜狐网 http://www.sohu.com/a/287651848_120046951，2019 年 8 月 10 日访问。

② 《资本论》（第一卷），人民出版社 1975 年版，第 829 页。该页脚注标明该话引自托·约·登宁的《工联和罢工》1860 年伦敦版第 35、36 页。

### (五)由保障国内市场立法转变为保障统筹国际国内两个市场立法

经过近70年的发展,国家通过调整粮食政策与法律,使我国粮食产量和人均粮食产量实现了双提升:2018年粮食产量达到6578.922亿公斤,比1949年的1131.84亿公斤增长了4.8倍;人均粮食产量达到471.5公斤,比1949年的208.9公斤增长1.25倍。但按照海关公开的数据,2018年我国进口的谷物及谷物粉达到了2046.9万吨,进口的大豆达到了8803.1万吨,合计进口的粮食总量达到了1.085亿吨,继续为全球最大的粮食进口国。[①] 粮食产量和粮食进口总量合计为7663.922亿公斤,而2018年我国常住人口为13.9538亿人,人均消费粮食为549公斤,人均每年需要进口粮食78公斤。

上述数据表明,我国不仅是产粮大国,而且是粮食进口大国。"据测算,通过国际贸易和合作,我们利用了国际上相当于七亿亩播种面积的土地生产粮食和大豆、棉花、糖料等农作物。"[②]国家粮食生产保障立法必须回应粮食依靠国内生产基本自给转变为以国内生产为主、同时从国外适度进口的客观现实,为善于用好两个市场、两种资源提供法治保障。

## 三、完善粮食生产保障立法的若干建议

完善粮食生产保障立法的基本出发点是,调动国内外一切积极因素,对内增强粮食生产能力,对外支持开展国际合作,为国家粮食安全服务。与之相适应,在明确相关义务时,辅之以"应当""必须""禁止"等刚性要求,并在法律责任制度设计时予以保证。比如,对于地方各级人民政府未落实粮食安全保障责任的,一方面由上级人民政府(直至国务院)责令改正,通报批评,另一方面对政府主要负责人、负有责任的主管人员和其他直接责任人员依法给予行政处分,如构成犯罪则依法追究刑事责任。具体建议如下。

---

① 搜狐网 https://www.sohu.com/a/290117217_100110525,2019年8月17日访问。

② 习近平:《在中央农村工作会议上的讲话》(2013年12月23日),载中共中央文献研究室编:《十八大以来重要文献选编》(上),中央文献出版社2014年版,第666页。

### （一）以"增强应对粮食生产风险能力"为中心专章明确粮食生产保障立法

正在起草中的《粮食安全保障法》要应对两个层面的风险，一方面是国家战略风险，另一方面是普通民众的"一日三餐"风险。因此，它既是国家安全法体系的组成部分，又是最基本的民生保障法；既保障国家战略安全，又保障居民口粮安全。鉴于风险有一般风险和特殊风险（即应急）两种情况，在制度设计时，粮食综合生产能力保障、粮食储备能力保障和粮食流通能力保障应对的是一般风险，粮食应急管控能力保障应对的是特殊风险。这是在"靠天吃饭"局面尚未根本改变条件下保障粮食安全的制度设计，但考虑到"人民对美好生活的向往"，[①]要实现天下苍生衣食无忧的宏愿，"粮食产业高质量发展保障"章的设计就成为应有内容。无论是过去、现在还是将来，"粮食安全监管能力保障"的制度设计都是必不可少的。至于粮食质量管理，我认为实行质量全链条管理，即把质量问题分解到粮食安全每个环节，不再专章设置。而要实现粮食安全这些目标，最根本的是坚持中国共产党的领导。

粮食生产保障立法是国家应对粮食安全风险的首要环节，这是我们粮食安全战略得以实现的立足点。与经济管理立法任务不同的是，粮食生产保障立法的核心任务是，以增强粮食生产风险能力为中心，为稳定和提高粮食综合生产能力确立有关制度，其关键是区分粮食生产保障立法与其他涉粮生产法律的界限，而至于每年粮食实际产量的多少，则不是粮食生产保障立法的任务。另外，由于资源所限我们必须支持农业"走出去"，鼓励和支持与粮食安全有关的国际交流与合作，完善粮食安全领域全产业链对外合作支持政策。

### （二）以"重点明确粮食生产自然条件和社会条件"来划分与其他涉粮生产法律界限

如何实现粮食生产保障立法与现有粮食生产立法的有机衔接是《粮食安

---

① 习近平：《人民对美好生活的向往，就是我们的奋斗目标》，载中共中央文献研究室编：《十八大以来重要文献选编》（上），中央文献出版社 2014 年版，第 69 页。

全保障法》立法难点之一。农谚讲:“土是根,肥是劲,种是本,水是命。”笔者建议解决该难题的出发点是,粮食生产数量需要发挥人、物两个方面的积极因素,而粮食生产质量则需要人和物两个方面因素的有机结合才能根本实现,由此形成的基本思路是,粮食生产保障立法要确立我们是否有种粮所必需的土、水、粮种等条件保障制度,生产出来的粮食质量是否能够保障对人体无害的制度,种粮队伍是否能够保持稳定的制度。

### (三)以“国家粮食安全与种粮农民利益的关系”为主线统领粮食生产保障立法

每一部法律可以有多种权利义务的制度设计,但只有一条独特的权利义务关系主线。基于“粮食安全,是指各级人民政府通过制定政策,采取经济、法律、行政等多种手段保障本辖区内居民生活和社会生产对粮食基本需求持续得到满足的过程,从而使国家利益处于没有危险和不受内外威胁的状态”①的认识,《粮食安全保障法》的权利义务主线就是:各级人民政府如何履行粮食安全保障义务,辖区内居民的粮食安全保障权利又如何实现。由于政府并不直接从事粮食生产、流通等业务工作,它主要是通过政策、行政、法律、金融等多种手段和方法组织、吸引相关主体参加到粮食安全保障工作中,而这些相关主体在享有相关权利的同时还履行一定的义务。那么,谁手里有粮?只有农民手里有粮。农民交粮要什么?要钱。因此,如何通过增加农民收入、激发农民交粮的积极性就成为政府重要工作。“政策问题不解决,农民的积极性发挥不出来,其他的措施再多,农业生产也上不去。”②正确处理政府“要粮”和农民“要钱”之间的关系就成为粮食生产保障立法的主线。习近平总书记指出:“要加快推进农业现代化,以保障国家粮食安全和促进农民增收为核心,立足我国基本国情农情,遵循现代化规律,依靠科技支撑和创新驱动,提高土地产出率、资源利用率、劳动生产率,努力走出一条生产技术先进、经营规模适度、市场竞争力强、生态环境可持续的中国特色新型农业现代化道路。”③

① 穆中杰:《新时代粮食安全保障法体系构建研究》,郑州大学出版社 2020 年版,第 9 页。
② 《陈云文选》(第 3 卷),人民出版社 2015 年版,第 152 页。
③ 《中央农村工作会议在北京举行》,载《光明日报》2013 年 12 月 25 日,第 1 版。

### （四）以“设立粮食安全保障资金”来保障粮食生产高质量发展

要解决政府与种粮农民之间的“要粮”和“要钱”矛盾，必须保证粮食生产领域的资金投入。为此，建议设立“粮食安全保障资金”（或者设立“粮食产业发展基金”），其主要用途是，粮源生产与汇集奖励、应急保障体系建设、仓储设施功能提升建设、粮食产业发展建设、粮食质量安全检验监测体系建设、粮食物流体系建设、粮食安全文化教育基地建设等；在紧急状态情况下，专项资金应优先用于保障省委省政府和上级部门保供稳市决策部署的需要。之所以建议设立“粮食安全保障资金”，主要理由如下。①

第一，是确保谷物基本自给、口粮绝对安全的需要。习近平总书记强调，我国是人口众多的大国，解决好吃饭问题，始终是治国理政的头等大事；②要依靠自己保口粮，集中国内资源保重点，做到谷物基本自给、口粮绝对安全。③ 党的十九大报告要求：“确保国家粮食安全，把中国人的饭碗牢牢端在自己手中。”据联合国粮农组织等机构发布的 2019 年全球粮食危机报告，由于冲突、气候变化与经济波动等原因，2018 年全球有 53 个国家和地区的大约 1.13 亿人处于严重饥饿状态，其中近 2/3 集中在阿富汗、刚果、南苏丹、苏丹、叙利亚、也门等国家。因此，立足国内解决吃饭问题、不与贫困缺粮国家在国际市场上抢饭吃就成为中国实践大国责任的具体体现。

第二，是应对我国粮食安全潜在危险的需要。经过新中国成立后尤其是改革开放以来的发展，我国粮食生产能力已经经得到稳定提高，但“粮食自给率稳定在 95% 以上”目标客观上已难以实现，国家粮食安全依旧存在着严重的潜在危险。这个判断除前述背景所述之外，还基于以下因素考虑得出：(1) 自然因素方面，我国人口近 14 亿、耕地总数 20.24 亿亩，人均耕地仅有 1.46 亩，并且耕地质量不高，中等、低等地占比 70.5%（有 14.29 亿亩），水利及其他基础

---

① 关于“口粮生产发展基金”与“粮食风险基金”的关系如何处理，详见笔者 2019 年 1 月 29 日在《粮食市场报》第 1 版发表的《设立口粮及产业基金　促粮食产业高质量发展》。

② 习近平：《在中央经济工作会议上的讲话》（2013 年 12 月 10 日），载中共中央党史和文献研究院编：《习近平关于“三农”工作论述摘编》，中央文献出版社 2019 年版，第 67 页。

③ 《中央经济工作会议在北京举行》，载《光明日报》2013 年 12 月 14 日，第 1 版。

设施较为薄弱。(2)社会因素方面,农业科技进步贡献率占比仅为57.5%,与美国等发达国家有明显差距,农民种粮积极性可持续性非常脆弱,粮食流通和储备体制难以适应社会发展需要。(3)政府方面,由于“温饱”目标已经实现多年,“吃不饱饭”的记忆似乎已经逝去,从中央到地方具有“好了疮疤忘了疼”怠政思想的政府官员大有人在,粮食安全忧患意识普遍不足。(4)国际范围内的粮食战争时刻威胁着国家安全。比如中美贸易摩擦中的大豆问题是最现实的反映。齐国名相管仲粮食战略兴齐的历史引人深思。

第三,是政府支持粮食生产、承担粮食安全责任的行动体现。习近平总书记早在福建工作期间就明确指出:“搞好粮食生产一靠政策,二靠科技,三靠投入,要在这三方面制定总体的配套方案。”①后来,他在中央农村工作会议上指出增加粮食生产投入是政府的责任:“各级地方政府要树立大局意识,增加粮食生产投入,自觉承担维护国家粮食安全责任,不能把担子全部压到中央身上。”②这里,需要克服的错误认识是,设立“粮食安全保障资金”,主要考虑是为粮食生产所需资金提供稳定的合法来源,不等于强调重回“以粮为纲”。

第四,有关中央、国务院有关文件已经明确设立相关基金。2012年12月,《全国现代农作物种业发展规划(2012—2020年)》③提出:“建立现代种业发展基金,重点支持‘育繁推一体化’种子企业开展商业化育种。”2013年3月28日,由财政部会同农业部、中国中华集团公司、中国农业发展银行共同发起的现代种业发展基金在北京成立,并确定该基金的经营期限为10年。④ 2014年中央一号文件明确“探索建立农产品国际贸易基金和海外农业发展基金”。⑤

第五,向社会宣传节约粮食、惩治浪费粮食的一种舆论依据。

---

① 习近平:《走一条发展大农业的路子》(1990年4月),载习近平:《摆脱贫困》,福建人民出版社1992年版,第152页。

② 习近平:《在中央农村工作会议上的讲话》(2013年12月23日),载中共中央文献研究室编:《十八大以来重要文献选编》(上),中央文献出版社2014年版,第665页。

③ 《国务院办公厅关于印发全国现代农作物种业发展规划(2012—2020年)的通知》(国办发〔2012〕59号),载《中华人民共和国农业部公报》2023年第1期。

④ 《现代种业发展基金正式成立》,载《农业科技与信息》2013年第8期。

⑤ 《中共中央 国务院 关于全面深化农村改革加快推进农业现代化的若干意见》,载《农村工作通讯》2014年第3期。

### （五）以职业农民队伍建设和传承农耕文化制度设计来发展壮大粮食生产队伍

粮食生产队伍一方面要通过富裕农民、提高农民、扶持农民等途径构建职业农民队伍，使粮食生产者得到充足的经济回报，不再纠结于因种粮收益低而选择其他职业，另一方面通过传承和发展传统农耕文化，使粮食生产者从内心深处感受到尊重，从事业发展角度得到社会认可，从城市到乡村、从大街到小巷，在社会的角角落落都享有职业尊严，不再因感觉不体面、低能力而改行他业。以文化的力量来推进粮食生产队伍建设，以文化的力量来保障国家粮食安全是解决“谁来种粮”问题的根本之策。囿于篇幅所限，笔者仅就传承农耕文化角度建议增加“高龄农民参加粮食生产”制度设计，主要理由是：

1. 传统农耕文化需要有传承。农谚说：“不懂庄稼脾气，枉费一年力气。”从文化角度来讲，高龄农民参加生产有利于生产技能、储粮、节约等方面的文化传承。

2. 农村集体经济经验需要传承。经过改革开放 40 多年来的发展，小农户和新型农业经营主体共生共存将长期存在。经历集体经济产生和发展的高龄农民是传承和发展集体经济的源泉所在。现在所提倡导的农民专业合作社或者合作联社，他们可以提供宝贵的历史经验。

3. 高龄农民从事农业生产需要制度认可他们的劳动。高龄农民从事农业生产，一方面是他们赖以谋生的手段，另一方面也是他们一生情感所系。有的高龄农民把从事农业生产甚至当成养生手段，如果不让他到地里去，他会很失落，形象化的表达方式是自诩“庄稼命”。所谓从事粮食生产“386199”部队，并不完全是被迫因素。《老年人权益保障法》和中央一号文件所提到的关爱服务体系，应该包括组织参加有意义的粮食生产活动。高龄农民的今天就是现在青年农民的明天，对高龄农民劳动从制度上予以肯定是对青年农民安心粮食生产的最直观鼓励。

4. 使国家分配政策因相对公平而吸引年轻人从事粮食生产。高龄农民和高龄市民在年轻时都从事生产，到老年时待遇却相差迥异。高龄市民有退休金、有工龄，可以到处旅游、娱乐、颐养天年，而高龄农民依旧不得不为生计而劳作、奔波。以小麦第一生产县滑县为例,高龄农民每月领取老年补贴 100 元左右,除此之外的来源就是务农收入和子女赡养。增加此制度设计,既着眼于为未来发展集体经济积蓄力量,又是对高龄农民晚年生活的国家支持和补偿,彰显制度的公平的同时还是对现在粮食生产者的有形鼓励。

5. 完善农业补贴政策的有效措施。国家在农业补贴方面已经有了较为成熟的做法,高龄农民参加生产的报酬标准可以按照现行补贴的 10% 至 15% 确定和发放。此种方法也可视为对农业补贴政策的变通。

6. 国外已有相关立法借鉴。比如日本 2000 年《食物 · 农业 · 农村基本法》第 27 条规定,国家为了让高龄农业者发挥自己的技术、能力、作用,应当组织其参与有意义的农业相关活动,并提高高龄农业者的福利待遇。

# 第四章　粮食安全的法律保障*

为保障粮食有效供给，确保国家粮食安全，提高防范和抵御粮食安全风险能力，2023 年 12 月 29 日，第十四届全国人大常务委员会第七次会议表决通过了《粮食安全保障法》。作为统领粮食安全各环节工作的基本法律，粮食安全保障法的出台对于依法维护国家粮食主权安全和广大人民"一日三餐"无忧，助力全面建设社会主义现代化国家新征程具有重要意义。

## 一、贯彻落实《粮食安全保障法》，必须认真梳理本法出台的立法简史

《粮食安全保障法》的立法史，其本质就是一部中国共产党领导全国人民端稳"中国饭碗"，不断夯实粮食安全根基的奋斗史。《粮食安全保障法》的起草命途多舛，梳理这段立法简史另一个目的在于明确我们所进行的一切事业都需要一代又一代地前赴后继、持之以恒地去努力，同时缅怀那些为粮食安全保障事业作出贡献的逝者。总的来讲，粮食安全保障的立法历史共经历三个阶段，可以概括为"三落三起"。

### （一）第一阶段：20 世纪 80 年代至 90 年代中期

随着改革开放时代的到来，市场在我国经济社会中配置资源的决定性地位日渐显现，用法律来规范粮食流通活动成为制定粮食法的最初动因。1983 ~ 1984 年，商业部曾草拟了《粮食管理法（草案）》，但因后来"购销双轨制"的实行，该草案因不适应新情况而废弃。1989 年 2 月，商业部研究起草了《粮食购

* 本文原载《中国粮食经济》2024 年第 3 期，发表时篇名为《粮食安全的法律保障——学习贯彻〈中华人民共和国粮食安全保障法〉》。

销和市场管理暂行规定》,但又因粮食流通领域许多关系没有理顺而搁浅。1990年全国人代会议上,卢瑞华等31名代表提出制定《粮食法》的建议,被列为当年第378号议案。次年,在江耀飞等33名代表再次提出建议制定《粮食法》后,经商业部和农业部协商,确定《粮食法》主要集中考虑粮食流通体制和流通秩序方面的问题。

党的十四大明确了我国经济体制改革的方向是建立社会主义市场经济体制。社会主义市场经济的本质是法治经济。在粮食生产和流通逐步由市场起决定作用的必然趋势下,纯粹或者主要依靠政策手段来界定、协调有关主体的权利、义务和利益关系的难度越来越大,构建粮食安全保障法律制度逐渐成为经济社会发展的迫切要求。1995年下半年,当时的国内贸易部和国家粮食储备局作出决定,成立以内贸部部长陈邦柱为组长、副部长兼国家粮食储备局局长罗植龄为副组长的《粮食法》起草领导小组,组织力量抓紧调研和论证,开始着手起草《粮食法》。按照当时设想,《粮食法》主要包括总则、“米袋子”省长负责制、两级总量平衡、粮食收购(含进口)、粮食销售(含出口)、粮食储备、粮食运输、粮食加工、粮食统计、粮食价格、粮食机构及网点、粮食市场、节约用粮、粮食税收、法律责任、附则16项内容。起草部门还特别提出着重做好三个方面的工作:一是希望各地粮食部门对所提出的框架设想进行讨论,提出意见;二是期待提供国内外有关《粮食法》的重要资料,推荐中外有参考价值的粮食基本法方面的文本;三是在粮食系统内刊物上围绕粮食法的实质问题开展讨论,集思广益,进行论证。① 此后,全国人大代表经常性地提出制定《粮食生产法》《粮食安全法》等有关议案,理论界和实务界更加关注粮食政策与法律的研究。

### (二)第二阶段:21世纪初期至2017年年底

进入新世纪,“三农”问题逐渐引起国家的高度重视,粮食立法被快速提上议事日程。2003年全国人代会上,刘庆宁等31名代表建议制定《粮食流通法》(第208号议案),李晓方等30名代表建议制定《国家储备粮法》(第845号议

---

① 国家粮食储备局体改法规司:《写好〈粮食法〉为以法治粮做贡献》,载《中国粮食经济》1995年第5期。

案）。这两个议案为国务院所接受，直接推动了《中央储备粮管理条例》和《粮食流通管理条例》的出台。但是，对于粮食法究竟如何命名，不但学界有不同看法，而且国家有关机关之间也有不同看法，其中以2004年10月27日第十届全国人民代表大会常务委员会第十二次会议通过的《全国人大农业与农村委员会关于第十届全国人民代表大会第二次会议主席团交付审议的代表提出的议案审议结果的报告》最具代表性：农业部、国家发展改革委建议制定《粮食安全法》，将粮食流通体制改革政策和粮食安全管理方面的成熟经验上升为法律；国家粮食行政管理部门建议制定《粮食流通法》以确保粮食购销市场化改革顺利进行，维护正常的粮食流通秩序，保护粮食生产者、经营者和消费者的合法权益；农业与农村委员会则根据近年来我国粮食生产、购销、储备出现的新情况、新问题，为稳定粮食生产能力，确保粮食供求基本平衡，建立良好的粮食流通秩序，提出有必要制定专门的《粮食法》。后来，《粮食法》的名称被全国人大常委会立法规划所采纳。

在全国人大代表不断提出相关议案、有关部门不断调研和论证的基础上，2008年10月29日，《粮食法》首次列入全国人大常委会立法规划，成为十一届全国人大常委会任期内提请审议的“经济法类”法律草案。2013年10月30日，《粮食法》作为“条件比较成熟、任期内拟提请审议的法律草案”项目再次列入十二届全国人大常委会立法规划。但在国务院连续六个年度立法计划中，《粮食法》始终未能成为第一类年内要完成的立法项目，而是一直处在第二类甚至第三类的立法项目中，2009年、2010年、2012年、2013年、2014年的年度立法工作计划将其列为第二类“需要抓紧研究、待条件成熟时提出的立法项目”或者“预备项目”；2011年则将其列为第三类“需要积极研究论证的项目”。从立法学角度来说，年度立法工作计划的第一类项目即年内要完成的立法项目带有刚性“指标”特征，当年通过成为法律一般没有问题；但对于列为第二类项目的立法项目则需要更加深入的研究和论证，一般不可能在当年通过成为法律。尽管《粮食法》依旧有许多问题需要着力去调研和论证，但它毕竟列入了全国人大常委会五年立法规划和国务院年度立法计划，大大加速了它的立法进程。2010年8月26日，时任国家发展改革委主任张平在十一届全国人大常委会第十六次会议上透露，按照国务院部署，国家发改委和国家粮食局组织相关部门成立了粮食法起草领导小组、工作组和专家组，正在积极开展相关工作，将按期拿出法律草案。2012 年 1 月 9 日，国家发改委将《粮食法（送审稿）》上报国务院。2012 年 2 月 21 日，国务院法制办公布了《粮食法（征求意见稿）》，向社会各界征求意见。

《粮食法（征求意见稿）》的主要内容涉及市场配置粮食资源、粮食生产保障、粮食流通保障、粮食质量安全保障、粮食调控与储备、粮食产业支持与发展、粮食安全责任、监督检查与责任追究等方面。与仅有 6 章 54 条的《粮食流通管理条例》相比，该稿有 10 章 97 条，增加了 2/3 强，文字上更增加了近 2500 字，新增了粮食生产、加工、消费与节约、质量安全、储备和产业支持与发展等内容，涵盖了从粮食生产到消费到应急保障等各个环节。该稿明确把保障国家粮食安全作为立法宗旨，规定在我国境内的粮食生产、流通、消费活动适用于该法。该征求意见稿公布以后，社会各界反应不一，褒贬有之。贬者认为该征求意见稿强化了行政权力，但对于粮食安全问题能否确保持否定态度，认为距离业界对于该法能够对一些事关粮食生产、流通、价格领域内的利益格局进行重新梳理，建立一个清晰、平衡的总体架构，平衡各市场利益主体之间的关系的期待有很大距离。[①] 比如，中国人民大学农业与农村发展学院副院长郑风田博士评价："通读全文，感觉该法面面俱到，但似乎又把最重要的问题给忽视了，那就是农民，如何激励农民多生产粮食，该法并没有拿出多少实质有效的办法。"[②] 褒者主要来自粮食行政管理系统，他们认为要确保国家粮食安全，应该强化粮食行政管理部门的职能，特别是给予"国家实行粮食安全考核问责制度"高度评价，认为这对于提升粮食部门地位，进一步明确粮食行政管理部门职责具有积极意义。笔者认为，《粮食法（征求意见稿）》的公布，大大推进了粮食法的立法进程，对于实现依法治粮具有重要意义，但对于该法如何适应社会主义市场经济体制、去除计划经济的影响还有很大的努力空间，如果仅把现有的粮食管理法规和政策固化上升为法律，而忽视了粮食综合生产能力、粮食储备能力、粮食流通能力等方面的内涵建设，则其实际价值并不是很大。

---

① 《〈粮食法〉征求意见稿与业界期许有差距》，载《中国经营报》2012 年 2 月 25 日。

② 郑风田：《关于〈粮食法〉的五点疑问》，载《农经》2012 年第 3 期。

2014 年 11 月 21 日,国务院法制办又公布了《粮食法(送审稿)》,再次向社会各界征求意见。此后,粮食安全保障立法进入了休眠期,直到党的十九大召开以后。

(三)第三阶段:2018 年年初至 2023 年 12 月出台

“粮食法”最终未能成为国家的法律,究其原因主要有两个:一是粮食安全保障体制改革尚在进行,究竟应该通过何种治国理政方式实现中国人民衣食无忧的实践还不充分,新时代的粮食安全政策创新和制度成果尚需重大历史事件检验;二是“粮食法”的权利义务主线尚不明确,实际工作中存在着国家安全法属性与经济管理法属性两种截然不同的立法定位。2018 年中央一号文件提出:“推进粮食安全保障立法。”在当年 9 月 7 日公布的十三届全国人大常委会立法规划中,《粮食安全保障法》被列为第一类项目,属于“条件比较成熟、任期内拟提请审议的法律草案”。同年 11 月 8 日,《粮食安全保障法》起草领导小组第一次会议在北京召开。该会议认为,《粮食安全保障法》的立法思路定位清晰准确,粮食生产流通体系基本形成,关键领域改革政策基本成型,粮食安全保障方面形成了相关制度规定,加快制定《粮食安全保障法》已经具备比较好的工作基础和条件。① 在 2019 年中央一号文件进一步明确“加快推进粮食安全保障立法进程”之后,第二届粮食交易大会在河南召开期间,国家粮食和物资储备局召开了《粮食安全保障法》调研座谈会,对《粮食安全保障法》起草工作组形成的征求意见稿内容及相关制度进行了深入讨论和研究。2019 年 12 月 3 日,国家粮食和物资储备局在中储粮集团公司召开《粮食安全保障法》征求意见座谈会,听取有关企业对粮食安全保障立法工作的意见建议,《粮食安全保障法》草稿基本形成。在国家加快推进粮食安全保障立法进程中,河南工业大学相继承担了《中国粮食法立法疑难问题研究》《关于粮食生产保障立法的若干问题研究》《粮食安全保障法涉及重大政策研究》等课题研究工作,并提交了《粮食安全保障法(专家意见稿)》,直接为国家粮食安全保障立法提供智力支撑。

① 《〈粮食安全保障法〉起草领导小组召开第一次会议》,载《中国粮食经济》2018 年第 12 期。

党的十九大以后，以“粮食安全保障法”之名先后列入十三届、十四届全国人大常委会立法规划，表明国家认可了粮食法的国家安全法属性，从而明确了保障粮食有效供给，确保国家粮食安全，提高防范和抵御粮食安全风险能力，维护经济社会稳定和国家安全的立法宗旨。面临世纪疫情的空前挑战和俄乌冲突的叠加影响，新时代以来中国共产党在粮食安全领域的重要政策和制度成果经受住了实践的检验，将其转化为法律规范已成为历史发展的必然。《粮食安全保障法》在2023年出台已是水到渠成。

## 二、贯彻实施《粮食安全保障法》，必须深刻理解本法出台的社会背景

《粮食安全保障法》的出台是多年磨砺的结果，历时长达40余年。2008年10月，“粮食法”列入十一届全国人大常委会立法规划。2013年10月，“粮食法”又列入十二届全国人大常委会立法规划。在党的十九大报告提出“确保国家粮食安全，把中国人的饭碗牢牢端在自己手中”之后，基于立法定位进一步明晰，始以“粮食安全保障法”之名列入十三届全国人大常委会立法规划。囿于主客观因素的影响，《粮食安全保障法》并未能在该届人大任期内出台。它的正式出台，已是十四届全国人大常委会立法规划实施当年的年尾了。

它适应了坚定落实党中央决策部署、用法治方式守住管好“国之大者”的迫切需要。粮食安全是国家安全的重要基础。党中央、国务院历来高度重视国家粮食安全。习近平总书记指出，悠悠万事，吃饭为大；①解决好十几亿人口的吃饭问题，始终是我们党治国理政的头等大事；②只有把牢粮食安全主动权，才能把稳强国复兴主动权；必须全方位夯实粮食安全根基，既要抓物质基础，强化藏粮于地、藏粮于技，也要抓机制保障，做到产能提升、结构优化、韧性增强、收益保障、责任压实。③《中共中央关于党的百年奋斗重大成就和历史经验的决议》将“保障粮食安全”作为开创中国特色社会主义新时代的必然要求之一。

---

① 《习近平在看望参加政协会议的农业界社会福利和社会保障界委员时强调　把提高农业综合生产能力放在更加突出的位置　在推动社会保障事业高质量发展上持续用力》，载《人民日报》2022年3月7日，第1版。

② 《习近平在广西考察工作时强调　扎实推动经济社会持续健康发展　以优异成绩迎接党的十九大胜利召开》，载《人民日报》2017年4月22日，第1版。

③ 习近平：《加快建设农业强国　推进农业农村现代化》，载《求是》2023年第6期。

《国民经济和社会发展第十四个五年规划和2035年远景目标纲要》在“强化国家经济安全保障”部分提出要“坚持立足国内、补齐短板、多元保障、强化储备”。因此,《粮食安全保障法》的出台回应了用法治方式解决新时代粮食安全领域的短板问题,在更高层次保障国家粮食安全的迫切需要。

它适应了全面落实总体国家安全观、应对国际国内风险挑战的迫切需要。当前,世界百年未有之大变局加速演进,国际竞争越来越体现为制度、规则、法律之争,如何用法治方式确保我国产业链、供应链安全稳定是构建新发展格局、增强国际竞争力的内在要求之一。就国内来讲,我国粮食安全形势总体较好,但粮食需求刚性增长,粮食生产条件资源与需求之间矛盾较为突出,粮食稳产高产难度加大,储备体制机制尚有短板,流通体系有待完善,加工能力还有不足,应急保障有待加强,节约减损还欠规范等诸多亟须解决的问题迫切需要法律支撑。习近平总书记指出:“确保粮食安全,不仅要着眼平时,还要提升应急保供能力,系统梳理生产、加工、流通、储备、贸易等方面可能存在的风险点。”①《粮食安全保障法》的出台,有利于提高防范和抵御粮食安全风险能力,又可以运用法治方式有效应对国际竞争与纠纷,不断增强国家软实力。

它适应了通过立法确认改革成果,推动改革开放向纵深发展的迫切需要。习近平总书记强调:“中国特色社会主义实践向前推进一步,法治建设就要跟进一步。”②进入新时代以来,党中央、国务院对粮食安全作出一系列决策部署,形成了一大批保障国家粮食安全的重要政策和制度成果,将经实践检验成熟的政策措施和制度成果转化为法律规范,有利于为粮食安全领域的进一步改革提供法治保障,有利于为推进粮食安全治理能力现代化提供法治保障,从而提升国家应对各类来自国内外突发事件的能力。

## 三、贯彻实施《粮食安全保障法》,必须准确把握本法确立的基本原则

粮食安全保障法共设置了“总则”、“耕地保护”、“粮食生产”、“粮食储备”、“粮食流通”、“粮食加工”、“粮食应急”、“粮食节约”、“监督管理”、“法律

---

① 习近平:《加快建设农业强国 推进农业农村现代化》,载《求是》2023年第6期。

② 《推进全面依法治国 发挥法治在国家治理体系和治理能力现代化中的积极作用》,载习近平:《论坚持全面依法治国》,中央文献出版社2020年版,第288页。

责任”及“附则”11 章共 74 条。其中,总则部分规定了保障粮食安全的基本原则。

(一)坚持党的领导

总结历史经验,“中国粮食,中国饭碗”不仅是中国共产党领导中国革命和社会主义建设的制胜法宝,而且还是人民对美好生活向往的最关键、最直接、最现实的集中体现。中国共产党成立以后,通过土地革命和改革,满足了千百年来中国人民“耕者有其田”的热切愿望,使其吃有所食、衣有所穿,赢得了中国人民的衷心拥护与支持。进入新时代以后,党明确农业强国奋斗目标,通过“种子革命”“农资革命”等一系列创新性措施,使“中国饭碗,中国粮食”成为不断满足人民美好生活需要的最鲜明符号与标志。因此,《粮食安全保障法》旗帜鲜明地把坚持中国共产党的领导写进法条,明确规定国家粮食安全工作坚持中国共产党的领导,贯彻总体国家安全观,统筹发展和安全,实施以我为主、立足国内、确保产能、适度进口、科技支撑的国家粮食安全战略。坚持党的领导是开展粮食安全工作的根本前提和政治保障,该规定明确了《粮食安全保障法》的政治属性和时代特征。只有坚持党对粮食安全工作的领导,才能充分协调各方,有效推进粮食安全工作。

(二)坚持粮食安全责任制

保障粮食安全需要有关各方的协同分工。《粮食安全保障法》主要从三个层面作出规定:一是明确保障粮食安全是一种国家责任,规定国家实行粮食安全党政同责;二是明确政府的责任边界,规定县级以上地方人民政府应当承担保障本行政区域粮食安全的具体责任,应当将粮食安全保障纳入国民经济和社会发展规划;三是明确粮食安全保障的日常工作部门职责,规定县级以上地方人民政府的发展改革、自然资源、农业农村、粮食和储备等主管部门则须依照法定职责,协同配合,做好粮食安全保障工作,并根据粮食安全保障目标、任务等,编制粮食安全保障相关专项规划,按照程序批准后实施。

### （三）坚持全方位多途径开发食物资源

为确保谷物基本自给、口粮绝对安全，满足人民群众对食物品种丰富多样、品质营养健康的消费需求，《粮食安全保障法》从四个角度作出规定：一是基于生产是根本，规定坚持藏粮于地、藏粮于技，提高粮食生产、储备、流通、加工能力；二是基于大食物观，规定保障国家粮食安全应当树立大食物观，构建多元化食物供给体系；三是基于中华民族节约优良传统，规定国家厉行节约，反对浪费，各级人民政府及有关部门应当采取多种形式加强粮食安全宣传教育，提升全社会粮食安全意识，引导形成爱惜粮食、节约粮食的良好风尚；四是基于“适度进口”战略，规定国家加强国际粮食安全合作，发挥粮食国际贸易作用。

### （四）坚持统筹两个市场和资源

习近平总书记指出，我们要善于用好国际、国内两种资源、两个市场，同时还强调保障粮食等主要农产品供应能力必须牢靠地建立在我们自己身上。《粮食安全保障法》规定，国家加强粮食宏观调控，优化粮食品种结构和区域布局，统筹利用国内、国际的市场和资源，构建科学合理、安全高效的粮食供给保障体系，提升粮食供给能力和质量安全；规定国家加强国际粮食安全合作，发挥粮食国际贸易作用。

### （五）坚持创新技术与政策

保障粮食安全的动力在于有调动各方积极性的政策。《粮食安全保障法》从三个角度进行了制度设计：一是立足于调动粮食生产者和地方人民政府保护耕地、种粮、做好粮食安全保障工作的积极性，规定国家建立健全粮食安全保障投入机制，采取财政、金融等支持政策加强粮食安全保障，完善粮食产购储运加销协同保障机制，建设国家粮食安全产业带。二是立足于调动社会资本投资的积极性，规定国家引导社会资本投入粮食生产、储备、流通、加工等领域，并保障其合法权益。三是立足于调动国家资本的积极性，规定国家引导金融机构合理推出金融产品和服务，为粮食生产、储备、流通、加工等提供支持。规定国家完善政策性农业保险制度，鼓励开展商业性保险业务。粮食安全保障的出路在于科学技术的创新。《粮食安全保障法》规定，国家加强粮食安全科技创新能力和信息化建设，支持粮食领域基础研究、关键技术研发和标准化工作，完善科技人才培养、评价和激励等机制，促进科技创新成果转化和先进技术、设备的推广使用，提高粮食生产、储备、流通、加工的科技支撑能力和应用水平。

## 四、贯彻实施《粮食安全保障法》，必须落实维护本法确立的重要制度

《粮食安全保障法》奠定了中国粮食安全保障和粮食安全治理的基本框架，集中体现了粮食安全保障各利益相关方普遍关心的问题，围绕耕地保护和粮食生产、储备、流通、加工等环节以及粮食应急、节约等确立了多项法律规范和制度，并对违反该法的行为规定了相应的法律责任。概括起来，这些法律制度主要包括以下方面。

### （一）粮食生产能力建设制度

早在20世纪50年代，中国共产党创造性地把农业八项增产技术措施概括为农业“八字宪法”。习近平总书记继承了该光辉思想，明确指出保障粮食安全关键是要保粮食生产能力，确保需要时能产得出、供得上。他不仅强调耕地是粮食生产的命根子，还在农业“八字宪法”基础上进一步指明保障粮食生产的着力点，即守住耕地红线，把高标准农田建设好，把农田水利搞上去，把现代种业、农业机械等技术装备水平提上来，把粮食生产功能区划好建设好，真正把“藏粮于地、藏粮于技”战略落到实处。《粮食安全保障法》紧扣“藏粮于地、藏粮于技”，将粮食生产能力建设制度分为“耕地保护”和“粮食生产”两个专章进行设计。

在粮食生产条件方面。围绕耕地保护问题，规定了国土空间用途管制制度、耕地保护补偿制度、占用耕地补偿制度、耕地种植用途管控制度、耕地质量保护制度、黑土地保护制度、耕地轮作休耕制度等。围绕维护种业安全问题，从四个层面进行了规范：一是明确要维护种业安全，规定通过国家推进种业振兴、推动种业高质量发展实现种业安全；二是明确要提升供种保障能力，规定实现的路径是国家加强粮食作物种质资源保护开发利用，建设国家农业种质资源库，健全国家良种繁育体系，推进粮食作物种质资源保护与管理信息化建设；三

是规定培育具有自主知识产权的优良品种；四是建立种子储备制度。在其他生产条件方面，《粮食安全保障法》围绕肥料等农业生产资料稳定供应工作、加强水资源管理和水利基础设施建设、促进粮食生产全程机械化、提高粮食生产技术推广服务水平、推进智慧农业发展、加强粮食生产防灾减灾救灾能力建设等问题进行制度设计。

在促进粮食生产方面。《粮食安全保障法》主要从五个角度进行了制度设计：一是实行粮食生产功能区和重要农产品生产保护区制度；二是稳定粮食播种面积制度；三是健全粮食生产者收益保障机制；四是健全粮食主产区、产粮大县利益补偿机制；五是扶持和培育新型农业经营主体制度。

### （二）粮食储备能力保障制度

粮食储备是保障国家粮食安全的重要物质基础。习近平总书记指出，搞好粮食储备调节，调动市场主体收储粮食的积极性，有效利用社会仓储设施进行储粮。在设计粮食储备保障制度时，《粮食安全保障法》从健全粮食储备长效机制，充分发挥粮食储备调节粮食供求、稳定粮食市场等重要作用出发，具体体现在如下三个方面：

一是实行央地政府粮食储备制度，规定政府粮食储备用于调节粮食供求、稳定粮食市场、应对突发事件等，其总量规模由国务院确定并实行动态调整，品种结构、区域布局按照国务院有关规定确定，并按有关规定进行收购、销售、轮换、动用等。为确保政府粮食储备数量和质量安全，《粮食安全保障法》一方面从技术层面上规定加强政府粮食储备管理信息化建设，另一方面还从管理层面上规定县级以上人民政府应当将政府粮食储备情况列为年度国有资产报告内容，向本级人民代表大会常务委员会报告。

二是实行政府粮食储备承储制度。在具体业务方面，要求政府粮食储备承储主体实行储备与商业性经营业务分开，对政府粮食储备收购、销售、轮换、动用等应当进行全过程记录，对承储粮食数量、质量负责，实施粮食安全风险事项报告制度，规定承储中央政府粮食储备和省级地方政府粮食储备的企业应当剥离商业性经营业务。为确保粮食数量真实、质量安全，规定政府粮食储备承储主体实行专仓储存、专人保管、专账记载，执行储备粮食质量安全检验监测制度。

三是实行多元化社会储备。根据《粮食安全保障法》的规定,县级以上地方人民政府应当指导规模以上粮食加工企业建立企业社会责任储备,鼓励农业经营主体自主储粮。基于农户储粮需求,同时规定鼓励有条件的经营主体为农户提供粮食代储服务。

### (三)粮食流通能力保障制度

粮食流通是粮食安全实现的另一关键环节。习近平总书记指出,要推进农产品流通现代化,在提高农业综合效益上做足文章。围绕建设高效顺畅的粮食流通体系,《粮食安全保障法》进行了如下制度设计:

一是实行粮食市场调控制度。规定国家加强对粮食市场的管理,健全市场规则,维护市场秩序,有权采取多种手段加强对粮食市场的调控。为了保障市场供应、保护粮食生产者利益,规定必要时国务院可以根据粮食安全形势和财政状况,决定对重点粮食品种在粮食主产区实行政策性收储。当粮食供求关系和价格发生显著变化或者有可能显著变化时,县级以上人民政府及其有关部门可以采取的调控粮食市场措施包括:发布粮食市场信息;实行政策性粮食收储和销售;要求执行特定情况下的粮食库存量;组织投放储备粮食;引导粮食加工转化或者限制粮食深加工用粮数量以及其他必要措施。必要时,国务院和省级政府可以依照《价格法》的规定采取相应措施。

二是实行粮食流通基础设施建设和保护制度。一方面,规定县级以上地方人民政府应当组织建设与本行政区域粮食收储规模和保障供应要求相匹配,布局合理、功能齐全的粮食流通基础设施,并引导社会资本投入粮食流通基础设施建设。另一方面,规定任何单位和个人不得侵占、损毁、擅自拆除或者迁移政府投资建设的粮食流通基础设施,不得擅自改变政府投资建设的粮食流通基础设施的用途。

三是实行粮食经营者特殊义务制度。粮食经营者的特殊义务主要涉及两个方面:第一,从事购储加销的粮食经营者负有建立粮食经营台账义务,并向所在地的县级人民政府粮储主管部门报送粮食经营基本数据和有关情况。饲料、工业用粮企业负有同样义务。第二,从事购加销的规模以上经营者,应当执行特定情况下的粮食库存量。

### （四）粮食加工能力保障制度

围绕推动粮食加工业高质量发展，提升粮食供应保障能力，《粮食安全保障法》进行了如下制度设计：

一是明确优先保障口粮加工，规定国家协调推进粮食初加工、精深加工、综合利用加工，鼓励和引导粮食加工结构优化，饲料用粮、工业用粮加工应当服从口粮保障。

二是明确确保特别是应急状态下的粮食加工能力，规定县级以上地方人民政府应当科学布局粮食加工业；应当在粮食生产功能区和重要农产品生产保护区科学规划布局粮食加工能力，合理安排粮食就地就近转化的，国家给予重点支持。

三是明确鼓励产销合作，稳定产销关系，鼓励粮食主销区的企业在粮食主产区建立粮源基地、加工基地和仓储物流设施等，促进区域粮食供求平衡。

四是明确粮食加工经营者的质量主体责任，规定粮食加工经营者应当执行国家有关标准，不得掺杂使假、以次充好，对其加工的粮食质量安全负责，接受监督。

五是明确支持加工基础建设和科技创新，规定国家支持建设粮食加工原料基地、基础设施和物流体系，支持粮食加工新技术、新工艺、新设备的推广应用。

### （五）粮食应急保障能力保障制度

习近平总书记要求，确保粮食安全，不仅要着眼平时，还要提升应急保供能力。围绕完善粮食应急管理体系，提升粮食应急保障能力，《粮食安全保障法》进行了如下制度设计：

一是明确粮食应急管理体制。规定国家建立统一领导、分级负责、属地管理为主的粮食应急管理体制；规定县级以上人民政府应当加强粮食应急体系建设，健全粮食应急网络，必要时建立粮食紧急疏运机制。

二是明确制定粮食应急预案。全国粮食应急预案由国务院发展改革委、粮食和储备主管部门会同有关部门制定，报请国务院批准；省级行政单位的粮食应急预案由省级人民政府制定；设区的市级、县级人民政府粮食应急预案的制定，由省级人民政府决定。

三是明确实施应急处置措施的程序。第一步，国家建立粮食市场异常波动报告制度。当发生突发事件，引起粮食市场供求关系和价格异常波动时，规定县级以上地方人民政府有关主管部门应当及时将粮食市场有关情况向本级人民政府和上一级人民政府主管部门报告。第二步，决定是否应急响应。县级以上人民政府按照权限确认出现粮食应急状态的，应当及时启动应急响应，可以政策性粮食收储和销售、组织投放储备粮食，增设应急供应网点，征用粮食、仓储设施、场地、交通工具以及保障粮食供应的其他物资。第三步，决定是否升级管理。规定必要时，国务院可以依照《价格法》的规定采取相应措施。第四步，做好善后事宜。规定粮食应急状态消除后，县级以上人民政府应当及时终止实施应急处置措施，并恢复应对粮食应急状态的能力；因执行粮食应急处置措施给他人造成损失的，县级以上人民政府应当按照规定予以公平、合理补偿。

四是有关主体的临时性义务。规定出现粮食应急状态时，有关单位和个人应当服从县级以上人民政府的统一指挥和调度，配合采取应急处置措施，协助维护粮食市场秩序。

### （六）全链条粮食节约减损制度

为贯彻落实习近平总书记关于节粮减损的重要批示精神和中央有关文件要求，《粮食安全保障法》进行了如下制度设计：

一是明确厉行节约、反对浪费是一种国家行为。主要涉及三个层面：规定国家鼓励和支持推广适时农业机械收获和产地烘干等实用技术，引导和扶持粮食生产者科学收获、储存粮食，改善粮食收获、储存条件；规定国家鼓励粮食经营者运用先进、高效的粮食储存、运输、加工设施设备，国家推广应用粮食适度加工技术；规定国家优化工业用粮生产结构，调控粮食不合理加工转化。此外，还专款规定禁止故意毁坏在耕地上种植的粮食作物青苗。

二是明确公务部门的粮食节约职责。共涉及三类公务部门：县级以上人民政府应当建立健全引导激励与惩戒教育相结合的机制，加强对粮食节约工作的领导和监督管理，推进粮食节约工作；县级以上人民政府的有关部门应当依照职责做好粮食生产、储备、流通、加工、消费等环节的粮食节约工作;有关粮食食品学会、协会等组织应当依法制定和完善节约粮食、减少损失损耗的相关团体标准,开展节约粮食知识普及和宣传教育工作。

三是明确社会主体的粮食节约义务。共分四个层面:粮食生产者的义务是,应当加强粮食作物生长期保护和生产作业管理;粮食食品生产经营者的义务是,应当建立健全生产、储存、运输、加工等管理制度,引导消费者合理消费;机关、人民团体、社会组织、学校、企业事业单位等主体的义务是,应当加强本单位食堂的管理,定期开展节约粮食检查,纠正浪费行为;公民个人和家庭的义务是,应当树立文明、健康、理性、绿色的消费理念。

### (七)粮食安全保障责任制度

为全面落实粮食安全各方责任,《粮食安全保障法》进行了如下制度设计:

一是明确政府机构的监管及相关职责。具体情况是:规定国务院有关主管部门应当建立粮食安全监测预警体系,加强粮食安全风险评估,健全粮食安全信息发布机制;县级以上人民政府应当依法加强粮食质量安全监督管理工作,建立粮食质量安全追溯体系,完善粮食质量安全风险监测和检验制度;县级以上人民政府有关部门依法履行监督检查职责,发现公职人员涉嫌职务违法或者职务犯罪的问题线索,应当及时移送监察机关,监察机关应当依法受理并进行调查处置。此外,还规定外商投资粮食生产经营,影响或者可能影响国家安全的,应当按照国家有关规定进行外商投资安全审查;县级以上人民政府主管部门应当加强粮食安全信用体系建设。

二是明确耕地保护和粮食安全责任制考核入法。该规定主要体现在《粮食安全保障法》第62条,主要内容是:首先,明确了耕地保护和粮食安全的责任主体,规定省、自治区、直辖市主要负责人是本行政区域耕地保护和粮食安全的第一责任人,对本行政区域内的耕地保护和粮食安全目标负责。其次,明确了具体实施考核部门。规定国务院有关部门具体实施对省、自治区、直辖市落实耕地保护和粮食安全责任制情况的考核;县级以上地方人民政府应当定期开展监督检查,将耕地保护和粮食安全责任落实情况纳入对本级人民政府有关部门负责人、下级人民政府及其负责人的考核评价内容。最后,明确了不利后果。

规定对耕地保护和粮食安全工作责任落实不力、问题突出的地方人民政府，上级人民政府可以对其主要负责人进行责任约谈；被责任约谈的地方人民政府应当立即采取措施进行整改。

三是明确了社会监督的处理措施。规定单位、个人有权对粮食安全保障工作进行监督，对违反《粮食安全保障法》规定的行为向县级以上人民政府有关部门进行投诉、举报，接到投诉、举报的部门应当按照规定及时处理。

## 五、贯彻实施《粮食安全保障法》，必须持之以恒地努力做好相关工作

"天下之事，不难于立法，而难于法之必行。"[①]法律的生命在于实施，法律的权威只有在实施中才能得以彰显。《粮食安全保障法》已于 2024 年 6 月 1 日起施行，为推动我国粮食安全从政策性治理转向法治化治理再上新台阶提供了历史契机。

### （一）扎实开展《粮食安全保障法》的法治宣传工作

《粮食安全保障法》奠定了新时代保障我国粮食安全的法治基础。《粮食安全保障法》从颁布到实施跨度长达半年，一方面，为完善相关配套法规提供了较为充裕时间，有利于扩大《粮食安全保障法》知晓率和覆盖面，从而有助于更好地推进《粮食安全保障法》落地施行；另一方面，为有关部门和相关主体留出了足够的时间来学习和掌握。作为粮食安全保障部门，更要全面准确把握《粮食安全保障法》内容，深刻理解精髓要义，熟知法律赋予的各项职责，把法治宣传贯彻该法实施的全过程，强化全社会粮食安全法治意识，推动相关主体真正掌握法律相关条款内容，熟悉应承担的责任与义务，做到尽知熟知，为有法必依提供条件。

### （二）抓紧做好《粮食安全保障法》的制度配套工作

作为粮食领域的基础性、统领性法律，《粮食安全保障法》对粮食安全"产

---

① （明）张居正：《请稽查章奏随事考成以修实政疏》，载方春荣编著：《中国古代公文选》，安徽大学出版社 2004 年版，第 309 页。

购储加销”环节作出了全面规定，为全方位夯实粮食安全根基、推进粮食安全治理能力现代化提供了有力的法治保障，标志着粮食安全保障工作全面纳入法治化轨道，对保障国家粮食安全具有里程碑意义。与《粮食安全保障法》的制度配套工作，主要涉及三个层面：一是要落实十四届全国人大常委会立法规划，抓紧制定或者修订“耕地保护和质量提升法”“农业法”“进出境动植物检疫法”“自然灾害防治法”等相关法律。二是切实将“粮食安全保障法实施条例”《粮食流通管理条例》等行政法规及相关部门规章、规范性文件的“立改废”工作提上日程。三是《粮食安全保障法》要求建立健全的制度机制，有些需要通过制定配套规定来保证相关条款的实施。比如，《粮食安全保障法》第 13 条、第 17 条、第 39 条、第 57 条等规定，需由国务院农业农村主管部门、自然资源、省级人民政府、粮食食品学会、协会制定等制定具体办法或者标准。根据《立法法》第 66 条的规定，法律规定明确要求有关国家机关对专门事项作出配套的具体规定的，有关国家机关一般应当自法律施行之日起一年内作出规定。有关部门和单位应当及时落实《粮食安全保障法》相关规定，抓紧梳理清单，明确分工、落实责任、强化督导，及时出台相关配套规定。

### （三）切实加强《粮食安全保障法》的执法司法工作

《粮食安全保障法》是在充分调研基础上，坚持问题导向、紧贴粮食安全保障工作实际研究制定的，贯彻落实《粮食安全保障法》要与实际工作联系起来。同时，要研究统筹协调抓好粮食安全保障和相关监管工作，明确相关部门应承担的粮食安全保障职责。

需要做的具体工作是，把《粮食安全保障法》作为行政决策、行政管理、行政监督的重要标尺，规范行政活动；完善相关司法解释，使之与《粮食安全保障法》精神相一致，统一法律适用标准（比如粮食生产合理用水需求的“合理”界限把握）；加强检察机关对贯彻落实《粮食安全保障法》工作的监督，畅通司法救济渠道，充分发挥公益诉讼在粮食安全保障领域的功能。

此外，还需要持续加强粮食安全保障法律制度理论研究工作，为解决《粮食安全保障法》实施中出现的问题不断提供理论支撑。

# 第五编

# 粮食法之体系完善研究

中国特色社会主义法律体系是中国特色社会主义政治制度的法律载体，具有固根本、稳预期、利长远的重要功能。中国粮食安全法律体系是中国特色社会主义法律体系的重要组成部分，按照习近平总书记多次强调的加快完善法律体系的要求，加强和改进新时代粮食安全立法，不断完善以宪法为核心的粮食安全法律体系，为全面建设社会主义现代化国家提供经济支撑。

# 第一章　科学界定"粮食"的基本内涵*

何谓粮食安全法律体系？要厘清这个概念，必须对其前提"粮食""粮食安全"等概念进行界定。

## 一、科学界定"粮食"的基本内涵

"粮食"概念是粮食安全法律体系构建要面对的首要基础理论问题。2023年6月，中国人大网站公布的《粮食安全保障法（草案）》明确给出"粮食"的定义："本法所称粮食，是指小麦、稻谷、玉米、大豆、杂粮及其成品粮。"尽管同年年底出台的《粮食安全保障法》补充了对"杂粮"的界定，采用列举的方式将"杂粮"定义为"杂粮包括谷子、高粱、大麦、荞麦、燕麦、青稞、绿豆、马铃薯、甘薯等"。笔者认为，该定义仍然无法涵盖"树立大食物观"的内容，建议重新界定。要科学界定"粮食"概念，必须对古今中外的粮食概念作较为全面的梳理，才能够在粮食安全保障立法中较为客观地给出粮食的定义。

### （一）中国传统意义上的"粮食"概念

中国传统意义上的"粮食"即指谷物，它是人类社会发展到一定阶段的产物。茹毛饮血时代，为了获得延续生命的食物，人类从事的生产活动主要是采集植物和狩猎动物。随着生产实践的深入和生产力的发展，人们饮食习惯由生吞活剥转向以熟食为主要方式，畜牧业和农业逐渐分离开来，粮食随着原始农业的发展逐渐成为人们生存最基本的食物，成为人们生活水平稳定提高的重要

---

* 本文原载《粮食科技与经济》2023年第5期，发表时篇名为《粮食安全保障法（草案）完善之建议重新界定"粮食"概念》。

标志。由此可见,粮食和食物是既有区别又有联系的两个概念,食物在人类诞生之初就已经产生,而粮食则是生产力发展到一定阶段以后才出现的概念。

正如粮食概念的出现是人们对美好生活追求的结果一样,数千年来,为了满足人们对美好生活的向往,我国粮食作物品种经历了内外交融、不断演变的过程。中国历代粮食作物品种见表5－1:

**表5－1　中国历代粮食作物品种**

| 历史时期 | 主要粮食作物种类 | 备注 |
|---|---|---|
| 原始社会时期 | 粟、黍、稻、菽(大豆)、麻、大麦、小麦、薏苡等 | 北方以种植粟、黍为主,南方以种植水稻为主 |
| 夏、商、西周时期 | 黍、稷、稻、小麦、大麦、菽、麻等。其中黍、稷为主要粮食品种 | 古代以稷为百谷之长,因此帝王奉祀为谷神 |
| 春秋战国时期 | 粟、菽等 | 五谷概念出现 |
| 秦汉时期 | 粟、稻、小麦、大麦、黍、大豆等 | |
| 隋唐五代时期 | 稻、粟、麦等 | |
| 宋元明清时期 | 水稻、小麦、谷子、玉米、豆类等 | |
| 民国时期 | 稻谷、小麦、大麦、玉米、高粱、小米、其他杂粮等 | |

注:该表民国时期资料来源任新平:《民国时期粮食安全研究》,中国物资出版社2011年版,第60页。其余资料来源于杨茂璋、肖春阳:《中外粮食概念比较》,载《中国粮食经济》1997年第10期。

从表5－1可以看出,我国历代粮食作物品种极为丰富。据俄罗斯植物学家瓦维洛夫调查确认,中国是世界八大作物起源中心中最重要的一个。据统计,全世界最重要的640种作物中,136种源自中国,约占世界总数的1/5。① 无论是"行道曰粮,谓糒也。至居曰食,谓米也"②的史书释义,还是"四体不勤,五谷不分"③的经书训导,均为上表有关中国历代政权对粮食即"谷物"的理解提供了有力支撑。另外,有关成语也将粮食解释为谷物。比如商务印书馆2013

① 王思明:《中国食物的历史变迁》,载《文汇报》2017年6月2日,第W10版。

② 《周礼·地官·廪人》记载:"凡邦有会同、师、役之事,则治其粮与其食。"据注释,郑《注》曰:"行道曰粮,谓糒也。至居曰食,谓米也。"《周礼》(上册),徐正英、常佩雨译注,中华书局2014年版,第367页。

③ 《论语·微子》,载《四书五经》,中国友谊出版公司1993年版,第33页。

出版的《成语大词典》有关“五谷丰登”的解释是：“五谷，指稻、麦、豆、小米、高粱，泛指农作物；丰登，即丰收。泛指年成好，粮食丰收。”[①]《粮食大词典》对粮食的解释是：“亦称谷、五谷等。传统对谷物的统称。”[②]

（二）当代中国官方文献中的“粮食”概念

当代中国对“粮食”概念有不同的理解和认识。综观我国公开的官方文献，概括起来，关于“粮食”的概念主要有如下几种：

第一种观点，粮食即谷物及其成品粮。该观点继承了传统意义上的粮食概念，把“成品粮”纳入概念中。代表性文献是现行有效的《粮食流通管理条例》。该条例第 2 条第 2 款规定：“前款所称粮食，是指小麦、稻谷、玉米、杂粮及其成品粮。”

第二种观点，粮食即谷物及其成品粮、豆类和薯类。该认识把豆类和薯类纳入粮食范畴。代表性文献是《国家粮食安全中长期规划纲要（2008—2020年）》。该纲要把粮食和食物明确区分开来：“本纲要中的粮食，主要指谷物（包括小麦、稻谷、玉米等）、豆类和薯类；食物，指粮食、食用植物油、肉、禽、蛋、奶及水产品。”[③]如果溯源其由来，该定义与建国初期我国人均谷物产量较低、根本无法满足人民温饱需要的国情密切相关。随着统购统销政策的实施，从 1953 年起，国家统计部门把豆类、薯类纳入粮食统计口径，与谷物一起公布国家的年度粮食产量。自 1991 年至今，国家在有关粮食产量统计中，把谷物产量指标进行单列。[④] 该定义为 2012 年公布的《粮食法（征求意见稿）》和 2014 年公布的《粮食法（送审稿）》所继承。该两份文献第 2 条第 2 款均规定：“本法所称粮食是指谷物及其成品粮、豆类和薯类。”

第三种观点，粮食指小麦、玉米和稻谷以及国务院或者省、自治区、直辖市人民政府确定的其他粮食品种。代表性文献为 1998 年公布实施的《粮食收购条例》和《粮食购销违法行为处罚办法》。《粮食收购条例》第 2 条规定：“本条

① 《成语大词典》，商务印书馆 2013 年版，第 1150 - 1151 页。
② 《粮食大词典》，中国物资出版社 2009 年版，第 296 页。
③ 《国家粮食安全中长期规划纲要（2008—2020）》，载《农业机械》2009 年第 4 期。
④ 《中华人民共和国年鉴（2003）》，中华人民共和国年鉴社 2003 年版，第 1086 页。

例适用于小麦、玉米、稻谷以及国务院或者省、自治区、直辖市人民政府确定的其他粮食品种的收购活动。”《粮食购销违法行为处罚办法》对粮食购销概念限定在《粮食收购条例》所规定的范畴。考究该条例有关粮食范畴的确定，恐怕与其实施目的相关。①

第四种观点，粮食指谷物(包括小麦、稻谷、玉米、杂粮等)及其成品粮、食用植物油、油料、豆类和薯类。该观点把油料也纳入粮食范畴。代表性文献为2016年《粮食质量安全监管办法》②。该办法第2条第2款规定：“本办法所称粮食，是指谷物(包括小麦、稻谷、玉米、杂粮等)及其成品粮、食用植物油、油料、豆类和薯类。”同时为了与《进出境粮食检验检疫监督管理办法》相协调，还专款规定“进出境粮食应当符合出入境检验检疫有关规定。”

第五种观点，粮食指用于加工、非繁殖用途的禾谷类、豆类、油料类等作物的籽实以及薯类的块根或者块茎等。代表性文献为《进出境粮食检验检疫监督管理办法》。据海关总署2018年修正本，该办法第2条第2款规定：“本办法所称粮食，是指用于加工、非繁殖用途的禾谷类、豆类、油料类等作物的籽实以及薯类的块根或者块茎等。”该观点把进出境的粮食限定在加工、非繁殖范围内。

### (三)国外官方文献中的“粮食”概念

世界上有关国家和组织对“粮食”概念的界定也均有不同。成立于1945年的联合国粮农组织，其英语名称为 Food and Agriculture Organization of the United Nations，当时中国官方将 Food 翻译为“粮食”并沿用至今。据该组织每年出版的《生产年鉴》，所列广义粮食产品目录共有八大类：谷物类，块根和块

---

① 据王秀杰研究，《粮食收购条例》实施的目的主要有四个方面：一是保护生产者利益，通过条例中保护价政策的实施，抑制粮食价格的持续下滑，以保证农民取得相对稳定的收入；二是通过国家对粮源的控制，避免粮价的剧烈波动，特别是价格的持续上涨，以保护消费者的利益；三是通过给予国有粮食企业垄断收购权，实现扭亏为盈，以保证企业在规定期限内偿还亏损挂账；四是推动国有粮食企业的市场化改革。参见王秀杰：《新政策面临的新问题——对1998年以来粮食收购条例的变化及存在问题的透视》，载《调研世界》2002年第4期。笔者认为，该说法表明《粮食收购条例》能够兼顾各方利益。

② 即国家发展改革委2016年第42号令。2023年7月11日，《粮食质量安全监管办法》经国家发展改革委第3次委务会议审议通过，并以“国家发展改革委2023年第4号令”向社会公布，同时宣告《粮食质量安全监管办法》(国家发展改革委2016年第42号令)废止。

茎作物类，豆类，油料、油果和油仁作物类，蔬菜和瓜果类，糖料作物类，水果和浆果类，家畜类、家禽类和畜产品类。狭义上的粮食指谷物，主要有小麦、粗粮、稻谷，而粗粮包括玉米、大麦、高粱、燕麦、黑麦、荞麦和其他杂粮等品种。[①] 我们一般见到有关公报上提到的每年“世界粮食总产量”中“粮食”，即联合国粮农组织所说的狭义上的粮食，特指谷物类，并不包括豆类和薯类。这是我国有关统计公报上“粮食”概念与联合国粮农组织所说的“粮食”的区别之处。

韩国官方文献对“粮食”的定义在不同时期也有变化。1963 年颁布、1980 年修订的韩国《粮食管理法》第 2 条规定：粮食指大米、麦类及总统令规定之谷类。那么，总统令规定的谷类都有哪些呢？据 1980 年修订的韩国《粮食管理法施行令》第 1 条规定，总统令规定的谷类包括：一是豆类、粟、小米、高粱、高粱米、玉米、荞麦；二是米谷、麦类的粉碎物粉末及第一项规定的各谷类的粉碎物和粉末（但作为在粮食的碾磨或粉碎过程中产生的不能作为粮食用的副产品除外）；三是薯类；四是米谷、麦类及以前三款的谷类作为原料的淀粉类。1994 年 12 月，韩国通过新的《粮食管理法》对“粮食”定义作了修改，保留了“大米、麦类”，把“总统令规定之谷类”修改为“总统令规定的谷物、薯类和以此为原料的粉碎物、粉末、淀粉类其他以此为准的，总统令规定的粮食”。随之修改的《粮食管理法施行令》把“豆类”也纳入粮食范畴，从而使其对“粮食”的定义与当代中国的第二种观点有些相似。

日本对“粮食”的定义较为细致。据 1942 年颁布、1978 年修订的《粮食管理法》第 2 条规定，日本给出的“粮食”定义是：米谷、大麦、稞麦、小麦及其他依政令所规定的粮食。据该法的施行令，日本《粮食管理法》所称的主要粮食共有八种：米谷粉、小麦粉、以小麦粉作为主要原料加工制作的面包等；以米谷粉或者小麦粉作为原粉加工制作的面食等；粘米；米饭（包稀饭等其他属于此类的东西）；农林水产大臣指定的以米谷或者米谷粉作为主要原料的制成品；进口的淀粉等。由此可见，日本并未将豆类和薯类纳入粮食范畴。

---

① 《粮食大词典》，中国物资出版社 2009 年版，第 467 页。

### （四）粮食安全法律体系中“粮食”概念的界定建议

总结世界范围内各种政权有关“粮食”概念的界定规律，不难发现，各国有关“粮食”概念的界定均与本国生产和消费的主要粮食品种密切相关，同时随着经济社会发展水平的不断提高，“粮食”概念的内涵和外延随着生产力的发展、粮食供给情况的变化、人们的消费习惯变化在不断变化，并且不同种族、不同区域的人们对“粮食”的解释也不同。2022 年 3 月，习近平总书记指出，要树立大食物观，从更好满足人民美好生活需要出发，掌握人民群众食物结构变化趋势，在确保粮食供给的同时，保障肉类、蔬菜、水果、水产品等各类食物有效供给，缺了哪样也不行。[①] 由此不难看出，习近平总书记有关“大食物观”的论述，将传统意义上的小麦、稻谷、玉米等粮食，与可以充饥和满足生存需要的肉类等其他食物区别开来，指明了粮食安全法律体系所规范的主要对象。为此，在界定“粮食”概念时，建议统筹考虑如下问题：

第一，界定“粮食”概念应与相关利益补偿机制所涉的粮食品种相衔接。否则，有关“粮食”定义过于宽泛，要么中央和地方政府的财政负担将因超重而难以为继，要么补偿效果不达预期从而影响国家粮食安全的有效保障。据统计，自 2018 年以来，我国 13 个粮食主产区用约占比全国总面积 66% 的耕地，生产了占全国总产量约 78% 的粮食；自 2000 年以来粮食主产区粮食产量一直保持占全国 70% 以上比重。粮食主产区的生产能力是否可持续成为我国粮食安全的关键，对其利益进行补偿应与粮食品种密切相关。此外，其他品种也有类似的利益补偿机制，直接关系到地方政府抓粮和农民种粮积极性的发挥。

第二，界定“粮食”概念要考虑我国因国土广袤而粮食生产条件有异、民族众多因消费习惯而粮食需求品种多样、常住人口因数量庞大而众口难调等客观现实。唯有如此，方能有利于调动中央、地方和粮食生产者三方面的积极性，既保证中央政府有权威，又保障地方政府和种粮农民有积极性。比如，青稞是西藏的主要粮食作物，高粱因是贵州茅台酒的酿造原料而成为贵州省政府的补贴

① 《习近平在看望参加政协会议的农业界社会福利和社会保障界委员时强调　把提高农业综合生产能力放在更加突出的位置　在推动社会保障事业高质量发展上持续用力》，载《人民日报》2022 年 3 月 7 日，第 1 版。

对象。[①] 2023 年 6 月公布的《粮食安全保障法(草案)》有关"粮食"的定义并未将青稞、高粱包含在内。随之而来的问题是,青稞和高粱则因不符合有关"粮食"概念范畴而不能适用《粮食安全保障法》,西藏、贵州等地政府被迫再向有关部门申请相应政策或者寻求其他法律路径支持,这实际上有悖于依法治国方略的实施,有违于《粮食安全保障法》制定的初衷。

第三,界定"粮食"概念不仅要考虑和平时期的法律适用,还要考虑战争等特殊时期的法律适用。比如抗日战争爆发以后,民国军事委员会于 1938 年 4 月公布的《各战区粮食管理办法大纲》规定,各战区战时管理处管理的粮食以米、麦、面粉为主,次及重要杂粮,必要时可包括食盐、饲料及其他食用物品。再如,为应对粮食的极端短缺,新中国在 20 世纪 50 年代将薯类纳入粮食统计口径。

基于前述考虑,笔者建议我国粮食安全法律体系中有关"粮食"的概念界定是:粮食是指小麦、稻谷、玉米、大豆、杂粮及其成品粮,以及省、自治区、直辖市人民政府确定的其他粮食品种;战时以及其他非常时期管理的粮食,其种类由国务院以决定或者命令形式规定。

## 二、准确把握"粮食安全"之概念[②]

众所周知,每一部法律可以有多种权利义务的制度设计,但都有一条独特的权利义务关系主线。如何科学定义"粮食安全"直接关系到《粮食安全保障法》的权利义务主线确定。在我国现有涉粮法律法规中,《广东省粮食安全保

① 贵州省农业农村厅关于印发《贵州省酒用高粱原料种植规划(2020—2022 年)》的通知,2019 年 11 月 28 日(黔农发〔2019〕66 号)。

② 《粮食安全保障法》并未界定"粮食安全"的概念。在笔者看来,这是继"粮食"概念之后的第二个基本问题。就探寻历程来看,可以分为如下三个阶段:第一个阶段是 2011 年至 2015 年,标志性成果为发表在《河南工业大学学报》2014 年第 1 期的《科学把握"粮食安全"的法治内涵》。在国家粮食局挂职工作期间,笔者以该文为基础形成的成果《准确理解"粮食安全"的科学内涵——学习习近平总书记粮食安全战略的体会》,获中央国家机关第二届公文写作技能大赛"百篇好公文"。第二个阶段是 2016 年至 2020 年,标志性成果为在《粮油市场报》2019 年 6 月 29 日第 B03 版公开发表的《粮食安全保障立法应准确定义"粮食安全"》,在《中国粮食经济》2019 年第 12 期公开发表的《粮食安全保障立法应明确的几个前提问题》。第三个阶段是 2021 年至 2023 年,标志性成果为在《民主与法制时报》2023 年 7 月 18 日第 102 期上发表的《建议科学界定"粮食安全"的概念——粮食安全保障法草案完善建议》。本部分是综合前面多年研究而成。

障条例》较早对"粮食安全"进行了定义。此后,《贵州省粮食安全保障条例》《浙江省粮食安全保障条例》《福建省粮食安全保障办法》《四川省粮食安全保障条例》《新疆维吾尔自治区粮食安全保障条例》均对"粮食安全"进行了界定。但遗憾的是,2023 年年底通过的《粮食安全保障法》并未汲取这些地方立法经验,对"粮食安全"概念予以界定。

在国外,人们对有关"粮食安全"的定义认识也有一个演进过程。1974 年 11 月,联合国粮农组织第一次世界首脑会议提出了"粮食安全"概念,即保证任何人在任何时候,都能得到为了生存和健康所需要的足够食物。1983 年 4 月,联合国粮农组织粮食安全委员会通过的新概念为:确保所有的人在任何时候,既能买得到又能买得起他们所需要的基本食物。1996 年 11 月,第二次世界粮食首脑会议将该定义修正为:只有当所有人在任何时候都能够在物质上和经济上获得足够、安全和富有营养的粮食来满足其积极和健康生活的膳食需要及食物喜好时,才实现粮食安全。2001 年 9 月,在波恩召开的世界粮食大会把可持续发展战略引入"粮食安全"概念中,它要求无污染、无公害,向消费者提供增强健康、保证延年益寿的粮食和其他食物。可见,联合国粮农组织在不同阶段对"粮食安全"的定义都是站在人类社会发展角度的,对具体国家而言并不能完全适用,这也无助于厘清我国《粮食安全保障法》的权利义务主线。

那么,完善我国粮食安全法律体系应该如何准确定义"粮食安全"?笔者认为,粮食安全是指各级政府通过制定政策,采取经济、法律、行政等多种手段保障本辖区内居民生活和社会生产对粮食基本需求持续得到满足的过程,从而使国家利益处于没有危险和不受内外威胁的状态。对此定义,我们可以作如下解析:

一是保障粮食安全的义务主体是各级人民政权,不仅包括中央人民政权,也包括省、县、乡等地方各级人民政权。该义务主体的确定既继承了粮食安全责任制的既有定制(已有规定、管理办法或者惯例等),又为行使相关权力提供了法律依据。

二是享有粮食安全保障的权利主体是中华人民共和国辖区内的居民、法人和非法人组织。这里所说的居民,既包括中华人民共和国公民,又包括合法居住在中华人民共和国辖区内的外国人和无国籍人。

三是粮食安全保障权利义务内容是粮食的基本需求,即“谷物基本自给,口粮绝对安全”的法律表达。

四是粮食安全保障的法益是国家利益和个人利益的统一。

从该定义可以看出,粮食安全保障能力的衡量标准,既有过程要求又有状态要求,过程要求就是要持续满足居民生活和社会生产对粮食基本需求,“一日三餐”顿顿有保证;状态要求就是使国家利益稳定地处于一种没有危险和不受内外威胁的状态。该定义不仅能够诠释我国各个历史时期的粮食政策和法律法规,具有鲜明的民族特色和时代特征,同时契合共建人类命运共同体的历史大势。

## 三、粮食安全法律体系的基本属性

何谓粮食安全法律体系?按《辞海》的解释,法律体系是“全部现行法律规范分类组合为法律部门而形成的一国法律有机联系的统一体。反映一国法律规范之间的统一、区别、联系与协调”。[①] 粮食安全法律体系则是由调整与粮食安全有关的社会关系的法律规范组成的有机统一整体。它是由保障粮食安全的法律、行政法规、地方性法规和行政规章等多层次规范相互配合的法律体系,重点涵盖粮食综合生产能力保障、粮食储备能力保障、粮食流通能力保障、粮食应急管控能力保障、粮食产业高质量发展保障、粮食安全监管能力保障等制度。在粮食安全治理体系和治理能力现代化领域,粮食安全法律体系处于关键地位,既要规制危害粮食安全的行为,应对来自国家战略安全和普通民众的“一日三餐”的双重风险,又有采取措施促进粮食产业的高质量发展,实现天下苍生衣食无忧,从而确保国家粮食安全,助力经济社会健康发展。具体来说,粮食安全法律体系具有如下两个基本属性:

第一,粮食安全法律体系是国家安全法律体系的重要组成部分。习近平总书记多次强调,粮食安全是国家安全的重要基础。《国家安全法》第 22 条明确将粮食安全保障纳入国家安全法范畴。在经过多年探索后,《全国人大常委会 2023 年度立法工作计划》将粮食安全保障法列为旨在完善国家安全法治体系,

---

① 《辞海》,上海辞书出版社 2020 年版,第 1063 页。

增强维护国家安全能力而制定。从中央决策层的理性认识到全国人大的立法实践,都为粮食安全法律体系是国家安全法提供了有力证据。

第二,粮食安全法律体系是最基本的民生保障法。2023 年 1 月,习近平总书记指出,民以食为天。“菜篮子”“米袋子”“果盘子”,事关千家万户,是最基本的民生。[①]《粮食安全保障法》提出保障国家粮食安全,要构建多元化食物供给体系,全方位、多途径开发食物资源,提升粮食供给能力和质量安全,满足人民群众对食物品种丰富多样、品质营养健康的消费需求。这为粮食安全法律体系是最基本的民生保障法提供了直接依据。

① 《习近平春节前夕视频连线看望慰问基层干部群众　向全国各族人民致以新春的美好祝福　祝各族人民幸福安康　祝愿伟大祖国繁荣昌盛》,载《人民日报》2023 年 1 月 19 日,第 1 版。

# 第二章　完善中国粮食安全法律体系的重要意义

在2024年新年贺词中，习近平总书记强调："我们要坚定不移推进中国式现代化，完整、准确、全面贯彻新发展理念，加快构建新发展格局，推动高质量发展，统筹好发展和安全。"①在新要求指导下完善粮食安全法律体系无疑具有重要意义。

## 一、以人口规模巨大为主要特征的中国式现代化迫切需要完善粮食安全法律体系

推进中国式现代化与保障国家粮食安全内在关联密切。中国式现代化是有14亿多庞大人口的现代化，粮食安全作为中国式现代化前提基础在全球范围内绝无仅有。"五谷者，万民之命，国之重宝。"②在推进中国式现代化过程中，"吃得饱""吃得好"是中国式现代化的底线要求，也是支撑全体中国人民不断迈向美好生活的基本要求，在粮食安全治理体系和治理能力建设中贯彻旨在解决社会公平正义的共享发展理念至关重要。实际上，我国经济发展的"蛋糕"不断做大，但分配不公问题比较突出，收入差距、城乡区域公共服务水平差距较大。在共享改革发展成果上，无论是实际情况还是制度设计，都还有不完善的地方。共享理念则要求必须坚持发展为了人民、发展依靠人民、发展成果由人民共享，使全体人民在共建共享发展中有更多获得感、幸福感、安全感。就粮食安全法律体系而言，它破解的主要问题是，如何作出更有效的制度安排，保

① 《国家主席习近平发表二〇二四年新年贺词》，载《人民日报》2024年1月1日，第1版。

② 《范子计然》，载《太平御览》卷八三七，中华书局1960年版，第3740页。

障每个人的生存与发展都建立在稳定可靠的粮食安全基础之上。

第一，食物权①必须是人人享有。《粮食安全保障法》规定，国家粮食安全工作的主要目标是确保谷物基本自给、口粮绝对安全。这是保障生命权实现的基本前提。这里所说的"人人"，是指享有粮食安全保障的权利主体、中华人民共和国辖区内的居民、法人和非法人组织。这里所说的居民，既包括中华人民共和国公民，又包括合法居住在中华人民共和国辖区内的外国人和无国籍人。

第二，食物权必须是人人平等地享有。我国《宪法》规定，中华人民共和国公民在法律面前一律平等。这种平等的起点在于平等地享有生命权，每个人的生命权不能够被非法或者肆意地剥夺，而作为生命权存在与延续前提的食物权，则是天然存在的第一道权利。这种权利既不因民族、种族、性别、职业、家庭出身、宗教信仰、教育程度、财产状况、居住期限的不同而有任何不同，又不因人身自由是否受到限制而有所不同。

第三，食物权必须尊重差异性。食物权的平等享有并非不尊重差异性的存在。有的消费者因为自身的生理差异、消费习惯、经济条件而对粮食有较多需求，国家的法律在保障基本口粮获得的基础上，允许以其以市场化的方式获得更为充足、更为丰富的可以供其消费的粮食，从而满足其对食物品种丰富多样、品质营养健康的消费需求。

第四，食物权必须尊重民族性。我国《宪法》规定，国家根据各少数民族的特点和需要，帮助各少数民族地区加速经济和文化的发展。在食物权的实现方面，我们要对民族消费特点予以充分的尊重，在完善粮食安全法律体系时，要有保障少数民族特色粮食需求的相关措施。

## 二、以中国饭碗、中国粮食为主旋律的粮食安全迫切需要完善粮食安全法律体系

习近平总书记多次强调，中国人的饭碗任何时候都要牢牢端在自己手中，饭碗主要装中国粮。就完善粮食安全法律体系而言，其面临的主要问题是，由

① 食物权作为一项基本人权最早出现在1948年《世界人权宣言》第25条："人人有权享受为维持他本人和家属的健康和福利所需的生活水准，包括食物、衣着、住房、医疗和必要的社会服务。"

于历史方位的认识差异致使如何完善粮食安全法律体系的认识难以统一，从而影响粮食安全所涉基本关系的正确处理和粮食行业治理现代化的有效推进，从而可能成为完善粮食安全法律体系的“木桶”效应和短板环节，最终威胁的是“如果我们端不稳自己的饭碗，就会受制于人”。[①]

那么，如何正确认识当前完善粮食安全法律体系所处历史方位，并正确处理粮食安全所涉基本关系呢？粮食安全是实现经济发展、社会稳定和国家安全的重要基础。梳理古今中外粮食安全发展史，一个基本结论就是，粮食安全具有鲜明的时代特征和民族特色，它因时空条件、人群各异而有不同的要求，即使同一国家或者地区，也会因所处的历史阶段不同而不同。由于所处历史阶段不同，粮食安全管理措施不同，粮食安全保障立法也就有不同的目标追求和制度设计。从历史角度来看，粮食安全可以划分为饥饿型粮食安全、温饱型粮食安全、小康型粮食安全、富裕型粮食安全四种类型。此四种类型粮食安全的划分意义在于，一个国家和地区的粮食安全由于所属类型不同，那么在粮食生产、流通、消费以及相关产业的支持措施方面就可以结合本国本地实际采取差异性政策，而与之相悖的国际规则应该认同这种差异存在或者随之改变。

完善我国粮食安全保障法律体系，要实现的目标是如何通过保“中国饭碗”安全，保“谷物基本自给，口粮绝对安全”，实现国家战略安全，其所要保障的是我国主权辖区内的每一个居民每天都能吃饱饭，不至于忍饥挨饿，而且吃的饭不会因质量问题影响身体健康，然后在此基础上实现人民对美好生活的追求，它的社会效益是第一位的。而处于富裕型粮食安全阶段的美国，其所追求的是保障粮食生产者、粮食经营者实现农业资本利润最大化，保障粮食作为美国实现全球霸权最重要战略资源的充足供给，它的经济效益和战略利益是第一位的。在此定位下，完善粮食安全法律体系要处理的基本关系主要是：(1)政府和粮食生产者之间的关系。它们之间的关系可以归纳为“要粮”与“要钱”的关系。(2)农业与工业的关系。主要是工农产品价格“剪刀差”客观上依然在扩大，处理此关系的关键在于加强市场起决定性作用机制的安排。(3)粮食主

---

① 中共中央党史和文献研究院编：《习近平关于国家粮食安全论述摘编》，中央文献出版社 2023 年版，第 16 页。

产区和粮食主销区的关系。处理此关系的关键在于,在充分尊重粮食主产区、粮食主销区、粮食供求平衡区等各方利益的同时,不仅需要逐步提高南方粮食自给率,调动粮食主销区抓种粮的积极性,还需要进一步稳定提升北方粮食综合生产能力,在全国范围内要有侧重保护粮食主产区利益的特殊或者专门制度。(4)粮食生产和消费的关系。处理此关系的关键是要有切实可行的制度、机制和措施来处理粮食生产与粮食消费的关系。(5)国内市场和国外市场的关系。处理此关系的关键是,设计有效的制度来调控好国内粮食市场,维持必要规模的土地和水资源,稳定和保护一定的粮食生产能力;同时,也要设计出积极稳妥推进粮食国际合作的制度,设计出多渠道加强海外粮源体系建设的制度。

## 三、以保供为目标的全方位多途径开发食物资源迫切需要完善粮食安全法律体系

粮食安全像其他事物一样,有规律可供遵循。犹如"巧妇难为无米之炊",保供的核心是要有粮源。从历史上来看,一个国家解决粮源问题有主动手段和被动手段两种方式,其中获得粮源的主动手段出现过掠夺、施舍、援助、贸易、生产形式:一是通过掠夺他国、其他地区或者他人获得粮食。比如《孙子兵法》主张"善用兵者,役不再籍,粮不三载;取用于国,因粮于敌,故军食可足",这里所说的"取用于国"即主张粮草补给问题就地解决。二是通过接受他国或者他人的施舍获得粮食。据《史记·伯夷列传》记载,"武王已平殷乱,天下宗周,而伯夷、叔齐耻之,义不食周粟,隐于首阳山,采薇而食之。及饿且死,作歌"。该处提到的伯夷、叔齐不食的"周粟",即有施舍而得粮之意。三是通过接受他国援助获得粮食。比如,1951 年,尚且自顾不暇的新中国向印度伸出援助之手,捐助 66 吨粮食;1954 年以后,新中国曾向阿尔及利亚、几内亚、古巴、刚果等国援助数量不等的粮食;在人民温饱生活日益巩固以后,中国除延续对外提供杂交水稻种子、提供粮食援助等政策外,自 2016 年起,还连续向亚非拉 50 余国提供紧急粮食援助。四是通过粮食生产获得粮食。例如,中国近年来粮食产量保持在 1.3 万亿斤以上即是由粮食生产所获得。这些获得粮源方式的法律依据尚不完善,亟须依据宪法进行完善。

获得粮源的被动手段仅有节约这一路径,该手段的本质不是粮食数量增多了,而是通过有计划地减少粮食日均消费量,从而使同等数量的粮食得以延续使用更长时间或者满足更多人对粮食的需求。比如,每当遇到粮荒,中国古代君主们往往下诏采取“减膳”、禁酒等减少粮食消费措施。与节约密切相关的是浪费。浪费现象并非与人类社会相伴产生,而是劳动异化和人性扭曲合力作用的产物。在生产力水平极端低下的原始社会,由于产品没有剩余,人们每天的劳作仅够维持最基本的生活,并没有浪费可以滋生的空间。随着生产力的发展和社会分工的出现,产品逐渐出现了剩余,私有制逐渐出现,人性扭曲的一面开始出现,劳动开始被异化。“对人的蔑视,表现为狂妄放肆,表现为对那可以勉强维持成百人生活的东西的任意糟踏,又表现为一种卑鄙的幻觉,即仿佛他的无节制的挥霍浪费和放纵无度的非生产性消费决定着别人的劳动,从而决定着别人的生存。”①对劳动或者人性而言,两者中的任何一个处于正常状态,浪费现象就不可能产生。也就是说,浪费是人们内心深处的“天性”,如果能够根据《宪法》第 14 条第 2 款“国家厉行节约,反对浪费”规定,以法律的、道德的或者其他外在的方式对其进行遏制,浪费现象是完全可以避免的。

## 四、为耕者谋利、为业者护航、为食者造福实践迫切需要完善粮食安全法律体系

保障粮食安全必须首先解决“谁来种地”的问题,其实现关键在于如何在保障粮食安全的同时确保农民种粮有较好收益、生产经营自主权得到充分尊重。“我们要善于用好国际国内两种资源、两个市场,但保障粮食等主要农产品供应能力必须牢靠地建立在我们自己身上。”②为此,必须做强做优我国的粮食产业;而对于粮食安全的终端来讲,则是让消费者吃得放心、满足多元化消费需求。就完善粮食安全法律体系而言,贯彻创新发展理念不仅有助于粮食生产资源条件可持续性保障机制与粮食安全各环节科学节粮机制的完善,而且有助于提高地方政府抓粮和农民种粮积极性可持续机制的完善,同时对于完善粮食

---

① [德]马克思:《1844 年经济学哲学手稿》,人民出版社 2000 年版,第 130 页。

② 中共中央党史和文献研究院编:《习近平关于国家粮食安全论述摘编》,中央文献出版社 2023 年版,第 93 页。

安全工作相关机制(如制止浪费粮食机制)也有重要的指导意义。那么,如何在完善粮食安全法律体系中创新性地把我国粮食安全实践写进法律呢?

首先,要明确完善粮食安全法律体系不是在创造与制定法律,而是发现与升华粮食安全领域的既有规则。在制定《粮食安全保障法》过程中,有种观点认为,所提出的法律意见稿就是出台新的粮食安全管理措施和政策。笔者认为这种观点是偏颇的。其实,完善粮食保障法体系不是出台新的管理措施和政策,而是在既有粮食管理措施和政策中进行“沙里淘金”,把具有规律性而效力层次低的政策和措施固化上升为法律法规,为粮食安全保障工作提供更为明确和规范的法律依据。

其次,完善粮食安全法律体系既包含创新科学技术有关机制,又包含创新相关的政策机制。习近平总书记指出,粮食生产根本在耕地,命脉在水利,出路在科技,动力在政策,这些关键点要一个一个抓落实、抓到位,努力在高基点上实现粮食生产新突破。① 在粮食生产条件有限情况下实现可持续发展,既需要种子、农业机械装备等的科学技术进步,又需要创新有关积极性政策机制;既需要“产购储加销”各环节节粮减损技术的进步,又需要规范层面科学节粮制止浪费措施的有效设计。

最后,完善粮食安全法律体系,既需要多种正向激励机制的设置,又包含必要负向惩戒机制的安排。这是因为,粮食安全法律体系的中心内容是粮源的正向增长和合理分配,如果没有激励粮源数量增加的正向措施,历史上粮食短缺的现象将会重现;而粮源的正向增长和合理分配如果没有必要负向惩戒机制的安排,将使相关责任制措施因没有制裁而流于形式。

## 五、以绿色发展理念为指引的粮食质量保障实践迫切需要完善粮食安全法律体系

绿色发展注重的是解决人与自然和谐问题,其本质是处理好发展中人与自然的关系,旨在形成人与自然和谐共生的现代化建设新格局。就完善粮食安全

---

① 《习近平在河南考察时强调 深化改革发挥优势创新思路统筹兼顾 确保经济持续健康发展社会和谐稳定》,载《光明日报》2014 年 5 月 11 日,第 1 版。

法律体系而言,主要是如何守住粮食质量关的问题。那么,如何在完善粮食安全法律体系中全面贯彻绿色发展理念呢?

首先,完善粮食质量标准体系。粮食安全各环节面临着环境污染、病虫害等诸多风险因素,保障质量压力较大。粮食国际贸易中,粮食质量标准在促进优质粮食产品进口、赢得粮食贸易主动权方面起着不可替代的作用。作为确保粮食质量安全的第一道"防火墙",粮食质量标准既能守护"舌尖上的安全",又能提升粮食产业竞争力。

其次,完善粮食质量全链条保障机制。粮食质量的全链条涉及"产购储加销"等多个环节,每一个环节都可能存在质量安全隐患,如菌毒素污染、农药污染,不良企业违法违规使用添加剂,销售环节掺假使假、以次充好等。因此,从农田端到餐桌的每一个环节都需要严防、严管、严控粮食质量安全风险,坚持源头严防、过程严管、风险严控,牢牢守住不发生区域性、系统性粮食质量安全风险的底线。为此,需要建立耕地质量监测网络,建立健全粮食质量安全检验监测制度,加强粮食质量检验能力建设,建立粮食质量安全追溯体系,完善粮食质量安全风险监测和检验制度等。

最后,完善粮食质量零容忍机制。对违反粮食安全规定者,对负有责任的领导人员和直接责任人员应当依法给予处分,对有关单位或者企业处以罚款、没收违法所得等行政处罚。此外,在粮食质量其他机制建设方面,尤其要弘扬与传承质量文化,努力夯实确保粮食质量的民间土壤。

## 六、以党政同责为主抓手的粮食安全责任制落实迫切需要完善粮食安全法律体系

在粮食安全保障领域,我国实行粮食安全党政同责,实行国家宏观调控下粮食安全省长责任制,不仅考核粮食主产区省级人民政府,而且对非主产区省级人民政府也进行考核,中央各职能部门以及各级人民政府实行的分级分工负责制。自粮食安全省长责任制实行考核以来,深化了地方政府对落实粮食安全省长责任制的理解和认识,明晰了落实的任务要求,发现和解决了问题短板,各地重农抓粮的积极性更高、针对性更强、措施更实、效果也更好,考核"指挥棒"的作用得到有效发挥,比较好地推动形成了中央和地方共同负责粮食安全保障

的工作格局。但在实际工作中,一些地方还存在脱离实际、精准度不高、重点不突出等问题,影响了主体责任落实的质量和效果。

为此,国家采取了下列措施以更好压实地方政府主体责任:(1)按照党中央、国务院关于保障粮食安全的决策部署,围绕国家考核工作组各成员单位确定的落实粮食安全省长责任制年度重点任务,敦促指导各省级人民政府结合本地省情、粮情,科学制定年度落实方案;国家层面加强对年度重点任务的考核,促进重点工作落地见效,保障国家粮食安全。(2)加强考核情况督导调度,指导各省不断改进对市、县政府落实粮食安全责任的考核工作,增强考核的针对性和实效性,防止走过场、流于形式,更好地推动地方政府因地制宜、创造性地落实粮食安全省长责任制。(3)加强考核结果应用,充分发挥考核工作的"指挥棒"作用。比如,财政、粮食等部门在对地方安排"优质粮食工程"等粮油产业发展资金时,对粮食安全省长责任制考核中相关工作比较到位的省份予以优先考虑;一些成员单位在制定本部门涉粮激励政策时,也充分考虑考核结果,取得了很好效果。因此,不断强化考核结果应用,放大考核效应,对成绩突出的省份进行褒奖和鼓励,对落实差的省份通报和约谈,鲜明树立重实干重实绩的导向,对落实粮食安全省长责任制、保障国家粮食安全意义的确重大。

## 七、以公益诉讼为后盾的粮食安全全链条强监管迫切需要完善粮食安全法律体系

党的二十大报告提出要完善公益诉讼制度。笔者认为,公益诉讼所涉的案件范围就成为该制度的核心问题,"粮食安全是事关人类生存的根本性问题"①的时代共识决定了粮食安全属于公益诉讼的受案范围。而《宪法》第 134 条有关"中华人民共和国人民检察院是国家的法律监督机关"的规定,则为我们把粮食安全纳入公益诉讼、完善粮食安全法律体系提供了宪法依据。

那么,如何理解"粮食"的特性呢?对于该问题的回答和理解贯穿粮食安全法律体系构建与完善全过程,不仅涉及各类保障措施的具体设计,还涉及各

① 《习近平向"杂交水稻援外与世界粮食安全"国际论坛发表书面致辞》,载《人民日报》2022 年 11 月 13 日,第 1 版。

类保障措施的理论基础。与其他产品根本不同的是,粮食具有“不因甲的消费增加而乙的消费就减少”之刚需特性,它的短缺与有无直接关系到人们的生命是否可以延续。再加上粮食生产的季节性、粮食获得的不易性等特点,进一步强化了粮食的该刚需特性,决定着多数政权必须穷尽一切措施来保障稳定而丰富的粮源。当然,世界上少数自然资源条件比较富裕的国家和地区可以依靠域内市场即可实现,而更多的国家和地区则必须依靠域内与域外两个市场才可实现。在我国,由于自然资源条件的天然不足与庞大人口规模的存在,决定了必须依靠域内与域外两个市场才可保障拥有稳定而丰富的粮源,而对两个市场中任何一个偏废或者忽视,都会成为粮食安全的潜在威胁。

其实,稍有历史知识和社会阅历的人都不难明白,当粮食危机真正来临时,有钱也买不到粮食。民间流传的类似“一袋红薯干换一袋黄金的故事”,以及中国古代管仲发动的“服绨降鲁梁”“买鹿制楚”“买狐皮降代”等粮食战争史实都说明了这个道理。近年来,国际上发生的事实再次印证了“有钱还怕买不到东西,资本家会放着生意不做”只是和平年代的思维,在非常事件发生以后,血淋淋的现实马上会击碎“一手交钱一手交货”的美梦。我国历来重视域外粮食市场,并且域外粮食市场也为缓解我国粮食供应的结构性短缺在事实上起到了较大作用。但必须明确的是,域内粮食生产才是我国粮食安全的立足点。对此,习近平总书记早就指出:“有一点必须讲清楚,我们说适当扩大国内紧缺农产品进口和加快农业走出去步伐,绝不意味着立足国内基本解决吃饭问题的大政方针有任何改变,决不能将此误读为可以放松国内粮食生产,那就会误大局、误大事。”①因此,所有国家机关都必须考虑其在粮食安全中的角色与定位。作为法律监督机关,明确把粮食安全纳入公益诉讼则是亟待解决的立法问题。

① 习近平:《在中央农村工作会议上的讲话》(2013 年 12 月 23 日),载中共中央文献研究室编:《十八大以来重要文献选编》(上),中央文献出版社 2014 年版,第 667 页。

# 第三章　完善中国粮食安全法律体系的形势与任务

《粮食安全保障法》于2023年12月通过以后，如何从完善中国特色社会主义法律体系角度看待粮食安全领域的当前法治建设呢？粮食安全领域的今后法治建设任务是什么呢？

## 一、突出特点

综合来讲，粮食安全法律体系已初步成形，但其科学性、系统性仍需完善，其突出特点主要体现在如下几个方面：

### （一）粮食安全保障法及其他涉粮法律初固根本，但系统化体系化任重而道远

我国涉及土地、种子、水、农业技术与机械、农药、化肥、防灾减灾、生产环境、质量、农业合作组织等方面的粮食生产法律共计27部。[①] 其他环节还涉及《反食品浪费法》《食品安全法》《价格法》《对外贸易法》《进出境动植物检疫法》等诸多法律。以《粮食安全保障法》通过为标志，再加上《粮食流通管理条例》《中央储备粮管理条例》等行政法规，以及蔚为可观的地方性法规和行政规章，标志着粮食安全保障工作全面步入法治化轨道，以法治固根本迈出了坚实的一步。

但从系统化和体系化角度来看，粮食安全法律体系还有诸多方面亟待完

① 穆中杰等：《〈粮食安全保障法〉与现行粮食生产法律的科学衔接研究》，载《农产品加工》2023年第8期。

善，尤其是作为基本法的《粮食安全保障法》并未给出“粮食安全”定义，即使有关“粮食”的概念也存在诸多争议。这种情况表明，在基本概念界定尚有争议的情况下，完善粮食安全法律体系必然是任重而道远。

### （二）粮食安全党政同责且各方协同分工较明确，但党政同考机制仍亟待完善

坚持党的领导是开展粮食安全工作的根本前提和政治保障。只有坚持党对粮食安全工作的领导，才能充分协调各方，有效推进粮食安全工作。《粮食安全保障法》第 2 条规定，国家粮食安全工作坚持党的领导，贯彻总体国家安全观，统筹发展和安全，实施粮食安全新战略。在粮食安全具体工作中，保障粮食安全需要有关各方的协同分工。《粮食安全保障法》不仅明确国家实行粮食安全党政同责，还规定了县级以上地方人民政府及发展改革、自然资源、农业农村、粮食和储备等主管部门的责任边界。根据该法第 62 条规定，国务院发展改革、自然资源、农业农村、粮食和储备主管部门应当会同有关部门，按照规定具体实施对省、自治区、直辖市落实耕地保护和粮食安全责任制情况的考核。

那么，粮食安全责任制如何进行考核呢？当前具体考核办法是按照 2022 年 3 月中办国办印发的《地方党委和政府领导班子及其成员粮食安全责任制规定》进行。2024 年 3 月，习近平总书记在湖南考察时，要求湖南全面落实粮食安全党政同责，抓住种子和耕地两个要害，守牢耕地红线，坚决遏止耕地“非农化”和基本农田“非粮化”。[①] 如何将《粮食安全保障法》有关党政同责机制落到实处，是完善粮食安全法律体系的重要内容。

### （三）全方位多途径开发食物资源法治导向明确，但相关制度设计缺位较明显

为确保谷物基本自给、口粮绝对安全，满足人民群众对食物品种丰富多样、品质营养健康的消费需求，《粮食安全保障法》从四个角度作出规定：一是基于

---

① 《站到更高起点　挺起中部“脊梁”——习近平总书记考察湖南并主持召开新时代推动中部地区崛起座谈会纪实》，载《人民日报》2024 年 3 月 23 日，第 1 版。

生产是根本，规定坚持藏粮于地、藏粮于技，提高粮食生产、储备、流通、加工能力；二是基于大食物观，规定保障国家粮食安全应当树立大食物观，构建多元化食物供给体系；三是基于中华民族节约优良传统，规定国家厉行节约，反对浪费，各级人民政府及有关部门应当采取多种形式加强粮食安全宣传教育，提升全社会粮食安全意识，引导形成爱惜粮食、节约粮食的良好风尚；四是基于“适度进口”战略，规定国家加强国际粮食安全合作，发挥粮食国际贸易作用。

不难看出，《粮食安全保障法》为当代中国汇聚粮源的主要方式提供了法律依据。但如何“进一步把粮食单产和品质提上去，让种粮也能够致富”①，把党的二十大报告提出的“健全种粮农民收益保障机制和主产区利益补偿机制”要求如何以法治方式落到实处，直接关系到粮食生产这一根本能否夯实。根据大食物观和多元化食物供给体系要求，结合我国农业发展仍面临产业链环节分散、产业布局不平衡等问题，我们必须充分利用多样化自然资源，不仅要关注生产环节，还要将视野拓展至农产品的加工、流通、消费等环节，以法治方式不断提升农业产业链韧性面临着新挑战。而联合国有关“2022 年全球食物浪费超 10 亿吨”可为世界上受饥饿影响地区的每个人每天提供 1.3 顿饭的报告，②警示我们必须进一步按照《宪法》有关“厉行节约，反对浪费”的规定完善制止浪费的相关法律制度。

### （四）统筹国际国内两个市场和资源主次已确定，但涉外粮食立法需求仍庞大

习近平总书记指出：“我们要善于用好国际国内两种资源、两个市场，但保障粮食等主要农产品供应能力必须牢靠地建立在我们自己身上。”③《粮食安全保障法》规定，国家加强粮食宏观调控，优化粮食品种结构和区域布局，统筹利用国内、国际的市场和资源，构建科学合理、安全高效的粮食供给保障体系，提

---

① 《习近平在湖南考察时强调　坚持改革创新求真务实　奋力谱写中国式现代化湖南篇章》，载《人民日报》2024 年 3 月 22 日，第 1 版。

② 《联合国报告：2022 年全球食物浪费超 10 亿吨》，载《人民日报》2024 年 3 月 29 日，第 16 版。

③ 中共中央党史和文献研究院编：《习近平关于国家粮食安全论述摘编》，中央文献出版社 2023 年版，第 93 页。

升粮食供给能力和质量安全；规定国家加强国际粮食安全合作，发挥粮食国际贸易作用。可以说，该法律明确我国解决粮食安全的立足点在国内，而作为我国汇聚粮源另一重要路径的粮食国际贸易，则处于“适度进口”地位。

需要特别说明的是，在2023年6月公布的《粮食安全保障法（草案）》中，并没有作出有关国家加强国际粮食安全合作、发挥粮食国际贸易作用的规定，是当年10月草案二次审议稿的新增内容。[①] 笔者认为，涉外粮食立法需求正在加大。按照海关公开的数据，自2015年至2023年，我国粮食年度进口规模连续9年位于1亿吨以上，2023年粮食进口总量为1.62亿吨，占比接近当年国内粮食产量的1/5。从国别来看，巴西、美国及澳大利亚等7个国家是我国粮食进口的主要来源国。从各品种的进口来源来看，我国第一大大豆和玉米进口来源国均为巴西，进口总量分别达到6995万吨和1281万吨；高粱第一进口来源国为美国，大麦进口第一来源国为法国，小麦第一进口来源国则为澳大利亚。[②] 如何按照“要打好农产品贸易这张牌，但关键要控风险、可替代、有备手，实施农产品进口多元化战略，支持企业走出去，提高关键物流节点掌控能力，增强供应链韧性”的要求，加强国际粮食安全合作的法治保障至关重要。

### （五）科技与政策保障粮食安全的法律地位已定，但粮食安全条件保障需完善

保障粮食安全的动力在于有调动各方积极性的政策。《粮食安全保障法》从三个角度进行制度设计：一是立足于调动粮食生产者和地方人民政府保护耕地、种粮，做好粮食安全保障工作的积极性，规定国家建立健全粮食安全保障投入机制，采取财政、金融等支持政策加强粮食安全保障，完善粮食产购储运加销协同保障机制，建设国家粮食安全产业带；二是立足于调动社会资本投资的积极性，规定国家引导社会资本投入粮食生产、储备、流通、加工等领域，并保障其合法权益；三是立足于调动国家资本的积极性，规定国家引导金融机构合理推

---

① 《粮食安全保障法草案进入二审　明确给予政策性保险支持》，载《人民日报》2023年10月23日，第4版。

② 《我国粮食年度进口规模连续9年位于1亿吨以上》，载搜狐网，https://www.sohu.com/a/753217920_100032755。

出金融产品和服务，为粮食生产、储备、流通、加工等提供支持，规定国家完善政策性农业保险制度，鼓励开展商业性保险业务。粮食安全保障的出路在于科学技术的创新。《粮食安全保障法》第7章规定，国家加强粮食安全科技创新能力和信息化建设，支持粮食领域基础研究、关键技术研发和标准化工作，完善科技人才培养、评价和激励等机制，促进科技创新成果转化和先进技术、设备的推广使用，提高粮食生产、储备、流通、加工的科技支撑能力和应用水平。

以粮食主产区利益补偿机制为例，有关粮食主产区利益补偿机制的诸多认知误区亟须通过法治方式加以解决：

(1)错误地认为补偿粮食主产区利益责任主体只是中央政府。从法理角度来看，"谁补偿"与"补偿谁"二者之间有着密不可分的因果关系。"谁补偿"缘于本行政区域常住人口人均粮食产量由于低于全国人均粮食占有量而由此产生粮食供给缺口，需要从其他区域调入粮食并对其进行补偿；"补偿谁"则缘于本行政区域常住人口人均粮食产量由于高于全国人均粮食占有量，可以向其他区域调出粮食并因此受到相应补偿。换句话讲，这种因果关系表现为，补偿者因其粮食不足部分受益于受补者而需要对其进行对价补偿。"谁补偿"的主体无疑是中央政府、粮食主销区和粮食消费者。然而，长期以来对粮食主产区的利益补偿主要来自中央政府，而主要受益的粮食主销区不仅未承担相应的补偿责任，反而有的还认为中央政府作为补偿主体是理所当然的，主销区发展非农产业已承担相应的税收责任，如继续向主产区进行利益补偿则缺乏法律依据，还加重主销区财政负担。有的甚至还把制鞋业与主产区的粮食产业相类比，认为如果对主产区由于发展粮食产业需要补偿，那么制鞋业同样需要其他区域进行补偿。

(2)直观地认为补偿粮食主产区利益的原因主要是粮食生产。在分析粮食主产区利益补偿机制运行效果时，一般认为存在的问题集中在对种粮农民补偿力度不足、对主产区政府激励作用有限等方面，至于产生这些问题的深层次原因则没有进行深入挖掘和研究。笔者认为，产生这些问题的深层次原因是，有关部门出台的相关政策并未真正领会和贯彻中央设置粮食主产区利益补偿机制的精神，直观地认为补偿粮食主产区利益的原因是由于粮食生产产生的"粮财倒挂"，只要在一定程度上弥补粮食生产成本就可以了，而非补偿粮食主产区由于定位于粮食生产失却的其他发展产业机会。所以，在这种观念引导下，除了有关粮食生产来自中央政府的转移支付属于“真金白银”之外，其他省际的横向利益补偿一直没有迈出实质性步伐，本来应该是多样化补偿主体和多渠道、多形式的利益补偿办法，却成为中央政府单一主体对粮食主产区和产粮大县财政转移支付的“独角戏”。

(3)片面地认为激励抓粮与鼓励种粮都不得不运用经济手段。据中国新闻周刊2024年1月12日消息，[①]种粮人高某有5亩地，在收成好的年份，5亩地收入大约8250元；近两年他为了增加收入，还流转了11亩地，11亩地年收入4950元。他很直接地告诉记者：“打工比种地挣钱，老百姓地里产的东西不值钱。”该报道还引用采访专家观点，近些年来土地成本、人工成本、农药、化肥农资等种粮成本不断攀升，种粮变得越来越不划算，三大主粮品种水稻、小麦、玉米基本上是微利甚至亏损。尽管调动主产区政府抓粮积极性与调动农民种粮积极性同等重要，但问题是，调动这两个积极性的手段都必须使用经济手段的错误观点指引下的行动正在侵蚀种粮农民利益。一方面中央财政对主产区财政的转移支付不堪重负，另一方面广大农民并未真正获益。粮食主产区利益补偿机制在制度设计时强调保护和调动两个积极性，如果运行中都运用经济手段，则势必产生“与民争利”的不良影响。因此，如何厘清两个积极性调动的着力点、重新设计补偿机制已成为制约粮食主产区利益补偿机制作用发挥的重要因素。

(4)短视地认为粮食主产区利益补偿机制是当下的权宜之计。从制度设计初衷来看，粮食主产区利益补偿机制主要解决的是粮食产销区利益分配失衡的问题。这是因为，主产区在发展粮食生产中存在利益损失，表现为种粮越多越吃亏的现象。这种利益损失不仅影响了主产区重农抓粮的积极性，还加剧了粮食产销区经济社会发展不平衡的矛盾，潜在影响到全国经济社会发展大局，客观上需要对主产区进行相应补偿。根据国家统计局数据，2023年全国13个主产区粮食产量合计达54171万吨，占全国粮食总产量的77.9%；7个主销区

---

① 《谁来补偿粮食主产区利益？》，载中国新闻周刊官网，http://www.fj.chinanews.com.cn/news/2024/2024-01-14/540845.html。

粮食产量合计 2987.4 万吨,仅占全国粮食总产量的 4.3%。作为“全国一盘棋”组成部分的粮食产业发展格局决定了主产区通过发展其他产业摆脱发展困局的可能性已经微乎其微,粮食主产区利益补偿机制客观上已经成为国家发展大局的战略环节。那种认为粮食主产区利益补偿机制系解决“粮财倒挂”“高产穷县”问题的权宜之计的认识是不到位的。此外,粮食安全保障其他条件也存在这样或者那样的问题,亟须通过完善法治来解决。

此外,我国粮食安全法律规范还存在总体原则性抽象性较强,但可操作性不够且约束力弱等问题。总体而言,虽然我国粮食法律体系建设初具规模,但同党统筹安全与发展要求相比,同人民对美好生活追求相比,同推进国家治理体系和治理能力现代化目标相比,粮食安全法治建设还存在诸多不适应、不完善的问题,粮食安全法律体系还不够完备,有的法律法规还未能科学而全面地反映我国粮食安全的客观规律和人民意愿。即使刚刚通过不久的粮食领域的基础性、统领性法律《粮食安全保障法》,不仅其本身部分内容充满争议,而其框架结构及其用语也被质疑与诟病。

## 二、目标和任务

完善粮食安全法律体系是一项法治系统工程,是全面依法治国的重要一环。就其总目标而言,粮食安全法律体系与全面依法治国的总目标是一致的,即建设中国特色社会主义法治体系,建设社会主义法治国家。在中国共产党领导下,坚持中国特色社会主义制度,贯彻落实习近平法治思想,形成完备的粮食安全保障法律规范体系、高效的粮食安全保障法治实施体系、严密的粮食安全保障法治监督体系、有力的粮食安全保护法治保障体系,坚持法治国家、法治政府、法治社会一体化建设,实现科学立法、严格执法、公正司法、全民手法,促进国家在粮食安全保障领域治理体系和治理能力现代化。

从宏观上讲,我国要以确保口粮绝对安全、谷物基本自给、重要农副产品供应充足为目标突出重点,抓住主要矛盾,着力打通重要农产品供给保障体系和“粮食产购储加销”体系中的堵点,建立起以《宪法》为核心,以《粮食安全保障法》为主干,以粮食安全行政法规、地方性法规、行政规章和法律解释为节点的粮食安全法律体系。

当前,完善粮食安全保障体系的大方向是,"确保粮食安全,不仅要着眼平时,还要提升应急保供能力,系统梳理生产、加工、流通、储备、贸易等方面可能存在的风险点",①围绕保障对象、目标、保障主体、保障制度、保障手段、保障方式、保障途径进行总体规划,选择如下着力点加以推进。

一是贯彻落实大食物观和大农业观,优化"粮食"概念。

二是充分总结古今中外粮食安全演进规律,明确具有中国特色的"粮食安全"概念。

三是紧扣"守住耕地这个命根子"要求,完善土地保护法律。

四是围绕"抓住种子这个要害"要求②和"资源环境亮起'红灯'"③的认识,完善粮食质量法律和惩治危害粮食生产犯罪的法律。

五是围绕"调动农民和地方政府保护耕地、种粮抓粮积极性"④要求,完善种粮农民收益保障机制和粮食主产区利益补偿机制。

六是围绕"要坚持节约优先"⑤要求,完善粮食节约法律。

七是围绕"搞好粮食储备调节""管好用好储备粮"⑥要求,完善粮食购销领域的法律。

八是围绕"主动适应国际经贸规则重构走向"⑦要求,完善国际粮食安全合作法律。

九是围绕"粮食安全党政同责要求很明确,现在关键是要严格考核,督促

---

① 习近平:《加快建设农业强国　推进农业农村现代化》,载《求是》2023 年第 6 期。

② 《站到更高起点　挺起中部"脊梁"——习近平总书记考察湖南并主持召开新时代推动中部地区崛起座谈会纪实》,载《人民日报》2024 年 3 月 23 日,第 1 版。

③ 中共中央党史和文献研究院编:《习近平关于国家粮食安全论述摘编》,中央文献出版社 2023 年版,第 30 页。

④ 习近平:《切实加强耕地保护　抓好盐碱地综合改造利用》,载《求是》2023 年第 23 期。

⑤ 习近平:《正确认识和把握我国发展重大理论和实践问题》,载《求是》2022 年第 10 期。

⑥ 习近平:《在中央农村工作会议上的讲话》(2013 年 12 月 23 日),载中共中央文献研究室编:《十八大以来重要文献选编》(上),中央文献出版社 2014 年版,第 665 页。

⑦ 《习近平在浙江考察时强调　始终干在实处走在前列勇立潮头　奋力谱写中国式现代化浙江新篇章》,载《人民日报》2023 年 9 月 26 日,第 1 版。

各地真正把责任扛起来”[①]要求，完善粮食安全党政同考法律法规。

十是围绕“粮食安全是事关人类生存的根本性问题”[②]精神，把粮食安全纳入公益诉讼立法，等等。

① 习近平：《加快建设农业强国 推进农业农村现代化》，载《求是》2023 年第 6 期。

② 《习近平向“杂交水稻援外与世界粮食安全”国际论坛发表书面致辞》，载《人民日报》2022 年 11 月 13 日，第 1 版。

# 第四章　完善粮食安全法律体系的策略和路径

粮食安全法律体系的完善并非可以一蹴而就。笔者建议应遵循的原则和策略是，以增强粮食安全治理体系和治理能力为核心，秉持党的领导、人民至上、以《宪法》为核心等原则，遵循从粮食安全“产购储加销”全链条、粮食安全资源条件保障与促进条件保障等具体之处的完善策略，通过综合立法和单行立法相结合、国内立法和国际规则法律相结合等多种形式，从保障安全、规避风险、化解危机、救济保全等多维度发力，不断完善粮食安全法律体系。鉴于每部法律的“立改废”都是国家调整特定社会关系的产物，从确保国家粮食安全出发，从粮食安全所涉“产购储加销”全链条寻找着力点和突破口，以《宪法》为核心，有计划有步骤地完善粮食安全法律体系，为维护经济社会稳定和国家安全服务。

## 一、贯彻落实粮食安全保障基本法，完善相关配套法律法规

“天下之事，不难于立法，而难于法之必行。”法律的生命在于实施，法律的权威只有在实施中才能得以彰显。《粮食安全保障法》于2024年6月1日起施行，为推动我国粮食安全从政策性治理转向法治化治理再上新台阶提供了历史契机。从体系化角度来看，亟须从如下几个方面完善相关配套法律法规。

一是加强与粮食安全保障法相配套的法律法规建设。这既包括国家层面的法律法规，也包括地方层面的法规规章。比如，在国家立法层面，正在制定的“耕地保护法”如何与之有效衔接；“粮食安全保障法实施条例”是否有必要制定，正在实施的《粮食流通管理条例》《中央储备粮管理条例》等法规如何进行相应修改，正在起草的《粮食储备安全管理条例》口径如何把握，如何在立法层

面统筹它们之间的关系；《农业法》中的“粮食安全”篇是否有必要以专章形式继续存在，如何对相关内容进行修改；等等。在地方立法层面，各地有关粮食安全的既有法规规章如何统筹协调进行“立改废”，如何贯彻落实《粮食安全保障法》相关实施要求（如第 39 条有关“粮食库存量”的规定）。

二是完善相关法律解释。条例对“粮食”概念进行了界定，但更多的术语需要在该法的实施中及时作出进一步解释。比如，成品粮、永久基本农田、粮食生产功能区、重要农产品生产保护区、在粮食主产区实行政策性收储的“重点粮食品种”界定、粮食初加工、精深加工、综合利用加工等。

此外，与《粮食安全保障法》规定和原则不一致的国家有关规定和政策也需进行清理。

## 二、全面筑牢耕地法治保护屏障，统筹整合编纂“土地法典”

“耕地是粮食生产的命根子，是中华民族永续发展的根基。”[①]继《土地管理法》出台之后，国家又制定了《农村土地承包法》《农村土地承包经营纠纷调解仲裁法》《耕地占用税法》《土壤污染防治法》《黑土地保护法》《湿地保护法》《水土保持法》《防沙治沙法》《城市房地产管理法》等有关土地的法律。纳入十四届全国人大常委会立法规划的土地法制还有“耕地保护法”“国土空间规划法”等。有学者还提出主张制定“耕地质量保护法”。笔者建议统筹现有立法和前瞻性立法，以习近平新时代中国特色社会主义思想为指导编纂“土地法典”，重点把握下述两个问题。

第一，明确“土地法典”的编纂意义。土地是人类生存的基础。除上文提到我国耕地人均数量和质量仍在下降之外，耕地“非农化”“非粮化”问题依然突出，耕地撂荒增多，占补平衡存在量不足、质不高问题，守住耕地红线的基础尚不托底，一些地方水土流失、地下水超采、土壤退化、农业面源污染加重。这些客观情况的变化已经使土地法律关系调整重点转为人与地的关系，保障人类的生存安全，既要尊重土地自然规律的一面，“坚持山水林田湖草沙一体化保

① 中共中央党史和文献研究院编：《习近平关于国家粮食安全论述摘编》，中央文献出版社 2023 年版，第 37－38 页。

护和系统治理”,又要尊重土地经济规律的一面。单一的土地立法已经难以有效保护土地,编纂“土地法典”规范保持水土,保护耕地,保护生态环境已成为必要的重大课题。

第二,明确“土地法典”编纂的倾向是“守住耕地这个命根子”的制度设计。为此,一是要压实耕地保护责任,通过耕地保护和粮食安全责任制考核让省级党委和政府把责任牢牢扛在肩上,确保18亿亩耕地红线决不突破;二是要全力提升耕地质量,明确高标准农田的建设内容和投入标准,全面加快耕地质量保护立法;三是改革完善评估耕地占补平衡制度,健全补充耕地质量验收制度,强化刚性约束,完善后续管护、再评价等机制;四是调动农民和地方政府保护耕地、种粮抓粮积极性,健全种粮农民收益保障机制和粮食主产区利益补偿机制,加强撂荒地的治理;五是要开发各类非传统耕地资源,加强科技研发和生产投资,探索有效发展模式,把藏粮于地同藏粮于技结合起来,利用各类非传统耕地资源进行农业生产。

### 三、依法惩治危害粮食生产犯罪,新增设危害粮食生产安全罪

当前,危害粮食生产安全犯罪突出情况集中在制售伪劣农资、非法占用耕地、粮食生产环境污染等问题上。笔者主张新增创设“危害粮食生产安全罪”罪名,主要理由是:

第一,有利于突出粮食的无可替代性特征。尽管大食物观渐成为社会共识,但“五谷为养、五畜为益、五果为助、五菜为充”①的生活医学常识依然是粮食无可替代的最有力理由。在粮食危机正在威胁全球的当下增设此罪名,可以更好地将粮食与其他物资根本区别开来,进一步突出其无可替代性特点,在法律领域体现新时代粮食安全观。

第二,处罚所适用的法律依据不合“粮食”时宜。以对危害农资安全的惩治为例,当前有关制售伪劣农资犯罪行为的处罚多以生产、销售伪劣农药、兽药、化肥、种子罪,生产、销售伪劣产品罪等罪名进行。该制度创设于改革开放之初,已经落后于时代要求:首先,该规定是结果犯,要求有“使生产遭受较大

① 《黄帝内经·素问》,中华书局2010年版,第218页。

损失”不低于2万元的实质要件,不仅所致粮食生产损失数额司法实践较难认定,而且难以震慑危害粮食生产安全的违法行为。其次,该规定因未将粮食与其他物资根本区别开来,无法体现粮食的无可替代特有属性,更没有体现“浪费粮食就是犯罪”“危害粮食生产同样是犯罪”的基本社会认知,对社会的警示教育严重缺乏针对性。最后,粮农眼中的“伪劣农资”并非法律意义上的“伪劣农资”。据河南省豫北一位农资经销商介绍,老百姓眼中的“伪劣农资”有多个标准,比如价格低、包装差的是假农资,施用效果比较差的正品农资也被视为“伪劣农资”。这位经销商还进一步解释说,老百姓一般把制冷效果好的珠海生产的格力空调当作真品,而代加工地生产的制冷效果较次些的同品牌空调当作假的,农资和空调的道理一样。笔者在调研过程中深感持这种看法的具有一定普遍性。

第三,粮农遭遇伪劣农资纠纷投诉控告维权不易。调查发现,粮农维权较为艰难,不仅需要较强的维权意识和法律技能,而且还要具有一定农资鉴别专业知识。如据前面那位农资经销商介绍,当地存在“云天化”、云南“红林”等大量贴牌农资,有的是真贴牌,有的是假贴牌,不过施用效果和真农资都是有明显差别的,没有专业鉴定知识根本看不出来。由于多数普通人不能同时具备这些要求,故而粮农维权方式大致可以分为两种类型:一是抱有“多一事不如少一事”心理,维权方式是“炒卖家鱿鱼”,不再购买该卖家农资;二是采取举报、投诉或者诉讼等多种方式进行维权。关于第二种方式,不少经销商表示,即使粮农维权成功,由于大家都是乡里乡亲,结果一般是赔偿些农资了事,维权成本与收益有时反差较大。

### 四、依法守护管好“天下粮仓”,夯实粮食购销领域保障立法

从长远角度来看,粮食生产的季节性特征决定了人们获得粮源以后,不可能马上消耗殆尽,因而自从粮食有了剩余,人们就会将其储存起来,以备将来急需之用,这样粮食的备荒功能就产生了,后来衍生出“稳市”“恤农”等多种功能。这些功能实现的前提是粮食储存要数量安全、质量健康,否则粮食的这些功能将不复存在。具体来说,“存得住”具有如下几层含义:(1)粮食不能变质。变质即指粮食有霉变或者色泽、气味异常的情形。粮食变质与变坏产生的原因

大致相同,都是粮食质量发生变化,所不同的是前者粮食一般不作为食用用途,尚具有一定使用价值,后者则完全丧失使用价值。(2)粮食不被窃盗。何谓“窃盗”？明代雷梦麟在《读律琐言》中指出:“夫曰窃盗,谓其潜隐踪迹,行之于昏夜者。若夫白日之间,乘事主之不觉而掏摸人财者,其踪迹诡秘,与窃盗无异,故罪与窃盗同。”①窃盗是在月黑风高避人耳目之秘密行为;掏摸是在白日朗朗乘人不觉之行为。无论是“窃盗”还是“掏摸”,其结果都是粮食有意外损失。(3)粮食不被抢夺。即指粮食不能被强力所公然夺取而损失。(4)粮食不被执行。在民事执行领域,如果涉及被执行人及其所抚养家属日常生活所必需的物品和生活费用,人民法院不得查封、扣押或者冻结。但这里并非说所有“粮食”不能成为被执行的对象,而是仅指具有“备荒”功能的粮食不能被执行。(5)粮食损耗合理。这里是指粮食自然损耗控制在合理范围之内,如果损耗超过合理限度则也可能致使粮食存不住。此外,粮食遭遇火灾、水灾等情形也会有较大损失,这当然属于损耗不合理范围了。

要实现“存得住”目标,粮食存储就必须做到如下几点:(1)粮食存储的手续合法。一是把好入口管理关,粮食仓储单位应当按照国家粮食质量标准对入库粮食进行检验,建立粮食质量档案;二是守好库存管理关,粮食仓储单位应当及时对入库粮食进行整理,使其达到储存安全的要求,并按照不同品种、性质、生产年份、等级、安全水分、食用和非食用等进行分类存放,并制作计量凭证,并定期进行粮食品质检验;三是把好粮食出口管理关,粮食仓储单位要建立粮食销售出库质量安全检验制度,严格遵守未经质量安全检验的粮食不得销售出库的规定。(2)粮食存储的场所合规。粮食必须存入粮仓,不能存放在其他场所。现有仓储设施不足,确有必要露天储存粮食的(包括应急状态下),囤垛应当满足防水、防潮、防火、防风、防虫鼠雀害的要求,并采取测温、通风等必要的仓储措施,其核心要求是以减少粮食储存损耗为原则。至于何种场所属于“合规”,一般认为,粮食收购者、粮食储存企业使用的仓储设施,应当符合粮食储存有关标准和技术规范以及安全生产法律法规的要求,具有与储存品种、规模、周期等相适应的仓储条件。(3)粮食存储的时间合理。粮食存储多长时间为

① (明)雷梦麟:《读律琐言》,法律出版社2000年版,第323页。

合理呢？首先明确粮食存储年限仅具有参考价值，最终还应根据有关粮食储存品质判定规则来判断，以品质检测为依据。根据现有粮食储藏水平，在常规储存条件下，粮食正常储存年限一般为小麦5年，稻谷和玉米3年，食用油脂和豆类2年。需要说明的是，这里所说的“正常储存年限”的起点通常以新粮收获起算，当年生产粮食入库后第二年即视为储存2年。(4)粮食存储的品质健康。我国《食品安全法》规定，食品安全，指食品无毒、无害，符合应当有的营养要求，对人体健康不造成任何急性、亚急性或者慢性危害。此处粮食存的品质健康标准即此含义，否则粮食不能作为食用用途出库。习近平总书记指出：“要管好用好储备粮，这是保百姓饭碗的粮食，不能平时老说库盈囤满，真到急用时却拿不出来。古今中外这方面教训多得很！近年来，国家粮库里出的案子不少，《诗经》中就有‘硕鼠硕鼠，无食我黍’的句子，对违法违纪案件要严肃查处，决不能任由‘粮耗子’折腾糟蹋。”①为此，按照我国《宪法》第12条和第13条的规定，结合上述要求进行相关制度设计守护管好“天下粮仓”。

### 五、坚决依法杜绝粮食肆意浪费，创新理念加强粮食节约立法

关于浪费的危害，古语有云：“历览前贤国与家，成由勤俭破由奢。”马克思也曾经指出：“古代国家灭亡的标志不是生产过剩，而是达到骇人听闻和荒诞无稽的程度的消费过度和疯狂的消费。”②习近平总书记一直高度重视粮食安全和提倡“厉行节约、反对浪费”的社会风尚，多次强调要制止餐饮浪费行为。在习近平新时代中国特色社会主义思想指引下，我国有关粮食节约减损制度不断完善。继2013年出台《党政机关厉行节约反对浪费条例》之后，2021年，我国第一部专门针对食品浪费制定的法律《反食品浪费法》出台，新修订的《粮食流通管理条例》系统完善了防止和减少粮食损失浪费的措施。《粮食安全保障法》全链条对粮食节约减损制度进行了系统设计。目前的关键问题是，如何在完善粮食安全法律体系过程中把粮食节约减损制度落到实处。

要实现粮食安全领域的不浪费，就要采取多种措施，遏制易于扭曲的人性，

---

① 习近平：《在中央农村工作会议上的讲话》(2013年12月23日)，载中共中央文献研究室编：《十八大以来重要文献选编》(上)，中央文献出版社2014年版，第665页。

② 《马克思恩格斯全集》第46卷(上)，人民出版社1979年版，第424页。

让发自内心地尊重劳动、尊重劳动者成为人们的共同价值追求。其基本要求是：(1)把节约减损就是增产的理念转化为制度。犹如“巧妇难为无米之炊”，粮食保供的核心是要有粮源。习近平总书记指出：“要树立节约减损就是增产的理念，推进全链条节约减损，健全常态化、长效化工作机制，每个环节都要有具体抓手，越是损失浪费严重的环节越要抓得实。”①从定性意义来看，节约粮食可以在一定时期内减少粮食的单位消耗；从定量意义上来看，节约的意义比定性分析更为直观。粮食的生产、收购、储存、运输、加工、销售、消费的每个环节都会产生损失浪费，这就需要构建和健全全链条节约减损机制，让避免损失浪费成为人们的生活习惯。(2)把“节约减损就是增产”的理念转化为制度。通过节约减损获得粮源的本质不是粮食数量增多了，而是通过有计划地减少粮食日均消费量，从而使同等数量的粮食供同等数量的人得以延续使用更长时间，或者同等时间内满足更多人对粮食的需求，是人为地使粮食“增产”。《粮食安全保障法》据此理念进行了系统性制度设计。(3)把“浪费就是犯罪”的理念转化为制度。尽管我们常把厉行节约、反对浪费联系在一起，但节约与浪费实际上是性质完全不同的两个概念。我们在作制度设计时，要实现粮食安全领域的不浪费，一方面要采取多种刚性措施，以遏制易于扭曲的人性，另一方面要重视多种教化策略，让发自内心地尊重劳动、尊重劳动者成为人们的共同价值追求。如果因客观原因(更多是技术层面，比如农机装备)而不得不“浪费”，是节约技术需要革新问题，此时必须适用法律进行引导规范；如果客观技术可以达到而人的主观不愿意，则是人的品质问题，此时必须适用法律进行惩治。我国古代很早就有“浪费粮食就是犯罪”的民谚。毛泽东同志曾指出：“应该使一切政府工作人员明白，贪污和浪费是极大的犯罪。”从本质来讲，浪费粮食不仅是对人类劳动成果的践踏，违背了中华民族勤俭节约的优良传统。更为重要的是，它是对他人食物权利的一种侵犯，对国家粮食主权的严重挑战，因为粮食的刚需特性是“不因甲的消费增加而乙的消费就减少”。从这个意义上来说，浪费粮食的本质就是在危害他人的生命和国家粮食安全。这是国家强化粮食节约各环节刚性约束、遏制奢侈讲排场、惩治浪费粮食强制性措施的理论根据。

① 习近平：《加快建设农业强国　推进农业农村现代化》，载《求是》2023年第6期。

(4)把“浪费就是失德”的理念转化为制度。早在殷商时期,我国古人就提出了“慎乃俭德,惟怀永图”①的观点,将节俭与道德联系在一起。老子也将“俭”视为美德之一:“我有三宝,持而保之:一曰慈,二曰俭,三曰不敢为天下先。”②《左传・庄公二十四年》曰:“俭,德之共也;侈,恶之大也。”③诸葛亮《诫子书》指出:“静以修身,俭以养德。”④明代开国皇帝朱元璋也提出:“俭可以制欲,淡可以颐性”。⑤ 新中国成立伊始,毛泽东向全党提出警告:“一切从事国家工作、党务工作和人民团体工作的党员,利用职权实行贪污和实行浪费,都是严重的犯罪行为。”⑥习近平总书记指出:“要增强全民节约意识,倡导简约适度、绿色低碳的生活方式,反对奢侈浪费和过度消费。”⑦当然,节俭并非不要消费,而是遏制奢侈浪费。节俭与奢侈犹如硬币之正反两面,我们需要做的是,让节俭一面永远面向太阳,而将奢侈一面永远压制在黑暗之中。因此,总结“历览前贤国与家,成由勤俭破由奢”之史实,我们倡导健全粮食和食物节约长效机制,要树立节俭、健康的消费理念,养成适度消费、合理消费、理性消费的生活方式。

## 六、主动地接轨国际规则和法律,丰富国际粮食安全合作立法

在我国,“适度进口”已经成为继加强国内粮食生产能力建设获得粮源方式之后的重要方式。这就需要我们主动与国际规则和法律接轨,加强国际粮食安全合作立法,既要明确国际合作所面临的风险和挑战,又要明确开展国际合作并非可以放松国内粮食生产。为此,在相关制度设计时,需注意如下问题。

---

① 《尚书・太甲上》,载《四书五经》,中国友谊出版公司 1993 年版,第 122 页。

② 《道德经》第六十七章,安徽人民出版社 2005 年版,第 149 页。

③ 《四书五经》,中国友谊出版公司 1993 年版,第 376 页。

④ 《诸葛亮志》,山东人民出版社 2009 年版,第 149 页。

⑤ (明)余纪登:《典故纪闻》卷三,中华书局 1981 年版,第 51 页。

⑥ 毛泽东:《实行增产节约,反对贪污、浪费和官僚主义》,载《毛泽东文集》第 6 卷,人民出版社 1999 年版,第 208 页。关于为何将反对浪费与反对贪污并列,毛泽东同志在该文随后解释道:“浪费和贪污在性质上虽有若干不同,但浪费的损失大于贪污,其结果又常与侵吞、盗窃和骗取国家财物或收受他人贿赂的行为相接近。故严惩浪费,必须与严惩贪污同时进行。浪费的范围极广,项目极多,又是一个普遍的严重现象,故须着重地进行斗争,并须定出惩治办法。”《毛泽东文集》第 6 卷,人民出版社 1999 年版,第 208 – 209 页。

⑦ 习近平:《正确认识和把握我国发展重大理论和实践问题》,载《求是》2022 年第 10 期。

一是充分尊重现有粮食安全合作机制。以开放、包容、平等为特质的合作机制，可以统筹各国发展需求，找到利益聚合点，从而将各方凝聚到该机制之中。这种机制目前有三个层面：从全球层面看，以联合国为中心的国际组织是我国开展粮食安全合作的核心机制。我国在该机制层面粮食安全的国际立场和全球主张集中体现在《联合国粮食峰会：中方立场》和《中国粮食系统可持续发展路径报告》等文件中，强调坚持坚持以人民为中心的发展思想，全面贯彻创新、协调、绿色、开放、共享的新发展理念，秉持"发展优先"理念，主张发达国家应加大对发展中国家的农业技术和资金支持，提升粮食安全水平。从区域层面看，中国参与的涉粮涉农合作机制有上海合作组织、中国与东盟(10＋1)、东盟与中日韩(10＋3)、澜沧江—湄公河、大湄公河次区域、中非合作论坛、中阿合作论坛、中国—拉共体等，对外粮食安全合作内容各有侧重，共同致力于可持续发展。从国家层面看，中国还与个别国家建立了粮食安全合作机制。

二是严格遵循有关协议作为政策导向。在粮食安全合作机制下，中国与有关组织或者国家签订了合作协定。比如，中国与23个非洲国家及地区组织建立了农业合作机制，签署了72项双多边农业合作文件；[①]中国、柬埔寨、缅甸、巴基斯坦、越南农业部门于2021年共同发布的《促进"一带一路"合作　共同推动建立农药产品质量标准的合作意向声明》；中国和阿拉伯国家已召开5次农业会议，在第五届中阿博览会现代农业合作大会期间，中国和阿拉伯国家共筛选签约合作项目36个，总金额超过20亿元。[②] 从这些协定内容来看，具体议题的协议具有长期性特点，客观上需要以规范性、可持续性和稳定性为政策导向。

三是清醒认识国际粮食安全合作具有全方位合作特点。主要涉及利用国内富余生产能力与相关国家开展粮食生产合作，以互通有无、增强互补性为重点加强粮食互利贸易合作，延伸粮食生产产业链、加强粮食储备工作、增强关键环节的韧性，加强粮食优良品种的育种、土壤改良、植物病虫害防治、农业机械的研发和应用推广、粮食保鲜及深加工技术等方面的国际粮食科技合作，在国

---

①　推进"一带一路"建设工作领导小组办公室：《中国—非洲国家共建"一带一路"发展报告》，中国计划出版社2024年版，第12页。

②　《第五届中阿博览会现代农业合作大会召开》，载《宁夏日报》2021年8月21日，第1版。

际范围内推进粮食全产业链减损、推动减损科技创新等。

## 七、落实粮食安全党政同责要求，优化粮食安全党政同考机制

粮食安全党政同责要求粮食安全责任制考核由目前仅考核地方政府调整为既考核地方政府的履责情况，又考核地方党委的履责情况，分别以党内法规和行政法规为渊源出台两个考核条例，相关考核要实现追责链条的制度设计，从而使责任落实到各层级、各部门、各岗位和各个责任人。笔者建议粮食安全党政同考机制主要从如下几个方面进行完善：

一是关于党政考核的对象与组织。考核地方党委和政府，既要考核党委、政府领导班子在粮食安全领域的整体履职情况，又要对党政主要负责人进行考核，同时按照领导班子分工，分别考核各自分管或者联系领域与粮食安全相关的工作。为有效推进考核工作，地方党委、政府及其负责人在每一考核周期内，按规定向上级党委、政府分别报送粮食安全履职情况报告，同时将其内容纳入各省级考核办上报的台账中。

二是关于粮食安全党政考核的主要内容。其优化关键是考核指标的设计，笔者坚持粮食安全全国必考指标与区域特色指标并重，建议将考核指标分为全国必考指标和区域特色指标。必考指标包括增强粮食综合生产能力、保持粮食播种面积和产量基本稳定、加强粮食储备安全管理、保障粮食市场供应和稳定、加强粮食应急保障能力建设、推进粮食产业高质量发展。至于区域特色指标如何落实，笔者建议"一省一策"，国家层面只作原则性要求，由各省将这些考核重点进一步细化融入粮食安全考核的具体工作中去，建立区域考核指标体系，突出区域粮食安全特色，从而助力各省粮食安全领域的特色发展。粮食安全考核工作组对该区域考核指标体系落实情况进行审核评估，从而给出确定性评价。

三是严格落实粮食安全责任制党政考核的结果应用。粮食安全考核结果要确保"有用"，要与党政领导班子和个人考核挂钩，既要对成绩突出的地区和领导干部给予表彰奖励，又要建立粮食安全保障不力的责任追究制度，还要完善相应异议以及申诉机制。对于不合格者，要按照法定程序进行处理。我们建议的程序是：(1)整改。考核结果为不合格的，应在考核结果通报后一个月内，各省级党委和政府负责人分别向党中央、国务院作出书面报告，提出本省整改

措施与时限，同时抄送考核工作组各成员单位。(2)约谈。逾期整改不到位的，由考核工作组向党中央、国务院提出约谈问责建议。根据党中央、国务院指示，由有关部门联合约谈该省级党委、政府有关负责人，必要时由党中央、国务院领导同志约谈该省级党委、政府主要负责人。(3)执纪问责。对在粮食安全保障工作中违法违纪行为者，按照《中国共产党问责条例》以及相关法律法规进行执纪问责、追究法律责任。

## 八、强化检察院法律监督职责，明确把粮食安全纳入公益诉讼

习近平总书记指出："国家安全是民族复兴的根基，社会稳定是国家强盛的前提。"[①]对于负有法律监督职责的人民检察院而言，我们必须反思的是，它在保障国家粮食安全的角色与定位是什么呢？根据人民检察院诉讼实践，我国已有粮食安全领域的公益诉讼判例，诸如"巴东县人民检察院诉县国土资源局怠于履行监管职责公益诉讼案(2018年)""商城县人民检察院诉县自然资源局不依法履行基本农田复垦监管职责行政公益诉讼案(2019年)""固始县人民检察院督促规范农药经营以及农药包装废弃物回收行政公益诉讼案(2021年)"等。[②] 粮食安全领域中的公益诉讼可以简称为"粮食安全公益诉讼"，它并非一种孤立存在的诉讼形式，而是与大家所熟知的民事公益诉讼、行政公益诉讼相并列的诉讼类型和诉讼形式。粮食安全公益诉讼的本质是一般意义上的公益诉讼程序与制度在一定范围内的粮食安全诉讼案件中的具体运用。然而，把粮食安全纳入公益诉讼似乎面临着法律依据不足的尴尬境地。主要表现在：

一是粮食安全公益诉讼的法律依据。尽管检察机关可以依据《行政诉讼法》第25条第4款、《民事诉讼法》第58条行使相应职权，但在实践中常常被法院列为"原告"，而非以"国家名义"提起诉讼。并且，受案范围局限在耕地、水、种子、化肥、农药等有限领域，而对于粮食安全的非生产环节以及负有粮食

① 习近平：《高举中国特色社会主义伟大旗帜 为全面建设社会主义现代化国家而团结奋斗——在中国共产党第二十次全国代表大会上的报告》，载《人民日报》2022年10月26日，第4版。

② 2023年9月27日，最高人民检察院向社会发布《关于印发〈耕地保护检察公益诉讼典型案例〉的通知》，案例涉及河南、四川、贵州、山东、河北、湖南、云南、上海、吉林、湖北等省市。

安全工作职责有权机关的渎职或者不当履职行为，则无法提起粮食安全公益诉讼。

二是粮食安全公益诉讼的前提条件。这些前提条件是：如果针对民事主体提起诉讼，是“在没有法律规定的机关和组织或者法律规定的机关和组织不提起诉讼”的情形下方可提起诉讼；如果针对行政主体提起公益诉讼，则必须经向违法行使职权或者不作为的行政机关制发督其依法履职检察建议程序后，行政机关仍不依法履行职责的方可提起公益诉讼。很明显，囿于法律规定不完善致使检察院履职存在不及时的可能。此外，由于“我国国情决定了我们不能成为‘诉讼大国’”①，粮食安全公益诉讼还须注意与粮食安全行政执法的衔接关系问题同样需要通过完善粮食安全法律体系来解决。但无论哪种情况，亟须通过完善法律体系，旗帜鲜明地把粮食安全纳入公益诉讼受案范围。

① 习近平：《坚定不移走中国特色社会主义法治道路　为全面建设社会主义现代化国家提供有力法治保障》，载《求是》2021 年第 5 期。

# 结　束　语

14亿庞大人口的客观现实决定了我国粮食安全保障任重而道远，需要从全面建设社会主义现代化国家、全面推进中华民族伟大复兴、实现中华民族永续发展的需要出发，本着全面依法治国的精神，坚持以宪法为核心，不断完善粮食安全法律体系，以便应对国内外各种风险挑战，全方位夯实粮食安全根基，筑牢粮食安全法治屏障，确保全领域、全过程、全面、系统的粮食安全，保障第二个百年奋斗目标的顺利实现。

# 主要参考文献


**一、著作类**

1. 赵发生主编:《当代中国的粮食工作》,中国社会科学出版社 1988 年版。

2. 康晓光:《地球村时代的粮食供给策略——中国的粮食国际贸易与粮食安全》,天津人民出版社 1998 年版。

3. 朱泽:《中国粮食安全问题——实证研究与政策选择》,湖北科学技术出版社 1998 年版。

4. 吴志华等:《中国粮食安全与成本优化研究》,中国农业出版社 2001 年版。

5. 胡靖:《入世与中国渐进式粮食安全》,中国社会科学出版社 2003 年版。

6. [美]约翰·马德莱:《贸易与粮食安全》,熊瑜好译,商务印书馆 2005 年版。

7. 高帆:《中国粮食安全的理论研究与实证分析》,上海人民出版社 2005 年版。

8. 王雅鹏:《粮食安全保护与可持续发展》,中国农业出版社 2005 年版。

9. 胡岳岷:《中国未来粮食安全论》,科学出版社 2006 年版。

10. 闻海燕:《粮食安全——市场化进程中主销区粮食问题研究》,社会科学文献出版社 2006 年版。

11. 廖永松:《中国的灌溉用水与粮食安全》,中国水利水电出版社 2006 年版。

12. 宋迎波等编著:《粮食安全气象服务》,气象出版社 2006 年版。

13. 朱红主编:《粮食安全责任重于泰山》,甘肃人民出版社 2007 年版。

14. 云南省农业科学院编:《云南省粮食安全问题及对策研究》,中国农业科学技术出版社 2007 年版。

15. 蓝海涛、王为农主编:《中国中长期粮食安全重大问题》,中国计划出版社 2008 年版。

16. 王雅鹏、叶慧:《中西部城镇化加速期粮食安全长效机制研究》,中国农业出版社 2008 年版。

17. 赵予新:《国家粮食安全成本研究》,河南人民出版社 2008 年版。

18. 娄源功主编:《贸易自由化与中国粮食安全》,河南人民出版社 2008 年版。

19. 娄源功主编:《中国粮食储备风险管理》,河南人民出版社 2008 年版。

20. 国家粮食局课题组:《粮食支持政策与促进国家粮食安全研究》,经济管理出版社 2009 年版。

21. 许月明等:《耕地约束条件下的河北省粮食安全问题研究》,中国农业出版社 2009 年版。

22. 游宏炳主编:《温饱之后的中国粮食安全研究》,中国言实出版社 2009 年版。

23. 陈占锋:《中国粮食安全风险与对策研究》,中国时代经济出版社 2010 年版。

24. 赵文先:《粮食安全与粮农增收目标的公共财政和农业政策性金融支持研究》,经济管理出版社 2010 年版。

25. 中国粮食经济学会、中国粮食行业协会编著:《粮食安全——国计民生的永恒主题》,中国财政经济出版社 2011 年版。

26. 曹宝明:《中国粮食安全的现状、挑战与对策研究》,中国农业出版社 2011 年版。

27. 张永恩:《中国粮食安全——实践与探索》,中国农业出版社 2011 年版。

28. 樊明等:《种粮行为与粮食政策》,社会科学文献出版社 2011 年版。

29. 王雅鹏、王薇薇、吴娟:《中国粮食生产、流通与储备协调机制研究——基于粮食安全》,科学出版社 2012 年版。

30. 卢代富、肖顺武:《中国粮食安全法律制度研究》,法律出版社 2012 年版。

31. 韩俊主编:《14 亿人的粮食安全战略》,学习出版社、海南出版社 2012 年版。

32. 白美清主编:《粮食安全:国计民生的永恒主题》,经济科学出版社 2013 年版。

33. 杜政、唐瑞明主编:《粮食中真菌毒素标准、法规与检验》,湖南科学技术出版社 2013 年版。

34. 万志前:《粮食安全与我国知识产权政策选择》,知识产权出版社 2013 年版。

35. 杜志雄、陈文胜等:《粮食安全国家责任与地方目标的博弈》,中国社会科学出版社 2013 年版。

36. 李孟刚、郑新立:《国家粮食安全保障体系研究》,社会科学文献出版社 2014 年版。

37. 曾志华:《粮食安全监管制度研究》,中国社会科学出版社 2015 年版。

38. 杨建利:《完善我国粮食直补政策研究》,科学出版社 2015 年版。

39. 娄耀辉编著:《中国粮食安全与法律评述》,新华出版社 2015 年版。

40. 曹阳:《国际法视野下的粮食安全问题研究》,中国政法大学出版社 2016 年版。

41. 刘颖等:《新时期我国粮食储备政策与调控体系研究》,人民出版社 2016 年版。

42. 李铜山、刘清娟:《现代农业产业集群创新发展研究》,中国农业出版社 2016 年版。

43. 赵德余:《中国粮食政策史——1949—2008》,上海人民出版社 2017 年版。

44. 赵霞:《粮食产销区利益协调政策的模拟与优化供应链管理视角》,东南大学出版社 2017 年版。

45. 赵予新等:《主产区粮食产能建设与利益补偿政策研究》,中国农业出版社 2017 年版。

46. 樊琦、祁华清:《我国粮食价格支持政策的市场化转型路径研究》,经济日报出版社 2017 年版。

47. 刘俊敏:《气候变化与国际粮食贸易中的法律问题研究》,上海大学出版社 2018 年版。

48. 曾晓昀:《粮食法原论》,中国人民大学出版社 2018 年版。

49. 陈印军等:《我国新型粮食安全观研究》,中国农业科学技术出版社 2018 年版。

50. 郭江平、吴国珍:《新时代中国粮食安全研究》,武汉大学出版社 2018 年版。

51. 狄强:《全球化背景下的中国粮食流通体制改革与创新研究——基于安全与效率的视角》,中国地质大学出版社 2018 年版。

52. 联合国粮食及农业组织编著:《粮食安全与国际贸易:争议观点解析》,梁晶晶等译,中国农业出版社 2018 年版。

53. 国家粮食和物资储备局编:《建设粮食产业强国政策与举措》,中国财富出版社 2019 年版。

54. 侯石安:《粮食安全保障体系与财政支持政策研究》,经济科学出版社 2019 年版。

55. 肖顺武:《中国粮食安全的倾斜性金融支持法律机制研究》,法律出版社 2019 年版。

56. 唐赛:《中国粮食安全预警机制构建》,中国大百科全书出版社、知识出版社 2020 年版。

57. 刘玉洁:《气候变化背景下中国饮食需求与粮食安全地图集》,气象出版社 2020 年版。

58. 李蕊:《民之天——粮食安全法治保障体系研究》,法律出版社 2020 年版。

59. 姜振军:《中俄共同保障粮食安全问题研究》,社会科学文献出版社 2021 年版。

60. 李秀香:《粮食种植成本与粮食安全的调查研究》,中国财政经济出版社 2021 年版。

61. 王淑娟:《辽宁粮食安全问题研究》,辽宁大学出版社 2021 年版。

62. 钟甫宁编著:《中国粮食安全保障:理论与政策选择》,科学出版社 2021 年版。

63. 蒋和平、杨东群、王晓君:《新时期中国粮食安全问题与对策研究》,经济科学出版社 2022 年版。

64. 联合国粮食及农业组织等编著:《2020 年亚洲及太平洋区域粮食安全和营养概况》,宋雨星等译,中国农业出版社 2022 年版。

65. 中国农业科学院"中国粮食发展研究"课题组:《新时期国家粮食安全战略研究》,经济科学出版社 2022 年版。

66. 杨亚东等:《马铃薯主粮化战略定位与新时期粮食安全观构建》,中国农业出版社 2022 年版。

67. 赵予新等:《中国粮食进口问题研究》,社会科学文献出版社 2022 年版。

68. 张慧琴:《新时期粮食安全与粮食生产补贴政策效应研究》,中国农业出版社 2022 年版。

69. 赵和楠:《中国粮食安全的财政保障政策研究》,经济科学出版社 2022 年版。

70. 张朝等:《农业灾害与粮食安全》,科学出版社 2022 年版。

71. 李铜山:《中国特色新型农业现代化道路实践模式创新研究》,中国农业出版社 2022 年版。

72. 中国农业科学院农业信息研究所:《2022 中国粮食安全评估报告》,科学技术文献出版社 2022 年版。

73. 徐振伟:《国际视野下的粮食安全与中国》,天津人民出版社 2022 年版。

74. 苏瑞娜:《全球粮食市场制度探源》,东南大学出版社 2022 年版。

75. 成升魁等:《新时代粮食安全透视》,科学出版社 2023 年版。

76. 曾伟:《新发展格局下粮食安全研究》,中国市场出版社 2023 年版。

77. 中共中央党史和文献研究院编:《习近平关于国家粮食安全论述摘编》,中央文献出版社 2023 年版。

78. 中国农业科学院农业信息研究所:《2023 中国粮食安全评估报告》,中国农业出版社 2023 年版。

79. 刘旭主编:《中国粮食安全理论与实践》,科学出版社 2023 年版。

**二、论文类**

1. 梁从诫:《"粮食援外"——美国侵略政策的一个工具》,载《国际问题研究》1964 年第 2 期。

2. 卢受采:《苏联粮食采购政策的演变及其初步分析》,载《世界经济》1980 年第 12 期。

3. 陈学基:《发展农业生产首先是靠政策——读列宁〈论粮食税〉的体会》,载《江苏师院学报》1981 年第 3 期。

4. 吴天锡:《世界粮食安全政策》,载《世界农业》1983 年第 6 期。

5. 厉为民、黎淑英:《各国粮食安全政策评述》,载《世界农业》1987 年第 10 期。

6. 欧阳旭初、陈池波:《中国粮食问题:历史难题与政策思路》,载《农业现代化研究》1990 年第 5 期。

7. 柯炳生:《美国的粮食政策》,载《农业经济问题》1994 年第 5 期。

8. 俞良早:《论列宁关于苏俄粮食政策的思想》,载《东欧中亚研究》1995 年第 1 期。

9. 吴硕:《中国粮食购销政策的演变及评价》,载《中国农村观察》1995 年第 6 期。

10. 胡靖:《中国两种粮食安全政策的比较与权衡》,载《中国农村经济》1998 年第 1 期。

11. 李文:《日本原粮食管理法废除的原因》,载《世界农业》1996 年第 11 期。

12. 陈志奇:《对制定〈粮食法〉的一点想法》,载《中国粮食经济》1996 年第 3 期。

13. 阎明:《"统一管制"是日本粮食法规的基本指导思想——读日本〈粮食管理法〉有感》,载《中国粮食经济》1996 年第 1 期。

14. 韦蔚:《美国〈1996 年农业法〉对中国粮食安全的影响》,载《广西电大教育》1997 年第 2 期。

15. 王达能:《粮食经济工作中涉及担保法与司法解释应注意的几个问题》,载《粮食问题研究》2001 年第 5 期。

16. 赵一夫:《中法两国食物消费及粮食安全问题比较》,载《中国食物与营养》2006 年第 12 期。

17. 秦雷鸣:《粮食法立法探讨》,载《中国粮食经济》2007 年第 8 期。

18. 乔兴旺:《中国粮食安全国内法保障研究》,载《河北法学》2008 年第 1 期。

19. 陈少伟:《保障安全　以法护粮——评〈广东省粮食安全保障条例〉》,载《中国粮食经济》2009 年第 9 期。

20. 鲍春来:《试论现行法律体系下粮食法之构建》,载《中国粮食经济》2010 年第 7 期。

21. 秦雷鸣:《权责一致　科学构建粮食法》,载《中国粮食经济》2010 年第 7 期。

22. 唐双娥、郑太福:《生态安全和粮食安全视角下的我国土地法修改》,载《中南大学学报》2011 年第 6 期。

23. 曾晓昀:《论中国〈粮食安全法〉的制定》,载《河南社会科学》2011 年第 6 期。

24. 邵淑毅:《转基因粮食安全问题的知识产权法思考》,载《西南农业大学学报》2011 年第 7 期。

25. 朱晓东:《对粮食法有关宏观调控制度的立法建议》,载《中国粮食经济》2011 年第 1 期。

26. 曾晓昀:《"粮食安全"概念的法定理解——整理于中国〈粮食法〉即将颁布之际》,载《法制与经济(中旬)》2012 年第 12 期。

27. 何文明、秦雷鸣:《强化和理顺粮食调控管理体系是〈粮食法〉的重要任务》,载《粮食问题研究》2012 年第 6 期。

28. 赵博文:《浅谈英国 1813 年粮食危机与〈谷物法〉》,载《吉林省教育学院学报(中旬)》2012 年第 11 期。

29. 谭波:《粮食流通管理的“大部制”模式研究——以〈粮食法〉立法为突破》,载《价格月刊》2012年第11期。

30. 曾晓昀:《论中国〈粮食法〉的学术研究方法》,载《商场现代化》2012年第30期。

31. 刘诗评、黄龙忠:《纵深细化粮食法　强化约束操作性——关于〈粮食法(征求意见稿)〉的几点意见和建议》,载《粮食问题研究》2012年第4期。

32. 舒小昀:《粮食骚动、道德经济与谷物法的废除》,载《史学月刊》2012年第4期。

33. 郑风田:《〈粮食法〉的五点疑问》,载《中国畜牧业》2012年第7期。

34. 郑风田:《关于〈粮食法〉的五点疑问》,载《农经》2012年第3期。

35. 朱翔:《首部〈粮食法〉争议》,载《农经》2012年第4期。

36. 郑励志:《建议将〈粮食法〉改成〈粮油法〉》,载《粮油市场报》2012年3月22日,第B03版。

37. 魏军、皮安涛、张加华:《基于重心法的粮食配送中心选址研究》,载《长沙大学学报》2012年第2期。

38. 郑文慧:《〈粮食法〉的“可为”与“不可为”》,载《粮油市场报》2012年3月15日,第B03版。

39. 韩红军:《细化和深化〈粮食法〉增强约束指导性》,载《粮油市场报》2012年3月2日,第001版。

40. 陈艳军:《加强粮食法可操作性切实为安全立法》,载《粮食市场报》2012年3月1日,第A01版。

41. 乔新生:《粮食法应当把好种子关》,载《法制日报》2012年2月24日,第7版。

42. 李国庆:《从广东“镉大米”事件看我国粮食质量安全的监管》,载《河南工业大学学报》2013年第3期。

43. 曾晓昀:《中国粮食生产环境污染的法律应对——基于〈粮食法〉的思考》,载《生态经济》2013年第11期。

44. 黄延峰:《粮食流通领域相关犯罪问题思考——以〈粮食法征求意见稿〉为视角》,载《郑州航空工业管理学院学报》2013年第5期。

45. 曾晓昀:《农民、市场、政府:中国〈粮食法〉立法宗旨探寻》,载《理论月刊》2013 年第 10 期。

46. 曾晓昀:《粮食“软法”:与中国〈粮食法〉并进》,载《兰州学刊》2013 年第 7 期。

47. 曾晓昀:《粮食安全权何以确立——从中国〈粮食法〉的制定展开》,载《安徽农业大学学报》2013 年第 3 期。

48. 曾晓昀:《论坚守耕地“红线”在中国〈粮食法〉的体现》,载《广东技术师范学院学报》2013 年第 4 期。

49. 杨伯平:《〈粮食法(征求意见稿)〉之我见》,载《粮食问题研究》2013 年第 3 期。

50. 陈秧分、钟钰等:《中国粮食安全治理现状与政策启示》,载《农业现代化研究》2014 年第 6 期。

51. 李国庆:《论〈粮食法〉的社会法定位——兼评〈粮食法(征求意见稿)〉》,载《河南工业大学学报》2014 年第 2 期。

52. 徐博、李亚楠:《粮食安全法应尽快制定》,载《国际商报》2014 年 3 月 17 日,第 B04 版。

53. 曾晓昀:《中国〈粮食法〉视野下粮食供给危机的应急措施研究》,载《韩山师范学院学报》2014 年第 1 期。

54. 孙晓明:《粮食安全入法 战略地位凸显》,载《新产经》2015 年第 9 期。

55. 卜祥银:《关于〈粮食法〉立法的几点思考》,载《粮食问题研究》2015 年第 2 期。

56. 郑风田、王大为:《论〈粮食法(送审稿)〉存在的九大问题》,载《河南工业大学学报》2015 年第 1 期。

57. 洪涛:《依法促进粮食可持续发展——呼唤〈粮食法〉早日出台》,载《粮食问题研究》2015 年第 1 期。

58. 黄玖辉:《完善粮食立法构架 确立粮食流通安全——对〈粮食法〉立法的思考和建议》,载《粮食问题研究》2015 年第 1 期。

59. 国家发展和改革委员会产业经济与技术经济研究所:《构建我国新的粮食价格支持政策框架的建议》,载《经济纵横》2016 年第 5 期。

60. 曾晓昀:《粮食质量安全:中国〈粮食法〉安全价值之实现》,载《学术论坛》2016 年第 6 期。

61. 朱喜安、李良:《粮食最低收购价格通知对粮食价格的影响——基于事件分析法的研究》,载《社会科学家》2016 年第 5 期。

62. 甄霖、王超、成升魁:《1953—2016 年中国粮食补贴政策分析》,载《自然资源学报》2017 年第 6 期。

63. 赵将等:《美国粮食供给调控与库存管理的政策措施——美国农业法制定过程的经验》,载《农业经济问题》2017 年第 8 期。

64. 杜锐、毛学峰:《基于合成控制法的粮食主产区政策效果评估》,载《中国软科学》2017 年第 6 期。

65. 张琛、孔祥智:《行政区划调整与粮食生产:来自合成控制法的证据》,载《南京农业大学学报》2017 年第 3 期。

66. 曾晓昀:《从监管到治理:未来〈粮食法〉粮食市场"全过程"监管研究》,载《农林经济管理学报》2017 年第 2 期。

67. 高道明、田志宏:《美国对外粮食援助政策演变及其对中国的启示》,载《中国农业大学学报》2018 年第 2 期。

68. 邓建伟:《发挥以法管粮职能确保国家粮食安全》,载《食品安全导刊》2018 年第 33 期。

69. 赵和楠、侯石安:《新中国 70 年粮食安全财政保障政策变迁与取向观察》,载《改革》2019 年第 11 期。

70. 曾晓昀:《实现开放发展:中国〈粮食安全保障法〉之"国际化"思维》,载《社会科学家》2019 年第 5 期。

71. 曾晓昀:《论未来〈粮食安全保障法〉之"乡村振兴"思维》,载《西北民族大学学报》2020 年第 5 期。

72. 夏志红:《粮食基因编辑潜在风险的法律防范》,载《环球法律评论》2020 年第 2 期。

73. 张振宇:《现代农业视域下中国粮食安全的发展战略与法律问题探讨——评〈中国粮食安全与法律评述〉》,载《中国食用菌》2020 年第 9 期。

74. 冯达:《我国粮食补贴制度法律问题研究》,载《农业经济》2021 年第

12 期。

75. 邢鸿飞、吕汉东:《我国粮食农药污染防控的法律应对》,载《食品安全质量检测学报》2021 年第 10 期。

76. 施春风、庞玥坤:《农垦国有农用地资本化中粮食安全风险的法律防控》,载《中国土地科学》2021 年第 3 期。

77. 钱煜昊、钱龙、武舜臣:《地方性粮食安全保障法立法思路研究》,载《农村经济》2022 年第 2 期。

78. 孙丹:《全球安全治理背景下的粮食安全法律框架思考》,载《农业经济》2023 年第 10 期。

79. 田静婷:《构建粮食安全的倾斜性法律支持机制》,载《中国农业资源与区划》2023 年第 7 期。

## 附录一

# 中华人民共和国粮食安全保障法

（2023 年 12 月 29 日第十四届全国人民代表大会
常务委员会第七次会议通过）

目　录



## 第一章　总　　则

**第一条**　为了保障粮食有效供给，确保国家粮食安全，提高防范和抵御粮食安全风险能力，维护经济社会稳定和国家安全，根据宪法，制定本法。

**第二条**　国家粮食安全工作坚持中国共产党的领导，贯彻总体国家安全观，统筹发展和安全，实施以我为主、立足国内、确保产能、适度进口、科技支撑的国家粮食安全战略，坚持藏粮于地、藏粮于技，提高粮食生产、储备、流通、加工能力，确保谷物基本自给、口粮绝对安全。

保障国家粮食安全应当树立大食物观，构建多元化食物供给体系，全方位、多途径开发食物资源，满足人民群众对食物品种丰富多样、品质营养健康的消费需求。

**第三条** 国家建立粮食安全责任制，实行粮食安全党政同责。县级以上地方人民政府应当承担保障本行政区域粮食安全的具体责任。

县级以上人民政府发展改革、自然资源、农业农村、粮食和储备等主管部门依照本法和规定的职责，协同配合，做好粮食安全保障工作。

**第四条** 国家加强粮食宏观调控，优化粮食品种结构和区域布局，统筹利用国内、国际的市场和资源，构建科学合理、安全高效的粮食供给保障体系，提升粮食供给能力和质量安全。

国家加强国际粮食安全合作，发挥粮食国际贸易作用。

**第五条** 县级以上人民政府应当将粮食安全保障纳入国民经济和社会发展规划。县级以上人民政府有关部门应当根据粮食安全保障目标、任务等，编制粮食安全保障相关专项规划，按照程序批准后实施。

**第六条** 国家建立健全粮食安全保障投入机制，采取财政、金融等支持政策加强粮食安全保障，完善粮食生产、收购、储存、运输、加工、销售协同保障机制，建设国家粮食安全产业带，调动粮食生产者和地方人民政府保护耕地、种粮、做好粮食安全保障工作的积极性，全面推进乡村振兴，促进粮食产业高质量发展，增强国家粮食安全保障能力。

国家引导社会资本投入粮食生产、储备、流通、加工等领域，并保障其合法权益。

国家引导金融机构合理推出金融产品和服务，为粮食生产、储备、流通、加工等提供支持。国家完善政策性农业保险制度，鼓励开展商业性保险业务。

**第七条** 国家加强粮食安全科技创新能力和信息化建设，支持粮食领域基础研究、关键技术研发和标准化工作，完善科技人才培养、评价和激励等机制，促进科技创新成果转化和先进技术、设备的推广使用，提高粮食生产、储备、流通、加工的科技支撑能力和应用水平。

**第八条** 各级人民政府及有关部门应当采取多种形式加强粮食安全宣传教育，提升全社会粮食安全意识，引导形成爱惜粮食、节约粮食的良好风尚。

**第九条** 对在国家粮食安全保障工作中做出突出贡献的单位和个人，按照国家有关规定给予表彰和奖励。

## 第二章 耕地保护

**第十条** 国家实施国土空间规划下的国土空间用途管制，统筹布局农业、生态、城镇等功能空间，划定落实耕地和永久基本农田保护红线、生态保护红线和城镇开发边界，严格保护耕地。

国务院确定省、自治区、直辖市人民政府耕地和永久基本农田保护任务。县级以上地方人民政府应当确保本行政区域内耕地和永久基本农田总量不减少、质量有提高。

国家建立耕地保护补偿制度，调动耕地保护责任主体保护耕地的积极性。

**第十一条** 国家实行占用耕地补偿制度，严格控制各类占用耕地行为；确需占用耕地的，应当依法落实补充耕地责任，补充与所占用耕地数量相等、质量相当的耕地。

省、自治区、直辖市人民政府应当组织本级人民政府自然资源主管部门、农业农村主管部门对补充耕地的数量进行认定、对补充耕地的质量进行验收，并加强耕地质量跟踪评价。

**第十二条** 国家严格控制耕地转为林地、草地、园地等其他农用地。禁止违规占用耕地绿化造林、挖湖造景等行为。禁止在国家批准的退耕还林还草计划外擅自扩大退耕范围。

**第十三条** 耕地应当主要用于粮食和棉、油、糖、蔬菜等农产品及饲草饲料生产。县级以上地方人民政府应当根据粮食和重要农产品保供目标任务，加强耕地种植用途管控，落实耕地利用优先序，调整优化种植结构。具体办法由国务院农业农村主管部门制定。

县级以上地方人民政府农业农村主管部门应当加强耕地种植用途管控日常监督。村民委员会、农村集体经济组织发现违反耕地种植用途管控要求行为的，应当及时向乡镇人民政府或者县级人民政府农业农村主管部门报告。

**第十四条** 国家建立严格的耕地质量保护制度，加强高标准农田建设，按照量质并重、系统推进、永续利用的要求，坚持政府主导与社会参与、统筹规划与分步实施、用养结合与建管并重的原则，健全完善多元投入保障机制，提高建设标准和质量。

**第十五条** 县级以上人民政府应当建立耕地质量和种植用途监测网络，开展耕地质量调查和监测评价，采取土壤改良、地力培肥、治理修复等措施，提高中低产田产能，治理退化耕地，加强大中型灌区建设与改造，提升耕地质量。

国家建立黑土地保护制度，保护黑土地的优良生产能力。

国家建立健全耕地轮作休耕制度，鼓励农作物秸秆科学还田，加强农田防护林建设；支持推广绿色、高效粮食生产技术，促进生态环境改善和资源永续利用。

**第十六条** 县级以上地方人民政府应当因地制宜、分类推进撂荒地治理，采取措施引导复耕。家庭承包的发包方可以依法通过组织代耕代种等形式将撂荒地用于农业生产。

**第十七条** 国家推动盐碱地综合利用，制定相关规划和支持政策，鼓励和引导社会资本投入，挖掘盐碱地开发利用潜力，分区分类开展盐碱耕地治理改良，加快选育耐盐碱特色品种，推广改良盐碱地有效做法，遏制耕地盐碱化趋势。

## 第三章 粮 食 生 产

**第十八条** 国家推进种业振兴，维护种业安全，推动种业高质量发展。

国家加强粮食作物种质资源保护开发利用，建设国家农业种质资源库，健全国家良种繁育体系，推进粮食作物种质资源保护与管理信息化建设，提升供种保障能力。

国家加强植物新品种权保护，支持育种基础性、前沿性研究和应用技术研究，鼓励粮食作物种子科技创新和产业化应用，支持开展育种联合攻关，培育具有自主知识产权的优良品种。

**第十九条** 省级以上人民政府应当建立种子储备制度，主要用于发生灾害时的粮食生产需要及余缺调剂。

**第二十条** 县级以上人民政府应当统筹做好肥料、农药、农用薄膜等农业生产资料稳定供应工作，引导粮食生产者科学施用化肥、农药，合理使用农用薄膜，增施有机肥料。

**第二十一条**　国家加强水资源管理和水利基础设施建设，优化水资源配置，保障粮食生产合理用水需求。各级人民政府应当组织做好农田水利建设和运行维护，保护和完善农田灌溉排水体系，因地制宜发展高效节水农业。

县级以上人民政府应当组织开展水土流失综合治理、土壤污染防治和地下水超采治理。

**第二十二条**　国家推进农业机械产业发展，加强农业机械化作业基础条件建设，推广普及粮食生产机械化技术，鼓励使用绿色、智能、高效的农业机械，促进粮食生产全程机械化，提高粮食生产效率。

**第二十三条**　国家加强农业技术推广体系建设，支持推广应用先进适用的粮食生产技术，因地制宜推广间作套种等种植方法，鼓励创新推广方式，提高粮食生产技术推广服务水平，促进提高粮食单产。

国家鼓励农业信息化建设，提高粮食生产信息化、智能化水平，推进智慧农业发展。

**第二十四条**　国家加强粮食生产防灾减灾救灾能力建设。县级以上人民政府应当建立健全农业自然灾害和生物灾害监测预警体系、防灾减灾救灾工作机制，加强干旱、洪涝、低温、高温、风雹、台风等灾害防御防控技术研究应用和安全生产管理，落实灾害防治属地责任，加强粮食作物病虫害防治和植物检疫工作。

国家鼓励和支持开展粮食作物病虫害绿色防控和统防统治。粮食生产者应当做好粮食作物病虫害防治工作，并对各级人民政府及有关部门组织开展的病虫害防治工作予以配合。

**第二十五条**　国家加强粮食生产功能区和重要农产品生产保护区建设，鼓励农业生产者种植优质农作物。县级以上人民政府应当按照规定组织划定粮食生产功能区和重要农产品生产保护区并加强建设和管理，引导农业生产者种植目标作物。

**第二十六条**　国家采取措施稳定粮食播种面积，合理布局粮食生产，粮食主产区、主销区、产销平衡区都应当保面积、保产量。

粮食主产区应当不断提高粮食综合生产能力，粮食主销区应当稳定和提高粮食自给率，粮食产销平衡区应当确保粮食基本自给。

国家健全粮食生产者收益保障机制，以健全市场机制为目标完善农业支持保护制度和粮食价格形成机制，促进农业增效、粮食生产者增收，保护粮食生产者的种粮积极性。

省级以上人民政府应当通过预算安排资金，支持粮食生产。

**第二十七条** 国家扶持和培育家庭农场、农民专业合作社等新型农业经营主体从事粮食生产，鼓励其与农户建立利益联结机制，提高粮食生产能力和现代化水平。

国家支持面向粮食生产者的产前、产中、产后社会化服务，提高社会化服务水平，鼓励和引导粮食适度规模经营，支持粮食生产集约化。

**第二十八条** 国家健全粮食主产区利益补偿机制，完善对粮食主产区和产粮大县的财政转移支付制度，调动粮食生产积极性。

省、自治区、直辖市人民政府可以根据本行政区域实际情况，建立健全对产粮大县的利益补偿机制，提高粮食安全保障相关指标在产粮大县经济社会发展综合考核中的比重。

## 第四章 粮 食 储 备

**第二十九条** 国家建立政府粮食储备体系。政府粮食储备分为中央政府储备和地方政府储备。政府粮食储备用于调节粮食供求、稳定粮食市场、应对突发事件等。

中央政府粮食储备规模和地方政府粮食储备总量规模由国务院确定并实行动态调整。政府粮食储备的品种结构、区域布局按照国务院有关规定确定。

政府粮食储备的收购、销售、轮换、动用等应当严格按照国家有关规定执行。

**第三十条** 承储政府粮食储备的企业或者其他组织应当遵守法律、法规和国家有关规定，实行储备与商业性经营业务分开，建立健全内部管理制度，落实安全生产责任和消防安全责任，对承储粮食数量、质量负责，实施粮食安全风险事项报告制度，确保政府粮食储备安全。

承储中央政府粮食储备和省级地方政府粮食储备的企业应当剥离商业性

经营业务。

政府粮食储备的收购、销售、轮换、动用等应当进行全过程记录，实现政府粮食储备信息实时采集、处理、传输、共享，确保可查询、可追溯。

**第三十一条**　承储政府粮食储备的企业或者其他组织应当保证政府粮食储备账实相符、账账相符，实行专仓储存、专人保管、专账记载，不得虚报、瞒报政府粮食储备数量、质量、品种。

承储政府粮食储备的企业或者其他组织应当执行储备粮食质量安全检验监测制度，保证政府粮食储备符合规定的质量安全标准、达到规定的质量等级。

**第三十二条**　县级以上地方人民政府应当根据本行政区域实际情况，指导规模以上粮食加工企业建立企业社会责任储备，鼓励家庭农场、农民专业合作社、农业产业化龙头企业自主储粮，鼓励有条件的经营主体为农户提供粮食代储服务。

**第三十三条**　县级以上人民政府应当加强粮食储备基础设施及质量检验能力建设，推进仓储科技创新和推广应用，加强政府粮食储备管理信息化建设。

**第三十四条**　县级以上人民政府应当将政府粮食储备情况列为年度国有资产报告内容，向本级人民代表大会常务委员会报告。

## 第五章　粮 食 流 通

**第三十五条**　国家加强对粮食市场的管理，充分发挥市场作用，健全市场规则，维护市场秩序，依法保障粮食经营者公平参与市场竞争，维护粮食经营者合法权益。

国家采取多种手段加强对粮食市场的调控，保持全国粮食供求总量基本平衡和市场基本稳定。县级以上地方人民政府应当采取措施确保国家粮食宏观调控政策的贯彻执行。

**第三十六条**　县级以上地方人民政府应当加强对粮食仓储、物流等粮食流通基础设施的建设和保护，组织建设与本行政区域粮食收储规模和保障供应要求相匹配，布局合理、功能齐全的粮食流通基础设施，并引导社会资本投入粮食流通基础设施建设。

任何单位和个人不得侵占、损毁、擅自拆除或者迁移政府投资建设的粮食流通基础设施,不得擅自改变政府投资建设的粮食流通基础设施的用途。

**第三十七条** 从事粮食收购、储存、加工、销售的经营者以及饲料、工业用粮企业,应当按照规定建立粮食经营台账,并向所在地的县级人民政府粮食和储备主管部门报送粮食购进、储存、销售等基本数据和有关情况。

**第三十八条** 为了保障市场供应、保护粮食生产者利益,必要时国务院可以根据粮食安全形势和财政状况,决定对重点粮食品种在粮食主产区实行政策性收储。

**第三十九条** 从事粮食收购、加工、销售的规模以上经营者,应当按照所在地省、自治区、直辖市人民政府的规定,执行特定情况下的粮食库存量。

**第四十条** 粮食供求关系和价格显著变化或者有可能显著变化时,县级以上人民政府及其有关部门可以按照权限采取下列措施调控粮食市场:

(一)发布粮食市场信息;

(二)实行政策性粮食收储和销售;

(三)要求执行特定情况下的粮食库存量;

(四)组织投放储备粮食;

(五)引导粮食加工转化或者限制粮食深加工用粮数量;

(六)其他必要措施。

必要时,国务院和省、自治区、直辖市人民政府可以依照《中华人民共和国价格法》的规定采取相应措施。

**第四十一条** 国家建立健全粮食风险基金制度。粮食风险基金主要用于支持粮食储备、稳定粮食市场等。

## 第六章 粮 食 加 工

**第四十二条** 国家鼓励和引导粮食加工业发展,重点支持在粮食生产功能区和重要农产品生产保护区发展粮食加工业,协调推进粮食初加工、精深加工、综合利用加工,保障粮食加工产品有效供给和质量安全。

粮食加工经营者应当执行国家有关标准,不得掺杂使假、以次充好,对其加工的粮食质量安全负责,接受监督。

**第四十三条** 国家鼓励和引导粮食加工结构优化,增加优质、营养粮食加工产品供给，优先保障口粮加工，饲料用粮、工业用粮加工应当服从口粮保障。

**第四十四条**　县级以上地方人民政府应当根据本行政区域人口和经济社会发展水平，科学布局粮食加工业，确保本行政区域的粮食加工能力特别是应急状态下的粮食加工能力。

县级以上地方人民政府应当在粮食生产功能区和重要农产品生产保护区科学规划布局粮食加工能力，合理安排粮食就地就近转化。

**第四十五条**　国家鼓励粮食主产区和主销区以多种形式建立稳定的产销关系，鼓励粮食主销区的企业在粮食主产区建立粮源基地、加工基地和仓储物流设施等，促进区域粮食供求平衡。

**第四十六条**　国家支持建设粮食加工原料基地、基础设施和物流体系，支持粮食加工新技术、新工艺、新设备的推广应用。

## 第七章　粮 食 应 急

**第四十七条**　国家建立统一领导、分级负责、属地管理为主的粮食应急管理体制。

县级以上人民政府应当加强粮食应急体系建设，健全布局合理、运转高效协调的粮食应急储存、运输、加工、供应网络，必要时建立粮食紧急疏运机制，确保具备与应急需求相适应的粮食应急能力，定期开展应急演练和培训。

**第四十八条**　国务院发展改革、粮食和储备主管部门会同有关部门制定全国的粮食应急预案，报请国务院批准。省、自治区、直辖市人民政府应当根据本行政区域的实际情况，制定本行政区域的粮食应急预案。

设区的市级、县级人民政府粮食应急预案的制定，由省、自治区、直辖市人民政府决定。

**第四十九条**　国家建立粮食市场异常波动报告制度。发生突发事件，引起粮食市场供求关系和价格异常波动时，县级以上地方人民政府发展改革、农业农村、粮食和储备、市场监督管理等主管部门应当及时将粮食市场有关情况向本级人民政府和上一级人民政府主管部门报告。

**第五十条**　县级以上人民政府按照权限确认出现粮食应急状态的，应当及时启动应急响应，可以依法采取下列应急处置措施：

（一）本法第四十条规定的措施；

（二）增设应急供应网点；

（三）组织进行粮食加工、运输和供应；

（四）征用粮食、仓储设施、场地、交通工具以及保障粮食供应的其他物资；

（五）其他必要措施。

必要时，国务院可以依照《中华人民共和国价格法》的规定采取相应措施。

出现粮食应急状态时，有关单位和个人应当服从县级以上人民政府的统一指挥和调度，配合采取应急处置措施，协助维护粮食市场秩序。

因执行粮食应急处置措施给他人造成损失的，县级以上人民政府应当按照规定予以公平、合理补偿。

**第五十一条**　粮食应急状态消除后，县级以上人民政府应当及时终止实施应急处置措施，并恢复应对粮食应急状态的能力。

## 第八章　粮 食 节 约

**第五十二条**　国家厉行节约，反对浪费。县级以上人民政府应当建立健全引导激励与惩戒教育相结合的机制，加强对粮食节约工作的领导和监督管理，推进粮食节约工作。

县级以上人民政府发展改革、农业农村、粮食和储备、市场监督管理、商务、工业和信息化、交通运输等有关部门，应当依照职责做好粮食生产、储备、流通、加工、消费等环节的粮食节约工作。

**第五十三条**　粮食生产者应当加强粮食作物生长期保护和生产作业管理，减少播种、田间管理、收获等环节的粮食损失和浪费。

禁止故意毁坏在耕地上种植的粮食作物青苗。

国家鼓励和支持推广适时农业机械收获和产地烘干等实用技术，引导和扶持粮食生产者科学收获、储存粮食，改善粮食收获、储存条件，保障粮食品质良好，减少产后损失。

**第五十四条**　国家鼓励粮食经营者运用先进、高效的粮食储存、运输、加工设施设备，减少粮食损失损耗。

**第五十五条**　国家推广应用粮食适度加工技术，防止过度加工，提高成品粮出品率。

国家优化工业用粮生产结构，调控粮食不合理加工转化。

**第五十六条**　粮食食品生产经营者应当依照有关法律、法规的规定，建立健全生产、储存、运输、加工等管理制度，引导消费者合理消费，防止和减少粮食浪费。

公民个人和家庭应当树立文明、健康、理性、绿色的消费理念，培养形成科学健康、物尽其用、杜绝浪费的良好习惯。

**第五十七条**　机关、人民团体、社会组织、学校、企业事业单位等应当加强本单位食堂的管理，定期开展节约粮食检查，纠正浪费行为。

有关粮食食品学会、协会等应当依法制定和完善节约粮食、减少损失损耗的相关团体标准，开展节约粮食知识普及和宣传教育工作。

## 第九章　监督管理

**第五十八条**　县级以上人民政府发展改革、农业农村、粮食和储备、自然资源、水行政、生态环境、市场监督管理、工业和信息化等有关部门应当依照职责对粮食生产、储备、流通、加工等实施监督检查，并建立粮食安全监管协调机制和信息共享机制，加强协作配合。

**第五十九条**　国务院发展改革、农业农村、粮食和储备主管部门应当会同有关部门建立粮食安全监测预警体系，加强粮食安全风险评估，健全粮食安全信息发布机制。

任何单位和个人不得编造、散布虚假的粮食安全信息。

**第六十条**　国家完善粮食生产、储存、运输、加工标准体系。粮食生产经营者应当严格遵守有关法律、法规的规定，执行有关标准和技术规范，确保粮食质量安全。

县级以上人民政府应当依法加强粮食生产、储备、流通、加工等环节的粮食质量安全监督管理工作，建立粮食质量安全追溯体系，完善粮食质量安全风险监测和检验制度。

**第六十一条**　县级以上人民政府有关部门依照职责开展粮食安全监督检查，可以采取下列措施：

（一）进入粮食生产经营场所实施现场检查；

（二）向有关单位和人员调查了解相关情况；

（三）进入涉嫌违法活动的场所调查取证；

（四）查阅、复制有关文件、资料、账簿、凭证，对可能被转移、隐匿或者损毁的文件、资料、账簿、凭证、电子设备等予以封存；

（五）查封、扣押涉嫌违法活动的场所、设施或者财物；

（六）对有关单位的法定代表人、负责人或者其他工作人员进行约谈、询问。

县级以上人民政府有关部门履行监督检查职责，发现公职人员涉嫌职务违法或者职务犯罪的问题线索，应当及时移送监察机关，监察机关应当依法受理并进行调查处置。

**第六十二条**　国务院发展改革、自然资源、农业农村、粮食和储备主管部门应当会同有关部门，按照规定具体实施对省、自治区、直辖市落实耕地保护和粮食安全责任制情况的考核。

省、自治区、直辖市对本行政区域耕地保护和粮食安全负总责，其主要负责人是本行政区域耕地保护和粮食安全的第一责任人，对本行政区域内的耕地保护和粮食安全目标负责。

县级以上地方人民政府应当定期对本行政区域耕地保护和粮食安全责任落实情况开展监督检查，将耕地保护和粮食安全责任落实情况纳入对本级人民政府有关部门负责人、下级人民政府及其负责人的考核评价内容。

对耕地保护和粮食安全工作责任落实不力、问题突出的地方人民政府，上级人民政府可以对其主要负责人进行责任约谈。被责任约谈的地方人民政府应当立即采取措施进行整改。

**第六十三条**　外商投资粮食生产经营，影响或者可能影响国家安全的，应当按照国家有关规定进行外商投资安全审查。

**第六十四条**　县级以上人民政府发展改革、农业农村、粮食和储备等主管部门应当加强粮食安全信用体系建设，建立粮食生产经营者信用记录。

单位、个人有权对粮食安全保障工作进行监督，对违反本法的行为向县级以上人民政府有关部门进行投诉、举报，接到投诉、举报的部门应当按照规定及时处理。

## 第十章　法 律 责 任

**第六十五条**　违反本法规定，地方人民政府和县级以上人民政府有关部门不履行粮食安全保障工作职责或者有其他滥用职权、玩忽职守、徇私舞弊行为的，对负有责任的领导人员和直接责任人员依法给予处分。

**第六十六条**　违反本法规定，种植不符合耕地种植用途管控要求作物的，由县级人民政府农业农村主管部门或者乡镇人民政府给予批评教育；经批评教育仍不改正的，可以不予发放粮食生产相关补贴；对有关农业生产经营组织，可以依法处以罚款。

**第六十七条**　违反本法规定，承储政府粮食储备的企业或者其他组织有下列行为之一的，依照有关行政法规的规定处罚：

（一）拒不执行或者违反政府粮食储备的收购、销售、轮换、动用等规定；

（二）未对政府粮食储备的收购、销售、轮换、动用等进行全过程记录；

（三）未按照规定保障政府粮食储备数量、质量安全。

从事粮食收购、储存、加工、销售的经营者以及饲料、工业用粮企业未按照规定建立粮食经营台账，或者报送粮食基本数据和有关情况的，依照前款规定处罚。

**第六十八条**　违反本法规定，侵占、损毁、擅自拆除或者迁移政府投资建设的粮食流通基础设施，或者擅自改变其用途的，由县级以上地方人民政府有关部门依照职责责令停止违法行为，限期恢复原状或者采取其他补救措施；逾期不恢复原状、不采取其他补救措施的，对单位处五万元以上五十万元以下罚款，对个人处五千元以上五万元以下罚款。

**第六十九条**　违反本法规定，粮食应急状态发生时，不服从县级以上人民政府的统一指挥和调度，或者不配合采取应急处置措施的，由县级以上人民政府有关部门依照职责责令改正，给予警告；拒不改正的，对单位处二万元以上二十万元以下罚款，对个人处二千元以上二万元以下罚款；情节严重的，对单位处二十万元以上二百万元以下罚款，对个人处二万元以上二十万元以下罚款。

**第七十条**　违反本法规定，故意毁坏在耕地上种植的粮食作物青苗的，由县级以上地方人民政府农业农村主管部门责令停止违法行为;情节严重的,可以处毁坏粮食作物青苗价值五倍以下罚款。

**第七十一条** 违反有关土地管理、耕地保护、种子、农产品质量安全、食品安全、反食品浪费、安全生产等法律、行政法规的,依照相关法律、行政法规的规定处理、处罚。

**第七十二条** 违反本法规定,给他人造成损失的,依法承担赔偿责任;构成违反治安管理行为的,由公安机关依法给予治安管理处罚;构成犯罪的,依法追究刑事责任。

## 第十一章 附 则

**第七十三条** 本法所称粮食,是指小麦、稻谷、玉米、大豆、杂粮及其成品粮。杂粮包括谷子、高粱、大麦、荞麦、燕麦、青稞、绿豆、马铃薯、甘薯等。

油料、食用植物油的安全保障工作参照适用本法。

**第七十四条** 本法自 2024 年 6 月 1 日起施行。

# 附录二

# 中华人民共和国粮食安全保障法(专家建议稿)*

执笔人　穆中杰



## 第一章　总　　则

**第一条　【立法宗旨】**为保障粮食有效供给,确保居民生活和社会生产对粮食基本需求持续得到满足,维护社会和谐稳定和国家安全,促进经济社会可持续发展,制定本法。

**第二条　【适用范围】**中华人民共和国境内的粮食生产、储备、流通、消费、监督管理及其他涉及粮食安全保障的活动适用本法。

**第三条　【制定战略的原则】**国家粮食安全保障工作坚持中国共产党的领

---

* 本意见稿系在作者主持的国家软科学重大合作项目《中国粮食法立法疑难问题研究》、国家粮食和物资储备局战略性课题《粮食安全保障法涉及重大政策研究》、国家粮食和物资储备局软科学项目《关于粮食生产保障立法的若干问题研究》等课题研究基础上形成,王殿轩教授、李铜山教授、李凤廷博士、马松林博士、曾晓昀博士、徐晓鹏博士等先生参与了讨论,由作者执笔定稿。

导。国家坚持以我为主、立足国内、确保产能、适度进口、科技支撑的国家粮食安全战略,全面评估国际、国内粮食市场形势,明确粮食安全战略的中长期目标、粮食安全政策、工作任务和措施。

**第四条　【多方协同的原则】**国家坚持市场在粮食资源配置中起决定性作用和更好发挥政府作用,正确处理政府与粮食生产者、中央与地方、地方与地方的利益关系。

**第五条　【倡导节约的原则】**国家倡导科学用粮、节约用粮的消费行为,加强爱粮节粮宣传教育,增强全社会粮食安全保障意识,持续提高人民健康水平,弘扬中华传统美德。

**第六条　【对外合作的原则】**国家鼓励和支持与粮食安全有关的国际交流与合作,完善粮食安全合作机制,防范和应对粮食危机,履行中华人民共和国缔结或者参加的国家公约所规定的义务。

**第七条　【遵守法律的原则】**粮食安全保障活动必须遵守法律,法律没有规定的,应当遵守国家政策。

**第八条　【领导体制】**国家建立和健全粮食安全责任制,实行粮食安全党政同责。省、自治区、直辖市人民政府承担保障本行政区域粮食安全的主体责任,全面加强粮食生产、储备和流通能力建设,保障粮食市场供应,确保粮食质量安全,落实粮食安全保障措施,促进粮食产业可持续发展。

国务院对各省、自治区、直辖市人民政府进行粮食安全责任制考核,实行激励与问责机制,具体办法由国务院制定。

**第九条　【工作分工】**国务院发展改革部门会同有关部门负责全国粮食总量平衡、宏观调控,编制国家粮食安全中长期规划、粮食生产能力建设等规划。

国务院农业农村行政管理部门负责全国粮食生产行业管理,指导粮食生产及其技术创新推广、基础设施建设、防灾减灾、重大病虫害防治等工作,提高粮食生产水平。

国家粮食行政管理部门负责粮食流通行业管理和中央储备粮行政管理,编制粮食流通发展规划,拟定粮食流通有关标准,承担粮食流通宏观调控具体工作,提高粮食流通和储备能力。

国务院财政部门会同农业农村、粮食等有关行政管理部门,建立健全粮食安全保障财政税收等支持政策。

国务院其他部门在各自职责范围内,负责与粮食安全有关的工作。

县级以上地方各级人民政府粮食、农业农村等有关行政管理部门按照各自职责负责与粮食安全保障有关的工作。

乡(镇)人民政府、街道办事处应当按照职责做好保护耕地、促进粮食生产及其他粮食安全保障工作。

## 第二章　粮食综合生产能力保障

**第十条　【生产规划】**县级以上人民政府应当按照国家粮食生产能力建设规划,实施藏粮于地、藏粮于技战略,根据土壤、水资源、生态、农业气候资源条件等因素合理布局粮食生产,组织协调粮食生产功能区的建设与保护工作,采取措施保持粮食生产功能区种粮属性并建立相应的补偿机制,提高粮食综合生产能力。

**第十一条　【生产必要条件之1(耕地和水)】**各级人民政府应当执行最严格的耕地保护制度,严守耕地红线,对永久基本农田实行特殊保护;加强农田水利等农业基础设施建设和维修养护,支持粮食生产者改善耕地地力等粮食生产的基础条件,确保粮食生产能力并保持粮食生产稳定发展。

任何单位和个人不得在粮食生产功能区内从事种植多年生经济作物、苗木、草坪和挖塘养殖等破坏耕作层的非粮食生产经营活动,不得从事取土、堆放固体废弃物等毁坏种植条件的活动。

**第十二条　【稳定种植面积和防治“非粮化”】**县级以上人民政府应当完善粮食生产扶持政策,确保粮食生产功能区内每年至少种植一季粮食作物,鼓励粮食生产者因地制宜提高粮食生产效率,推进适度规模经营,稳定粮食播种面积。

乡(镇)人民政府、街道办事处应当落实粮食生产扶持相关政策,引导粮食生产者科学合理种植,做好粮食生产功能区的建设和管护工作。

**第十三条　【生产必要条件之2(粮种)】**国家建立健全粮种分级储备制度。

国家保护粮食作物种质资源,支持粮种的常规管理和科技创新,培育具有自主知识产权的优良粮食品种，提升供种保障能力。

**第十四条 【防灾减灾支持】**国家建立粮食生产监测与评估制度，识别粮种、耕地、水资源、农业重大病虫害、气象灾害等因素带来的粮食安全风险，确定预警等级并采取必要措施，以保障粮食综合生产能力。

国家建立健全粮食生产补贴奖励、信贷担保、保险等制度，完善重要粮食品种生产保险大灾风险分散机制，保障粮食生产者合法权益。

**第十五条 【粮食应急生产措施】**当粮食出现或者可能出现严重紧缺时，经省、自治区、直辖市人民政府批准，县级以上人民政府可以决定将生产其他经济作物的基本农田用于粮食生产，并组织落实种子、肥料等生产资料，给予生产者不超过同等面积生产价值的50%经济补偿。

**第十六条 【生产质量防控措施】**县级以上人民政府及其有关部门应当加强农业生态保护，严守生态红线，强化耕地质量建设和管理，采取多种措施推广绿色、安全、高效的粮食生产技术，鼓励粮食生产者采取有利于防止土壤污染的种养结合、休耕、轮作等耕作措施，指导粮食生产者科学合理使用农药、肥料、农用薄膜等农业投入品，推进粮食生产的可持续发展。

**第十七条 【职业农民】**各级人民政府应当支持新型农业经营主体和新型农业服务主体的发展，通过富裕农民、提高农民、扶持农民等途径构建职业农民队伍，促进小农户生产和现代农业发展有机衔接，推进现代农业经营体系建设，为提高粮食综合生产能力提供坚实人力基础和保障。

各级人民政府应当重视高龄农民的知识、技能和经验，组织其参加有益的粮食生产活动并支付适当劳动报酬，保护和传承传统农耕文化。

## 第三章 粮食储备能力保障

**第十八条 【储备体制和规模】**国家实行中央和地方分级粮食储备制度。

省级以上人民政府应当优化储备粮的布局，适当提高口粮品种的储备比例和生产、库存薄弱地区的储备规模。

大中城市和价格易波动地区应当保持10—15天市场供应量的成品粮储备。

**第十九条 【粮食仓储设施建设与管护】**国家统筹规划建设与粮食收储任

务相匹配、符合现代化储粮标准的粮食仓储设施,推广应用绿色储粮和信息化、智能化等先进仓储管理技术,提高管理水平。

粮食储备库库址不应设在抗震设防烈度为9度的地震区;应避开有泥石流、滑坡、泥沙等直接危害的地段以及Ⅳ级自重湿陷性黄土和Ⅲ级膨胀土等工程地质不良地区;避免洪水、潮水和内涝威胁,场地的防洪标准不应低于50年一遇。

**第二十条　【承储企业要求】**承储政府储备粮的企业,应当建立健全粮食仓储管理制度,其负责人对全部库存粮食的数量真实、质量良好、储存安全负责。

粮食储存区内禁止吸烟、燃火等行为,禁止存放对粮食造成污染或者对粮食储存安全构成威胁的物品。

承储政府储备粮的企业应当按照有关规定安装符合技防标准的技防产品或者技防系统,预留与公安机关视频图像等信息共享平台联网的接口,并根据公共安全及联网共享需求将视频图像等信息资源接入平台。

在安全可控的前提下,经本级人民政府批准,政府储备粮承储企业可以将部分储备粮委托符合条件的粮食企业代储。

**第二十一条　【储备粮采购、销售和轮换】**政策性粮食的采购和销售,原则上通过粮食交易中心公开进行,也可以通过国家规定的其他方式进行。

政府储备粮销售出库应当合理安排,避免市场粮食价格大幅波动。原粮销售出库后,应当在六个月内完成补库。补库应当优先收储当地生产的粮食。成品粮储备轮换应当常储常新、稳定库存。

政府储备粮应当优化品种结构、保持宜存状态,根据不同品种特点、储存品质指标和市场情况安排年度轮换计划。

**第二十二条　【储备粮动用】**任何单位与个人不得擅自动用储备粮。有下列情形之一的,经同级人民政府批准,可以动用储备粮:

(一)本行政区域市场粮食供给明显紧张或者市场粮食价格出现异常波动的;

(二)发生重大自然灾害或者其他突发事件,需要动用储备粮应急的;

(三)省级以上人民政府认为需要动用储备粮的其他情形。

根据调控和应急需要,国务院可以指令下级人民政府动用地方储备粮。

**第二十三条　【储备粮质量要求】**储备粮的质量应当符合国家粮食质量标准和食品安全标准,达到规定的质量要求。

政府储备粮收购入库、轮换补库、销售出库,承储企业应当委托第三方粮食质量检验机构进行质量鉴定,储存期间应当按照规定定期进行质量检验。

**第二十四条　【粮食仓储单位固定经营场所环境要求】**各级人民政府应当为粮食仓储单位提供有利于保证粮食质量的固定经营场地。该场地至污染源、危险源的距离应当满足以下要求:

(一)距有害元素的矿山、炼焦、炼油、煤气、化工(包括有毒化合物的生产)、塑料、橡胶制品及加工、人造纤维、油漆、农药、化肥等排放有毒气体的生产单位,不小于1000米;

(二)距屠宰场、集中垃圾堆场、污水处理站等单位,不小于500米;

(三)距砖瓦厂、混凝土及石膏制品厂等粉尘污染源,不小于100米。

**第二十五条　【商业储备粮】**从事收购、加工、批发销售的粮食企业应当保持不少于上年度日均经营量十倍的粮食库存,批发销售的个体工商户和销售粮食的大型超市应当保持不少于上年度日均经营量五倍的粮食库存。

必要时,由省、自治区、直辖市粮食行政主管部门提出粮食经营者实行最低、最高库存量的标准和具体实施时间,报省、自治区、直辖市人民政府批准后向社会公布并实施。

**第二十六条　【社会储备粮】**各级人民政府应当采取信贷支持、财政补贴等措施鼓励粮食生产经营主体和社会化服务组织建设仓储设施,储存一定数量的粮食。

国家机关、学校、医院、大中型企业等单位食堂,应当根据需求储存能维持三日以上的口粮。鼓励居民家庭根据需求储存一定数量的口粮。

乡(镇)人民政府、街道办事处运用市场机制,合理引导农户科学储粮,并使农户有利可得。

## 第四章　粮食流通能力保障

**第二十七条　【粮食流通要有序】**国家培育和发展统一、开放、竞争、有序的粮食市场体系,加强粮食流通基础设施建设,规范粮食流通秩序,保障粮食有序流通。

**第二十八条　【粮仓登记制度】**国家实行粮仓登记制度。

粮仓的权利人应当向粮仓所在地的县级以上粮食行政管理部门登记,履行报告信息义务。必要时,县级以上粮食行政管理部门可令其随时报告粮仓使用情况、存粮数量等信息。

国家健全粮食仓储制度和标准,鼓励和支持仓储技术研发和管理创新,促进成果转化应用,提高仓储管理水平。

**第二十九条　【粮食经营者应遵守的一般规定】**国家实行粮食收购备案制度。具体办法由国家发展改革委、国家粮食和物资储备部门会同有关部门制定。

粮食经营者从事粮食收购、储存、销售、加工、运输、进出口等活动的,应当遵守下列规定:

(一)从事粮食收购活动的经营者,应当执行国家粮食收购政策,在收购场所公示收购粮食的品种、等级、计价单位和收购价格等有关内容;

(二)按照粮食质量标准和食品安全标准及有关规定,对相关粮食质量安全项目进行检验;

(三)所使用的粮食仓储设施应当符合粮食储存有关标准和技术规范的要求;

(四)储存粮食不得使用国家禁止使用的化学药剂或者超量使用化学药剂;

(五)不得将粮食与可能对粮食产生污染的其他物质混存;

(六)运输粮食应当严格执行国家粮食运输的技术规范;

(七)法律、法规、规章的其他规定。

**第三十条　【政策性粮食经营活动的禁止行为】**粮食经营者从事政策性粮食经营活动的,应当严格遵守国家有关规定,并不得有下列行为:

(一)虚报粮食收储数量;

(二)通过以陈顶新、以次充好、低收高转、虚假购销、虚假轮换、倒卖等方式套取粮食价差、财政补贴,骗取信贷资金;

（三）挤占、挪用、克扣财政补贴、信贷资金；

（四）擅自以政策性粮食为债务人提供担保、清偿债务，或者改变政策性粮食指定用途的；

（五）利用政策性粮食进行商业经营或者期货等金融衍生品交易；

（六）阻挠、拖延或者拒不执行政策性粮食计划指令；

（七）购买国家限定用途的政策性粮食，倒卖或者不按照规定用途处置；

（八）擅自动用政策性粮食；

（九）其他违反国家政策性粮食经营管理规定的行为。

**第三十一条　【粮食销售出库检验】**正常储存年限内的原粮销售出库，粮食经营者可以自行检验或者委托第三方粮食质量检验机构进行检验。超过正常储存年限的原粮销售出库，粮食经营者应当委托第三方粮食质量检验机构进行质量鉴定。

建立粮食质量安全追溯体系和超标粮食处置长效机制，加强区域性粮食污染情况监控，做好污染粮食跟踪监管工作，对不符合食品安全标准的粮食，应当按照有关规定处置，禁止流入口粮市场。

**第三十二条　【禁止作为口粮销售的情形】**粮食有下列情形之一的，禁止作为口粮销售：

（一）真菌毒素、农药残留、重金属以及其他危害人体健康的污染物质含量超过食品安全标准限量的；

（二）霉变或者色泽、气味异常的；

（三）储存期间使用化学药剂并且在药效残留期限内，或者混有化学药剂残渣未处理的；

（四）被包装材料、容器、运输工具等污染，不符合食品安全标准的；

（五）其他法律、法规以及国家有关规定明确不得作为口粮销售的。

销售前款粮食用于非食用用途的，应当在销售凭证中明确标识用途。

**第三十三条　【报告有不能作为口粮情形义务】**对禁止作为口粮销售的粮食，粮食经营者应当立即停止销售并按照有关规定进行处理，同时将处理情况向县级以上人民政府粮食行政主管部门和市场监督管理部门报告。

**第三十四条　【优先保障、粮食特殊需求、赊账销售】**各级人民政府优先保障种子用粮供给、老人和儿童口粮消费需求,采取社会救济等措施保障生活困难群体口粮消费需要和少数民族地区的特需粮食供应。

为了保障种子、应急救济等非正常情况用粮用途,国家可以赊账销售。赊账销售的期限和条件,由国务院发展改革部门、农业行政管理部门和国家粮食行政管理部门具体规定。

**第三十五条　【台账及其报送】**粮食经营者以及饲料、工业用粮企业,应当按其经营业务性质建立粮食经营台账,按日逐项记载经营信息,按规定向所在地粮食行政管理部门报送真实、完整的数据和信息。粮食经营台账保留的期限不得少于3年。

粮食经营者售出粮食,每笔数量在500公斤以上者,应当记明购买者姓名、住址、联系方式等。

**第三十六条　【粮食流通基础设施建设】**县级以上人民政府应当加强粮食流通基础设施的规划、建设,合理布局和科学管理粮食仓储、物流、市场等设施,引导支持社会资金投资建设粮食流通基础设施。

粮食流通基础设施建设和使用应当符合国家有关规定和标准。

**第三十七条　【粮食流通基础设施保护制度】**国家健全粮食流通基础设施保护制度。

以政府投资为主建设的粮食仓储、物流、批发市场等基础设施,因重大项目建设、粮食流通格局优化调整,确需拆除、迁移、置换或者改变其用途的,应当事先经国家或者省级粮食行政管理部门会同同级发展改革、财政部门批准,并向社会公布。

**第三十八条　【特别管控措施】**当粮食供给出现重大危机或者可能出现重大危机时,为保障居民最低限度的口粮供应,国家可以对粮食实行管控,具体措施适用国务院的有关规定。

**第三十九条　【军粮供应】**县级以上人民政府负责本行政区域内驻军的粮食供应保障工作,推进军粮供应军民融合发展,落实各项保障措施,优先保障军粮供应,增强军粮供应保障能力。

**第四十条　【消费安全措施】**粮食经营者应当严格执行粮食质量安全标准和食品安全标准以及有关规定,不得利用老年人、婴幼儿、孕妇、哺乳期妇女等人群的特殊需求，进行虚假标识和宣传，误导、诱骗消费者购买。

学校、托幼机构、养老机构、医院、建筑工地、军队等集中用餐单位以及餐饮经营者应当按照安全、健康的原则采购粮食，按批次公示采购粮食的供货方、等级、数量、质量安全检验报告等信息。

**第四十一条　【社会节粮】**粮食经营者应当加强粮食收购、储存、销售、运输、加工、进出口等环节的节粮减损，改善储粮条件，提高粮食综合利用率，有效减少粮食损失。

餐饮企业、单位食堂等应当加大反对浪费粮食的宣传力度，采取措施引导节约用餐。

公民应当增强节约粮食的意识，养成健康、节约的粮食消费习惯。

## 第五章　粮食应急管控能力保障

**第四十二条　【粮食应急管控体制和预案】**国家建立统一领导、综合协调、分级负责、属地管理为主的粮食应急管理体制。

国务院制定国家粮食应急专项规划和预案，地方各级人民政府制定本行政区域的粮食应急专项规划和预案。

**第四十三条　【粮食应急设施建设和维护】**县级以上人民政府粮食行政管理部门应当落实粮食应急粮源、应急运输点、应急加工点、应急供应点等应急设施的建设和维护，定期组织开展粮食应急培训与演练。

县级以上人民政府应当采取措施，确保当地具备与口粮供应相匹配的粮食应急加工能力。

政府储备粮承储企业所属的中心粮库可以配套粮食加工车间，保证应急加工需要。

**第四十四条　【粮情监测预警制度】**国家建立粮食市场监测与预警制度，加强对全球粮食储备、国际粮食市场供求形势、国际物流通道等的监测，加强对全国粮食总量平衡、质量状况、市场价格、物流通道、消费需求等进行综合评估，确定风险等级，采取必要措施。

省级人民政府及有关部门应当加强对辖区内粮食生产、需求、库存、价格及粮食市场动态的实时监测分析，并按照国家有关部门要求及时报送市场监测情况。

**第四十五条　【市场异常报告制度】**国家建立粮食市场异常波动报告制度。有下列情形之一的,省、自治区、直辖市发展改革、粮食、价格、商务等部门,应当立即进行调查核实,并及时向省级人民政府和国家主管部门报告。

(一)发生干旱、洪水、地震、泥石流、台风、极端气温,以及其他严重自然灾害,导致粮食市场出现异常波动;

(二)发生非典、禽流感、登革热等重大传染性疫情,以及群体性不明原因疾病的公共卫生事件,引发公众恐慌,造成粮食市场异常波动;

(三)发生农药残留、重金属、真菌毒素、核辐射等粮食污染,以及重大食物中毒、职业中毒的事故灾难,引发公众恐慌,造成粮食市场异常波动;

(四)边境难民涌入、国际贸易冲突等其他引发粮食市场异常波动的情况。

**第四十六条　【调整预警级别与解除措施】**各级人民政府应当根据事态的发展,按照有关规定适时调整预警级别并重新发布。事实证明不可能发生粮食应急状态或者危险已经解除的,应当立即宣布解除警报、终止预警,并解除已采取的措施。

**第四十七条　【预案启动】**出现粮食应急状态时,有关部门应当及时启动粮食应急预案,采取应急处置措施,组织协调运输企业优先运送粮食应急处置所需要的粮食、设备和人员,增加市场供给,保证粮食供应。

必要时,县级以上人民政府可以依法征用粮食经营者的粮食、交通工具以及相关设施;对粮食进出口,国家实行严格管控。

有关单位和个人应当服从当地人民政府的统一安排和调度。

**第四十八条　【应急期间信息发布和从严惩处扰乱市场秩序行为】**粮食应急状态持续期间,有关部门应当按照相关规定统一、准确、及时发布粮食应急状态发展情况和粮食应急处置工作的信息,对于囤积居奇、哄抬粮价、掺杂使假等扰乱市场秩序的行为依法从严惩处,以稳定市场,维护市场秩序。

**第四十九条　【善后措施】**粮食应急状态消除后,有关部门应当终止相应应急措施,及时恢复应对粮食应急状态的能力。

对因执行粮食应急安排和调度造成损失的单位和个人,下达粮食应急任务的人民政府应当予以合理补偿。

各级人民政府应当评估粮食应急处理的效果，完善粮食应急预案。

## 第六章　粮食产业高质量发展保障

**第五十条　【粮食产业规划和决策机制】**国家构建现代粮食产业体系，将粮食产业发展纳入国民经济和社会发展规划，完善粮食产业发展政策，优化粮食产业布局，强化科技兴粮、人才兴粮，鼓励适度竞争，推动粮食产业绿色、高效、持续发展。

国家建立和健全粮食产业决策机制，组织专家和有关方面开展对国际国内粮食产业发展形势的分析研判，推进国家粮食产业政策的科学决策。

**第五十一条　【资金支持】**国家实施粮食产业支持政策，鼓励各类金融机构为粮食产业发展提供支持，夯实粮食产业发展基础。

**第五十二条　【发展粮食产业经济】**各级人民政府应当加强质量安全监管，支持发展产业化经营、品牌化产品的粮食产业经济，鼓励延伸粮食产业链、提升价值链、打造供应链，增加绿色优质粮食产品有效供给，促进农民持续增收，不断增强粮食产业核心竞争力。

**第五十三条　【国内产销合作】**国家建立和完善粮食主产区政策支持体系和利益补偿机制，促进粮食主产区粮食生产发展和经济实力增强有机统一，提高粮食主产区对国家粮食安全的支撑能力。

国家鼓励和支持粮食主产区、粮食主销区、粮食产销平衡区开展多种形式的粮食产销合作，发挥粮食流通对生产的引导作用，促使粮食生产与消费有序衔接，提高国家粮食安全综合保障能力。

**第五十四条　【推动对外合作、进出口管理】**国家统筹国际国内两个市场、两种资源，完善粮食安全领域全产业链对外合作支持政策，健全国际粮食贸易与合作交流制度。

国家根据国内粮食供求状况和宏观调控需要，通过进出口调剂国内粮食品种余缺，对主要粮食品种进出口实行配额管理。

**第五十五条　【并购审查制度、产业链异常消除威胁】**新建或者并购境内从事粮食生产、经营等活动的企业，涉及国家粮食安全的，有关部门应当按照国家有关规定进行审查。

当育种、生产、储备、加工、进出口等因素出现异常情况时,对国内粮食产业造成实质损害或者产生实质损害威胁的,国家有关部门应当采取必要措施消除损害或者损害的威胁。

**第五十六条　【组织保障】**粮食行业组织按照本组织章程开展行业自律,建立健全行业规范,推动行业诚信建设,监督、引导本行业经营者公平参与市场竞争,维护行业发展利益,推进粮食产业高质量发展。

## 第七章　粮食安全监管能力保障

**第五十七条　【库存检查制度、信用体系建设】**国家健全粮食库存检查制度。国家粮食行政管理部门会同有关部门对库存粮食的数量、质量和储存安全以及政策性补贴、储备粮贷款等情况定期进行检查。

县级以上人民政府应当加快推进粮食经营企业信用体系建设,建立完善守信联合激励和失信联合惩戒制度。

**第五十八条　【县级以上常态监管】**县级以上人民政府粮食行政管理部门按照职责依法对粮食收购、储存、运输、政策性粮食加工与销售等活动进行监督管理。

县级以上人民政府农业农村、自然资源、生态环境、市场监督管理、商务、海关等部门依法对粮食综合生产能力保护制度执行情况、粮食经营、进出口等有关活动进行监督管理。

**第五十九条　【监督检查措施】**县级以上人民政府粮食、市场监督管理等有关部门进行监督检查时,有权采取下列措施:

(一)进入现场检查或者核查;

(二)查阅、复制有关资料、账簿、凭证;

(三)向有关单位和人员调查了解相关情况;

(四)发现问题的,现场要求整改;

(五)查封、扣押不符合粮食质量安全标准的粮食,违规使用的添加剂和添加的非食用物质,以及用于违法生产经营或者被污染的工具、设备等其他物证;

(六)查封违法从事粮食经营活动的场所;

(七)法律、法规、规章规定的其他措施。

有关部门应当将监督检查情况形成报告，建立档案。

对粮食、市场监督管理等有关部门依法进行的监督检查，被监管对象应当予以配合，如实说明情况，提供必要资料，不得以拒绝、阻挠或者其他方式影响监督检查。

**第六十条　【监管纪律】**粮食监督检查人员应当依法履行粮食安全监管职责，不得影响被监管对象的正常经营活动。

粮食监督检查人员执行任务时，应当出示有效证件，对获知的国家秘密、商业秘密和个人信息，应当依法予以保密。

**第六十一条　【监督绩效考核】**上级人民政府对下级人民政府在耕地、水资源、粮食种质资源保护和粮食生产、储备、供应、质量安全、市场监管等方面的情况进行监督，并纳入政府绩效考核体系。

**第六十二条　【粮食安全保障资金】**县级以上地方各级人民政府应当确保粮食安全保障资金，应当加强粮食安全监管能力建设，提高粮食安全监管水平。粮食安全保障资金主要用于粮源生产与汇集奖励、应急保障体系建设、仓储设施功能提升建设、粮食产业发展建设、粮食质量安全检验监测体系建设、粮食物流体系建设、粮食安全文化教育基地建设等，具体管理办法由财政部门会同同级粮食和物资储备部门制定。

在紧急状态情况下，专项资金应优先用于保障省委省政府和上级部门保供稳市决策部署的需要。

## 第八章　法 律 责 任

**第六十三条**　地方各级人民政府未依照本法规定落实粮食安全保障责任，由上级人民政府责令改正，通报批评，并对政府主要负责人、负有责任的主管人员和其他直接责任人员依法给予行政处分；构成犯罪的，依法追究刑事责任。

违反本法规定，国家工作人员在从事粮食安全保障活动中未依法履行管理职责，或者滥用职权的，依法给予行政处分；构成犯罪的，依法追究刑事责任。

**第六十四条**　违反本法第十一条第三款规定的，由自然资源行政管理部门责令改正或者治理，恢复原种植条件，并处两千元以上、五十万元以下的罚款。

**第六十五条**　违反本法第二十条规定，情节轻微的，由粮食行政管理部门责令改正;给予警告;情节严重的,由县级以上粮食行政管理部门处二十万元以上、一百万元以下的罚款;拒不改正的,责令停产停业;触犯刑法的,由粮食行政管理部门移送司法机关,依法追究企业负责人和其他直接责任人员的刑事责任。

**第六十六条**　违反本法规定,有下列情形之一的,由粮食行政管理部门责令改正,给予警告;有非法所得的,没收非法所得;对相关责任人员给予行政处罚;情节严重的,并处违法活动涉及粮食价值1倍以上5倍以下的罚款,取得粮食收购许可的予以撤销:

(一)违反粮食收购备案制度的;

(二)未执行粮仓登记制度、履行报告信息义务的;

(三)擅自动用政府储备粮或者违反储备粮管理规定的;

(四)粮食库存违反本法规定的;

(五)违反粮食经营者最低或者最高库存量规定的;

(六)无正当理由拒不承担或者拖延承担粮食应急任务的;

(七)拒不接受依法监督检查的;

(八)违反本法第二十九条第二款、第三十条规定的。

**第六十七条**　违反本法规定,有下列情形之一的,由粮食行政管理部门责令改正,予以警告;情节严重的,并处20万元以下的罚款,取得粮食收购备案的予以撤销:

(一)未执行国家粮食收购政策和质量安全标准的;

(二)未执行国家粮食仓储制度和标准,从而影响粮食储存安全或者质量安全的;

(三)未建立粮食经营台账的;

(四)未按规定向粮食行政管理部门报送有关数据和信息,或者报送的数据和信息有虚假成分的;

(五)未进行粮食质量安全检验并建立粮食质量安全档案的;

(六)违反本法第三十二条规定的。

**第六十八条**　违反本法第三十三条、第四十条、第四十一条第二款和第三款规定的,由市场监督管理部门依照有关规定予以处罚。

**第六十九条** 违反本法规定，构成犯罪的，依法追究刑事责任。

## 第九章 附 则

**第七十条** **【有关用语的含义】**本法中下列用语的含义：

粮食是指小麦、稻谷、玉米、大豆、杂粮及其成品粮，以及省、自治区、直辖市人民政府确定的其他粮食品种；战时以及其他非常时期管理的粮食，其种类由国务院以决定或者命令规定。

粮食安全是指各级政府通过制定政策，采取经济、法律、行政等多种手段保障本辖区内居民生活和社会生产对粮食基本需求持续得到满足的过程，从而使国家利益处于没有危险和不受内外威胁的状态。

成品粮，指谷物、豆类、薯类经过加工处理形成的大米、面粉等产品。

粮食生产者，指以种植粮食为主要业务的自然人、法人和其他组织，包括种粮农民、家庭农场、农民合作社等。

粮食经营者，指从事粮食收购、储存、销售、运输、加工（深加工）、进出口等经营活动的法人、个体工商户和其他经济组织。

政策性粮食，指政府指定或者委托粮食经营者购买、储存、销售、加工，并给予财政、金融等方面政策性支持的粮食，包括政府储备粮、最低收购价粮等。

粮食加工，指将原粮转变为成品粮及其复制品的活动。

粮食深加工，指将原粮或成品粮转化为化学性质、分子结构发生改变的新产品的活动。

**第七十一条** **【其他适用】**食用植物油、油料的生产、流通、储备、消费活动适用本法。

**第七十二条** **【实施时间】**本法自 年 月 日起施行。

## 附录三

# 《中华人民共和国粮食安全保障法(专家建议稿)》结构思路图

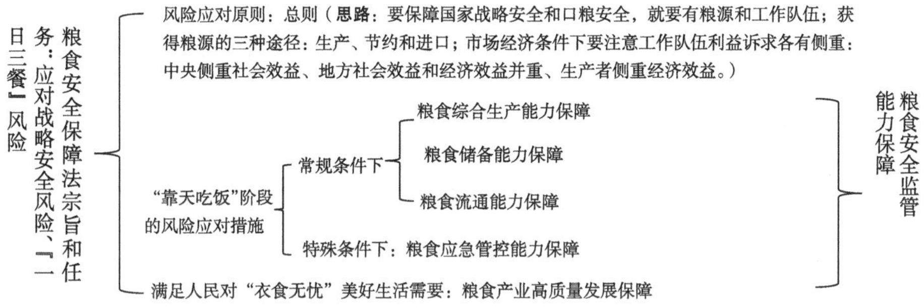


图附录三－1　《粮食安全保障法(专家建议稿)》全文结构

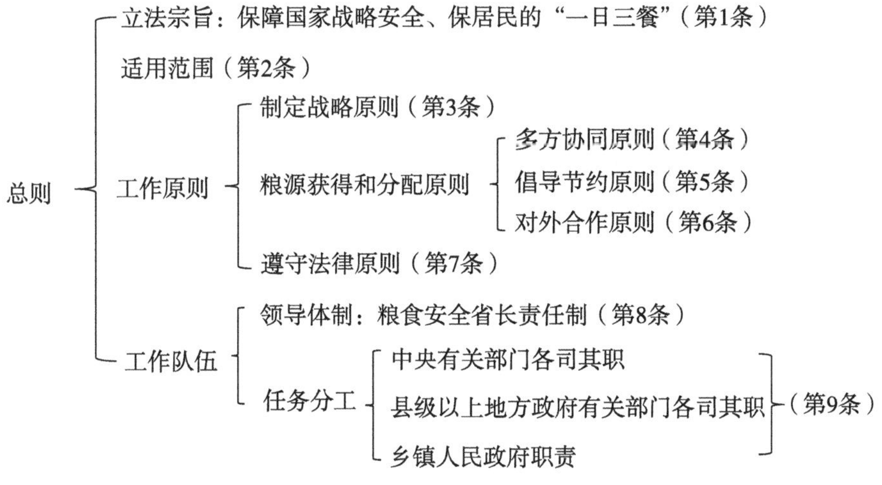


图附录三－2　“第一章　总则”结构

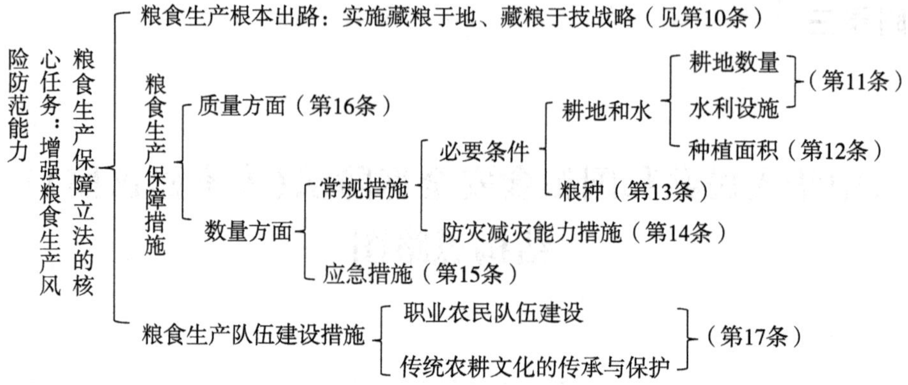


**图附录三－3 “第二章 粮食综合生产能力保障”结构**

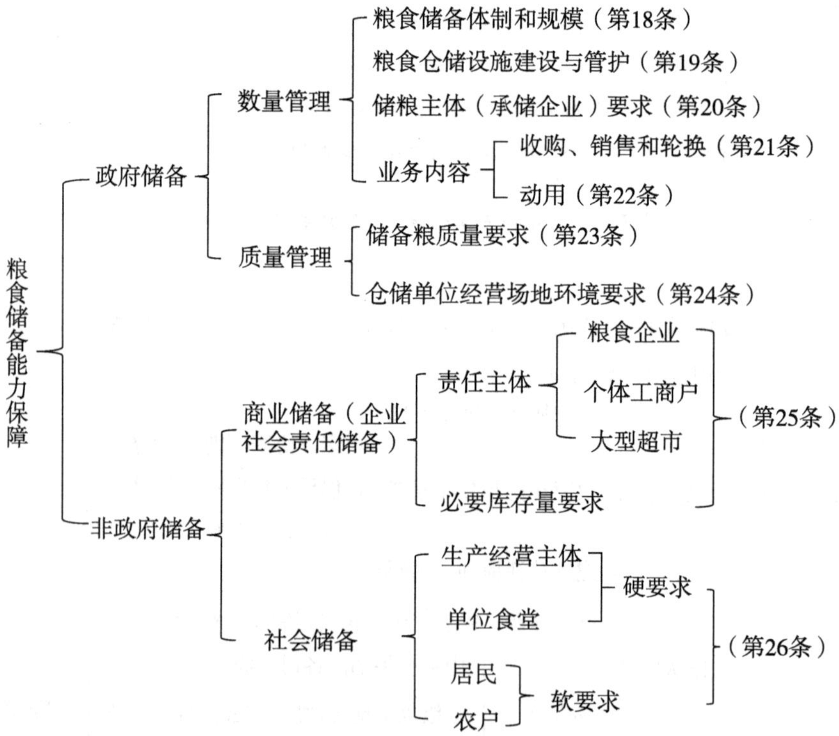


**图附录三－4 “第三章 粮食储备能力保障”结构**

- 粮食流通能力保障
  - 基础条件
    - 秩序：粮食流通有序（第27条）
    - 管仓：粮仓登记制度（第28条）
  - 不同情形不同管理
    - 正常情形下
      - 管人
        - 粮食经营者
          - 收购备案制度
          - 遵守一般规定
          - （收购备案制度、遵守一般规定）第29条
        - 政策性粮食经营活动的禁止行为（第30条）
      - 管质量
        - 正面要求：出库检验、追溯机制（第31条）
        - 反面要求
          - 禁止作为口粮销售情形（第32条）
          - 报告有不能作为口粮情形义务（第33条）
      - 管特殊用粮数量：优先次序、特殊群体、赊账销售（第34条）
      - 管台账（第35条）
      - 管流通设施
        - 建设（第36条）
        - 保护（第37条）
    - 粮食危机情形下：全国范围管控措施（第38条）
  - 常抓不懈
    - 军粮供应（第39条）
    - 消费安全措施（第40条）
    - 社会节粮（第41条）

**图附录三－5 “第四章 粮食流通能力保障”结构**

- 粮食应急管控能力保障
  - 管理体制、制定预案（第42条）
  - 基础条件
    - 硬件有设施
      - 应急设施建设和维护
      - 应急加工能力
      - （应急设施建设和维护、应急加工能力）（第43条）
    - 软件有制度
      - 监测预警制度（第44条）
      - 市场异常报告制度（第45条）
  - 应急过程
    - 全程要求：适时调整预警级别和解除措施（第46条）
    - 出现应急状态
      - 启动预案
      - 必要时
        - 粮食及相关设施
          - 政府依法征用
          - 相对人服从
        - 管控进出口
      - （以上）第47条
    - 应急状态持续期间
      - 及时发布相关信息
      - 惩治扰乱市场秩序行为
      - （及时发布相关信息、惩治扰乱市场秩序行为）第48条
    - 善后措施
      - 终止措施，恢复应急能力
      - 给相关主体以补偿
      - 评估应急效果，完善预案
      - （终止措施、给予补偿、评估应急效果）第49条

**图附录三－6 “第五章 粮食应急管控能力保障”结构**

- 粮食产业高质量发展保障
  - 必要条件
    - 政策支持
      - 现代粮食产业体系（第50条）
        - 纳入规划
        - 完善政策
        - 科技兴粮
        - 人才兴粮
      - 健全决策机制
    - 资金支持（第51条）
  - 实现路径
    - 发展粮食产业经济，“三链”协同（第52条）
    - 国内（第53条）
      - 提高粮食主产区对国家粮食安全支撑能力
      - 支持产销合作，流通引导生产
    - 国外（第54条）
      - 粮食贸易与合作制度
      - 配额管理
  - 产业安全（第55条）
    - 并购审查
    - 消除损害或者威胁
  - 组织保障（第56条）

**图附录三－7　“第六章　粮食产业高质量发展保障”结构**

- 粮食安全监管能力保障
  - 制度设计（第57条）
    - 库存检查制度
    - 信用体系建设
  - 能力建设内容
    - 监管分工（第58条）
    - 监督检查措施（第59条）
    - 监管纪律：依法履职、保守秘密（第60条）
  - 保障措施
    - 政府绩效考核（第61条）
    - 资金支持：粮食安全保障资金（第62条）

**图附录三－8　“第七章　粮食安全监管能力保障”结构**

- 法律责任
  - 公务行为
    - 地方各级政府履职有瑕疵
      - 政府责任：责令改正、通报批评
      - 政府主要负责人及相关人员责任
    - 国家工作人员履职瑕疵责任
    - （第63条）
  - 市场主体违反本法规定的责任（第64条、第65条、第66条、第67条、第68条）
  - 构成犯罪的，依法追究刑事责任（第69条）

**图附录三 -9 “第八章 法律责任”结构**

- 附则
  - 用语含义
    - 新增用语
      - 粮食
        - 和平时期
        - 战争时期
      - 粮食安全：指粮食安全是指各级政府通过制定政策,采取经济、法律、行政等多种手段保障本辖区内居民生活和社会生产对粮食基本需求持续得到满足的过程,从而使国家利益处于没有危险和不受内外威胁的状态。
      - 粮食生产者
    - 原有用语：成品粮、粮食经营者、政策性粮食、粮食加工、粮食深加工
  - 其他适用
  - 实施时间

**图附录三 -10 “第九章 附则”结构**

## 附录四

# 穆中杰有关粮食政策与法律的研究成果一览

（以出版或者发表时间为序）

1.《科学把握粮食法体系的立法定位》，载《河南工业大学学报》2011 年第 3 期。

2.《共和国粮食收购政策的演变及其启示》，载《经济研究导刊》2011 年第 20 期。

3.《法治视阈下的粮食安全保障机制》，载《中国粮食经济》2012 年第 10 期。

4.《我国粮食安全法体系的现状及发展》，载《河南工业大学学报》2013 年第 2 期。

5.《论新经济政策时期列宁粮食法治思想》，载《河南工业大学学报》2013 年第 4 期。

6.《粮食安全法体系构建原则探析》，载《商业时代》2013 年第 25 期。

7.《澳大利亚的粮食法体系研究评述》，载《世界农业》2013 年第 9 期。

8.《加拿大粮食法体系及其借鉴》，载《世界农业》2013 年第 10 期。

9.《中国特色粮食安全法体系构建论纲》，载《河南工业大学学报》2013 年第 3 期。

10.《科学把握“粮食安全”的法治内涵》，载《河南工业大学学报》2014 年第 1 期。

11.《粮食主产区利益补偿机制研究现状及法理反思》，载《河南工业大学学报》2014 年第 2 期。

12.《科学把握粮食安全法体系的构建价值》，载《河南工业大学学报》2014 年第 4 期。

13.《美国粮食法体系的历史演进及其启示》，载《河南师范大学学报》2014年第4期。

14.《关于出台粮食法若干问题的研究》，载《中国粮食经济》2014年第10期。

15.《管窥〈十二表法〉与罗马涉粮法制的创立》，载《中国粮食经济》2014年第12期。

16.《河南省粮食经纪人现状调查及其法治引导》，载《河南工业大学学报》2015年第3期。

17.《区县粮食局事业编制定性的法治审视》，载《中国粮食经济》2015年第3期。

18.《粮食生产核心区的供给侧改革诉求及政策建议》，载《河南工业大学学报》2017年第6期。

19.《准确理解“粮食安全”的科学内涵》，载《粮油市场报》2018年11月10日B03版“理论与观察”。

20.《粮食安全保障立法应准确定义“粮食安全”》，载《粮油市场报》2019年6月29日B03版“理论与观察”。

21.《设立口粮及产业基金　促粮食产业高质量发展》，载《粮油市场报》2019年1月29日第1版“专家观点”。

22.《河南省农业生态保护立法的基本思路》，载《河南工业大学学报》2019年第4期。

23.《粮食安全保障立法应明确的几个前提问题》，载《中国粮食经济》2019年第12期。

24.《关于粮食生产保障立法的若干问题研究》，简要版载《中国粮食经济》2020年第4期；全文版载《国家粮食和物资储备局软科学课题研究成果选编（2019年度）》。

25.《“开源”与“节流”并重设计粮源制度》，载《中国粮食经济》2020年第11期。

26.《我国粮食生产保障立法的基本思路》，载《农业经济》2021年第1期。

27.《粮食生产保障立法面临的复杂关系分析》，载《粮食科技与经济》2021年第4期。

28.《中国历史上粮食法律若干问题的研究》(上、下)，载《中国粮食经济》2021年第10期、第11期。

29.《粮食安全党政同考机制构建研究》，载《粮食科技与经济》2022年第2期。

30.《宋代常平仓制度若干问题的研究》(上、下)，载《中国粮食经济》2022年第10期、第11期。

31.《进一步加强粮食质量安全监管——〈粮食质量安全监管办法(征求意见稿)〉的亮点》，载《民主与法制时报》2022年第28期。

32.《以数字化构筑粮食安全屏障》，载《民主与法制时报》2022年第79期。

33.《把粮储部门的查封扣押权关进制度"笼子"——浅谈〈粮食流通行政执法办法(征求意见稿)〉亮点》，载《民主与法制时报》2022年第90期。

34.《压实企业"主体责任"　护航群众"舌尖安全"——浅谈〈企业落实食品安全主体责任监督管理规定(征求意见稿)〉》，载《民主与法制时报》2022年第137期。

35.《建议科学界定"粮食安全"的概念——粮食安全保障法草案完善建议》，载《民主与法制时报》2023年第102期。

36.《〈粮食安全保障法(草案)〉完善之建议重新界定"粮食"概念》，载《粮食科技与经济》2023年第5期。

37.《〈粮食安全保障法〉与现行粮食生产法律的科学衔接研究——〈粮食安全保障法(草案)〉的完善建议》，载《农产品加工》2023年第16期。

38.《粮缘法治情：我与〈中国粮食经济〉杂志的故事》，载《中国粮食经济》2023年第10期。

39.《准确把握粮食安全工作的"十二字"要诀》，载《中国粮食经济》2023年第11期。

40.《新发展格局下中国粮食安全面临的风险挑战及其治理》，载《粮食科技与经济》2024年第1期。

41.《粮食安全的法律保障(上、下)——学习贯彻〈中华人民共和国粮食安全保障法〉》,载《中国粮食经济》2024 年第 3 期、第 4 期。

42.《端稳“中国饭碗”　夯实粮食安全根基——简析粮食安全保障法的主要亮点》,载《民主与法制时报》2024 年第 86 期。

# 附录五

## 把“厉行节约”精神纳入粮食安全保障法*

### ——访河南工业大学粮食政策与法律研究所所长穆中杰

记者　李卓谦

近日，全国人大常委会法工委行政法室一级巡视员张桂龙介绍称，十三届全国人大常委会立法规划已将制定粮食安全保障法列为一类项目，即“条件比较成熟、任期内拟提请审议的法律草案”，有关方面正在积极开展相关工作。

近年来，国家高度重视粮食安全保障立法工作。2018 年、2019 年连续两年的中央一号文件，都对粮食安全保障法立法工作提出明确要求。2019 年年底，国家粮食和物资储备局也曾召开粮食安全保障法起草座谈会，研究讨论粮食安全保障法起草有关问题。

近日，民主与法制社记者专访河南工业大学粮食政策与法律研究所所长穆中杰时，他从“开源”和“节流”两个方面对粮食安全保障法的制定提出了建议。

### 节流：应把节约粮食作为粮食安全保障法的基本原则

“从粮食生产到收获、运输、加工、消费等环节重视节约粮食的法治建设，其重要性不亚于粮食生产环节。”穆中杰说，节约粮食是我们获得粮源的消极方式，但却是最有效的立即获得粮源方式。

习近平总书记一直高度重视粮食安全和提倡“厉行节约、反对浪费”的社会风尚，多次强调要制止餐饮浪费行为，并多次作出重要指示，要求以刚性的制度约束、严格的制度执行、强有力的监督检查、严厉的惩戒机制，切实遏制公款

---

* 本文原载《民主与法制时报》2020 年第 122 期。

消费中的各种违规违纪违法现象，并针对部分学校存在食物浪费和学生节俭意识缺乏的问题，对切实加强引导和管理，培养学生勤俭节约良好美德等提出明确要求。

可以看到，党的十八大以后，餐饮浪费尤其是公款吃喝等现象有了较为明显的改观，但部分地区仍然存在较为严重的"舌尖上的浪费"。

穆中杰说，尽管我国宪法第 14 条第二款规定："国家厉行节约，反对浪费。"但目前除《党政机关厉行节约反对浪费条例》《关于厉行节约反对食品浪费的意见》等党规党纪作出相关硬性规定外，一些关于制止浪费行为的原则规定和要求比较分散，或以倡导性立法形式出现，缺乏惩罚浪费粮食的具体条款。

比如，《小学生日常行为规范》第 8 条、《中学生日常行为规范》第 22 条、《监狱服刑人员行为规范》第 11 条等部门规章均要求"爱惜粮食"。还如，《中华人民共和国农业法》第 36 条规定："国家提倡珍惜和节约粮食，并采取措施改善人民的食物营养结构。"

"对于拥有绝对庞大数量的社会消费群体而言，我们还缺少相应的制度约束。"穆中杰说，勤俭节约是中华民族在数千年的历史长河中形成的优良传统。"节约粮食就是尊重劳动，浪费粮食就是对劳动的最大不尊重。从粮食生产角度来说，节约粮食或者减少粮食浪费，实际就等于粮食的增产，有利于守住 18 亿亩耕地红线。"

穆中杰认为，应该把节约粮食作为粮食安全保障法的基本原则，并进行相关具体制度设计，引导科学合理消费，杜绝肆意浪费粮食，这既有利于对中华民族优良传统的维护和传承，又有利于在全社会营造浪费可耻、节约为荣的氛围。为此，他提出了三点建议：

一是国家采取多种形式加强粮食安全教育，把粮食安全教育纳入国民教育体系和相关主体培训体系，增强公民、法人和其他组织的粮食安全意识，明确各级人民政府有义务推广节粮减损的新技术、新装备，依法对规模用粮单位进行监管并依法惩治肆意浪费粮食的行为；

二是明确粮食生产者、粮食经营者、餐饮经营者、机关企事业单位食堂等相关主体节约粮食、反对浪费粮食的责任，粮食生产者有义务实现"颗粒归仓"，粮食经营者有义务加强节粮减损、改善储粮条件、提高粮食综合利用率，餐饮经营者和机关企事业单位食堂有义务采取措施引导节约用餐、避免不必要的浪费；

三是着力培育和发展粮食文化，让节约粮食、健康消费成为新时代每个中国人的生活习惯。

## 开源：保障粮源稳定是粮食安全保障法面临的首要问题

据央视报道，联合国粮农组织联合“农发基金”、联合国儿基会、世界粮食计划署与世卫组织于日前发布的《2020年世界粮食安全和营养状况报告》中指出，当前有近6.9亿人处于饥饿状态，在过去一年中增加了1000万人，占世界总人口的8.9%，而仍在蔓延的新冠肺炎疫情可能导致弱势群体的粮食安全状况进一步恶化。

新冠肺炎疫情发生以来，如何保障本国辖区内居民生活和社会生产持续获得充足的粮源再次成为世界各国政府关注的焦点问题。

“我们现在亟须解决的问题是，如何让我们的粮食生产可以持续循环并保持稳定的产能，从而使我们的粮源有稳定的基础保证。”穆中杰说。

国家“十三五”规划提出，要大力实施“藏粮于地、藏粮于技”战略。穆中杰表示，粮食安全保障法隶属于国家安全法体系，粮食生产数量需要发挥人、物两个方面的积极因素，而粮食生产质量则需要人和物两个方面因素的有机结合才能根本实现。基于此，他认为在制度上破解上述问题的关键在于实现粮食安全保障法与现有粮食生产立法的有机衔接。

穆中杰建议，粮食安全保障法要确立实施“藏粮于地、藏粮于技”战略的法律地位，要确立是否有种粮所必需的土、水、粮种等条件保障制度，生产出来的粮食质量是否能够保障对人体无害的制度，种粮队伍是否能够保持稳定的制度。

同时，实施“藏粮于地、藏粮于技”战略的系列措施和制度设计则体现在相应的经济管理法律法规中，比如，在生产基础条件方面，耕地红线要坚守，粮田建设要标准，水利建设要精准，农业生态要修复，粮食作物要因地制宜；在科学技术方面，优良品种要推广，种田施肥要科学，农业机械化水平要提升；在粮食产业环节，要重视一二三产业融合发展，加强品牌建设，推进粮食产业的高质量发展。

穆中杰表示,开展粮食安全领域的国际合作是我们获得粮源和调节粮食品种结构的重要补充。因此,粮食安全保障法必须回应“以我为主、立足国内、确保产能、适度进口、科技支撑”的国家粮食安全战略,为用好两个市场、两种资源提供法治保障。

# 后记 POSTSCRIPT

探寻的艰辛往往会成为美好回忆的璀璨星辰。从粮食法体系的立法定位入手，到完善以宪法为核心的粮食安全法律体系收官，其间经历了很多，如果用“传奇”来概括这十六年的研究丝毫不为过。囿于主题所限，这里仅就本书有关问题作如下说明。

第一，本书是作者加盟河南工业大学以来多年研究的凝结。因此，有的表述不可避免地要不合时宜、重复或者其他问题，但为了真实记录前两个“八年”的心路历程以及内心的固执与坚守，本书除作了必要的技术纠错之外，尽量保持了当时研究的原貌，还请广大读者予以批评与谅解。当然，这些研究既有公开的论文，也有内部研究报告，均是作者逐字逐句苦思敲打而成。对于提供相关问题咨询、搜集资料抑或者其他帮助者，在成果最初公开或者课题结项材料报送时均给予了充分的尊重说明。

第二，有关《中华人民共和国粮食安全保障法（专家建议稿）》的形成过程。2017 年 9 月，作者主持的国家软科学重大合作项目《中国粮食法立法疑难问题研究》结项，该稿所附的《粮食法（专家意见稿）》为《中华人民共和国粮食安全保障法（专家意见稿）》的形成奠定了基础。2019 年年初，中国粮食研究培训中心向作者邀约主持研究“粮食安全保障法涉及重大政策研究”。由于作者所能动用学校资源有限，便将此情况报请学校校长卞科教授同意，由当时主管科研的副校长出面代表学校签订课题研究协议书，作者则负责执行具体的研究工作。根据协议，本课题由《关于粮食质量安全制度研究》《关于粮食产业发展制度研究》《关于粮食安全管理制度研究》等 3 项子课题组成，分别由广东技术师范大学曾晓昀先生、河南工业大学马松林先生和李凤廷先生负责。课题组成员约定,课题成果由执笔人享有独立署名权。作为创新点,课题组确定由作者执笔起草《中华人民共和国粮食安全保障法(建议稿)》以及有关说明,同时绘制形成了"《中华人民共和国粮食安全保障法(建议稿)》思路图和各章结构思路图"。[①] 在该《中华人民共和国粮食安全保障法(建议稿)》基础上,作者结合《关于粮食生产保障立法的若干问题研究》等其他后续研究,在保持基本框架和各章结构思路不变的前提下,参考已出台的行政法规、地方性法规、规章或者其他规范性文件,于2021年年底形成了最终版本。

本书能够顺利得以出版,受益于河南工业大学社科处、教务处、法学院领导在物质上和精神上的大力支持;受益于原法律出版社编辑解锟的精心策划与安排,责任编辑苗婕女士为本书的"诊脉把关",为本书的最终出版和编辑质量的背书提供了最好的信誉保证。在此,谨向他们以及为本人研究提供各种方便与支持但未能一一列举的同事、同行和社会各界朋友们致以崇高的谢意!

穆中杰

2024年9月7日于粮食政策与法律研究所3115室

① 该有关说明除"框架安排"部分外,其余部分在《中国粮食经济》2019年第12期上以《粮食安全保障立法应明确的几个前提问题》公开发表。